Anonymous

Paedagogisches Jahrbuch

Anonymous

Paedagogisches Jahrbuch

ISBN/EAN: 9783744680721

Hergestellt in Europa, USA, Kanada, Australien, Japan

Cover: Foto ©Suzi / pixelio.de

Weitere Bücher finden Sie auf **www.hansebooks.com**

PAEDAGOGISCHES JAHRBUCH
1887.

(DER PAEDAGOGISCHEN JAHRBUCHER ZEHNTER BAND.)

HERAUSGEGEBEN

VON DER

WIENER PAEDAGOGISCHEN GESELLSCHAFT.

REDIGIERT VON M. ZENS.

WIEN 1888.

MANZ'SCHE K. K. HOF-VERLAGS- UND UNIV.-BUCHHANDLUNG

(JULIUS KLINKHARDT & CO.)

I. KOHLMARKT 7.

Vorwort.

Wie jeder der vorausgegangenen Bände des Pädagogischen Jahrbuches, so bietet auch der vorliegende neue Band ein gedrängtes Bild
des Wesentlichsten aus der Wirksamkeit der Wiener Pädagogischen
Gesellschaft im correspondierenden Vereinsjahre, dann im Anhange
eine Reihe von Mittheilungen über den hauptsächlichsten Inhalt der
Fachzeitschriften und die Bestrebungen der pädagogischen Vereinigungen in unserem Vaterlande. Und da nun der vorliegende Band
der Jahrbücher deren zehnter ist, so möge auch ein kurzer Überblick
auf die Gesammtthätigkeit der Wiener Pädagogischen Gesellschaft
während ihres dreizehnjährigen Bestandes hier Raum finden.

Die Wiener Pädagogische Gesellschaft, im Jahre 1874 gegründet,
hat nicht nur von Jahr zu Jahr ihren Mitgliederkreis immer mehr
erweitert, sondern sie liess es sich auch stets angelegen sein, zu einer
immer grösseren inneren Festigung zu gelangen, indem sie auf einen
streng sachlichen und zugleich lebendigen Ton in ihren Verhandlungen
hielt und in ruhiger, aber doch entschiedener und consequenter Weise
ihre satzungsgemässen Zwecke zu erreichen strebte. Dieses Streben
wollen auch unsere Pädagogischen Jahrbücher aufzeigen; inwieweit
demselben der thatsächliche Erfolg zur Seite steht, darüber möge der
unbefangene Leser selbst ein Urtheil sich bilden. Wir erlauben uns
in dieser Beziehung nur, eine stattliche Reihe von Recensionen in den
Fachblättern des In- und Auslandes für uns sprechen zu lassen, und
weisen mit dem Ausdrucke tiefen Dankgefühls und wahrer innerer
Befriedigung darauf hin, dass der hohe niederösterreichische Landtag*)
und der wohllöbliche Gemeinderath der Reichshauptstadt sich bewogen
fanden, uns zur Herausgabe der Pädagogischen Jahrbücher eine pecu-

---

*) Der hohe niederösterreichische Landtag hat in seiner letzten Session (5. Sitzung am
22. December 1886) der Wiener pädagogischen Gesellschaft auch für das Jahr 1887 eine
Subvention von 100 fl. aus dem n.-ö. Landesfonde bewilligt.

niäre und damit zugleich eine ausserordentlich kräftige moralische
Unterstützung angedeihen zu lassen. Dürfen wir nun einerseits mit
Recht aussprechen, dass auch ausserhalb des Vereines stehende Fach-
kreise die Thätigkeit unserer Vereinigung verfolgen und derselben
ihre Anerkennung nicht versagen, so mag uns auch andererseits die
Bemerkung gestattet sein, dass sowohl die Einzelnen wie die Gesammtheit, der Ausschuss wie die Vollversammlung stets den redlichen Willen
zeigten, die ihnen nach den Satzungen obliegenden Aufgaben best-
möglichst zu lösen. Die Debatten gehörten und gehören mit zum
Arbeitsprogramm der Wiener Pädagogischen Gesellschaft, und nur
selten gieng ein Vortrag vorüber, ohne dass ihm die kritische Besprechung auf dem Fusse folgte.

Dem Zwecke dieses Rückblickes entspricht es auch, dass wir dem
„Vorwort" eine geordnete Inhaltsangabe des ersten Jahresberichtes
(1877) und der sämmtlichen Bände des Pädagogischen Jahrbuches
(1878—1887) anschliessen; denn dieses Inhaltsverzeichnis lässt mit einem
Blicke erkennen, in welchen Richtungen und in welchem Ausmasse die
Thätigkeit des Vereines sich bisher bewegt hat. Eine ähnliche Zusammenstellung dürfte auch für die in den Pädagogischen Jahrbüchern
veröffentlichten (circa 400) „Thesen zu pädagogischen Themen" in
Aussicht zu nehmen sein, weil gerade die Thesen es sind, die uns über
die Vielseitigkeit und Gründlichkeit der Berathungen in den pädagogischen Vereinigungen am besten zu informieren vermögen.

Wenn wir nach dieser Darlegung mit dem Gefühl einer gewissen
Befriedigung zurückblicken auf das, was die Wiener Pädagogische
Gesellschaft gewirkt und geschaffen, so dürfen wir die Hoffnung
hegen, ja die bestimmte Erwartung aussprechen, dass der Verein auch
in künftigen Jahren in dem rechten Streben verharren werde, für
die fachliche Fortbildung seiner Mitglieder, sowie für die Entwicklung des vaterländischen Schulwesens überhaupt thätig zu sein und zur
Erreichung dieser hohen Ziele seine besten Kräfte einzusetzen.

Wir empfehlen auch diesen zehnten Band des Pädagogischen
Jahrbuches unseren mitstrebenden Fachgenossen zur freundlichen Beachtung und geneigten Würdigung.

Wien, December 1887.

Die Redaction.
Der Ausschuss der Wiener Pädagogischen Gesellschaft.

GESAMMT-ÜBERSICHT

der Abhandlungen des Jahresberichtes 1877 und
der Pädagogischen Jahrbücher 1878—1887. *)

—

I. Zur allgemeinen Pädagogik.

*) Der Jahresbericht ist durch J bezeichnet, der einzelne Band des Jahrbuches
durch die römische Ziffer; auch ist die Seitenzahl angemerkt.

III. Zur Geschichte der Erziehung und des Unterrichtes.

---

*) Vom Vereine in einem Separatabdruck ausgegeben.

*) Vom Vereine in einem Separatabdruck ausgegeben.

Inhalt

des zehnten Bandes des Pädagogischen Jahrbuches.

Vorträge und Referate.

I.

Rede zur Pestalozzifeier.

Vorgetragen am 22. Jänner 1887 von Dr. FRIEDRICH DITTES.

Geehrte Versammlung! Wie oft wir auch den Geburtstag Pestalozzi's feiern mögen, um auf kurze Zeit dem Staube der Alltäglichkeit auszuweichen und uns niederzulassen an der labenden Quelle, die aus dem Leben, Wirken und Denken einer genialen Persönlichkeit fliesst, nie werden wir den mächtigen Strom dieser Quelle erschöpfen. Mögen denn auch die Erzieher der Jugend nie satt werden, aus diesem bewährten Brunnen zu trinken! —

Das Leben jedes Volkes und das Wirken jedes Berufsstandes bleibt nur so lange gesund und geht nur so lange aufwärts, als es seine natürlichen Fundamente und die Richtung auf edle Ziele bewahrt. So auch das Culturleben der deutschen Nation und das Schaffen auf dem Gebiete des deutschen Bildungswesens.

Daher gilt es, inmitten des verwirrenden Tagesstreites Umschau zu halten nach den Orientierungspunkten, welche dem deutschen Geiste und besonders der deutschen Pädagogik die wahren Ziele und Wege weisen. Diese Leitpunkte nun glaube ich nach wie vor in den Grundgedanken Pestalozzi's erblicken zu sollen. Indem ich Sie also bitte, geehrte Damen und Herren, mir eine übersichtliche Darstellung derselben zu gestatten, muss ich zugleich das Ersuchen stellen, mir Ihre Aufmerksamkeit in etwas reichlichem Zeitmasse zu schenken, da ich ohne Ihre Geduld und Nachsicht nicht im Stande wäre, meinem umfänglichen Thema einigermassen gerecht zu werden.

I.

Pestalozzi geht von der uralten Anschauung aus, nach welcher im Menschen eine doppelte Natur vereinigt ist: eine niedere, sinnliche, die er mit den Thieren gemein hat, und eine höhere, geistige, die ihn von allen Wesen der Erde unterscheidet.

Diese Anschauung beruht auf der offenkundigen und unbestreitbaren Grundthatsache, dass wir auf zweifache Weise zu Wahrnehmungen gelangen: durch unsere Sinne und durch unser Selbstbewusstsein, und dass wir infolgedessen alles, was ist und geschieht, in zwei wesentlich verschiedene Gebiete zerlegen: in ein materielles und ein geistiges. Neben dem, was wir sehen, hören, tasten, wägen, überhaupt mit unseren Sinnen erfassen können, gibt sich in uns ein anderes Sein und Geschehen kund, das nicht gesehen, gehört, getastet, gewogen werden kann, sondern unmittelbar empfunden wird: unser Fühlen, Wollen und Denken, Erinnerung und Erwartung, Hoffnung und Furcht, Freude und Leid, Verstand und Phantasie, mit einem Worte alles das, was den Inhalt der Geisteswissenschaften (Psychologie, Logik u. s. w.) bildet, im Gegensatze zu den Objecten der Naturwissenschaften (Chemie, Mineralogie u. s. w.).

So drängt sich dem Menschen mit Nothwendigkeit und axiomatischer Gewissheit die Überzeugung auf, dass sein Leib, als Gegenstand der äusseren Wahrnehmung, der Sinneswelt angehört, die uns allenthalben umgibt, sein Seelensein aber, das ihm nur durch innere Wahrnehmung kund wird, von wesentlich verschiedener Art ist und jener höheren feineren, geistigen Welt angehört, welche wir ausser uns nirgends unmittelbar entdecken, sondern nur mittelbar, nach dem Bilde unseres eigenen inneren Seins, wiedererkennen, zunächst in Wesen unserer eigenen Gattung, indem sich ihr Geist durch sinnenfällige Äusserungen (Physiognomie, Sprache, Handlungen u. s. w.) offenbart.

Diese dualistische Ansicht vom Menschen ist, wie gesagt, in der Natur unseres Erkenntnisvermögens mit so zwingender Nothwendigkeit begründet, dass wir uns nicht wundern dürfen, sie schon in dem Mythus von der Weltschöpfung anzutreffen, indem derselbe berichtet, Gott habe den Menschenleib aus Erde gebildet und ihm dann eine lebendige Seele eingehaucht. Daher kann diese Ur- und Grundanschauung auch niemals ausgetilgt werden, solange das Menschengeschlecht im wesentlichen bleibt, wie es ist: sie ist ihm unveräusserlich eingeprägt und behauptet sich gegen alle monistischen Abstractionen und Hypothesen; jedes Glied unserer Gattung bringt sie der Anlage nach mit zur Welt, und keine Speculation, welche entweder den Geist auf Materie reduciren, oder die Materie in Geist verflüchtigen will, wird jemals im Gesammtbewusstsein der Menschheit einen Halt finden.

Selbst wenn es unbegreiflich wäre, wie Leib und Seele aufeinander wirken und zu einer Einheit verbunden sein können; ja selbst wenn die dualistische Ansicht vor einer höheren Intelligenz nicht bestehen könnte: gewiss ist, dass eine solche höhere Intelligenz dem Menschen auf Erden nicht

zusteht, ihm auch durch keinerlei irdischen Culturfortschritt erreichbar ist,
weil der feste Typus seines Erkenntnisvermögens und die unübersteiglichen
Schranken seiner Natur immer und immer wieder den durchgreifenden Unterschied von Körper und Geist verkündigen. Es geziemt aber dem Menschen
nicht, anders denken zu wollen, als er denken muss; vielmehr geziemt es
ihm, sich bescheiden zu fügen in die Art und das Mass der ihm durch ewiges
Gesetz gegebenen Einsicht. Daher wird auch die Pädagogik, solange sie die
Lehre von der Erziehung des Menschen, wie wir ihn auf dieser Erde an-
treffen, sein will, unabänderlich von derselben dualistischen Anschauung ausgehen müssen, von der Pestalozzi ausgegangen ist.

Indem nun Pestalozzi dem natürlichen Entwickelungsgange des Menschenkindes nachgeht, findet er bereits in der frühesten Lebensperiode die Keime
des Guten wie des Bösen. Am neugeborenen Kinde zeigen sich noch keine
Merkmale geistiger Thätigkeit. Zunächst tritt das physische Leben mit
seinen vegetativen und animalischen Processen überwiegend, ja alleinherr-
schend hervor. In diesem liegen die Ausgangspunkte alles Gedeihens wie
aller Entartung. Der ruhige, ungestörte Gang der leiblichen Functionen ist
die erste Grundbedingung einer heilsamen Entfaltung des ganzen menschlichen Wesens, Beunruhigung und Störung derselben die erste Grundursache
der Missbildung. Solange das Kind leicht und harmlos die Befriedigung der
in ihm sich regenden Bedürfnisse und Triebe findet, lebt es im Zustande
thierischen Behagens und natürlicher Unverdorbenheit: es ahnt keine Gefahr,
keine Unsicherheit, keine Abhängigkeit seines Daseins, es kennt kein Übel,
keinen Schmerz, keine Besorgnis, kein Misstrauen, fühlt keinen Verdruss,
keinen Unwillen, keine Abneigung gegen seine Umgebung. Sobald ihm aber
nicht mühelos, nicht ohne Aufregung, nicht zu rechter Zeit, nicht in rechter
Art zutheil wird, was es bedarf und instinctiv sucht, trübt sich sein Dasein,
beginnen seine Leiden und mit ihnen seine moralischen Verirrungen. „Beim
ersten weinenden Laut ist der Punkt schon überschritten, von dem die thierische Harmlosigkeit des Kindes eigentlich ausgeht. Von diesem ersten Laut
an entfernt sich das Kind mit jedem Gefühl eines unbefriedigten Bedürfnisses,
eines unerfüllten Wunsches, eines jeden Schmerzes immer weiter von diesem
Punkte ins Unendliche." Sobald das Kind ein vergangenes Übel kennt, ein
künftiges fürchtet, ein gegenwärtiges fühlt, ist seine unbewusste Befriedigung
in sich selbst und sein Einklang mit der Umgebung nicht mehr vollkommen:
die Anfänge innerer Unruhe und Verstimmung sind gegeben und damit die
Keime selbstsüchtiger und feindseliger Gesinnung. „Unser thierisches Verderben entspringt aus alle dem, was dem guten Zustand unseres thierischen
Daseins entgegensteht." Kommt jetzt dem Kinde nicht erziehliche Liebe

1*

und Weisheit zu Hilfe, unter deren Schirm die Keime seiner höheren, göttlichen Natur sich entfalten, so gewinnt das thierische Wesen ein bleibendes Übergewicht, und alle Strebungen, Kräfte, Fertigkeiten werden rücksichtslos in den Dienst sinnlicher und egoistischer Interessen gestellt. Der Mensch wird „lieblos wie der Fisch im Wasser, schonungslos wie die Schlange, die mit Gift tödtet, und gewaltthätig wie das Thier, dessen Rachen nach Blut dürstet. Er achtet in diesem Zustande den Schwachen und Armen für nichts; er ist in demselben des Reichen Knecht wider Gott und wider sich selbst. Er hasset das Recht der Armen, und der Name Menschenrecht ist ihm ein Greuel." Sein thierischer Sinn bringt ihn dahin, „dass er sich stolz wie ein Pferd brüstet, dass er seine Vorzüge spiegelt wie der Pfau seinen Schweif, dass er sich aus Furcht schmiegt wie ein geschlagener Hund und für Fleisch und Brot Künste treibt, die wider seine Natur sind" ... „Alles thierische Denken ist mit allem menschlichen Denken wie die Finsternis mit dem Lichte im Widerspruche und führt in seinen Vorschritten und Endpunkten immer zur Unmenschlichkeit." Wo sich der Mensch nur als sinnlich belebtes und selbstsüchtiges Thier entfaltet, da mangelt ihm aller Glaube an etwas Hohes und Heiliges, und dieser Unglaube ist „Verleugnung des Bruderstandes und der Bruderpflichten der Menschheit, Verkennung und Verachtung der Vaterrechte Gottes, trotzende Kühnheit im Missbrauche gegenseitiger Gewalt", führt also zur „Auflösung aller reinen Bande der Segensverhältnisse der Menschheit".

Die Gefahr solcher Entartung ist um so grösser, als der thierische Sinn im Menschen nicht nur die Mittel der Selbsthilfe, welche er durch das Wachsthum der eigenen Kräfte findet, lediglich in den Dienst seiner Begierden stellt, sondern diese Mittel noch zu verstärken weiss durch Vereinigung mit seinesgleichen. Pestalozzi stellt dem heilsamen Gange der Natur in der Entwickelung unseres Geschlechtes das „Civilisationsverderben", oder, wie er es auch nennt, das „Verkünstelungsverderben" gegenüber und erblickt eine Hauptform desselben in der Zusammenrottung thierisch selbstsüchtiger Individuen zur gemeinsamen Förderung ihrer Interessen, oder, wie er sich ausdrückt, „in dem unedlen Treiben der collectiven Existenz unseres Geschlechts." Die Schädlichkeit dieses Zusammenstehens sieht er darin, dass „die Ausbildung der Gemeinkraft mehrerer vereinigter Menschen vorzüglich überwiegend zur Stärkung derjenigen Kräfte führt, die wir mit dem Thiere gemein haben. Und es ist unstreitig," fährt er fort, „dass die vorzügliche und einseitige Verstärkung der diesfälligen Kräfte die höheren Anlagen der Menschennatur schwächt und den entgegengesetzten niederen, thierischen Kräften überwiegende sinnliche Reize, Nahrung und Spielraum verschafft und dadurch die Fundamente, auf denen das eigenthümliche und wesentliche Heil unseres Geschlechtes ruht, untergräbt und in unserem Innersten aus- löscht."*) Das durch solche Zusammenrottung zu Sippschaften, Coterien, Secten u. s. w. erzeugte Bewusstsein der Gemeinschaft im Dienste egoisti- scher Zwecke vernichtet in den Individuen vor allem das Gefühl der mensch- lichen Schwachheit, welches dem Einzelnen ebenso natürlich als heilsam ist,. und mit ihm die Demuth, Geduld und stille Ergebung, sodann die reine Theilnahme für den Mitmenschen, die Freude mit dem Fröhlichen, das Mit- leid mit den Schwachen und Hilfsbedürftigen, endlich allen Sinn für Wahr- heit und Gerechtigkeit. „Sowie der Sinn der Menschlichkeit, der von Liebe und Vertrauen ausgeht und vom Gefühl der Schwäche des einzelnstehenden Menschen unterstützt und in seiner ursprünglichen Natürlichkeit und Reinheit erhalten wird, so wird hingegen dieser reine, unschuldige Sinn der Mensch- lichkeit mit dem ganzen Umfange seiner Segensfolgen durch jede Art des Zusammenstehens der Menge untergraben, geschwächt und im Heiligthume seines Wesens gestört.... Sobald die Menschen als Masse, als Corps, als Orden, als Clique, als Secte zusammenstehen und also auftreten, fühlen sie sich geistig und bürgerlich stärker, als sie sind, und so entsteht in ihnen eine Gemüthsstimmung, die sie zu einem heuchlerischen Selbstbetrug hin- führt, der sie stolz auf ihre Massenkraft und leidenschaftlich, feindselig und verleumderisch gegen alle Menschen macht, deren Meinungen und Urtheile nicht mit den ihrigen übereinstimmen." Der Esprit de corps mit seinen sinnlichen Massenneigungen, Massenkräften und Massenreizen muss unfehlbar zur moralischen Verwilderung führen, wenn er nicht durch vorausgegangene Individualveredelung und durch strenge Einschränkung auf tadellose Zwecke geregelt wird. Weil er aber meist ohne diese Zügel einhergeht, so wirkt er in weiten Gebieten des socialen Lebens demoralisierend und gemeinschäd- lich, wie Pestalozzi an den verschiedenen Gruppen der Gesellschaft, am Adels-, Bürger-, Bauern-, Handwerks-, Kaufmanns-, Priester-, Beamten- stande u. s. w., sowie an den Glaubensgenossenschaften (Kirchen) demon- striert, und wie wir selbst leider nur allzu deutlich wahrnehmen an den con- fessionellen, nationalen, politischen Parteiungen mit ihren Ränken und Ge- waltthätigkeiten, und an der allenthalben gepflegten und das ganze Gemein- wesen zersetzenden Interessenwirtschaft mit ihren Schlichen und Gehässig-

---

*) Man vergleiche mit diesen und den folgenden Ausführungen Pestalozzi's Jesaias V, 18 u. 20: Wehe denen, die sich zusammenkoppeln mit losen Stricken, Unrecht zu thun, und mit Wagenseilen, zu sündigen; ... die Böses gut und Gutes böse heissen, die aus Finsternis Licht und aus Licht Finsternis machen, die aus sauer süss und aus süss sauer machen.

keiten. Alle Massenvereinigung zu Sonderbestrebungen „hat, wenn auch noch so versteckt, den bösen Sinn der thierischen Natur und mit ihm den Keim des Krieges aller gegen alle in sich". Jede Vereinigung mehrerer Individuen „kann nur insoweit als dem Menschengeschlechte wohlthätig und wahrhaft zum Segen gereichend angesehen werden, als die Glieder dieser Vereinigung das Leben in Wahrheit und Liebe höher achten, als den ganzen Umfang der Sinnlichkeitsgeniessungen, die ihnen ihre Standesverbindungen und Ansprüche gewähren können".

In diesen, allerdings scharfgespannten und nur eine Seite des corporativen Lebens berücksichtigenden, aber tief begründeten und lebenswahren Aussprüchen Pestalozzi's werden Sie, geehrte Versammlung, zugleich den Grund erkennen, warum der grosse Pädagog allem Sectengeiste abhold war und, obwohl seinen Idealen mit höchster Begeisterung ergeben, ja gerade deshalb, nie daran dachte, zur Ausbreitung seiner Lehren und Bestrebungen einen Sonderbund zu stiften. Er musste befürchten, dass dieselben, einmal zur Parteisache gemacht, zum Vorwand und Deckmantel selbstsüchtiger Umtriebe erniedrigt werden könnten; und dazu waren sie ihm zu gut. — Doch, wenden wir uns jetzt zu Pestalozzi's Schilderung der anderen Seite des Menschen.

„Was er immer mit allen sinnlichen Wesen der Schöpfung gemein hat, gibt seiner Menschlichkeit keinen Wert. Die Heldenruhe, die er mit dem Löwen, die Schlauheit, die er mit dem Fuchs, die List und Geschwindigkeit, die er mit der gierigen Katze, oder, wenn du willst, mit dem Tiger, die sinnliche Liebe, die er mit dem Affen, die Kunstanlagen, die er mit dem Biber, und der Kunstfleiss, den er mit der Ameise gemein hat, — alles dieses gibt ihm keinen Menschenwert.... Der Mensch ist nur durch das Reine, Göttliche, das seinen Geist, sein Herz und seine Kunst über die Ansprüche seines sinnlichen und thierischen Daseins erhebt, in sich selbst Mensch und unsterblich. Der menschliche Verstand wird nur durch die göttliche Liebe der Verstand unsterblicher Wesen. Die menschliche Liebe wird nur durch ihren göttlichen Sinn die Liebe unsterblicher Wesen, und die menschliche Kunst wird hinwieder nur durch ihren göttlichen Sinn die Kunst unsterblicher Wesen". — Das Übersinnliche also und Unvergängliche, das nicht gesehen und nicht gehört, nicht getastet und nicht gewogen werden kann, das nicht kommt und geht mit den Erscheinungen der Körperwelt, das im unmittelbaren Bewusstsein da ist, sich als selbständig und unzerstörbar offenbart und so dem Menschen den Gedanken des Ewigen erschliesst, ihn in die unendliche Kette göttlichen Lebens und Wirkens einreiht — schon im irdischen Dasein — das ist das wahre, specifische Wesen des Menschen. „Was ihn erhebt, ist die Ahnung der Unsterblichkeit. Sie liegt unter allen Geschöpfen allein im so vergänglich scheinenden Menschen. In ihm allein lebt ein Drang, ewig zu bleiben im Kreis der göttlichen, aber vergänglichen Schöpfung." — Sein Leib ist hinfällig und seine Werke unterliegen der Zerstörung im unaufhaltsamen Strome der Elemente. „Der Mensch lebt nur im Heiligen, Göttlichen, das in seiner Natur liegt, ewig, und er ist nur in diesem und durch dieses unsterblich." In diesem und durch dieses allein gelangt er auch zur Ahnung, zur Anschauung, zur Idee eines Gottes: der Geistesfunken, den der Schöpfer dem Menschen eingehaucht, fühlt und findet in sich den Abglanz des Urquells, von dem er ausgegangen ist und zu dem er sich ewig zurückwendet. „Glaube an Gott, du bist der Menschheit in ihrem Wesen eingegraben, wie der Sinn vom Guten und Bösen, wie das unauslöschliche Gefühl von Recht und Unrecht, so unwandelbar fest liegst du als Grundlage der Menschenbildung im Innern unserer Natur." Daher die Thatsache, dass selbst unter verderblichen Einflüssen auf den Menschen immer noch eine Spur seines besseren Theiles übrig bleibt. „Es geht lange, es geht unbegreiflich lange, ehe der Irrthum und der Wahnsinn des Menschengeschlechtes unsere Natur in eines Kindes Geist und in eines Kindes Herz ganz erstickt hat. Es ist ein Gott, der ein Gegengewicht gegen das Rasen wider uns selbst in unsern Busen gelegt hat." Noch in der äussersten Verdorbenheit des Charakters bleibt ein Rest von Ehrfurcht und Scheu vor der Stimme des Gewissens. „Der Mensch, auch wenn er das Höhere, Edlere seiner Natur in sich selbst innerlich zernichtet, strebt äusserlich immer nach allem Schein des Hohen, des Edlen, des Vollkommenen." Wenn er Schelmenstreiche unternimmt, hüllt er sich in das Gewand der Ehrsamkeit; wenn er lügt, heuchelt er Wahrheitsliebe; wenn er seiner Bosheit fröhnt, spiegelt er gemeinnützige Bestrebungen vor. Hat er Kinder, so will er sie keineswegs zu seinen Ebenbildern machen, weil er im tiefsten Inneren mit sich selbst zerfallen ist und in den Momenten ernster Selbstschau, die auch ihm beschieden sind, sein unheilvolles Gebaren verurtheilt. „Oder wer ist Vater und Mutter, der nicht einen Finger von der Hand gäbe, dass seine Kinder menschlich gebildet würden und menschlich leben könnten bis an ihr Grab?" — So zeugt selbst der Mensch in seiner thierischen Entartung wider sein eigenes Verderben und für die höhere Bestimmung seiner Natur.

Dies führt uns auf Pestalozzi's Ansicht von der Freiheit des menschlichen Willens. Das Thier folgt nur seinen Trieben und Instincten: es kennt kein Pflichtgebot, kein Moralgesetz, keine Tugend und keine Sünde.

Sind seine Bedürfnisse befriedigt — gleichviel ob durch mühelosen Empfang dessen, was ihm die Natur freiwillig spendet, oder durch grausame Überwältigung eines empfindenden Wesens, das um sein Dasein kämpft — so ist es beruhigt: es unterzieht sein Thun und Lassen keiner sittlichen Kritik und fühlt keine Gewissensbisse. Anders der Mensch. In ihm entfaltet sich neben der thierischen Sinnlichkeit allmählich der Keim seines geistigen, vernünftigen Lebens, welches Achtung fordert und den Begierden ein Mass vorschreibt. Daher kann der Mensch nicht auf der Stufe des thierischen Triebes und Instinctes verharren, nicht den sorglosen, rein animalischen Lebensgenuss und die indifferente Schuldlosigkeit dieses Zustandes festhalten. „Er allein vermag es nicht, auf diesem Punkte stehen zu bleiben: er muss entweder unter denselben versinken, oder sich über denselben erheben." Versinken muss er unter diesen Punkt, wenn er seinen Geist zum Rechenmeister und Schaffner seiner Begierden und Leidenschaften erniedrigt, wenn er die Ansprüche seiner sinnlichen und egoistischen Natur ins Masslose steigert, sie zum Lebenszwecke macht und sich seiner höheren Bestimmung zum Trotz zu einer raffinierten Bestie ausbildet, während das Thier mit allen seinen Trieben, Instincten und Fähigkeiten in den Schranken seiner wirklichen Bedürfnisse bleibt und immer das ist und thut, was es seiner Natur und seinen Verhältnissen gemäss sein und thun muss. Erheben kann sich der Mensch über den thierischen Zustand nur durch die Emancipation seines Geistes von seiner sinnlichen Natur, durch den sittlichen Willen, den er in sich selbst fühlt und findet, mit dem er seine Gelüste beherrscht und alle seine physischen und intellectuellen Kräfte in den Dienst edlerer Zwecke stellt. „Er fühlt, was er kann und macht sich das, was er kann, zum Gesetze dessen, was er will. Diesem Gesetze, das er sich selbst gab, unterworfen, unterscheidet er sich von allen Wesen, die wir kennen. Ich besitze eine Kraft in mir selbst, alle Dinge dieser Welt mir selbst, unabhängig von meiner thierischen Begierlichkeit und von meinen gesellschaftlichen Verhältnissen, gänzlich nur im Gesichtspunkt, was sie zu meiner inneren Veredelung beitragen, vorzustellen und dieselben nur in diesem Gesichtspunkte zu verlangen oder zu verwerfen. Diese Kraft ist im Innersten meiner Natur selbstständig; ihr Wesen ist auf keine Weise eine Folge irgend einer anderen Kraft meiner Natur. Sie ist, weil ich bin, und ich bin, weil sie ist. Sie entspringt aus dem mir wesentlich innewohnenden Gefühl: ich vervollkommne mich selbst, wenn ich mir das, was ich soll, zum Gesetz dessen mache, was ich will."

Und dieses unmittelbare Selbstgefühl des autonomen Geistes in uns ist die anschauliche Grundthatsache, von der aller Glaube an eine moralische

Weltordnung ausgeht, und bietet uns den Typus, nach welchem wir sittliche
Wesen ausser uns vorstellen; es ist zugleich der Urquell alles menschlichen
Seelenadels und aller menschlichen Glückseligkeit, aller Bewunderung und
Ehrfurcht vor Gottes Grösse und aller beglückenden Ruhe in seiner Liebe,
sowie aller tieferen Wertschätzung unserer Mitmenschen und aller reinen
Liebe für sie. So erkennt Pestalozzi den freien Willen nicht nur als das
Fundament der Sittlichkeit, sondern überhaupt als den „organischen Mittelpunkt" aller edleren Kräfte und Regungen im Menschen, ihn, der „absolut
die Anerkennung der Pflicht fordert, den Willen der Menschennatur durch
Glauben und Liebe zur Selbstsuchtlosigkeit, zur Hingebungs- und Auf-
opferungskraft für die Wahrheit und das Recht, für die Wahrheit Gottes und
das Recht unserer Brüder zu erheben.... Der sittliche Mensch ehrt Gott
in der Menschennatur; er kennt ihren einzigen Wert in der Erhebung ihres
inneren Wesens über ihren äusseren thierischen Sinn. Menschlichkeit ist ihm
über alles. Er liebt den Armen, weil er den Menschen liebt, weil er alles
liebt, was recht ist. Er hasset das Unrecht und verachtet den, der es thut;
er muss ihn verachten, oder die Menschennatur nicht ehren. Er ehrt sie.
Er glaubt an Menschengüte, er glaubt an Menschendank, an Menschentreue.
Die höchste Zierde meines thierischen Daseins, die Reinheit meines Instinctes
und das auf demselben ruhende thierische Wohlwollen muss dahin gehen,
um der höchsten Würde meiner Natur, dem freien menschlichen Willen und
der auf demselben ruhenden sittlichen Kraft meiner Natur Platz zu machen.
Der Mensch muss auf den Trümmern seines Instinctes durch die Anstren-
gungen seiner verdorbenen Thierkraft die Erfahrungen sammeln, die ihn von
dem Irrthum und dem Unwert seiner thierischen Natur allgemein überzeugen
und dadurch zur Anerkennung des sittlichen Rechtes hinführen. ... Erhaben
stehst du in diesem Augenblick vor mir, du meine Natur, die ich jammernd
beweinte. Auf den Trümmern meiner selbst lächle ich dir wieder, und auf
dem Schutt ihrer Ruinen baue ich mich selbst wieder auf zu einem besseren
Leben."

Stehen wir einen Augenblick still bei diesen Ausführungen Pestalozzi's,
so erkennen wir deren nahe Verwandtschaft einerseits mit den Ideen Kants,
anderseits mit den Grundlehren des biblischen Christenthums (von theologischen Dogmen und kirchlichen Satzungen spreche ich nicht). Ohne hierauf
an dieser Stelle näher eingehen zu wollen, gestatte ich mir nur bezüglich
der zweiten Parallele einige Erinnerungen. Der Gedanke vom „Ebenbilde
Gottes" im Menschen kommt bekanntlich schon in der auf Moses zurück-
geführten Schöpfungsgeschichte vor und blieb selbst den Heiden nicht fremd,
wie wir aus der Apostelgeschichte ersehen, laut welcher Paulus in einer Rede

zu Athen anführt, dass einige hellenische Dichter gesagt: „Wir sind göttlichen Geschlechtes." Paulus bestätiget diesen Ausspruch und erläutert ihn mit den Worten: „In ihm leben, weben und sind wir."*) Die Art und Weise, wie Pestalozzi diese Idee ausführt und begrenzt, steht meines Wissens unerreicht in der ganzen philosophisch-pädagogischen Literatur da. Zugleich hat er damit die christliche Lehre vom „Reich Gottes" dem menschlichen Verständnis anschaulich nahegelegt, auch hier in durchgeführter Übereinstimmung mit Jesu, welcher sagt: „Das Reich Gottes ist inwendig in euch"**), und mit dem Apostel Paulus, welcher hinzufügt: „Fleisch und Blut können das Reich Gottes nicht erben."***) Ich kann nicht unterlassen, hier noch an das schöne Wort Gœthe's zu erinnern: „Wär' nicht das Auge sonnenhaft, die Sonne könnt' es nie erblicken; läg' nicht in uns des Gottes eigne Kraft, wie könnt' uns Göttliches entzücken?" —

II.

Aus seiner Anschauung von der Natur und Bestimmung des Menschen deduciert nun Pestalozzi den Zweck und das Wesen der Erziehung. Als ihr Ziel kann nur „die Menschlichkeit selber" gelten, ein Satz von axiomatischer Bedeutung, da ohne Zweifel jedes Wesen das werden soll, wozu es durch seine Natur bestimmt ist. Näher bezeichnet Pestalozzi jenes Ziel als „die Erhebung unserer Natur aus der sinnlichen Selbstsucht unseres thierischen Daseins zu dem Umfang der Segnungen, zu denen die Menschheit sich durch die harmonische Bildung des Herzens, des Geistes und der Kunst zu erheben vermag."

Mit dieser idealen Aufgabe der Erziehung ist zugleich die Vorbereitung des jungen Menschen zu seiner irdischen Bestimmung gesetzt und insbesondere der sittlichen Seite seines Wesens entsprochen, welche die Entfaltung des Keimes der Willensfreiheit zu thatkräftigem Leben fordert. „Die Kinder müssen für den ganzen Umfang ihrer Pflichten gegen Gott, gegen den Nächsten und gegen sich selbst willig, thätig, geschickt und zu jeder hierzu nöthigen Anstrengung und Ausharrung kraftvoll gebildet werden." Nur so kann der Mensch als sociales Wesen „in seinem Stande glücklich sein und in seinem Kreise nützlich werden. Nur das Herz kennet Gott, das der Sorge für eigenes eingeschränktes Dasein entstiegen, Menschheit umfasset,

---

*) Acta 17, 28: Ἐν αὐτῷ γὰρ ζῶμεν καὶ κινούμεθα καὶ ἐσμέν, ὡς καὶ τινες τῶν καθ᾽ ὑμᾶς ποιητῶν εἰρήκασι. τοῦ γὰρ καὶ γένος ἐσμέν.

**) Luc. 17, 21: Ἡ βασιλεία τοῦ θεοῦ ἐντὸς ὑμῶν ἐστιν.

***) 1. Corinth. 15, 50: Τοῦτο δέ φημι, ἀδελφοί, ὅτι σὰρξ καὶ αἷμα βασιλείαν θεοῦ κληρονομῆσαι οὐ δύνανται.

sei es ihr Ganzes oder nur ein Theil.... Nicht mir, sondern den Brüdern!
Nicht der eigenen Ichheit, sondern dem Geschlechte! — Dies ist der unbedingte Ausspruch der göttlichen Stimme im Innern; in deren Vernehmen
und Befolgen liegt der einzige Adel der menschlichen Natur."

Nie aber darf bei der Bildung für das Leben lediglich oder auch nur
vorherrschend der praktische Nutzen, der äussere Vortheil für die jeweilige
Verfassung der Gesellschaft massgebend sein, der Mensch zum blossen Mittel
und Werkzeug für andere, zu einem blossen Organ irgendeines Verbandes
oder Dienstkreises erniedrigt werden: er ist Selbstzweck, hat eine persönliche
Würde und mit ihr seine letzte Bestimmung in sich selbst: in dem Ewigen
und Göttlichen seiner Individualität, das Entwickelung fordert und sich kund-
gibt in dem Verlangen und Forschen nach Wahrheit um ihrer selbst willen,
in dem reinen Wohlgefallen an der Schönheit in Natur und Kunst, in der
Sehnsucht nach Ruhe und Freude in Gott. „Allgemeine Emporbildung der
inneren Kräfte der Menschennatur zu reiner Menschenweisheit ist allgemeiner
Zweck der Bildung auch der niedrigsten Menschen."

Wer diese Grundwahrheiten fühlt und begreift — und das kann wahrhaft lebensvoll nur in der unmittelbaren Anschauung des Selbstbewusstseins
geschehen — der weiss auch, dass die menschliche Erziehung nicht durch
Willkür, Belieben, Laune, Künstelei oder Gewalt bestimmt werden darf,
sondern einer ewigen, schlechthin giltigen Richtschnur zu folgen hat. „Der
Gang der Natur in der Entfaltung unserer Kräfte, der dem Gange der Kunst
in der Ausbildung derselben, folglich auch dem ganzen Umfange der element-
arischen Bildungsmittel vorhergeht und ihn begründet, ist ewig und unver-
änderlich.... Das Wachsthum des Menschen und seiner Kräfte ist Gottes
Sache. Es geschieht nach ewigen, göttlichen Gesetzen.... Unser Denken,
sofern es wahrhaft menschlich ist, geht aus der göttlichen Kraft hervor,
unsern Geist über unser Fleisch herrschen zu machen.... Die Kräfte der
Menschennatur haben alle den Reiz, sich zu bilden in sich selbst. Das Kind
denkt so gern, als es gern geht, und lernt so gern, als es gern isst, wenn
man ihm die Lehre so wohl gekocht und wohl vorbereitet vor den Mund
legt, wie seine Speisen. Das Gefühl: ich kann etwas, ist für jedes junge
Kind eine grössere Belohnung und eine grössere Freude, als alle die
Zieraten sein können, die ihm die Kunst und die Gunst der Menschen zur
Aufmunterung je zu ertheilen vermag." Wo also soll ich die Kunst der
Menschenbildung suchen? „Wo soll ich die erste Spur, die mich auf ihre
Wahrheit, auf ihr inneres Wesen hinlenkt, suchen und finden, als in mir
selbst, als im Menschen selber, wie er getrennt von dem Einfluss des Welt-
verderbens in sich selbst, in seiner Unschuld und Reinheit mit lebendigem

Gefühl der Wahrheit aller seiner besten Kräfte dasteht? ... Ihre Grundsätze liegen unauslöschlich und unerschütterlich in der Menschennatur selber. ... Sie bringt durch eine naturgemässe Entfaltung die menschlichen Kräfte mit dem Göttlichen, das in unserer Natur ist, mit dem Himmlischen im Herzen, mit Liebe, Dank und Vertrauen und mit den hohen Ahnungen des Ewigen und Unendlichen, dessen unser Herz fähig ist, in Übereinstimmung." ... So ist also die echte Menschenbildung nicht eine willkürlich erdachte und eigenmächtige Abrichtung der Kinder durch Erwachsene, sondern sie ist „wesentlich eine dem inneren Entfaltungstrieb der menschlichen Kräfte beiwohnende Mitwirkung". Als solcher gebürt ihr nicht die Rolle einer auf eigene Weisheit stolzen Herrin, sondern die einer bescheidenen Dienerin und treuen Gehilfin der Natur. „Sie ist die Kunst des Gärtners, unter dessen Obsorge tausend Bäume blühen und wachsen. Siehe, er thut nichts zum Wesen ihres Wachsthums und ihres Blühens: das Wesen ihres Wachsthums und ihres Blühens liegt in ihnen selber. Er pflanzt und wässert, Gott aber gibt das Gedeihen. Nicht der Gärtner ist es, der die Wurzel der Bäume öffnet, dass sie den Segen der Erde einsaugen; er ist es nicht, der das Mark der Bäume von ihrem Holz und das Holz von ihrer Rinde sondert und so seine gesonderten Theile von ihrer Wurzel an bis an die äussersten Äste des Baumes fortführt und in der unbedingtesten Sonderung derselben sie in der ewigen Einheit ihres Wesens zusammenhält und dadurch das endliche Resultat ihres Daseins, die Frucht des Baumes, hervorbringt. Von all diesem thut er nichts. Er wässert nur die trockene Erde, dass die Wurzel nicht an sie wie an einen Stein anstosse; er leitet nur das stehende Wasser ab, dass sie in seiner Stockung nicht verfaule; er hütet nur, dass keine äussere Gewalt weder die Wurzel, noch den Stamm, noch die Äste des Baumes verletze und die Ordnung der Natur störe, in welcher alle seine Theile nebeneinander wachsend das Gedeihen des Baumes begründen und sichern. — So der Erzieher. Er ist es nicht, der irgend eine Kraft des Menschen in ihn hineinlegt, er ist es nicht, der irgend einer Kraft Leben und Athem gibt; er sorgt nur, dass keine äussere Gewalt den Entfaltungsgang der Natur in seinen einzelnen Kräften hemme und störe; er sorgt dafür, dass die Entfaltung jeder einzelnen Kraft der Menschennatur nach den Gesetzen derselben ihren ungehemmten Lauf finde."

In welchen Formen und Stufen erfolgt nun naturgemäss die Entwickelung des menschlichen Wesens? — Pestalozzi bezeichnet sie mit den drei Worten: Fühlen, Denken, Handeln, oder auch mit den drei analogen Ausdrücken: Herz, Geist, Hand. Diese natürlichen Entwickelungsformen und Entwickelungsstufen müssen der Erziehung als massgebende Ausgangs-

und Richtungspunkte gelten. Wir können diesen Plan jetzt nicht in allen Theilen betrachten; aber den entscheidenden Anfangspunkt, in welchem nach Pestalozzi alle Erziehung einzusetzen hat, wenn sie auf heilsame Erfolge rechnen will, müssen wir uns doch etwas näher rücken. Es ist, wie bereits angeführt, das Gefühl, wofür Pestalozzi auch Empfindung, Gemüth, Herz sagt, mit einem Worte die affective (Stimmungs-) Form des menschlichen Seelenlebens im Unterschiede von der intellectuellen und der praktischen. Hier stehen wir wieder vor einem Cardinalpunkte der Pädagogik, vor der alten Frage, welches die Fundamentalform des psychischen Lebens sei, ob die Vorstellung oder die Empfindung, und ob also der naturgemässe Entwickelungsgang des Menschenkindes vom Kopfe zum Herzen, vom Denken zum Fühlen und Wollen, oder umgekehrt vom Herzen zum Kopfe, vom Fühlen zum Wollen und Denken fortschreite. Pestalozzi erkennt den letzteren Gang als den von der Natur befolgten und demnach als den für die Erziehung massgebenden, nach meiner Überzeugung mit vollem Rechte. Die ersten Lebenswochen des Kindes gehen dahin, ohne dass wir an ihm andere als vegetative und animalische Functionen wahrnehmen können. Dann, der Regel nach im zweiten Monate, machen sich Spuren geistigen Lebens bemerkbar. Und welcher Art ist dieses früheste Geistesleben im Kinde? „Das erste Entfalten seines menschlichen Seins ist die Erscheinung seiner Gemüthlichkeit. Diese geht unmittelbar aus der Ruhe und der fast völligen Bewusstlosigkeit seines Seins hervor. In dieser vor allen anderen Kräften erwachsenden Gemüthlichkeit des Kindes liegt dann aber auch der heilige Keim der reinen Entfaltung des ganzen Umfangs aller sittlichen, geistigen und physischen Kräfte seiner Natur." Und an einer anderen Stelle sagt Pestalozzi: „Es ist gewiss, dass die Liebe, als Entfaltungsmittel der Sittlichkeit, beim Mutterkinde der Einsicht vorhergeht und sich in ihm lange vor ihr entfaltet... Der Unterricht als solcher und an sich bildet keine Liebe, so wenig wie er als solcher und an sich Hass bildet. Darum aber ist er auch nicht das Wesen de Erziehung. Die Liebe ist ihr Wesen. Sie allein ist dieser ewige Ausfluss der Gottheit, die in uns thronet, sie ist der Mittelpunkt, von dem alles Wesentliche in der Erziehung ausgeht."

Doch, um diese Grundgedanken Pestalozzi's ganz und lebensvoll zu erfassen, müssen wir einige Augenblicke der concreten Erziehungspraxis auf ihrer ersten Stufe widmen, also auf jener Stufe, wo naturgemäss der Mutter die Erziehung des Kindes zusteht. „Das erste Leben des Säuglings", bemerkt Pestalozzi, „ist durch die heilige Ruhe seiner ersten Tage gleichsam eine geweihte Fortsetzung seines von der äusseren Erscheinung der Welt geschiedenen und sich selbst unbewussten Lebens im Mutterleib: seine Bedeutung als diejenige des Anfangszustandes des ganzen Lebens des Kindes ist unermesslich. Der Mensch muss sich nicht thierisch lebendig, er muss sich gemüthlich, er muss sich menschlich beruhigt entfalten, und diese Gemüthsruhe und selber ihr sinnlicher Anfangspunkt, das ungestörte Vegetieren in dieser Ruhe, ist die erste Grundlage der naturgemässen progressiven Entfaltung aller unserer Kräfte. ... Das erste Zeichen des inneren Lebens des Kindes ist sein himmlisches Lächeln, es ist die erste Regung eines über allen Thiersinn erhabenen und ihm ganz entgegenstehenden menschlichen Sinnes, es ist der Ausdruck des Frohsinns, der inneren Befriedigung, der menschlichen Erheiterung des Gemüths durch den Genuss von menschlicher Sorgfalt und Liebe, es ist die erste Spur der im Kinde entkeimenden Erkenntnis der Liebe. Dieses Lächeln geht dann bald in Anmuth und in ein allgemeines liebliches Wesen hinüber. Aus diesem entfaltet sich dann bald der heilige Keim der Mutterliebe." Hier, in dem natürlichen Verhältnis zwischen Säugling und Mutter, haben wir das reale Fundament aller menschlichen Veredelung. „Er lebt in ihr, er lebt durch sie, sie ist ihm über alles. Seine Liebe ist Glaube, sie ist erheiternder, sie ist befriedigender Glaube an ihre Fürsorge. Durch diesen Glauben hebt sich im Kinde das Gefühl seiner Unbehilflichkeit von selbst auf: die Kraft der Mutter ist seine Kraft, es weiss nicht, dass es keine eigene hat, und ahnt nicht, dass es einer bedürfe; es lebt in seiner Unbehilflichkeit im Glauben und in der Liebe und kennt kein Bedürfnis der Kraft, keine Gierigkeit, kein Streben nach einer solchen." Und die Mutter, die wahre, rechte Mutter? — Sie ist fast „nur für ihr Kind da. Die Ruhe, die Befriedigung ihres Säuglings ist in der ganzen Dauer seiner Unbehilflichkeit ihr über alles; ihre eigene Kraft ist ihr nichts, sie hat für sie keinen Wert, als insofern sie ihren Säugling in dieser Unbehilflichkeit befriedigt und seine Ruhe sichert. Des Säuglings leisester Laut erweckt sie in dem härtesten Schlaf, sie wacht Nächte durch und ist am Morgen nach der durchwachten Nacht heiter wie nach dem süssesten Schlafe, weil sie in der Liebe gewacht hat. ... Siehe, wie sie auf sein erstes Lächeln lauert, wie sie göttlich froh ist bei seiner ersten Erscheinung, wie sie alles thut, seine Wiederholung zu erzwingen, wie sie ihm lächelt und wieder lächelt, wie sie lieblich und anmuthsvoll ist, damit es auch lieblich und anmuthsvoll werde. Siehe, mit welcher Ausharrung sie die Sicherstellung dieser Ruhe und die Entfaltung der Anmuth ihres Kindes fördert; siehe mehr, siehe wie weit diese Sorgfalt auf den ganzen Umfang der Entfaltung seiner menschlichen Kräfte einwirkt, wie sich in dieser Ruhe das menschliche Denken des Kindes und in der Liebe, die diese Ruhe erzeugt, sein menschliches Thun, seine menschliche Thatkraft entfaltet, wie dann diese Thatkraft an der Seite der Mutter das wirkliche Leben in Unschuld, Wahrheit und Treue entfaltet und bildet. ... Freund der Menschheit, fasse diesen Gang der Natur in seiner tiefsten Bedeutung ins Auge! Siehe, wie sich aus der Liebe zur Mutter auf dieser Bahn die Liebe zu Gott, aus dem Vertrauen auf die Mutter das Vertrauen auf Gott, aus dem Glauben an die Mutter der Glaube an Gott einfach und lieblich entfaltet, wie sich die menschliche Ruhe in den Armen der Mutter zur himmlischen Ruhe in Gottes Armen erhebt. Siehe, wie auf diesem Wege die Entfaltung der menschlichen Kraft eine allgemeine heilige göttliche Entfaltung der Menschennatur wird, wie auf dieser vom reinen Herzen ausgehenden Bahn dann auch die Kraft des menschlichen Geistes und der menschlichen Kunst eine höhere, eine heiligere Kraft, eine höhere, eine heiligere Kunst wird. Siehe noch mehr, siehe, wie das Bewusstsein des Unrechts auf dieser Bahn beim Kinde in eine heilige Kraft gegen dasselbe, wie die Scheu und Scham vor der Mutter in die Scheu und Scham vor dem Angesicht Gottes, in Gottesfurcht hinübergeht; wie das leichte, sinnliche Gewand der in der Unmündigkeit entkeimenden Sittlichkeit sich durch die an der Seite der Mutter und im Glauben an sie entfaltete Gottesfurcht in eine wahrhaft reifende und mit Bewusstsein ihrem Wachsthum und ihrer Vollendung entgegenstrebende wirkliche Sittlichkeit umwandelt. ... So geht die wahre Erhebung unserer Natur zur Menschlichkeit wesentlich aus Liebe und Glauben hervor. Ohne Liebe und ohne Glauben mangelt der Anfang des Fadens, von dem allein alle wahre Entfaltung zur Menschlichkeit ausgeht, fortschreitet und endet. Mit einem Worte: Glaube und Liebe ist das A und das O der naturgemässen Bildung zur Menschlichkeit."

Also nicht Vorstellungen, Begriffe, Ideen sind die Ausgänge und Triebfedern der religiösen und sittlichen Erhebung des Menschen: sondern Gefühle, wie sie auf dem Grunde seiner Geistesgaben unter der Liebespflege der Mutter aufspriessen und dann im Familienverbande ihre erste Erweiterung und Bethätigung finden. Mit anderen Worten: Religion und Sittlichkeit können ihrem Wesen nach nicht gelehrt, sondern nur erfahren, erlebt werden. „Alle auch noch so klare Erklärungen über Glaube und Liebe und alle auch noch so warm ausgesprochenen Worte darüber ohne inneres, wirkliches Leben im Glauben und in der Liebe sind ein leerer Wind, von dem das zu unterrichtende Kind eigentlich nie weiss, woher er kommt und wohin er weht."

Aus diesen Darlegungen ergibt sich sattsam, warum Pestalozzi so hohen Wert auf das Familienleben und auf dessen Schauplatz, die Wohnstube legte, insbesondere aber, warum er lebenslang eine so hohe Verehrung vor der echten Mutter, vor dem edlen Weibe überhaupt, im Herzen trug. Seine Gertrud kennen Sie ja alle, und eine der Frauengestalten seines Lebenskreises schildert er mit folgenden herrlichen Worten: „So gehet die Sonne Gottes vom Morgen bis zum Abend ihre Bahn; dein Auge bemerkt keinen ihrer Schritte, und dein Ohr hört ihren Lauf nicht. Aber bei ihrem Untergange weisst du, dass sie wieder aufsteht und fortwirkt, die Erde zu erwärmen, bis ihre Früchte reif sind. Es ist viel, was ich sage, aber ich scheue mich nicht, es zu sagen: Dieses Bild der grossen Mutter, die über der Erde schwebt, ist das Bild der Gertrud und eines jeden Weibes, das seine Wohnung zum Heiligthum Gottes erhebt und ob Mann und Kindern den Himmel verdient."

Man kann sagen: Das sind Ideale, die im Leben nirgends angetroffen werden. Aber wenn auch der reine Gedanke, um sich in seiner Vollendung darzustellen, über menschliche Schwäche und Unzulänglichkeit hinausgeht: das Bild der Mutter, wie es uns Pestalozzi malt, ist mit nichten ein leerer Wahn; es ist Wirklichkeit und begegnet uns, Gott sei Dank, noch immer inmitten unserer so tief zerrütteten Gesellschaft, auf jenen glückseligen Oasen stiller Häuslichkeit, wohin das Civilisationsverderben mit seinem frivolen Mammons- und Sinnendienste und seinem erdrückenden Elende noch nicht die Veródung der Herzen getragen. Dort wird noch heute in der Wunderkraft der Mutterliebe das Dichterwort zur Wahrheit: „Was kein Verstand der Verständigen sieht, das übet in Einfalt ein kindlich Gemüth." Wohl dem, der in den Armen und an der Hand einer Mutter von Gottes Gnaden — wäre sie auch vor den Augen der Welt nur ein armes, einfältiges Weib — das Reich der Liebe und des Glaubens ahnen, fühlen und finden lernte! Er wird bezeugen, dass sie ihm ein Kleinod erschlossen, das allen Glanz der Erde überstrahlt und unzerstörbar alle Drangsale des Daseins überdauert. Und wenn er alle Bücherschätze durchforscht und alle Schulen durchlaufen hat, wird er bekennen: Von keinem Gelehrten habe ich so Grosses gelernt, wie von meiner Mutter. Beklagenswert der, welcher am Lebensmorgen die Mutter verlor und keinen Ersatz fand für deren Liebe und Treue. Schwerlich wird ihm die Fremde gewähren, was ihm der häusliche Herd versagte. Denn wem nicht in der eigenen Seele ein höheres Leben aufgeht, der wird es auch nicht finden in den Hörsälen und Lehrgebäuden, die der vom Gemüthe losgerissene Verstand auf dürrer Heide errichtet. Er hat, wie Pestalozzi sagt, „die Spur der Natur verloren", und je weiter er auf den Irrwegen der Unnatur fortschreitet, desto weiter entfernt er sich vom Ziele. Denn ewig wahr bleibt für alles Grosse und Hohe, was der Mensch erreichen kann, das Dichterwort: „Wenn ihr's nicht fühlt, ihr werdet's nicht erjagen."

III.

Das, geehrte Versammlung, sind die Prolegomena, die Grundgedanken und Hauptbegriffe der Pädagogik Pestalozzi's, des Mannes, der in der ganzen Geschichte unserer Wissenschaft und Kunst nicht seinesgleichen hat. Er war ein gottbegnadeter Seher, der sicheren Blickes aus dem reinen Brunnen seines Herzens jene tiefsinnigen und erhabenen Wahrheiten schöpfte, welche für alle Zeiten die Normen echter Menschenbildung bleiben werden. Sie erhielten ihn unter allen Enttäuschungen, Sorgen und Leiden seines tragischen Lebenslaufes aufrecht und kraftvoll und bewahrten ihm die jugendliche Begeisterung bis ins hohe Greisenalter, bis ans Grab. Sie allein sind es auch, die dem Beruf des Erziehers einen Wert, eine Würde, eine Weihe verleihen und den treuen Führer der Jugend trösten, wenn ein hartes Schicksal oder die Bosheit der Menschen ihn betrübt. „Nur der edle und erhabene Mensch," sagt Pestalozzi, „hat wahre Kräfte zu aller Unschuld und Reinheit der Menschenbildung.... Im Verderben der Welt ist die Menschenbildung nicht bloss die nothwendigste, die dringendste, sie ist auch die seltenste und schwierigste Kunst. ... Sie erfordert die ganze Weisheit eines die menschliche Natur tief kennenden Gesetzgebers, oder, wenn ihr lieber wollt, die Frömmigkeit einer Engeltugend." In Pestalozzi war diese Weisheit, diese Tugend, soweit sie dem staubgeborenen Menschen beschieden ist, zur Blüte gekommen, und darum hatte er ein offenes Auge für jene Wahrheiten, die gar manchem Weisen dieser Welt verborgen bleiben. An ihm bewährte sich das evangelische Wort: „Selig sind, die reines Herzens sind, denn sie werden Gott schauen." *)

Mit diesen Grundgedanken Pestalozzi's ist dem Gebäude der Pädagogik endgiltig das Fundament, der Plan und die Richtschnur gegeben. Es gilt „den menschlichen Organismus in seiner Tiefe zu erkennen, die allgemeinen Wahrheiten als Leuchte im Dunkel des Lebens zu ergreifen, sie mit einem durch Erfahrung und Übung gebildeten psychologischen Takte auf die besonderen Verhältnisse anzuwenden und das tiefe Problem von Entfaltungs- und Bildungsmitteln der Anlagen und Kräfte der Menschennatur zu lösen." Denn „es ist kein Beruf auf Erden, der tiefere Kenntnis der Menschennatur und grössere Fähigkeit und Gewandtheit, sie zu behandeln, voraussetzt". Darum muss die Erziehungskunst „wesentlich und in allen ihren Theilen zu einer Wissenschaft erhoben werden, die aus der tiefsten Kenntnis der Menschennatur hervorgehen und auf sie gebaut werden muss." Diese Wissenschaft kann und darf aber nicht auf fundamentlosen Speculationen und

---

*) Matth. 5, 8: Μακάριοι οἱ καθαροὶ τῇ καρδίᾳ, ὅτι αὐτοὶ τὸν θεὸν ὄψονται.

2

Satzungen errichtet werden; sondern „die Erfahrung ist das Siegel der Wahrheit; sie sei euch in diesem wichtigen Gegenstande der Leitstern, dem ihr folget."

Auf diesen Grundlinien nun ist von den Geistesverwandten und Nachfolgern Pestalozzi's die Pädagogik auf- und ausgebaut worden, und heute kann sie mit jeder anderen Wissenschaft getrost in die Schranken treten.[*)] Es fehlt nicht an Leuten, die dies leugnen, zum Theil recht geflissentlich leugnen — aus verschiedenen Gründen. Ich kann diesmal hierauf nicht eingehen, hoffe aber, es ein andermal thun zu können, indem ich wohl noch öfter Gelegenheit finden werde, in diesem Kreise über Pestalozzi's Pädagogik zu sprechen und meine heutigen Ausführungen zu ergänzen, besonders auch in didaktischer Hinsicht. Für heute nur dies: Seit Pestalozzi und ausserhalb des Kreises seiner Nachfolger hat weder die allgemeine Pädagogik noch die Unterrichtslehre irgend einen nennenswerten Fortschritt gemacht, d. h. nicht einen einzigen neuen Satz gefunden, der von principieller Bedeutung und zugleich wahr wäre. Wer dieser Behauptung widersprechen will, der muss die neuen pädagogischen Wahrheiten anführen, welche seit Pestalozzi entdeckt sein sollen.

Es handelt sich heute nicht mehr um die Schaffung einer pädagogischen Wissenschaft: sie ist da. Es handelt sich darum, sie zu studieren und zu verbreiten, sie vor Vergessenheit, vor Zerrüttung, Verkümmerung und Verflachung zu schützen, ja mancherorten selbst darum, sie wieder hervorzugraben aus dem tauben Gerölle, mit dem man sie von verschiedenen Seiten her verschüttet hat. Und es handelt sich ferner darum, dass endlich das blosse pädagogische Wortwesen aufhöre und die pädagogischen Thaten zur Hauptsache gemacht werden; es handelt sich um Einführung der Pestalozzi'schen Gedanken ins Leben. An Wissen fehlt es uns nicht, aber an der Möglichkeit und Kraft, es zu realisieren.

Dass hier die Schule allein nicht helfen kann, dass sie vielmehr nur einer von vielen Factoren ist, das ergibt sich deutlich genug aus den vorgeführten Gedanken Pestalozzi's. Was aber zu geschehen habe, um die Verwirklichung derselben in ganzen Völkern und Reichen anzubahnen, darauf weisen die zahlreichen und schweren Gebrechen unseres socialen und politischen Lebens deutlich genug hin. Doch ist dies ein Capitel, welches wir in dieser Stunde nicht erörtern können.

Werfen wir nur noch einen Blick auf das, was uns als Schulmännern

---

*) Siehe die Abhandlung von Dr. Friedrich Dittes: Über Pädagogik als Wissenschaft. Pædagogium VII, S. 1 ff. u. S. 81 ff.

zunächst liegt, auf die Schule und besonders auf die Schule des Volkes. Ja, was soll diese alles leisten und — verantworten! Gern, sehr gern thäte sie es, wenn sie nur könnte! Wenn man ihr doch, wo nicht Gunst und Beistand, wenigstens Ruhe und Frieden gönnte in ihrer Arbeit! Wenn doch wenigstens ihre geschworenen Feinde endlich einmal von ihr abliessen, oder im Zaum gehalten würden! Und wer sind sie? Noch immer dieselben, deren Treiben dem edlen Pestalozzi so oft Worte des tiefsten Schmerzes, der innersten Empörung seines ganzen Wesens erpresste. „Die grössten Feinde der Volksbildung," sagt er, „haben keinen Glauben an irgend etwas Göttliches, weder in sich selbst, noch in ihrem Geschlechte. Diese Kinder des Unglaubens, die als Väter des Unrechts in unserer Mitte dastehen, in welches Kleid des Glaubens sie sich auch kleiden und hinter welcher Gestalt des Rechtes sie sich auch verbergen, können nirgends einen wahren Fortschritt des Volkes in seiner sittlichen, geistigen und Berufskraft lieben und wahrhaft schätzen, indem sie Wissenschaft und Kunst selbst bloss für eine Dienstmagd ihrer Unrechtlichkeit, ihrer Lieblosigkeit und ihres Unglaubens ansehen. Sie wollen deshalb das Volk auch in keinem Falle u m s e i n e r s e l b s t willen zum Bewusstsein der Kräfte, die von Gotteswegen als Fundament der Kunst und der Wissenschaft in jedem Menschen selbst liegen, emporbilden, sondern dasselbe immer nur zu dem Grad und der Art von Kunstfertigkeiten und wissenschaftlichen Kenntnissen hinlenken, dass sie die Kunst und die Wissenschaft nur als die Dienstmagd ihrer Unredlichkeit, ihrer Lieblosigkeit und ihres Unglaubens und als Mittel der Zwecke ihrer Schlechtigkeit brauchen lernen. Die unchristliche Bitterkeit, die sich in unserer Zeit auch nur gegen die Spur des Gedankens einer höheren Volksbildung ausspricht, lässt sich durchaus nur aus diesem Gesichtspunkte erklären.... Ich kann mir kein Verbrechen an Gott, an den Menschen und an dem Vaterland denken, das demjenigen, die Kräfte der Menschennatur im Menschen, besonders im armen Menschen, mit Absicht, Muthwillen und Vorsatz in ihrem Keime zu ersticken, gleichkommen könnte."

Geehrte Versammlung! Hier haben wir den entscheidenden Punkt, an welchem die Pädagogik Pestalozzi's sich scharf und vor aller Welt Augen von jeder anderen trennt. Wer an d i e s e m Punkte nicht die Probe besteht, der hat keine Gemeinschaft mit Pestalozzi. Möge er auch sagen, dass er „im Princip", „in der Theorie" mit dem grossen Schweizer übereinstimme: es ist n i c h t w a h r; das Princip, die Theorie ist leere Phrase, gedankenloser Wortkram oder trügerisches Geflunker, wenn nicht die Thaten von der Lebenskraft zeugen, die immanent und untrennbar mit Pestalozzi's Grundanschauungen verbunden ist. Das pädagogische Princip ist mit nichten ein

2 *

Spielball der Buchweisheit oder des Kathedergeschwätzes; sondern es ist eine Wahrheit, die Verwirklichung fordert und den Menschen, der sie erfasst hat, unfehlbar zum Handeln bestimmt. Der durchgreifende Unterschied, um den es sich hier handelt, lässt sich in Kürze folgendermassen darlegen: Die Pestalozzi'sche Pädagogik geht hervor aus der Achtung vor der Menschennatur als einem Werke des Schöpfers und erkennt jedem Kinde, das Menschenantlitz trägt, die wesentlich gleiche Beanlagung, Würde und Bestimmung zu und daher auch den gleichen Anspruch auf Ausbildung der ihm von Gott verliehenen Kräfte.

Hieraus folgt für die Pestalozzi'sche Pädagogik die Pflicht — eine Pflicht des Glaubens und der Liebe — alle im Menschen liegenden Keime des Guten sorgsam zu schützen, zu pflegen und zu fördern, sowie die Überzeugung, dass das Heil der menschlichen Gesellschaft darauf beruht, diese Pflicht an allen ihren Gliedern zu erfüllen, wodurch zugleich die Individuen ihr natürliches Recht, d. h. ihre menschliche Vervollkommnung und ihre höchste Befriedigung finden, worin das letzte Ziel aller Menschenbildung liegt. Daher betrachtet die Pestalozzi'sche Pädagogik jede Vergewaltigung und Ausnutzung der Individuen zu Zwecken, welche ihrem Wesen und ihrer persönlichen Würde zuwider sind, also auch jede Zurichtung des einen Theiles zum Dienste und Vortheil des anderen, als einen Frevel gegen Gottes Ordnung, hingegen die freie und naturgemässe Entfaltung aller menschlichen Anlagen und Kräfte als Norm und Form der gesammten Erziehungs- und Unterrichtsthätigkeit. Sie weiss, dass das Kind nicht ohne Beistand, Unterstützung und Anregung von aussen, nicht ohne die Hilfsmittel der physischen Existenz und geistigen Erhebung bestehen und gedeihen kann; aber sie ordnet diese Mittel den Bedürfnissen und Entwickelungsgesetzen der Menschennatur unter; sie ist Dienerin, nicht Herrin der Menschennatur und will daher die Entfaltung von innen nach aussen: sie ist mit einem Worte die Entwickelungs-, die Evolutions-Pädagogik. — Die ihr entgegengesetzte Pädagogik geht von der Meinung oder dem Vorwande aus, dass die menschliche Natur nicht viel tauge und nicht viel wert sei, dass insbesondere die menschliche Seele nur zum Bösen neige und zum Guten untüchtig, oder dass sie überhaupt ein todtes, nichtiges Ding sei, ohne jede Art von Kraft und Anlage, also auch ohne jeden inneren Trieb und jede innere Fähigkeit zur Entwickelung. Diesen beiden Abarten der Pestalozzi'schen Anschauung total entgegengesetzte Geringschätzung und Degradierung der Menschennatur läuft in der Praxis hinaus auf Demüthigung und Erniedrigung des Menschen, auf bewusste und geflissentliche Verleugnung des Princips der Naturgemässheit und freien Entwickelung, auf Unterwerfung unter Satzungen und Herkommen, unter die Ansprüche bevorrechteter Selbstsucht und Gewalt, die man gern mit der Berufung auf „gottgeordnete Autoritäten" beschönigt. Das Kind ist dieser Pädagogik ein Manipulationsobject, ein Machwerk; sie arbeitet von aussen nach innen, mit Zwang, Kunstgriffen und Schablonen; sie ist die Pädagogik des Beliebens, des Mechanismus, der Abrichtung, der Dressur, mit einem Worte des Despotismus, gleichviel, ob man sie mit einem theologischen Heiligenschein umgibt, oder in philosophischen Dunst hüllt, oder mit patriotisch-loyaler Heuchelei verbrämt.

Das sind, scharf gefasst, die in der Pädagogik obwaltenden und dem inneren Wesen nach schlechthin unvereinbaren Gegensätze, obwohl in der Wirklichkeit die Menschen, auch die Erzieher und Lehrer, gar oft, sei es mit oder ohne Bewusstsein, halb hier halb dort stehen, bald diesem, bald jenem Princip dienen und, wie der Prophet sagt, „auf beiden Seiten hinken." Ein klarer Kopf und consequenter Charakter kann jedoch über den vorliegenden Contrast nicht hinweggehen. Denn hier gibt es keine Vermittelung, tertium non datur. Die Pestalozzi'sche Pädagogik unterscheidet sich von der anderen, wie der Tag von der Nacht; wer nicht mit ihr ist, der ist gegen sie, es sei denn, dass er überhaupt gar nichts ist. Wohl gibt es helle Nächte und trübe Tage; aber dennoch bleibt es ewig wahr, dass mit Sonnenaufgang der Tag beginnt und mit Sonnenuntergang die Nacht.

Handelt es sich also um die grosse Frage der freien, naturgemässen Vervollkommnung und menschenwürdigen Existenz aller Kinder, die Menschenantlitz tragen: dann haben wir dem unbedingten Nein unserer Antipoden nur ein unbedingtes Ja entgegenzustellen, und allen mattherzigen Vermittelungsmännern, den „politischen Halbköpfen und Viertelsherzen", wie sie Pestalozzi nennt, nur den Bescheid zu geben: „Nichts von Verträgen, nichts von Übergabe."

Gibt es Leute, die sich zusammenkoppeln, um jeden Aufschwung des Menschengeschlechtes zu hemmen, so muss es auch Leute geben, die sich entschlossen die Hände reichen zum Bunde für alles, was den Menschen ehrt und schmückt und erhebt, zum Bunde für Wahrheit und Freiheit, für Liebe und Treue, für Licht und Recht, für Menschenglück durch Menschenbildung.

II.

Über formale Bildung.

Vorgetragen am 1. April 1887 von EDUARD SIEGERT.

Seit langem fasst man den Begriff Bildung in dualistischer Weise auf, indem man von einer materialen und formalen Bildung spricht. Die Begriffe, die man mit diesen beiden Bezeichnungen verbindet, sind nicht immer präcise und streng abgegrenzt. Namentlich ist der Ausdruck „formale Bildung" zu einem beliebten Schlagworte geworden, unter dessen dehnbarem Begriffe jede Art didaktischer Allotria ihr Wesen treiben kann. Jedes unterrichtliche Steckenpferd, jede individuelle Lehrverschrobenheit findet durch den Hinweis auf die damit erzielte formale Bildung ihre scheinbare Berechtigung. Ich werde in meinen Ausführungen die Begriffe materiale und formale Bildung auf Grundlage eines psychologischen Eintheilungsprincipes auseinanderhalten. Je nachdem nämlich die receptive Seite menschlicher Geistesthätigkeit, oder die spontan wirkende Kraft des Geistes in den Vordergrund tritt, werden wir von materialer oder formaler Bildung sprechen. Nimmt der Geist Wissenselemente von aussen her in der Form von Anschauungen, Begriffen, Urtheilen etc. auf, sie einfach im Gedächtnisse festhaltend, und ohne gegen sie von innen heraus erheblich zu reagieren, so bildet er sich material. Verfügt aber der Geist über die von aussen her erworbenen Vorstellungen und Associationen derart, dass er sie auf dem Wege vielfältiger logischer Verknüpfung und Durchdringung zu neuen subjectiven Intelligenzgebilden formt, so bethätigt er sich formal. „Die materiale Bildung bereichert unser Wissen extensiv, d. h. in der Richtung der Breite durch neuen Bildungsstoff — die formale steigert unser Können intensiv, d. h. in der Richtung der Tiefe durch neue Bildungskraft."

Die materiale Bildung schafft, wie schon die Bedeutung des Wortes darthut, die Materialien, die Steine, den Kalk, den Sand herbei, während die formale diese Stoffe zu einem mehr oder weniger kunstvollen und soliden

Bauwerke aufführt. Jene vertritt das mechanische, diese das organische Princip unseres Geisteslebens. Wie ohne Material zum Baue kein Gebäude entstehen kann, so bleibt andererseits das rohe Material ein gestaltloser Haufen, wenn der Geist des Baukundigen sich nicht an ihm bethätigt. So ist auch die formale Bildung nur durch das Medium der materialen denkbar, während diese letztere wieder ohne das Hinzutreten der ersteren aufhört, Bildung zu sein. Die Erfahrung zeigt nun, dass beide Formen der Bildung in den einzelnen Individuen oft in sehr ungleichem Masse zur Erscheinung gelangen, dass bald die eine, bald die andere Bildungsform zu Ungunsten der anderen in den Vordergrund tritt, was beides mit intellektuellen und moralischen Nachtheilen verbunden ist. Mangel an formaler Schulung bei grossem Umfange der Auffassungen erzeugt todte Vielwisserei, Gelehrtenpedantismus, Unbeholfenheit und Schwerfälligkeit in der Beurtheilung praktischer Lebenslagen, Unanstelligkeit, Beschränktheit. Überwuchern der formalen Geistesrichtung gebiert den Hang zur Abstraction und Speculation, erzeugt wertlose, auf unzulängliche Induction aufgebaute Afterweisheit und fade Klügelei. Erst im richtigen Einklang der beiden Bildungsoffenbarungen kann die wahre und echte Geistesbildung gedeihen, und es muss deshalb die wichtige Aufgabe des Unterrichtes, insbesondere des öffentlichen Schulunterrichtes sein, diesen Einklang in zielbewusster Weise anzustreben.

Erheben wir die Frage, ob unsere gegenwärtige Schule dieser Aufgabe erfolgreich nachkommt, so vermögen wir leider nicht mit einem rückhaltslosen „Ja" zu antworten. Unsere moderne Schule segelt zu sehr im materiellen Fahrwasser. Sie ist sich der Vorzüge, des Wertes der formalen Geistesschulung theoretisch wohl bewusst und wird in dieser Erkenntnis durch die auf einen hohen Stand gebrachte Psychologie kräftigst unterstützt, aber in der Praxis klebt sie noch zu sehr am Stoff, stellt diesen zum dominierenden Princip auf, der formalen Bildung nur einen secundären, häufig bloss zufällig vorhandenen Platz einräumend. Ist diese Erscheinung auch zu beklagen, so ist sie doch historisch zu erklären und gibt, weil causal mit den Erscheinungen der Vergangenheit zusammenhängend und so einen Schluss auf die Zukunft gestattend, die sichere Hoffnung baldigen Besserwerdens.

Werfen wir einen Blick in die Vergangenheit, so zeigt sich uns die interessante Thatsache, dass Jahrhunderte lang der Schule fast ausschliesslich formale Bildungsziele zugedacht wurden. Mit Ausnahme des Religionsunterrichtes, der, sofern er nicht etwa unverständiger Gedächtniskram war, material bildenden Wert besass, hatte die Schule rein formale Leistungen, die Fertigkeiten des Lesens, Schreibens und Rechnens, zu erzielen. Das

Bedürfnis nach Vermittelung positiver Kenntnisse durch die Schule lag nicht vor; das Leben an sich, die Erfahrung, der praktische Lebensberuf mussten diese Kenntnisse schaffen, die dann selbstverständlich nach Ort, Grad und Umfang in den einzelnen Individuen als sehr verschieden sich darstellten. Man braucht nicht den scholastischen Geist des Mittelalters als Erklärung für diese Auffassung zu Hilfe zu nehmen; der Gedanke, dass die Welt, die Natur, das Leben, die ja jedem als offenes Buch sich darbieten, an sich genugsam Bildungsmaterial lieferten, so dass der Schule nur die Aufgabe der formalen Durchbildung dieses Materials zufiele, ist keineswegs so ungereimt, als wir, befangen in unseren herkömmlichen Anschauungen, meinen. Aber freilich, wenn die Praxis der vorpestalozzianischen Schule die oft gewiss ansehnlichen Anschauungsschätze der Kinder absolut als todtes Pfund verachtete, wenn ihre Bestrebungen in der Beibringung des Triviums, also in einer höchst einseitigen, nur auf Grundlage von Buchstaben und Ziffern sich vollziehenden formalen Bildung bestanden, dann konnte die Erschütterung dieses Systemes nicht ausbleiben. Und diese Erschütterung kam, als mit dem Scholasticismus der Geist des Mittelalters, der auf dem Gebiete der Schule bis in die modernste Zeit hereinreichte, dahinsank. Die neuere Philosophie, Baco an der Spitze, verdrängte die Naturverachtung der früheren Zeit, an deren Stelle trat die Naturverehrung und Naturforschung, und die Wellen dieses Kampfes schlugen in das Gebiet der Pädagogik über, deren unsterblichste Geister: Rousseau und Pestalozzi gebärend. Kann es ein Wunder nehmen, dass der Knechtschaft des Geistes, die in dem Autoritätsglauben, in der Ignorierung der Natur und ihrer Gesetze, in der Überschätzung der Speculation in metaphysischen Spitzfindigkeiten wurzelte, eine Bewegung eine Ende machte, die, den Weg der Induction beschreitend, der Pädagogik zurief: Verbannt den Autoritäts- und Aberglauben! Wendet eure Sinne sorgfältig und genau an, schreitet nicht zu allgemeinen Gesetzen und Erkenntnissen vor, ohne durch die ausreichende und umfassende Beobachtung hiezu ermächtigt zu sein: kurz, das Princip der Anschaulichkeit wurde proclamiert und es begann in der pädagogischen Welt seinen Siegeszug zu halten. Es gibt kein didaktisches Princip, das einen so durchgreifenden Einfluss auf die methodische Umgestaltung der Unterrichtsdisciplinen ausgeübt hätte und noch ausübt als das Princip der Anschaulichkeit, und, gestehen wir es nur offen, seine letzten Consequenzen sind noch nicht gezogen. Noch ist der Geist des Formalismus aus den Schulen nicht ganz gewichen, in manchen Gegenständen, insbesondere im Sprachunterrichte, behauptet er noch seine alte Macht. Aber andererseits ist die durch Anwendung des Anschauungsprincipes auf jede Art Unterricht bewirkte Reform von dem

Fluche aller radicalen Formen nicht frei geblieben, von dem Fluche, im reformatorischen Übereifer des Guten zuviel zu thun, das Kind mit dem Bade auszuschütten. Indem man die Anschauung vielfach nicht als bloss wichtiges, sondern als einziges Mittel wahren Unterrichtes betrachtet, ist die Anschauung von einem Unterrichtsprincip zu einem Unterrichtszweck avanciert. Befangen in dieser falschen Auffassung hat sich eine Unterrichtspraxis herausgebildet, die, legitimiert durch die strenge Beobachtung des Grundsatzes der Anschaulichkeit, Wissensstoff auf Wissensstoff zuführt, die Köpfe der Kinder überfüllt und Kenntnisse schafft ohne inneren Zusammenhang, ohne treibende Kraft, Kenntnisse, nur dazu bestimmt, von den Kindern abgeworfen zu werden, sobald der Schulzwang aufhört. Diese Unterrichtspraxis, für die man den bezeichnenden Ausdruck „didaktischer Materialismus" gefunden hat, ist eine Krankheit, die um so schwerer auszurotten ist, als ihr der Glanz der Anschaulichkeit den Schein strotzender Gesundheit verleiht. Dieser didaktische Materialismus zeigt sich vor allem im Anschauungsunterricht der Elementarclasse und in den realistischen Fächern der Mittel- und Oberclasse. Die nach Lebenslust und Lebensfreude lechzenden Kinder der ersten Classe, die ohnehin mit dem trockenen Mechanismus der Schreib-, Lese- und Rechenfertigkeit abgequält werden, werden auch noch in der Stunde des Anschauungsunterrichtes mit den langweiligsten Beschreibungen und Sacherklärungen gemartert, nur, weil das anschaulich ist. Statt des frischen Lebens der Handlung, der Historie, des Nacheinanders, bietet man dem Kinde ein contemplatives Stillleben, ein todtes Nebeneinander. Man lässt in wohlgedrechselten Sätzen, wohl gar im Chore, die Theile des Tisches, des Sessels, des Messers, der Schere aufzählen; man ist glücklich, wenn man die Hausthiere, die man natürlich im einzelnen Bilde, gross, kunstvoll ausgeführt, oder vielleicht gar ausgestopft, vorführt, mittels des Frage- und Antwort-Geplappers in allen ihren körperlichen Einzelheiten beschreiben hört. Das ist Anschauung, das ist Geist, ruft der didaktische Materialist. In Wirklichkeit ist es Langeweile, geistiger Tod. Wohl führt man den Kindern eine Überfülle von Sachbegriffen zu, aber solche, die ihrem Interessenkreise ferne liegen, die für sie geistig wertlos sind und niemals den Gegenstand ihres naiven, ursprünglichen Mittheilungsdranges abgeben.

In neuerer Zeit zeigen sich zum Glücke Spuren für eine sachgemässere Auffassung des Anschauungsunterrichtes. Die „Pädagogische Gesellschaft" selbst hat im vorigen Jahre durch Herrn Jordans Vortrag über die Hölzelschen Anschauungsbilder bedeutsame Winke zur Reform dieses Gegenstandes gegeben; ich kann mich deshalb auf Constatierung des Übels beschränken und verweise in Bezug auf positive Vorschläge auf diesen Vortrag. Der didaktische Materialismus hat aber auch in den realistischen Gegenständen der Mittel- und Oberclassen Objecte seiner verderblichen Thätigkeit gefunden. Auch hier hat das materiale Princip über das formale den Sieg davon getragen. Der vor zwei Jahren erschienene Erlass des österreichischen Unterrichtsministeriums wegen Reduction des realistischen Lehrstoffes und Ausarbeitung detaillierter Lehrpläne braucht durchaus nicht auf reactionäre Motive zurückgeführt werden. Auf didaktischen Gründen beruhender Anlass zu dieser Verordnung lag genugsam vor. Ob sie eine durchgreifende Wirkung haben wird, ist zu bezweifeln. Soweit meine Erfahrungen reichen, leiden die von verschiedenen Conferenzen ausgearbeiteten realistischen Lehrpläne noch immer an dem alten Übel der Stoffüberfüllung, und dieses Übel hat in der pädagogischen Tradition, in der falschen Anwendung des Lesebuches, in der unrichtigen Auffassung des Anschauungsprincipes so viele Stützen, dass an seine Heilung sobald nicht zu denken sein wird. Wie dominieren im geographischen Unterricht noch die todten Namen und Zahlen! Welch eine Unsumme von Begriffen erdreistet sich der heimatkundliche Unterricht bei seinen jährlich ihm zu Gebote stehenden 22 Lehrstunden (3. Cl.) zu vermitteln! Man werfe nur einen Blick in die Hilfsbücher und Leitfäden für diesen Gegenstand, die vielen Lehrern als Führer dienen, und man wird das bestätigt finden. Mit der Umständlichkeit eines Bädeker wird der Heimatbezirk durchforscht, Amts- und Behördenbegriffe werden aufgezählt und erklärt, dass jeder Amtskalender seine Freude daran hätte. So geht es durch alle Classen. Vielen Lehrern bringen sogar die Hilfsbücher, die sich ohnehin nicht der stofflichen Magerkeit berühmen können, noch viel zu wenig Material. Auch der Geschichtsunterricht ist in den Klauen des didaktischen Materialimus. Wer in den oberen Classen Geschichtsunterricht treibt, wird oft in heller Verzweiflung dagestanden sein, wenn beim Vortrage eines Geschichtsbildes die aus dem Wesen der concentrischen Kreise entspringende Bezugnahme auf die von früheren Stufen her vorausgesetzten Kenntnisse als gänzlich resultatlos sich erwies. Woher diese Erscheinung? In der Überladung der Kinder mit historischer Materie, zu deren formalen Durchbildung die nöthige Zeit nicht vorhanden ist.

Der physikalische Unterricht ist Dank seinem Inhalt, der es weniger mit Beibringung positiven Wissens als vielmehr mit dem Eindringen in den causalen Zusammenhang der Erscheinungen zu thun hat, vor der Überschätzung des materialen Principes beim Unterrichte so ziemlich gesichert. Ob die an grösseren Schulen so leicht und vielseitig sich darbietende Gelegenheit des Experimentes nicht hie und da in die Versuchung führt, diese

Experimente als Zweck statt als Mittel zu betrachten, lasse ich dahingestellt. Nach meinen Erfahrungen lassen die Erfolge des physikalischen Unterrichtes an den oberen Classen der Volks- und an den Bürgerschulen eher auf ein Zuviel als ein Zuwenig des darzubietenden Stoffes schliessen.

Die meisten Sünden begeht der naturgeschichtliche Unterricht. Die falsche Auffassung des Princips der Anschauung hat diesen Gegenstand zu einem sehr trockenen und langweiligen gemacht und ihm nebenbei ein wichtiges Mittel geraubt, die Resultate dieses Unterrichtes zu sichern und dauernden zu machen. Um der Anschauung willen ist die detaillierte Beschreibung der Naturkörper zur didaktischen Regel geworden. Es genügt für die Kinder nicht, einen Naturkörper sicher und genau zu kennen, ihn von ähnlich gearteten zu unterscheiden, nein: er muss in allen seinen Theilen beschrieben werden. Das Kind will das Leben der Naturkörper kennen, deren Beziehung zu anderen Naturkörpern, zum Menschen, es will Bewegung und Handlung sehen, wie ja die Natur selbst in steter Bewegungsarbeit begriffen ist. Der didaktische Materialist aber sagt: „Ich gebe zu, dass das alles recht gut und schön ist, aber die Hauptsache bleibt doch, dass man die Naturkörper beschreiben kann." Und so werden in den Schulen die Zähne, die Federn, die Blätter und dgl. nicht bloss angeschaut, sondern gezählt, und wehe dem Kinde, das mit irgend einer Zahnformel nicht auf vertrautem Fusse steht. Ja, in vornehmer Geringschätzung der kindlichen Ansprüche verweisen die Herren Autoren naturgeschichtlicher Lehrbücher das den Kindern Interessante, dauernde Anregung Gewährende in den mit kleinen Lettern gedruckten Raum für Nebensächlichkeiten, während das die Kinder nicht interessierende, nach zurückgelegter Schulzeit sofort abgeworfene, descriptive Wissen in grossen Lettern als das Wichtige, Wesentliche hingestellt wird. Es gereicht der „Pädagogischen Gesellschaft" jedenfalls zum Verdienst, durch den Vortrag des Herrn Zoder und die daran sich knüpfenden Debatten die Reform des naturgeschichtlichen Unterrichtes mit angebahnt zu haben, und soweit ich die Ergebnisse dieser Debatte zu beurtheilen vermag, stimmen alle dabei offenbarten Ansichten darin überein, dass dem Überwiegen des rein Descriptiven, ich möchte sagen des rein Materialen, ein ernstliches Schach zugerufen werde. Nur auf eine Achillesferse unseres landläufigen naturgeschichtlichen Unterrichtes möchte ich noch hinweisen. Um den Triumph des rein materialen Wissens vollständig zu machen, hat man die Systematik aus der Schule fast vollständig verbannt. Weil die ungeschickte Didaktik der früheren Zeit naturgeschichtliches Wissen ausschliesslich auf Systematik aufbaute, ohne Zuhilfenahme der Anschauung, und so reinen Verbalismus trieb, gieng die Reaction gegen diese Afterdidaktik soweit, mit

der Proclamierung der Anschaulichkeit des naturgeschichtlichen Unterrichtes
zugleich die Verbannung jedweder Systematik auszusprechen.

Dadurch hat der naturgeschichtliche Unterricht ein wichtiges Mittel formaler Bildung aus der Hand gegeben. Halten wir Umschau in unserer geistigen Werkstätte, so finden wir, dass der Geist in unablässig vergleichender
Thätigkeit begriffen ist. Der Perception folgt die Apperception, welche
die neu eindringenden Vorstellungen und Vorstellungsverbindungen mit den
schon vorhandenen vergleicht, sie entsprechend verarbeitet und bezieht und
so zu neuen, spontaner Geistesthätigkeit erwachsenen Geistesgebilden formt.
Diese vergleichende Thätigkeit der Apperception zeigt sich vor allem bei
der Begriffsbildung. Auf dem Wege der Vergleichung, der Abstraction und
Combination erheben sich die menschlichen Einzelvorstellungen zu Begriffen
und gewinnen dadurch erst eigentlichen Wert als Denkgebilde. Ohne Begriffe keine Urtheile, keine Schlüsse, keine Ideen, kurz kein eigentliches
Geistesleben. Der Begriff ist es, der in das Chaos der unzähligen Einzelvorstellungen Ordnung und Klarheit bringt, der die Herrschaft des Geistes
über die Materie ausspricht und in seinem Vollzuge eine formale Bildung
der materialen gegenüberstellt. Liegt nun in der Verdichtung der Einzelvorstellungen zum Begriffe ein wichtiger, ja vielleicht der wichtigste Schritt
der menschlichen Geistesentwickelung, so folgt daraus, dass die Capacität
des Geistes auf einem gewissen Gebiete in dem Masse zunimmt, als die von
demselben beherrschten Begriffe zu immer höheren sich gestalten. Dies
zeigt sich deutlich beim Vergleiche des Ungebildeten mit dem Gebildeten.
Ersterer befangen in den ihn umgebenden sinnlichen Eindrücken, mangels
sicherer und klarer Begriffe unfähig zu scharfem und raschem Urtheilen, wie
tief steht er unter dem Gebildeten, der, in sicherem Besitze weitreichender,
grosse Gebiete zusammenfassender Oberbegriffe ein grosses geistiges Terrain
beherrscht, und damit zu raschem, sicherem Urtheile befähigt ist. Und diese
Abstraction, diese Zusammenfassung von Unter- zu Oberbegriffen, die geradezu ein Mittel fortschreitender geistiger Bildung ist, sollte didaktisch verwerflich, zum Mindesten für den naturgeschichtlichen Unterricht verwerflich
sein? Nein, und abermals nein! Erst durch die Vergleichung der Naturkörper, durch Zusammenfassung derselben in Gattungen, Ordnungen, Classen
gewinnt der naturgeschichtliche Unterricht formalbildenden Wert, gewährt
er die Möglichkeit, durch Begriffe von kleinem Inhalt einen grossen Umfang
von Einzelvorstellungen zu fixieren und so eine gewisse, dem Gedächtnisse
unverlierbare Ordnung in dem Wust naturgeschichtlichen Details herzustellen.
Ich brauche wohl dem nicht hinzuzufügen, dass ich diese Systematik in ihrer
einfachsten, durchsichtigsten Gestalt aufgefasst wissen will.

Es wäre indessen einseitig, zu glauben, ein wohlgegliedertes Begriffs-
system hätte nur für den naturgeschichtlichen Unterricht grösseren Wert.
Die Logik lehrt uns die ausserordentliche Wichtigkeit der Begriffe für unser
gesammtes Geistesleben kennen. Die analytischen Urtheile und Schlüsse,
somit ein grosser Theil unserer Gedankenwelt, sind völlig in unserem Be-
griffsvorrathe eingeschlossen. Je schärfer, präciser die Begriffe in unserem
Geiste entwickelt sind, desto sicherer und treffender die Urtheile und Schlüsse.
Vielfache Abstraction und Combination, reicher Wechsel von Induction und
Deduction muss zusammenwirken, um den Geist in steter Bewegung zu halten
und seine formale Ausgestaltung zu ermöglichen. Durch welche Mittel der
Unterricht dieses Ziel erreichen kann, lässt sich allerdings nicht in Kürze
erörtern. Die geistige Capacität des Lehrers, der Umfang und Zusammenhang seiner Kenntnisse, sein natürliches und durch praktische Erfahrung,
sowie durch gründliche psychologische und didaktische Studien gehobenes
Lehrgeschick sind hiebei wohl in erster Reihe entscheidend. Aber zwei
wichtige Fingerzeige für einen rationellen, die formale Geistesschulung nicht
vernachlässigenden Unterricht gibt uns die Logik. Sie lehrt uns, dass der
Geist zur Errichtung seines Begriffsgebäudes den Weg der Vergleichung
betritt, und dass er die Schärfe und Festigkeit der Begriffe und damit die
Fähigkeit weiterer gediegener Gedankenarbeit durch ein geistig-sinnliches
Mittel zustande bringt, durch die Sprache. Will also der Unterricht seiner
Aufgabe der formalen Bildung gerecht werden, so ahme er den menschlichen
Geist in seinem ureigensten Wirken nach und mache die Vergleichung und
die Sprache zu hervorragenden Mitteln seiner Bildungsthätigkeit. Das vergleichende Verfahren hat einzelnen Wissenschaftszweigen einen ungeahnten
Aufschwung gegeben. Die Sprachwissenschaft verdankt ihm ihre gegenwärtige Höhe, die Geographie ist durch seine Anwendung erst zur Wissenschaft geworden, die Naturwissenschaften schulden ihm einen grossen Theil
ihrer staunenswerten Ergebnisse. Den vergleichenden Weg empfiehlt nun
die Logik auch für den Unterricht. Nichts verschafft den Begriffen grössere
Deutlichkeit und Bestimmtheit, nichts ist geeigneter zur Urtheils- und Schluss-
bildung anzuregen als ein Unterrichtsverfahren, das die erworbenen Begriffe
und Ideen einer möglichst vielseitigen Vergleichung unterzieht, Gesetze heraus-
hebt, innere Zusammenhänge nachweist, kurz, die möglichst reichen Beziehungen innerhalb der individuellen Gedankenwelt herstellt. Die Vergleichung bietet ferner den Vorzug, dass sie die Entstehung synthetischer Urtheile
und Schlüsse begünstigt, welch letztere insbesondere in der Form des Cau-
salitätsschlusses eine wichtige Quelle der Wahrheit, der Erkenntnis bilden.
Ein Unterricht, der die Schüler oft und erfolgreich zu den Fragen „warum?"

und „weil?" hinleitet, ist ein Geisteswecker ersten Ranges. Und die Vergleichung ist, wie schon gesagt, vorzüglich dazu angethan, Erscheinungen und Thatsachen im Natur- und Menschenleben mit dem Lichte der Causalität zu beleuchten. Vor mehr als einem Jahrhundert hat Lessing den bekannten geistreichen Ausspruch gethan: „Warum fehlt es in allen Wissenschaften und Künsten so sehr an Erfindern und selbstdenkenden Köpfen?" Diese Frage wird am besten durch eine andere Frage beantwortet: Warum werden wir nicht besser erzogen? Gott gibt uns die Seele; aber das Genie müssen wir durch Erziehung bekommen. Ein Knabe, dessen gesammte Seelenkräfte man soviel als möglich in einerlei Verhältnissen ausbildet und erweitert, dem man angewöhnt, alles, was er täglich zu seinem kleinen Wissen hinzulernt, mit dem, was er gestern bereits wusste, in der Geschwindigkeit zu vergleichen und achtzuhaben, ob er nicht durch diese Vergleichung von selbst auf Dinge kommt, die ihm noch nicht gesagt worden; den man beständig aus einer Scienz in die andere hinübersehen lässt; den man lehrt, sich ebenso leicht vom Besonderen zum Allgemeinen zu erheben, als von dem Allgemeinen zum Besonderen sich wieder herabzulassen: der Knabe wird ein Genie werden, oder man kann es nicht in der Welt werden." Wie beredt spricht Lessing der Vergleichung das Wort! Zwar ist er hinsichtlich der an einen solchen Unterricht zu knüpfenden Erwartungen allzu optimistisch, aber das Wesen der Bildungsreform hat er scharf erfasst. Auch in der Gegenwart regt und bewegt es sich; der Vergleichungs-, der Beziehungsgedanke ringt nach Anerkennung, und seine schärfste Ausprägung hat er erfahren in dem allgemeinen Rufe nach Unterrichtsconcentration. Aber theoretischer Wunsch und praktische Ausführung decken sich leider auf diesem Gebiete nicht. Der Gedanke, dass die Kenntnisse um so sicherer, fruchtbringender, lebenskräftiger sich entwickeln, von je reicheren Beziehungen sie getragen sind, ist ja an sich wohl unanfechtbar. Aber so natürlich und psychologisch wohl fundamentiert dieser Gedanke erscheint, so ist er doch für die Unterrichtspraxis bisher nicht sehr fruchtbringend gewesen. Wohl hat die Herbart-Ziller'sche Schule einen Lehrgang für acht Classen auf der Basis der Unterrichtsconcentration aufgebaut in dem bekannten Werke von Rein, Pickel und Scheller, aber die Concentration ist hier eine gewaltsame, auf äusserlichen, statt auf inneren, logischen Beziehungen beruhende, so dass sie den nicht befriedigen kann, der nicht ein Anhänger dieser Schule ist. Was sich der praktischen Durchführung der Concentrationsidee so hindernd in den Weg stellt, ist einerseits die Schwierigkeit, aus alten, betretenen Geleisen herauszutreten und sich in neuem, oft sprödem Terrain einen Weg zu bauen anderseits die feste und starre Form unserer Schulorganisation. Praktisch wertvolle Resultate lassen sich nur auf dem Wege vielfältiger Experimente erzielen; auch auf pädagogischem Gebiete bleibt die Theorie grau. Aber gerade für pädagogische Experimente findet sich heutzutage so wenige Ausübungsgelegenheit. Der öffentliche Lehrer ist durch den Normallehrplan, durch Bestimmungen der Conferenz, durch die Bezirks- und Landesschulaufsicht und, soferne er nicht leitender Lehrer, durch seinen unmittelbaren Chef in seinem Wirken dermassen begrenzt, dass ihm für Experimente kein Spielraum bleibt; ja dieselben könnten ihn in recht unliebsame Collisionen mit seinen Behörden bringen. Die Privatschule, ehemals die Domäne pädagogischer Reformversuche — ich erinnere an Franke, Basedow, Salzmann, Pestalozzi, Fröbel — muss sich, gedrückt von der Ungunst der Zeiten, pädagogischer Experimente entschlagen und auf der breiten Heerstrasse einherschreiten, und auch die private Hauserziehung, ohnehin nicht häufig von Fachmännern geleitet, muss dem Dictum der Eltern sich unterordnen, welche die einzige Garantie für den richtigen Fortschritt ihrer Kinder in deren parallelen Leistungen mit der öffentlichen Schule erblicken. So hat sich rücksichtlich der Frage der Unterrichtsconcentration eine perspectivenreiche pädagogische Theorie entwickelt, der die Praxis nur sehr langsam nachhinkt. Es hat dieses Missverhältnis zwischen Theorie und Praxis der Unterrichtsconcentration aber noch einen anderen, besonderen Grund, der darin beruht, dass diese Theorie nicht wie auf vielen anderen Gebieten die Tochter, als vielmehr die Mutter der Praxis ist. Der Concentrationsgedanke ist nicht der theoretische Ausfluss praktischer Erfahrung, sondern stützt sich auf psychologische Erwägungen; und wenn dieselben auch auf gutem Grunde beruhen, so ist doch zu überlegen, dass für den Unterrichtsstoff nicht allein psychologische, sondern auch vielfach praktische Gründe ins Spiel kommen, die auf keinen Fall übersehen werden können. Um eine consequent durchgeführte Unterrichtsconcentration möglich zu machen, müsste unser Lehrplan vollständig umgestürzt, nach anderen, rein psychologischen Principien aufgebaut werden, und es fragt sich, ob die dadurch erzielten formalen Vortheile nicht durch erhebliche Einbussen an der entsprechenden materialen Bildung mehr als aufgehoben würden. Die Concentrationsidee, so wirksam und geistvoll ihre Anwendung in einzelnen Unterrichtspartieen ist, wird objectiv nie zu einer praktischen Darstellung des gesammten Schullehrplanes gelangen können, wie dies ja auch das Scheitern des von mir vorhin citierten Werkes beweist. Sie wird in dieser Weise aufgefasst stets mehr ein geistreiches Kind pädagogischer Phantasie, als eine Folge ernstlich prüfender Verstandeserwägung sein. Aber damit ist die Bedeutsamkeit der Concentration am richtigen, geeigneten Platze durchaus nicht aufgehoben, und je regsamer der Geist des Lehrers, je lebendiger und umfassender seine Kenntnisse, um so erfolgreicher wird er sich in den Dienst der Concentrationsidee zu stellen geeignet sein, um so erfolgreicher wird es ihm gelingen, auf dem Wege der Vergleichung und Beziehung die spontane Kraft der Kinder zu neuen, subjectiven Vorstellungs- und Gedankenassociationen anzuregen und ihre formale Bildung zu steigern. — Ich habe vorhin auch die Sprache als ein Mittel formaler Geistesbildung bezeichnet, und sie ist in der That das unschätzbarste. Es gibt kein wirksameres Correctiv gegen ein Plus an materialer Bildung als die stete Rücksicht auf sprachliche Beherrschung des Unterrichtsstoffes. Wort und Begriff sind unzertrennbare Geistesgebilde. Sowie das Wort die Marke des Begriffes ist, so ist umgekehrt der Begriff der Wecker, der Erzeuger des Wortes. In der Sprache hat der menschliche Geist seine herrlichste Offenbarung gefunden; sie gibt seinen Gebilden concrete Gestalt, und indem sie das Chaos der unzählbaren Einzelvorstellungen in eine begrenzte Zahl fester, geschlossener Formen fügt, wird sie zum wichtigsten Merkmal und Mittel formaler Bildung. Das geflügelte Wort in Faust: „Eben wo Begriffe fehlen, da stellt ein Wort zur rechten Zeit sich ein,“ ist falsch, zum mindesten falsch für die Schule. Hier stellt, wo Begriffe fehlen, kein Wort sich ein; hier herrscht eher ein Überfluss von Begriffen, wenn auch unklaren, verworrenen, als an Worten. Aber eben, weil nur der klare Begriff seinen entsprechenden sprachlichen Ausdruck findet, der unklare aber mühevoll und meist vergeblich darnach ringt, ist die Sprache ein sicherer Prüfstein präcisen, soliden Wissens. Sowie Unbeholfenheit im sprachlichen Ausdruck auf unzulänglich ausgebildete, verworrene Geistesgebilde hinweist, so ist Gewandtheit und Sicherheit der Sprache ein lebendiger Zeuge klaren Urtheilens, gründlich erfasster Kenntnisse. Allerdings darf zwischen Sache und Wort kein Missverhältnis etwa in der Weise eintreten, dass letzteres höher geschätzt wird als erstere, denn das hiesse Verbalismus treiben. Aber wenn auch der gründliche Unterricht kein Wissen pflegen wird, das nicht durch das Mittel der Anschaulichkeit oder sagen wir besser auf dem Wege des Verständnisses, der Einsicht zustande gekommen wäre, so wird er doch keine Kenntnis als eine sichere, fruchtbringende approbieren, solange sie sich nicht durch das Zeugnis der Sprache als solche legitimiert hat. Ich sage damit längst Bekanntes, unzähligemal Wiederholtes. Aber es gibt Wahrheiten, die nicht oft genug verkündigt werden können, die förmlich immer und immer wieder hinausgeschrieen werden müssen in die Welt, sollen sie Anwendung und Anerkennung finden, und dahin gehört die unausgesetzte Beobachtung der sprachlichen Form beim Unterrichte. Gerade dadurch hat der didaktische Materialismus so festen Fuss gefasst, dass der Unterricht immer und immer wieder mit sprachlich nur halb repräsentiertem Wissen sich begnügt, dass der Lehrer zufrieden ist, wenn er die Antwort auch förmlich mit dem Propfenzieher herauszuziehen muss, statt dass sie — man verzeihe mir den banalen Vergleich — wie ein Champagnerstöpsel herausspringt. Bei jedem Unterrichtsgegenstande muss der sprachlichen Form dieselbe Aufmerksamkeit zutheil werden, wie dem materialen Inhalt, und der schönste Einklang zwischen Form und Inhalt ist erzielt, wenn die Schüler nicht bloss in kurzer Beantwortung einzelner Fragen ihre Kenntnisse documentieren, sondern wenn sie im Flusse zusammenhängender Darstellung von der vollständigen geistigen Beherrschung eines gewissen Kenntnisgebietes Zeugnis ablegen. Würde auf dieses Ziel, nämlich die zusammenhängende Darstellung der Schülerkenntnisse, mündlich und schriftlich in jeder Schule mit Eifer und unerbittlicher Consequenz hingearbeitet, dann wäre die Möglichkeit nicht ausgeschlossen, dass sich eine Forderung realisiert, die kürzlich in einem Fachblatte erörtert worden, die Forderung nämlich, es müsse der Aufsatzunterricht in der Schule aufhören, ein Unterrichtsgegenstand mit besonderen Lehrstunden zu sein, er müsse vielmehr von einem Unterrichtsgegenstande zu einer Form, zu einem Principe sich erheben, dessen Forderungen in jeder Unterrichtsstunde zu berücksichtigen seien. Ich kann in Hinblick auf den Umfang meiner Auseinandersetzungen den Zusammenhang zwischen Sprache und Materie nicht weiter ausführen; ich habe diesen Gegenstand in einem im Februarhefte des „Pädagogium" erschienenen Aufsatze etwas ausführlicher beleuchtet und erlaube mir deshalb darauf zu verweisen. Nur auf einen Umstand möchte ich bezüglich des Zusammenhanges zwischen Sprache und formaler Bildung noch hinweisen, nämlich auf die grosse formalbildende Kraft, die man dem fremdsprachlichen Studium zuerkennt. Hat auch häufig eine Überschätzung des Wertes fremdsprachlicher Bildung stattgefunden, so kann deren fruchtbringende Wirkung auf die Entwickelung des Geisteslebens nicht geläugnet werden. Was den fremdsprachlichen Studien ihren bildenden Wert verleiht, das sind nicht die grammatischen Schwierigkeiten, die zu bewältigen eine Art geistigen Turnens sein soll, wie von gewisser, die Gesetze der Psychologie ignorierender Seite so oft behauptet wird, dieser bildende Wert liegt anderswo. Allerdings nimmt die Grammatik einer fremden Sprache den Geist des Studierenden erheblich in Anspruch, ja setzt eine gewisse Anlage für diese Richtung geistiger Bildung voraus; aber man vergesse nicht, dass der landläufige fremdsprachliche Unterricht nicht inductiv, sondern deductiv vorgeht, dass da die Grammatik nicht als Gesetz, aus der Lebendigkeit der Sprachpraxis hervorgeht, sondern umgekehrt den Wegweiser zur Erzielung der Sprachfertigkeit bilden muss, und von diesem Standpunkte betrachtet, wird die Grammatik viel von ihrem gerühmten geistbildenden Werte einbüssen. Wenn die grammatische Regel, das Gesetz, das Primäre, die praktische Übung das Secundäre ist, statt dass es wie beim Unterrichte in der Muttersprache umgekehrt der Fall, wenn die Hauptsache zum richtigen Gebrauche der fremden Sprache das sichere Behalten und die beständige Präsenz der Regel und dann weiter der vielen Ausnahmen von der Regel bildet, dann hat die spontane Thätigkeit des Geistes dabei sehr wenig, desto mehr aber das Gedächtnis zu thun, das den Zwecken materialer Bildung wohl treffliche Handlangerdienste leistet, der formalen Bildung aber erst in zweiter Reihe Handreichungen bietet.

Den formal bildenden Wert der Grammatik beim fremdsprachlichen Unterrichte stelle ich nach allem dem nicht hoch. Sehr hoch stelle ich dagegen in dieser Hinsicht den Wert des durch die genannten Kenntnisse ermöglichten Übersetzens aus der fremden Sprache in die Muttersprache und umgekehrt. Bestünde die Übersetzung aus einer Sprache in die andere in einer reinen Interlinearversion, dann wäre sie ein mechanischer Act, ein Addieren der aus dem Lexikon geschöpften Vocabeln. Aber in Wirklichkeit ist jede sprachliche Übersetzung an einen mehr oder weniger intensiven Vergleichungsprocess gebunden. Jede Sprache hat ihren eigenthümlichen Geist, und eine durch sie repräsentierte eigenthümliche Begriffswelt, dermassen, dass es nicht allzuviel Ausdrücke für Begriffe in der einen Sprache gibt, denen ganz übereinstimmende Begriffsausdrücke in der anderen Sprache gegenüber stünden. Darum ist das Übersetzen kein leichtes, müheloses, einzig vom gedächtnismässig erworbenen Wortschatz oder vom Lexikon abhängiges Geschäft, sondern ein Act der vielfältigsten Gedankencombination, der den in Betracht kommenden Begriffen eine Präcision, eine Klarheit und Deutlichkeit gibt, den Zusammenhang zwischen Sprache und Gedankenwelt so vielfach beleuchtet und erhellt, dass eine wesentliche Förderung der formalen Bildung die Frucht dieser Bemühung bildet. Die Versenkung ferner in den Stoff, die der langsame Verlauf der Übersetzung nöthig macht, gestattet ein tieferes Auffassen derselben, reichere Beziehungen zu den schon vorhandenen Vorstellungskreisen werden dadurch angeknüpft, kurz, die Concentration des individuellen Wissens erfährt dadurch eine mächtige Förderung. Was nun die Frage anbetrifft, welche fremde Sprache oder welche Art fremder Sprachen den höchsten Bildungswert besitzen, so könnte vom Standpunkte der formalen Bildung darauf geantwortet werden: jene, welche beim Übersetzen aus der einen in die andere Sprache die intensivste Gedankenarbeit bedingt, die prüfende Vergleichung der Begriffe am vielseitigsten herausfordert. Aber von diesem Standpunkte aus kann die Frage nicht beantwortet werden. Wie schon entwickelt, ist keine formale Bildung ohne das Medium der materialen denkbar, und es ist für die geistige Ausbildung durchaus nicht gleichgiltig, an was für einem Stoffe der Geist seine formale Kraft erprobt. Es darf deshalb bei Beurtheilung der eben gestellten Frage die Rücksicht auf die materiale, ja wie dies bei allen Schulbildungsfragen der Fall, auf die praktische Bildung nicht ausseracht gelassen werden. Da der Unterschied der einzelnen in Betracht kommenden Sprachen für die formale Bildung durchaus kein so erheblicher ist, wie in Hinsicht auf deren materiale und praktische Bildung, so werden bei der Auswahl derselben zu Bildungszwecken in erster Reihe die Interessen dieser letzteren Bildungsformen massgebend sein. Nach dem Ideengehalt einer-, nach der praktischen Wichtigkeit anderseits wird die Auswahl aus den zur geistigen Bildung an öffentlichen Schulen bestimmten Sprachen zu treffen sein, und von diesem Standpunkte dürfte mit der Zeit, wenn gewisse Traditionen, gewisse Vorurtheile in ihren Wurzeln erschüttert sind, auch der Frage eine ruhigere, objectivere Würdigung zutheil werden, der Frage nämlich um den Unterschied im Bildungswert zwischen den classischen und den modernen Sprachen. Auf dem allgemeinen österreichischen Lehrertage zu Reichenberg wurde die Angelegenheit der Einfügung einer fremden Sprache in den Lehrplan der deutschen Lehrerbildungsanstalten eingehend erörtert, und es ist sehr zu bedauern, dass diese so wichtige Sache bisher keine weiteren Wellen geworfen hat. Im Interesse der allgemeinen, der formalen Bildung des Lehrerstandes wäre der Betrieb einer fremden Sprache an den Lehrerbildungsanstalten sehr zu wünschen. Es muss sonderbar berühren, wenn die Prüfungszeugnisse für das Lehramt in fremden Sprachen an Bürgerschulen zugleich die Befähigung zur Ertheilung dieses Unterrichtes an Lehrerbildungsanstalten aussprechen, während doch, wenigstens nach meinem Wissen, an keiner deutschen Lehrerbildungsanstalt in Österreich eine fremde Sprache auch nur facultativ gelehrt wird. Es müsste Sache des deutsch-österreichischen Lehrerbundes sein, diese Frage, die seinerzeit auf dem Reichenberger Lehrertage zu sehr lebhaften, und im grossen und ganzen zustimmenden Discussionen geführt hat, dem Dunkel zu entreissen und sie wieder an das Licht der öffentlichen Besprechung zu bringen.

Ich komme zum Schlusse. Ich habe hervorzuheben gesucht, dass der Lehrer wahrhaft gediegene Geistesbildung nur dann erzielen wird, wenn er die materiale und die formale Seite seines Unterrichtes in harmonischen Einklang zu bringen weiss. Der Unterrichtskunst des Lehrers eröffnet sich da eine weite Perspective. Das Bewusstsein, dass er nicht bloss Vermittler eines vorgeschriebenen Masses positiven Wissens ist, sondern dass dieses Wissen zugleich die Grundlage einer intensiven Gedankenarbeit, der mannigfaltigsten Vergleichung, Verknüpfung, Bei- und Unterordnung bietet, wird ihn vor oberflächlicher Auffassung seines Unterrichtsberufes bewahren. Die Vorbereitung auf den Unterricht wird sich dann nicht auf ein flüchtiges Wiederholen eines gewissen Stoffquantums beschränken, sie wird vielmehr zu einem eingehenden Nachdenken über den Unterrichtsstoff und sein Verhältnis zu anderen Erkenntnisgebieten sich gestalten. Eine solche Unterrichtsvorbereitung und dementsprechende Unterrichtsertheilung verlangt einen allseitig und gründlich gebildeten Lehrer, einen philosophisch eindringenden Geist, der fernab von jeder Schablone seinen Unterricht zu einer wirklichen Kunst erhebt. Den Zwecken rein materialer Bildung genügt die Routine, die Schablone; die Erreichung des formalen Unterrichtszweckes bedingt einen theoretisch und praktisch geschulten, vom Geiste tieferer Erkenntnis durchdrungenen Meister. Der Lehrer, der ein vorgeschriebenes Pensum handwerksmässig abthut und seine ganze Kunst in der Beibringung, in der Eintrichterung eines begrenzten Wissensmasses erblickt, hat wenig Grund zum Proteste, wenn pädagogische Laien in sein Handwerk pfuschen und über ihn zu Gericht sitzen. Aber in demselben Masse als der Lehrer den Schwerpunkt seines didaktischen Wirkens weniger in der Mittheilung möglichst vieler positiver Kenntnisse, als in der durch den Unterrichtsstoff zu erregenden subjectiven Geistes- und Gedankenarbeit findet, muss seine Berechtigung wachsen, allen auf Verkümmerung der Lehrerbildung hinzielenden Schritten ein donnerndes Halt zuzurufen, muss seine Berechtigung wachsen, in der Gesellschaft jene Schätzung und Würdigung zu finden, die ihm als einem Meister in dem edelsten der Menschenberufe von rechtswegen gebürt.

III.

Pflichten und Rechte in der bürgerlichen Gesellschaft — als Unterrichtsgegenstand.

Vorgetragen am 4. März 1887 von Ludwig Fleischner.

Am 4. December v. J. hatte ich die Ehre, im Vereine „Die Realschule" einen Vortrag zu halten unter dem Titel: „Ein Moralunterricht in der Schule"; ich versuchte es damals nachzuweisen, wie sehr es nöthig wäre, der immer mehr um sich greifenden sittlichen Entartung und Verrohung unserer Jugend ein Gegengewicht durch die Schule zu bieten, und gelangte nach Erörterung aller wesentlichen Momente, die für das Vorhandensein dieser beklagenswerten Übelstände sprechen, zu dem Schlusse, dass ein Besserwerden in dieser Hinsicht vielleicht durch Einführung eines von staatswegen geregelten Moralunterrichtes — ich werde das Wort noch zu erklären Gelegenheit haben — an unseren Lehrerbildungsanstalten, sowie an den Volks- und Bürgerschulen, nach dem Muster Frankreichs, erzielt werden könnte. Erfreulicher Weise hat die von mir damals angeregte Frage indes weitere Kreise gezogen; bekanntlich stellte der Herr Landtagsabgeordnete und Gemeinderath Riss, der meinem Vortrage anwohnte, in der Sitzung des Wiener Gemeinderathes vom 15. Februar d. J. den Antrag, „der Gemeinderath beschliesse, den Bezirksschulrath zu ersuchen, das Nothwendige zu veranlassen, dass der Unterricht über die Pflichten und Rechte in der bürgerlichen Gesellschaft an den Schulen Nieder-Österreichs entweder als selbständiger Lehrgegenstand, wie in Frankreich, eingeführt, oder aber vorerst mit einzelnen Lehrgegenständen des jetzigen Unterrichtsplanes, als da sind: Sprachen, Geschichte, Vaterlandskunde, verbunden, gelehrt werden möge." Dieser von hervorragenden Mitgliedern der Gemeindevertretung mitunterzeichnete Antrag wurde an die Schulsection geleitet und wird nunmehr der geschäftsordnungsmässigen Behandlung zugeführt werden. Die Frage ist demnach in ein Stadium getreten, in dem es nicht unpassend erscheinen dürfte, vor einem auserlesenen Kreise hochgeehrter Fachgenossen und massgebender Pädagogen des Näheren auszuführen, wie dieser Unterricht in den bürgerlichen Pflichten und Rechten, von dem Herr Landtagsabgeordneter Riss, dem ich an dieser Stelle für seine Bemühungen in dieser Angelegenheit wärmstens danke, gesprochen, beschaffen sein solle, wie er, ohne an der zu Recht bestehenden Schulgesetzgebung zu rühren, sich in den Lehrplan einfügen liesse. Ich glaube umsomehr die freundliche Aufmerksamkeit der hochgeehrten Versammlung für meine heutigen Ausführungen erbitten zu dürfen, als ich es unternommen habe, in einem Buche, das unter dem Titel: „Pflichten und Rechte in der bürgerlichen Gesellschaft" in den nächsten Tagen im Buchhandel erscheinen wird, alle jene Lehren zusammenzufassen, auf denen der in Rede stehende Unterricht fussen soll; doch davon später. —

Es wird gewiss niemand von jenen, denen die Obsorge für das Wohl und Heil der heranwachsenden Generation anvertraut ist, sich der Überzeugung verschliessen können, dass alles das, was man in Bezug auf sittliche Unbildung der Jugend beschwichtigend und beschönigend hochgradige Nervosität, empfindliche Eitelkeit, falschen Ehrgeiz zu nennen beliebt, nichts anderes ist, als eine natürliche Folge jenes Zustandes der Sittenverwilderung, in dem sich ein grosser Theil unserer Kinder befindet; jene frühreife Weltanschauung, die unserer Jugend beiderlei Geschlechtes eigen ist, jene vorwiegend sinnliche Tendenz, deren Stempel sie nur allzuhäufig sichtbar an der Stirne trägt und die sobald als möglich die Schranke zu durchbrechen sucht, welche Alter und Gesetz den erst Heranreifenden setzen — alles das sind hochgradige Symptome einer socialen Epidemie, die, wenn nicht bald legale oder private Schutzvorkehrungen getroffen werden, nachgerade grosse Lücken in unsere Gesellschaft zu reissen im Stande ist. Forscht man nun nach den Ursachen dieser sowohl im Interesse des Staates, als auch in dem jedes Einzelnen beklagenswerten Zustände, so kann man sagen, dass sich dieselben zum Theile in unseren allgemeinen gesellschaftlichen Verhältnissen finden lassen, zum Theile aber dem Mangel eines zweckentsprechenden, von Staatswegen in den Schulen zu ertheilenden Unterrichtes in den Pflichten und Rechten des Einzelnen gegen die Gesammtheit entspringen. Ich gedenke nun namentlich dieser zweiten Ursache näher nachzugehen, um dann zu dem Schlusse zu gelangen, dass die allgemeinen socialen Verhältnisse in andere Bahnen gelenkt werden könnten, dass dann namentlich die Familien-. erziehung ihren vollen Wert erlangen könnte, wenn dieser Unterricht, den man in Frankreich unter dem Namen Moralunterricht eingeführt hat, ertheilt werden würde; es würde auch zu weit führen, hier des Näheren auf

die socialen Übelstände und den in ihnen liegenden fortwährend wirkenden
Keim zur Demoralisation der Jugend einzugehen, wir müssten die kritische
Sonde vorerst an das rasch und leicht pulsierende Leben der Residenz
legen, denn wie eine in diesen Tagen von hochachtbarer Seite erflossene
Enunciation besagt, „haben an manchen Orten, besonders in grossen, dicht
bevölkerten Städten, Verachtung aller Autorität, Mangel an Gerechtigkeit
und Billigkeit im öffentlichen und geschäftlichen Verkehre, egoistische Ge-
winnsucht und daraus entstammender gegenseitiger Neid und Hass, Kampf
aller gegen alle, Mord und Selbstmord, eine sittliche Entartung und Verwilderung, der nichts mehr heilig ist, nicht Ehre, nicht Eigenthum, nicht das
Leben des Nächsten, in einem Masse um sich gegriffen, dass edlen Menschen bange um die Zukunft wird und aus dem Munde von Tausenden das
Wort ertönt: So kann's nicht weiter gehen — aber wie soll es anders
werden?" — Ich masse mir nun nicht an, diese Frage vorschnell lösen zu
wollen, allein ich meine, dass diese thatsächlich vorhandenen Übelstände,
dieser Mangel an Achtung vor staatlicher und gesellschaftlicher Autorität,
dieses Sichhinwegsetzen über alle Pflichten, zum Theile dem Mangel eines
Unterrichtes, der der Jugend zum mindesten Begriffe von Pflicht und Recht
in Schule, Haus und Welt beibringt, entspringe; wohl liegt des Übels Wurzel
tiefer: nicht die Jugend als solche kann allein für alles verantwortlich
gemacht werden — auch diejenigen, die sie in erster Linie zu erziehen
berufen sind, die Eltern, trifft die Schuld. Zwingt doch die überall zutage
tretende Erscheinung, dass die Jugend unserer Zeit, trotzdem für Verbesserung des öffentlichen Unterrichtes gerade in unseren Tagen Gewaltiges ge-
leistet worden ist, in ihrer sittlichen Entwickelung sehr bedeutende Mängel
aufweist, zu ernstem Nachdenken über die Ursachen dieser Erscheinung und
über die Mittel, diesem Übelstande gründlich abzuhelfen; da wird man denn
bald finden, dass die Väter und Mütter unserer Zeit deshalb, weil sie sich
auf den erziehlichen Einfluss der verbesserten Schule allzusehr verlassen und
auch aus anderen in den Zeitverhältnissen liegenden Gründen, die unbedingt
nothwenige erziehliche Einwirkung auf ihre Kinder vernachlässigen; wenn es
gelingt, diesem Übelstande dadurch zu begegnen, dass man die Eltern zum
Nachdenken über pädagogische Fragen anregt und sie zur Einsicht führt,
dass die Familienerziehung den wichtigsten und unentbehrlichsten Bestandtheil der gesammten Erziehung bilde, dass der erste Lehrer der Moral stets
die Mutter, der zweite der Vater und erst der dritte der Lehrer sei, so
hat man bereits viel gewonnen. Allein zu einer solchen Familie gelangt
man nur dann, wenn den Eltern selbst Gelegenheit geboten worden ist, echte
Moralbegriffe sich anzueignen: und der einzige Weg dazu ist die Einführung

eines staatlichen Moralunterrichtes in der Schule, dessen Früchte sich allerdings erst dann zeigen werden, wenn die Kinder, die diesen Unterricht dermalen geniessen, selbst wieder Eltern sind.

Um nun gleich im vorhinein einem Einwande, der gewiss von vielen Seiten erhoben werden wird, die scharfe Spitze abzubrechen, bemerke ich, dass der Unterricht, den ich im Sinne habe, im kindlichen Gemüthe keineswegs einen Conflict mit dem Unterricht des Religionslehrers hervorrufen dürfte; er wäre derart einzurichten — und davon wird noch die Rede sein — dass er neben dem Religionsunterrichte ertheilt werden könnte, wofern man überhaupt seine Einführung als obligaten Gegenstand gestatten möchte, was sich allerdings nur im Wege der Legislative erreichen lässt; es soll somit kein Unterricht sein, der den Religionsunterricht anfeindet oder sich garaus anmasst, ihn überflüssig zu machen, im Gegentheil: er soll sich eng an ihn anschliessen, denn er verfolgt in letzter Linie dasselbe Ziel wie dieser. Der Religionsunterricht, wie er in der Schule ertheilt wird, bezweckt zumeist das sittlich-religiöse Gefühl des Kindes zu wecken; er macht es bekannt mit all' den Sünden, die zu begehen es unterlassen soll, sowie mit all'·den zeitlichen und ewigen Strafen, die seiner harren, wenn es die Sünde begeht; allein der Unterricht, von dem hier die Rede ist, hat bloss eine klare Entwickelung des Gewissens zum Zwecke, es handelt sich bei ihm nur darum, „in möglichst vielen Menschen die edlen Motive zur zweiten Gewohnheit werden zu lassen," wie Carneri, an den ich mich in meinen heutigen Ausführungen wesentlich anlehne, in einem kürzlich erschienenen Buche, Entwickelung und Glückseligkeit*), treffend sagt; es kann deshalb der sittliche Unterricht nicht bloss nur in Verquickung mit dem Religionsunterrichte ertheilt werden, denn wenn im reiferen Alter in Folge geänderter Gemüthsstimmung oder mehr wissenschaftlicher Geistesrichtung der Glaube schwindet, auf welchem Fundamente soll sich dann die sittliche Überzeugung erhalten? Es kommt doch Sittlichkeit, sogar höchste, reinste Sittlichkeit, ohne Religion vor; sie muss daher noch eine andere Begründung zulassen als eine religiöse und diese findet sich auch in dem menschlichen Vervollkommnungstrieb, dem Ehrgefühl, der angeborenen Sympathie mit den Mitmenschen, überhaupt in der Einsicht in die gesellschaftliche Nothwendigkeit. Es soll daher in der Schule ein vom Religionsunterricht getrennter, wenn auch denselben nicht bekämpfender Sittenunterricht eingeführt werden, der mit dem Glauben nichts gemein hat, der sich nur auf die Aufzählung der Pflichten des Menschen

---

*) „Entwickelung und Glückseligkeit". Ethische Essays von B. Carneri, Stuttgart, 1886.

gegen seine Mitmenschen und gegen den Staat beschränkt, wobei er immer vom Standpunkte der Nächstenliebe und Toleranz ausgeht. Die Moral, wie sie dem Kinde in der Religionsstunde gelehrt wird, kümmert sich nur um den halben, um dengeistigen Menschen, und sie kümmert sich bei diesem nur um sein Ergehen in der anderen Welt; allein bei aller Anerkennung des ungeheuren Fortschrittes, der durch die religiöse Moral mit ihrem Gebot der Selbstaufopferung, Entsagung und Nächstenliebe in die Menschheit gekommen, kann man doch nicht anerkennen, dass diese Moral mit ihrer Geringschätzung irdischen, materiell praktischen Thuns, das ja geeignet ist, schon hier so viel Leid und Elend der Menschen zu beheben oder zu mildern, allein nicht genügt; der Mensch muss auch seine Pflichten als Bürger des Staates, als Familienhaupt, als Soldat, als Arbeitgeber und Arbeitnehmer kennen; namentlich von den Pflichten gegen den Staat ist in unseren Schulen „fast gar nicht oder so flüchtig die Rede, dass man davon nur als von einer harten Last Kenntnis erlangt oder damit gar erst bekannt wird, wenn man mit irgend einem Gesetz in Collision geräth." — „Was sollen die Kinder lernen?" fragt P. L. Courier und antwortet: „Das, was sie als Männer thun sollen!" Deshalb soll sich unser Unterricht nicht bloss auf die Lehren der Moral beschränken, er soll auch die Pflichten und Rechte in der bürgerlichen Gesellschaft berücksichtigen. —

Eine grosse Anzahl derer, die die Schule verlassen, kennt weder Gesetze noch Einrichtungen unseres Staates, und diese Unkenntnis ist beklagenswert, denn die Bürger eines Staates sollen die Verfassung lieben und achten, und deshalb müssen sie dieselbe kennen. „Wähler, die einem Manne ihre Stimme geben, ohne im geringsten die Wichtigkeit dieser Handlung zu kennen; Steuerzahler, die ihren Beitrag leisten, ohne zu wissen, wozu diese Steuer verwendet wird; Bürger mit einem Worte, die diesen schönen Namen führen, ohne zu wissen, wozu er verpflichtet: das sind die Glieder eines Volkes, das der bürgerlichen Bildung entbehrt. Um nun ein guter Bürger zu werden, muss man vorerst ein guter Mensch sein; darum darf der Moralunterricht nicht von der bürgerlichen Bildung, die die Pflichten ·gegen Gemeinde und Staat lehrt, getrennt werden."

Das Kind, das diesen Unterricht genossen hat, wird leicht aus dem Elternhause und der Schule in irgend ein Dienstverhältnis eintreten können und sich auch weiter leicht in der Gesellschaft, für die es erzogen wurde, zurechtfinden und in derselben die höchsten Stufen erreichen können.

> „Nicht selten kannst du in der Weltgeschichte lesen:
> Der Weg der Pflicht sei auch der Pfad zum Ruhm gewesen."

sagt Tennyson, indem er auf die Wichtigkeit eines solchen Unterrichtes hinweist.

Hat ja doch die ganze menschliche Gesellschaft ein Interesse daran, dass alle ihre Mitglieder frühzeitig durch wohl eingeprägte Lehren zum Bewusstsein ihrer Menschenwürde, wie nicht minder zu dem ihrer Pflicht, sowie ihrer persönlichen Verantwortlichkeit bei Verletzung dieser Pflicht gebracht werden. Und damit ist das Ziel, das der Moral- und bürgerliche Unterricht zu erreichen hat, genau bestimmt: er muss im Gemüthe der Schüler die wesentlichsten Lehren der allgemein menschlichen Moral Wurzel fassen lassen und ihnen die Vorschriften, die allen Lehrsystemen gemeinsam und allen civilisierten Menschen nöthig sind, erklären; eine solche Aufgabe kann der Lehrer des Moralunterrichtes erfüllen, ohne mit irgend einer der verschiedenen Glaubenslehren persönlich Fühlung zu haben oder ihr Gegner zu sein; er muss, über den Parteien stehend, das Kind für die Moral zu gewinnen trachten, es muss der Ton der vollsten, innersten Überzeugung sein, der aus ihm spricht: ce qui ne vient pas du coeur, ne va pas au coeur! Doch seine Lehren dürfen mit keinem Glauben collidieren, das religiöse Gefühl des Kindes darf nicht verletzt, es muss im Gegentheil sorgsam gehütet werden. Denn eines steht klar und fest: Dem Gefühle der Achtung vor der berechtigten Autorität des Sittengesetzes, wie immer auch diese zum Ausdruck gelangt, muss eine dauerhafte und breite Basis verschafft, es muss das Bewusstsein der Pflicht, dass der Einzelne seinen Willen der Gesammtheit unterzuordnen habe, eindringlich verallgemeinert werden. Zu diesem Zwecke muss die Religion, welchen Namen sie immer führen möge, oder vielmehr der allen gemeinsame religiöse Sinn sorgsam gepflegt und gehegt werden; „ein Mensch ohne Religion," sagt ein englischer Dichter, „ist der Spielball der Verhältnisse, aber die Religion steht über allen Verhältnissen und erhebt ihn darüber." Es ist daher immer wieder nachdrücklichst zu betonen, dass der Unterricht, von dem hier die Rede ist, nur neben dem Religionsunterrichte und nur so gelehrt werden könne; immer muss die Religion die oberste Instanz bleiben, die das Ziel angibt, dem zuzustreben ist; den Weg, der zu diesem Ziele führt, gibt unsere Pflichtenlehre. Wenn die Religion uns gebietet, unser Leben derart einzurichten, dass es ein gottgefälliges sei, so lehrt unser Unterricht einen seinen Nebenmenschen wohlgefälligen Lebenswandel zu führen; unser Unterricht in den bürgerlichen Pflichten und Rechten wäre demnach nur als Ergänzung und Erweiterung des Religionsunterrichtes aufzufassen; er hätte nur alle jene Pflichten zu erörtern, die mit dem reinen Glauben nichts zu thun haben, die bloss aus dem friedlichen Zusammenleben von Menschen mit Menschen entspringen; dann wird aus dem Knaben ein braver Mann werden und „Der brave Mann, besäss' er noch so wenig, ist darum doch der Menschheit echter König." Das Kind soll unter-

scheiden lernen zwischen den religiösen Pflichten, die auf Vorschriften beruhen und welchen alle nachzukommen haben, die in ihrem Glauben sich
dadurch gebunden fühlen; dabei ist natürlich die Wahrhaftigkeit im Glauben,
d. i. der aufrichtige Glaube, das Entscheidende; das Kind muss aber auch
die allgemeinen Pflichten kennen lernen, die bindend sind für jeden, dem
der Gottesbegriff mit dem Begriff der Vollkommenheit, das religiöse Gefühl
mit dem moralischen Gefühl identisch ist; das Charakteristikon dieses Ge-
fühls ist die Unerschütterlichkeit des Vertrauens in den schliesslichen Sieg
des Guten und Wahren! Dann wird das Kind auch den vollen Wert der
Worte einsehen lernen, die E. v. Feuchtersleben ausgesprochen: „Es
gibt nur eine Sittlichkeit und das ist die Wahrheit; es gibt nur ein Verbrechen und das ist die Lüge!" oder wie Pestalozzi so bezeichnend sagt:
„Dort, wo der Mensch das Gefühl der Wahrheit und Liebe nicht höher
stellt, als die Wahrung der leiblichen und geistigen Interessen des Einzelnen,
haben wir den Krieg aller gegen alle."

„Damit nun das Kind so erzogen werde, muss auch die Schule, als
Stätte der Erziehung des Volkes, auf ihre richtige Grundlage gestellt werden;
in ihr handelt es sich nicht, wie das Geschrei des Tages es glauben machen
möchte, um die blosse Vermehrung des Wissens. Unsere Zeit ist so über-
mässig stolz auf ihr Wissen, dass sie mit ihm allein schon die höchste Stufe
der Vollkommenheit erreicht zu haben glaubt; aber wer könnte sich's verhehlen, dass das Wissen allein uns oft gar arm lässt! Ich möchte die Schule
— und ich habe hier vornehmlich die Volksschule im Auge — vielmehr als
Stätte der Erziehung des Herzens betrachten, in der die Keime der
Liebe zum Guten und Rechten, der ethische Sinn in das Gemüth der kommenden Generation einzupflanzen sind, als Leitstern für das bevorstehende
Leben im Staate und in der Gesellschaft. Ist dies der Fall, dann wird die
schwere Schule des Lebens nicht für so viele eine allzuschwere sein, denn
manche würden leichter durch diese Schule gehen, wenn sie dieselbe nicht
aller Vorkenntnisse bar betreten müssten. Und müssen wir uns nicht auch
schliesslich eingestehen, dass, so gross auch die Errungenschaften und Erkenntnisse der Wissenschaft sein mögen, es doch — und gerade wegen der
Grösse ihres Umfanges — ganz und gar unmöglich ist, sie zum Gemeingut
der Menge zu machen und diese etwa auf solchem Wege zu jener schwer
erreichbaren Höhe zu erheben, auf der das Wissen selbst zur sittlichen Vollendung führt?" (Graf Lamezan in „Deutsche Revue 1886".)

Ein Moralunterricht und mit ihm auch das Strafgesetz wären überflüssig,
wenn der Mensch dadurch die höchste Stufe des ethischen Sinnes erreichen
könnte, dass er in allen Lagen seines Lebens stets seine sittlichen Pflichten

um ihrer selbst willen erfüllen, das Gute thun würde, nur weil es das Gute ist, das Gesetz befolgen, nur weil es zum Vortheil und Wohle der Allgemeinheit gereicht; dann allerdings hätte er den Gipfel ethischer Vollkommenheit erklommen; allein es ist weder dem Einzelnen, noch dem Staate möglich, sich auf diese Höhe zu erheben.

Sind Sie nun, meine Herren, mit mir darüber einig, dass ein Unterricht in den Pflichten und Rechten in der bürgerlichen Gesellschaft neben dem Religionsunterrichte an unseren Lehrerbildungsanstalten, sowie an den Volks- und Bürgerschulen zum mindesten wünschenswert wäre, so brauche ich nicht erst des Näheren auszuführen, welche wohlthätigen Folgen ein solcher Unterricht, allerdings erst nach einer Reihe von Jahren, erst wenn ihn etwa eine ganze Generation genossen hätte, haben müsste: dem denkenden Geiste eröffnet sich von selbst eine lichtvolle Perspective in die Zukunft, in deren Hintergrunde ein moralisch tüchtiges Geschlecht ersteht, das wohl die Pflichten des Menschen gegen seine Mitmenschen und gegen den Staat kennt. Ich brauche auch nicht erst darauf hinzuweisen, welche Wirkung diese Lehren der allgemeinen menschlichen Moral auf die Zahl und Art der Verbrechen ausüben würde, denn in den Einrichtungen der Gesellschaft und in den Lebensbedingungen derselben scheinen gewisse unverändert wirksame Quellen zu liegen, welche die Entstehung verbrecherischer Handlungen stets von neuem fördern und eine grössere Kraft in sich schliessen, als die dagegen seitens des Staates oder der Gesellschaft gerichteten Schutz- und Abwehrmittel: der Moralunterricht wäre auch hier berufen, unterstützend und segensreich einzugreifen. Gar oft fallen die Postulate der Moral und die des Strafgesetzes zusammen, nur hält das Gesetz das Mass seiner Anforderungen in engeren Grenzen als die Sittenlehre; es fordert nämlich nicht, wie diese, auch positive Handlungen, ja selbst Gesinnungen zum Wohle der Mitmenschen, sondern es gebietet nur zu unterlassen, was störend und vernichtend in die Rechtssphäre des Mitbürgers eingreift; ich werde auch noch davon sprechen, wie Moral und Gesetzgebung sich im Unterrichte vereinigen lassen.

Ich komme nun zu der wichtigen Frage, wie dieser Unterricht sich in unsere Lehrpläne einfügen liesse, wie er überhaupt zu ertheilen wäre; bei Beantwortung dieser Frage stütze ich mich auf das Beispiel eines Landes, in dem thatsächlich ein solcher Moralunterricht ertheilt wird. Die französische Republik hat am 28. März 1882 ein Schulgesetz erlassen, das den bürgerlichen und Moralunterricht (l'instruction morale et civique) als obligatorisches Fach für Knaben und Mädchen der Volks- und Normalschulen sowie für die Lehrerbildungsanstalten erklärt. Dieser Unterricht, auf dessen eminente

Wichtigkeit hingewiesen zu haben, wesentlich das Verdienst des vor einigen Monaten verstorbenen ehemaligen französischen Unterrichtsministers Paul Bert ist, nimmt nun seit 1882 die erste Stelle in der französischen Volksschule ein. Gestützt auf das eben erwähnte Schulgesetz vom März 1882, hat der höhere Schulrath des öffentlichen Unterrichtes von Frankreich schon in seiner Sitzung vom 27. Juli desselben Jahres ein Programm für den bürgerlichen und Moralunterricht aufgestellt. Dieses Programm (programme d'éducation morale et d'instruction civique, élaboré par le conseil supérieur de l'instruction publique dans la session de Juillet 1882), das mit gewissen an den betreffenden Stellen sich von selbst, weil nicht für eine Republik bestimmt, ergebenden Veränderungen auch für unsere Schulen acceptiert werden könnte, ist in seinen Grundzügen folgendes:

A. Für den Moralunterricht.

Mittlerer Curs vom 9.—11. Jahr. 1. Das Kind in der Familie. Es werden die Pflichten des Kindes gegen die Eltern und Grosseltern vorerst dargestellt: Gehorsam, Achtung, Liebe und Dankbarkeit. Sodann werden die Pflichten der Kinder unter sich und gegen Dienstboten behandelt; ferner wird das Verhalten des Kindes in der Schule gezeigt: Fleiss, Folgsamkeit, Reinlichkeit.

2. Die Pflichten gegen sich selbst. a) Pflichten gegen den Körper: Nüchternheit, Mässigkeit, Gymnastik, Sparsamkeit, Arbeitsamkeit. b) Pflichten gegen die Seele: Wahrhaftigkeit, Aufrichtigkeit, Würde, Selbstachtung, Bescheidenheit, Muth, Geduld; Vermeidung von Zorn, Eitelkeit, Frivolität, Unwissenheit und Trägheit.

3. Die Pflichten gegen die Mitmenschen: Gerechtigkeit, Liebe, Güte und Brüderlichkeit.

4. Die Pflichten gegen Gott. —

Höherer Curs vom 11.—13. Jahr. 1. Die Familie: Pflichten der Eltern und der Kinder.

2. Die Gesellschaft. Die Wohlthaten der Gesellschaft.

Die Gerechtigkeit als Bedingung für den Bestand der Gesellschaft; die Solidarität, die Brüderlichkeit; Achtung vor dem Leben, der Freiheit, dem Eigenthum und der Ehre anderer; Wohlwollen, Dankbarkeit, Toleranz, Milde, Aufopferung.

3. Das Vaterland. Pflichten gegen dasselbe. Gehorsam gegen die Gesetze, Militärdienst, Ordnung, Aufopferung, Treue; die Steuern. Die Rechte der Bürger: Stimmrecht, Gewissensfreiheit, Freiheit der Arbeit und der Vereinigungen, Sicherheit von Leben und Eigenthum.

B. Der bürgerliche Unterricht.

Mittlerer Curs vom 9.—11. Jahre. Summarische Notizen über die Organisation von Frankreich. Der Bürger, seine Pflichten und Rechte. Die Schulpflicht, Militärpflicht, die Abgaben, das Stimmrecht. Die Gemeinde; der Maire, der Gemeinderath. Der Staat; die gesetzgebende, verwaltende und richterliche Gewalt.

Höherer Curs vom 11.—13. Jahre. Ausführlichere Mittheilungen über die politische, administrative und richterliche Organisation von Frankreich. Die Verfassung. Der Präsident der Republik, der Senat, die Abgeordnetenkammer, die Verwaltung, die Richter, der Unterricht, der Militärdienst. — Elementare Notizen über das bürgerliche Recht: Schutz der Minderjährigen; das Eigenthum, die Erbschaft, Vertrag, Kauf, Capital, Arbeit; die Association, die Production; der Verkehr, die Ersparnisse, die Versicherungsgesellschaften.

Das wäre in grossen Zügen das Programm des bürgerlichen und Moralunterrichtes, wie er in Frankreich ertheilt wird. Was nun unsere Verhältnisse betrifft, so habe ich bereits angedeutet, dass eine Einführung besagten Unterrichtes als obligatorisches Fach dermalen nicht leicht zu erwarten ist; allein vielleicht liessen sich, ohne mit den bestehenden Normen und Instructionen in argen Conflict zu gerathen, die eben angeführten Lehren über Pflichten und Rechte in der bürgerlichen Gesellschaft in anderen Disciplinen verwerten, in dieselben verflechten oder einschieben; ich möchte meinen, dass sich hierzu vornehmlich der Unterricht in der Sprache, insbesondere aber der in der Geschichte und Vaterlandskunde eignen dürfte; diese Unterrichtsfächer böten, wie ich glaube, Anhaltspunkte genug, um entweder derlei Lehren einzustreuen, oder sie als Folgerung historischer Facta oder als Zusammenfassung des Gelesenen oder aber an der Hand der Vaterlandskunde dem jugendlichen Verständnisse in passender, nicht aufdringlicher Form vorzuführen; auch die Lectüre im deutschen Sprachunterrichte, meine ich, liesse sich in dieser Weise mit unserem Moralunterrichte in Verbindung bringen, so die Lectüre von Fabeln, Parabeln, von Lebens- und Charakterbildern, aus denen immer wieder Schlussfolgerungen gezogen werden sollen. Ich vermeide es, im Übrigen hier auf das Detail eines solchen Lehrplanes einzugehen, da man sich doch wohl vorerst über das Principielle der Einführung eines solchen Unterrichtes einigen muss; wird dies geschehen sein, so bin ich gerne bereit, entsprechenden Ortes meine bescheidene Ansicht über das Einführen des Gegenstandes nach verschiedenen Classen und Altersstufen auszusprechen.

So wäre ich denn mit meinen Ausführungen, die allerdings so manches mit Rücksicht auf Zeit- und Tagesströmungen nur flüchtig berühren durften, zu Ende, und es erübrigt mir nur noch auf ein Büchlein hinzuweisen, das für den Moralunterricht auf der untersten Stufe in Frankreich bestimmt ist und dessen Inhalt, wie ich glaube, auch bei uns zur Grundlage eines neuen Unterrichtsgegenstandes gemacht werden könnte; ich meine das Buch von Pierre Laloi: La première année d'instruction morale et civique; es ist seit 1883 in 17. Auflage erschienen und wird vom Pariser Gemeinderathe unentgeltlich an sämmtliche Volks- und Normalschüler der Stadt vertheilt — diesem Vorgange haben sich, soviel mir bekannt, auch die Städte Lyon, Bordeaux und Marseille angeschlossen, was wohl am besten die Wichtigkeit beweist, die in diesem Lande, dem es mit seiner Volksschule sichtlich Ernst ist, dem Moralunterrichte beigemessen wird. Ein Hauptvorzug des Buches, das seinen Stoff in ähnlicher Weise gliedert, wie es der bereits erwähnte Lehrplan vorschreibt, scheint mir mit darin zu liegen, dass an gewissen Stellen auch das Gesetz citiert wird, nach welchem dieses oder jenes Delict bestraft wird. Ich habe schon angedeutet, dass die Postulate der Moral und die des Gesetzes nicht immer dieselben sind, dass es aber dennoch Vergehen gibt, die sowohl vor dem Forum der Moral als auch vor dem des Gesetzes strafbar sind; diese Verquickung nun von Moral und Gesetz ist, wie mich dünkt, ein vortreffliches Mittel, um frühzeitig dem Kinde zu zeigen, dass ein Zusammenhang besteht zwischen den Gesetzen des Landes und den Geboten seines eigenen Gewissens; es wird so diese Gesetze achten und bald einsehen lernen, dass der Bereich der positiven Gesetzgebung minder ausgedehnt ist, als jener des Moralgesetzes.

Ich hatte gleich eingangs Gelegenheit, zu erwähnen, dass ich es unternommen habe, alle jene Lehren, die der in Rede stehende Unterricht umfassen soll, in einem Buche niederzulegen, das unter dem Titel: „Pflichten und Rechte in der bürgerlichen Gesellschaft" demnächst erscheinen wird; es ist dies eine freie, den österreichischen Verhältnissen angepasste Bearbeitung des citierten französischen Werkes von Laloi, die ich unter der liebenswürdigen fördernden Ägide des Herrn Reichsrathsabgeordneten R. v. Carneri, sowie unter werkthätiger Antheilnahme meines hochgeschätzten Mitarbeiters, Landesgerichtsrath Dr. Ferdin. R. v. Holzinger, herausgebe.

Der Moralunterricht auf der untersten Stufe ist ebenso Sache der Erziehung als des Unterrichtes; die moralische Erziehung, welche bezweckt, dass das Kind gute Gewohnheiten annehme, muss lediglich eine persönliche

Angelegenheit des Lehrers bleiben; das blosse Lesen eines Buches, so gut
es auch immer sein mag, kann niemals das Wort des Lehrers ersetzen, das
von den verschiedensten Umständen beeinflusst, nach Charakter und Tem-
perament des Lehrenden wohl stets eine verschiedene Wirkung üben wird;
diese Wirkung übt es durch den Eindruck, den es hervorbringt, es bedarf
keiner weiteren Beweisführung. Allein diese Erziehung, die vom Lehrer ausgeht, macht doch den eigentlichen Moralunterricht nicht überflüssig; sie
braucht ihn vielmehr als wichtige Ergänzung und der vornehmste Zweck
dieses Schulunterrichtes in der Moral ist, das eigene Nachdenken des Kindes
zu erwecken. Hält sich der Lehrer stets vor Augen, dass er als Vertreter
der ganzen Gesellschaft vor seinen Schülern steht, dann wird er den alten
Spruch zum Wahrwort werden lassen: „Je besser der Lehrer, desto besser
die Nation!" In seiner Hand ruht das Geschick des ganzen Volkes und es
bedarf oft erst bitterer Erfahrungen, um die Wichtigkeit der Rolle des Schul-
meisters darzuthun. Frankreich hat diese Erfahrungen hinter sich, und es.
hat seinen Lehrern die Mission ertheilt, den künftigen Söhnen des Vaterlandes Unterricht in der Moral und in den bürgerlichen Pflichten und Rechten zu ertheilen; ich hege die feste Überzeugung, dass diese Anschauung
bald überall siegreich durchdringen wird, damit der Wert der Bevölkerung
auch unseres Vaterlandes zu einer immer wachsenderen Höhe steige. Zwar
ist und bleibt stets die Familie der heilige Herd, auf dem die Flamme der
Moral nie erlöschen soll: die Familie sei die treue Hüterin der allgemeinen
menschlichen Sittengesetze, die allüberall gelten, wo fortschreitende Cultur
und Civilisation an die Pforten des zu Ende gehenden Jahrhunderts pochen,
stürmisch Einlass und Gehör verlangend; doch so lange die Kinder mit
einem Wissen nach Hause kommen und bei den Eltern kein Verständnis
dafür finden, so lange wird auch die Familie in dieser Richtung ihre Aufgabe
nicht erfüllen können, die „sieghafte Macht des lebendigen Beispiels" wird
immer wieder fehlen; und zu einer solchen Familie, deren Glieder selbst
Moralunterricht genossen haben, gelangen wir, wie Carneri sagt, und ich
schliesse mit seinen Worten, nur dann, wenn den Eltern selbst Gelegenheit
geboten worden ist, echte Moralbegriffe sich anzueignen: und dazu ist der
einzige Weg die Einführung eines staatlichen Moralunterrichtes.

Bemerkung. Der Vortrag erscheint genau in der Form abgedruckt, in der ihn
der Autor an die Redaction eingesendet. Hinzuzufügen ist nur noch, dass sich der Autor
in dem mündlichen Vortrage nur auf den Aufsatz „Die Moral und die Volksschule"
von R. v. Carneri im „Kosmos" (Jahrg. 1886, I. Bd., 4. Heft) berief und zum Schlusse
folgende vier Thesen aufstellte:

1. Um der immer mehr überhandnehmenden, competenterseits constatierten Verwilderung der Jugend ein Gegengewicht zu bieten durch die Schulerziehung und, in

weiterer Folge, durch die Erziehung im Hause, ist die Einführung des in der Sitzung des Wiener Gemeinderathes vom 15. Februar d. J. beantragten Unterrichtes in den Pflichten und Rechten in der bürgerlichen Gesellschaft wünschenswert.

2. Dieser Unterricht ist derart einzurichten, dass er im Gemüthe des Kindes keinen Conflict mit dem Unterrichte des Religionslehrers hervorrufe; er soll, ohne mit irgend einer der verschiedenen Glaubenslehren besonders Fühlung zu haben, vornehmlich darthun, wie die Lehren der religiösen Moral sich in den Gesetzen des Staates wiederspiegeln.

3. Dieser, vorerst an den Lehrerbildungsanstalten, sodann an den Volks- und Bürgerschulen einzuführende Unterricht könnte auf dem Buche: „Pflichten und Rechte in der bürgerlichen Gesellschaft", nach dem Französischen des P. Laloi mit besonderer Rücksicht auf unsere Verhältnisse frei bearbeitet von Ludwig Fleischner (Wien 1887; Verlag von Karl Graeser) fussen.

4. Es wird der Erwägung des hohen k. k. Ministeriums für Cultus und Unterricht anheimgestellt, ob der Inhalt dieses Buches zur Grundlage eines neuen Unterrichtsgegenstandes gemacht, oder ob derselbe beim Unterricht in der Sprache, Geographie, Geschichte und Vaterlandskunde nach einem erst festzustellenden Lehrplane eingetheilt werden solle, da diese Gegenstände Anhaltspunkte genug bieten, um an passenden Stellen über Pflichten und Rechte in der bürgerlichen Gesellschaft zu sprechen.

Dies zum Verständnis der anschliessend mitgetheilten Debatte. (Skizziert nach dem Berichte des Stenographenbureaus durch den Leiter desselben, Herrn G. Türmer.)

M. Zens: Der Gegenstand, der heute zur Debatte gestellt ist, darf wohl als ein hochwichtiger bezeichnet werden; es ist daher wünschenswert, dass er allseitig und recht eingehend besprochen werde.

Die Thesen des Herrn Vortragenden besagen im wesentlichen Folgendes: 1. Ein geeignetes Mittel gegen die Verwilderung der Jugend ist jene Schulerziehung, welche sich auf einen besonderen Unterricht in den Pflichten und Rechten der bürgerlichen Gesellschaft stützt. 2. Dieser Unterricht darf nicht collidieren mit dem Religionsunterricht. 3. Er ist auf Grundlage des Buches nach Pierre Laloi zu ertheilen. 4. Sollte die hohe Behörde die Einführung eines neuen Unterrichtsgegenstandes nicht bewilligen, so werde der bezügliche Stoff aufgetheilt auf Sprache, Geographie und Geschichte.

Verweilen wir bei dem ersten Punkte. Soll die Schulerziehung und in weiterer Folge die Erziehung überhaupt ein Gegengewicht bieten gegen die Verwilderung der Jugend — consequent in weiterer Folge gegen die Verwilderung der Gesellschaft? Darauf lässt sich unbedingt mit Ja! antworten, auch wenn der Umfang des Begriffes „Gegengewicht" etwas unbestimmt bleibt, und es ist die Antwort so selbstverständlich wie die These, die letzthin aus der Berathung über das Thema „Schulerziehung" resultierte. Freilich lässt es sich gleich hier der Einwand erheben: Es genügt nicht, von der „competenterseits constatierten Verwilderung der Jugend" zu sprechen, es müssen zunächst die Ursachen dieser Verwilderung erforscht werden, damit gleichzeitig oder in entsprechender Reihenfolge alle jene Mittel in Anwendung gebracht werden, welche hier Abhilfe zu schaffen vermögen. Doch, bleiben wir bei dem vom Herrn Vortragenden empfohlenen Mittel, und unterziehen wir dieses einer näheren Betrachtung.

Nach den Worten des Herrn Vortragenden, wie nach der Vorrede seines Buches, ist er vorzugsweise durch die im „Kosmos" erschienene Abhandlung des Reichsrathsabgeordneten R. v. Carneri zur Übersetzung oder Bearbeitung des Buches von Pierre Laloi angeregt worden. Ich habe es für nöthig erachtet, vorerst diesen Aufsatz (Aprilheft 1886) durchzulesen, weil einerseits die vom Herrn Vortragenden angegebenen Details mir als unzureichend erschienen, andererseits aber die Berufung auf eine Autorität nothwendig es auch uns zur Pflicht macht, uns mit den Anschauungen dieser Autorität über die schwebende Frage gründlicher vertraut zu machen. Auseinander zu halten wäre vor allem, dass Carneri von einer Morallehre schlechtweg, der Herr Vortragende aber von den Pflichten und Rechten in der bürgerlichen Gesellschaft spricht. Da aber Carneri über das Buch von P. Laloi urtheilt: „Unsere kühnsten Wünsche wären erfüllt, wenn bei uns ein solches Buch in den Volks-, Normal- (?) und Bürgerschulen eingeführt würde," so lässt sich annehmen, dass diese praktische Ausgestaltung mit seinen Ideen übereinstimmt. Carneri sagt einleitend, „dass man einen Gedanken von solcher Tragweite, zumal mit einer gewissen Energie nicht öffentlich aussprechen dürfe, wenn man, neben der Überzeugung seiner Nothwendigkeit, nicht auch zu einer bestimmten Vorstellung von seiner Durchführbarkeit gelangt ist" — was sehr zutreffend und schön bemerkt ist. Er bespricht dann die Nothwendigkeit eines besonderen Moralunterrichtes in der Volksschule und gründet diese darauf, dass der Religionsunterricht schlecht ertheilt werde, vornehmlich in den katholischen Ländern; die protestantischen Schulen kommen dabei besser weg. ja Carneri macht das Zugeständnis, dass in den letzteren ein besonderer Moralunterricht vielleicht entbehrlich sein könne. Carneri sagt: „Es kann sein, dass in einem Theile des protestantischen Deutschland beim Religionsunterrichte die moralische Seite des Christenthums eine Würdigung findet, welche die Unterweisung, die uns vorschwebt, grösstentheils überflüssig macht. In den katholischen Ländern, deren Verhältnisse uns genauer bekannt sind, werden die Kinder derart in der Religion unterrichtet, dass sie die Volksschulen verlassen, ohne irgend einen klaren Begriff von dem zu haben, was der civilisierte Mensch Moral nennt." Angenommen, aber nicht zugegeben, dass dies so sei, wäre da wohl das beste Auskunftsmittel: Verbessert den Religionsunterricht, damit er wie der protestantische jene genannten Ziele erreiche! Carneri sagt indes weiter (S. 274): „Zwischen dem Christenthum und dem modernen Staate besteht kein Gegensatz; dagegen ist der Gegensatz zwischen dem modernen Staate und der Kirche ein unversöhnlicher. Den Moralunterricht, dessen der Staat bedarf, wird die Kirche nie ertheilen."

Diese Sätze mahnen zur Vorsicht; denn der Herr Vortragende wie Carneri verlangen als Zweites von der Schule, dass der Moralunterricht so gestaltet werde, „dass er im kindlichen Gemüthe keinen Conflict hervorrufe mit dem Unterrichte des Religionslehrers." Nun sagt Carneri: „Den Moralunterricht, dessen der Staat bedarf, wird die Kirche nie ertheilen;" denn die Kirche gehe vom Standpunkte der Sünde aus, während der staatliche Moralunterricht von der Nächstenliebe ausgehen und eine Entwickelung des Gewissens bezwecken solle. Es habe daher, meint Carneri, eine Zweitheilung zu erfolgen: Religionsunterricht und Moralunterricht, und „in dieser Zweitheilung darf das Kind keinerlei Gegensatz, sondern nur eine Ergänzung erblicken." Ich fürchte, dass es da so manchen Leser gibt, dem diese Sache von vornherein bedenklich erscheint; denn wenn man ihm zuerst den schroffen Gegensatz zwischen der kirchlichen und staatlichen Moral darlegt, wird er nicht die Frage stellen: Können diese zwei Arten des Moralunterrichtes wirklich freundschaftlich nebeneinander gehen, wird das Kind wirklich nur eine Ergänzung und keinerlei Gegensatz finden? Da dürfte denn mancher mit der Antwort zögern und denken: Wenn es zwischen den betheiligten Lehrkräften zum Bruche kommt, so wird die Schuld dem Religionslehrer — nicht zugemessen. Siehe Rohrweck! Übrigens räume ich sofort ein, dass sich die Sache in dem Fleischner'schen Buche weit harmloser ausnimmt; aber wozu dann der Lärm?

Das Dritte, was Carneri und der Herr Vortragende vorschlagen, ist ein tüchtiges Lehrbuch, durch das die Volksschullehrer in den Stand gesetzt werden, diese sehr delicate Sache — wie Carneri sich ausdrückt — glücklich zu lösen. Auch soll dieses Buch kein Katechismus sein, dessen Antworten das Kind auswendig zu lernen hat. Ich werde nur im allgemeinen über die Bearbeitung des Buches von P. Laloi sprechen und überlasse es den folgenden Sprechern, auf dasselbe näher einzugehen. Das Buch enthält einerseits eine Sittenlehre und vermittelt andererseits praktische Kenntnisse über gesellschaftliche und politische Verhältnisse. Bezüglich des dargebotenen Lesestoffes theile ich gewiss die Meinung des Verfassers, wenn ich sage, es sollen damit nur einige Beispiele gegeben werden, damit man erkenne, wie der Stoff beschaffen sein müsse, aus dem die einzelnen Lehr- und Erkenntnissätze zu abstrahieren sind.

Was nun die praktischen Kenntnisse anbelangt, so erinnere ich daran, dass seinerzeit Herr Bruhns in dieser Gesellschaft das Thema behandelte: „Wie ist die Jugend für das politische Leben zu erziehen?" Die Wiener pädagogische Gesellschaft hat damals die Hauptarbeit in dieser Sache der Fortbildungsschule zugewiesen (Thesen nach der Formulierung Dir. M. Binstorfers). Auch hat Herr Bruhns im Vereine mit Dr. Brockhausen eine „Rechtslehre" herausgegeben, in welcher das hierher gehörige Material zusammengestellt erscheint. Ich hebe u. a. speciell noch hervor, dass über die Verfassungslehre Herr Director Simon eine sehr instructive Abhandlung gegeben hat (Jahrbuch 1883), und ich kann nicht unterlassen, zu bemerken: es hat mich nicht angenehm berührt, dass im Vortrage auf das von mir angedeutete einschlägige Wirken unserer Gesellschaft ganz und gar nicht Bedacht genommen ist.

Ich will darüber, ob das vorliegende Buch von Fleischner den Stoff in Vollständigkeit oder passender Auswahl behandle, nicht sprechen, sondern die Frage aufwerfen: Ist in der Richtung, in welcher dieses Buch die Lehre von den Rechten und Pflichten, also im weiteren Sinne den Moralunterricht, behandelt, bisher in der Schule nichts geschehen? Indem ich diese Frage zu beantworten suche, lasse ich den Religionsunterricht ganz bei Seite und entspreche somit auch einem vom Herrn Vortragenden geäußerten Wunsche. Ich behaupte nämlich, dass der von uns verlangte Moralunterricht — soweit er durch das Buch zum Ausdruck gelangt und soweit er in der Volksschule überhaupt statthaben kann — seit langem schon ertheilt wird, und dass derjenige, der dies bestreitet und diese Art von Moralunterricht, die allerdings den Religionsunterricht nicht beirrt, als etwas Neues und bisher nicht Geübtes erklärt, herzlich schlecht über die Verhältnisse an unseren Volks- und Bürgerschulen unterrichtet ist.

Ist nicht die ganze Schulordnung, die Disciplin, die Einordnung des Kindes in ein gesellschaftliches Ganzes, eine Morallehre? Ist nicht die Belobung einer guten Arbeit, die Bestrafung einer Ungehörigkeit eine Morallehre? Werden die gemüthbildenden Stoffe unserer Lesebücher, die prosaischen und poetischen, rein nur dazu benutzt, um die Orthographie zu üben und die metrischen Regeln zu erlernen, oder erwächst aus ihnen unter der Hand des Lehrers eine Morallehre, schöner und jedenfalls weniger aufdringlich als die durch P. Laloi dargebotene?"

Ich muss mir erlauben, an dieser Stelle einen Satz aus den „allgemeinen Bestimmungen", d. h. den Ausführungsverordnungen, zu dem französischen Schulgesetze einzuschalten. Es heißt daselbst bezüglich der Methodik in diesem Gegenstande: „Der Unterricht muss das Innerste der Seele treffen, er darf weder im Ton, noch im Gesammt-

4*

eindruck, noch in der Form einer gewöhnlichen Lehrstunde gleichen. ... Die in Anwendung kommenden Mittel können denjenigen nicht gleich sein, deren man sich in einer Stunde etwa für Sprachlehre oder Realien bedient. Sie müssen nicht nur schmiegsamer und mannigfaltiger, sondern innerlicher, rührender, ergreifender sein, überhaupt ein weniger belehrendes, als würdevolles und ernstes Gepräge haben.“

Nehme ich nun das Buch nach P. Laloi zur Hand, so weiss ich wahrhaftig nicht, wie man es anstellen sollte, um verschiedene Partien desselben, z. B. die Familie Huber, vom Wunderdoctor, von dem braven Familienvater Leopold Bartl, von der Verlobung Ferdls und Resis etc. — mit einer das übrige Unterrichtsverfahren überragenden Feierlichkeit zu behandeln. Dagegen bin ich mir bewusst, dass manche Stunde des profanen Unterrichtes von einer solchen Weihe durchdrungen ist, wie sie ohne jegliche äussere Mittel in diesem Laloi'schen Moralunterrichte kaum zustande kommen dürfte. Dazu kommt noch, dass wir bei unserem Unterrichte oft den Gegenstand für sich allein sprechen lassen können, dass die Moral wie in der guten Fabel von selbst heraustritt und eine besondere Herausstellung oder Formulierung derselben oft gar nicht, wenigstens nicht sofort, nothwendig ist. Ich erinnere Sie z. B. an die Worte im Grafen v. Habsburg: „So mögen sie, rief er begeistert aus, sechs Kronen Euch bringen in euer Haus und glänzen die spätsten Geschlechter. .... Und alles blickte den Kaiser an und erkannte den Grafen, der das gethan, und verehrte das göttliche Walten.“ Oder in der Bürgschaft: „Des rühme der blut'ge Tyrann sich nicht, dass der Freund dem Freunde gebrochen die Pflicht; er schlachte der Opfer zweie und glaube an Liebe und Treue. ... Und die Treue, sie ist doch kein leerer Wahn!“ Oder aus einem Prosastück, Roseggers „Ostermorgen“ (Niedergesäss' Lesebuch, 7. Schuljahr): „Wer — wer hat es gethan — dass wir ihn niederschlagen! riefen die Leute durcheinander. — Ist recht, schlagt sie nieder — die Unvorsichtigkeit hat es gethan.“ — Ich erinnere ferner, wie der Geschichtsunterricht Gemüth und Verstand der Kinder u. z. nach einer ganz bestimmten Seite hin mächtig zu ergreifen vermag. Ich halte es fast für überflüssig, hier Beispiele anzuführen, dennoch nenne ich aufs Gerathewohl: Die Klage des Priamus, da er von Achill seinen erschlagenen Sohn löst; die Anrede des Miltiades an die Griechen vor der Schlacht bei Marathon; Leben und Tod des Sokrates; die Tugenden der alten Römer; oder aus der neueren Zeit: Maria Theresia auf dem Landtage zu Pressburg; Josef II. in seiner Leutseligkeit, wie er den Pflug führt u. s. w.; Kaiser Franz Josef I., wie er 1862 gelegentlich der Überschwemmung in der Brigittenau erscheint u. s. w. Wenn ich in dieser Beziehung aufzählen wollte, was von der ersten Volksschulclasse an bis in die 3. Classe der Bürgerschule hinauf gearbeitet wird, so fürchte ich, dass die Versammlung ungeduldig wird. § 1 des Reichsvolksschulgesetzes stellt die religiös-sittliche Erziehung doch nicht als alleinige Aufgabe des Religionslehrers hin. Deshalb, weil der Stoff nicht in ein besonderes Buch zusammengetragen, ist nicht bewiesen, dass dieser Unterricht nicht vorhanden ist. Und wenn jemand meint, nicht jeder Lehrer gehe genügend auf den sittlichen Kern und Wert der Sache ein, wird es dann besser werden, wenn er einen Katechismus vor sich hat? Wenn es in der angedeuteten Richtung an dem Ernste des Lehrers fehlen sollte, das Buch allein würde ihm den Ernst nicht einflössen, er würde die Sätze schön memorieren lassen und wäre damit zufrieden. Endlich führen unsere Lehrpläne so manchen der geforderten Stoffe wirklich an, so: Geschäftsaufsätze, Verfassungslehre etc.

Eine andere Sache ist es, zu untersuchen, ob nicht der gesammte Moralunterricht, der von Seite des Lehrers thatsächlich ertheilt wird, im Lehrplan specificiert werden solle; darüber dürfte die Pädagogische Gesellschaft noch zu sprechen haben, diese Frage steht aber heute nicht auf der Tagesordnung.

Damit habe ich auch schon den vierten Punkt erledigt. These 4 verlangt einen eigenen Unterrichtsgegenstand oder (abweichend von These 1) die Auftheilung. Die letztere ist, soweit die Volksschule auf die Sache eingehen kann, bereits Thatsache; eine systematische Zusammenstellung der menschlichen Rechte und Pflichten (im weiteren Umfange) gehört in die Fortbildungsschule, deren Zöglinge auch schon so viel praktische Erfahrung und Verstandesreife mitbringen, dass man Dinge behandeln kann, die man ihnen, so lange sie sich in einem zu frühen Lebensalter befinden, nicht dar- bieten darf, ohne sich einer gefährlichen Verfrühung schuldig zu machen. Also: die Auftheilung des einschlägigen Stoffes in die Volks- und Bürgerschule, der systematische Cursus über Rechte und Pflichten in die Fortbildungsschule!

Für die Franzosen steht die Sache wesentlich anders; sie haben in ihrem neuen Schulgesetz den Religionsunterricht ganz aus der Schule gewiesen, und da mögen sie die Nothwendigkeit, einen besonderen Unterrichtsgegenstand an dessen Stelle zu setzen, wohl gefühlt haben. Ich habe mir die Mühe genommen, das fran- zösische Unterrichtsgesetz durchzusehen — nebenbei bemerkt, hat es manch Vorzüg- liches, kann sich aber unserem 1869er Schulgesetze nicht an die Seite stellen. Das Gesetz datiert vom 28. März 1882; am 27. Juli desselben Jahres erschienen die „all- gemeinen Bestimmungen", welche die Lehrpläne enthalten für die physische, intellec- tuelle und moralische Erziehung; überall ist zuerst das Ziel, dann das Verfahren, end- lich der bezügliche Stoff angegeben. Was nun diese allgemeinen Bestimmungen in Bezug auf den Moralunterricht enthalten, begegnete sofort den verschiedenartigsten Auslegungen; Morallehrbücher erschienen in grosser Menge und, wie leicht erklärlich, die wenigsten waren geeignet, Kindern in die Hände gegeben zu werden. In der Presse, im Parlament gab es scharfe Auseinandersetzungen, so dass sich der Minister veranlasst fand, unterm 17. November 1883 eine besondere „Dienstanweisung" für diesen Gegenstand zu erlas- sen, welche, gelinde gesagt, einem — Dämpfer gleichkommt. Es heisst u. a. darin: „Es scheint ganz natürlich, dass der Lehrer zur selben Zeit, in welcher er den Kindern lesen und schreiben lehrt, sie auch in den Grundregeln des sittlichen Lebens unter- richtet, welche nicht weniger allgemein anerkannt werden, als die der Sprache und des Rechnens.... Sie haben nichts Neues zu unterrichten, nichts, was Ihnen und allen ehrenwerten Leuten unbekannt ist. Und wenn man Ihnen von der Sendung und dem Apostelamt spricht, so lassen Sie sich nicht irre machen: Sie sind nicht Verkündiger einer neuen göttlichen Botschaft; der Gesetzgeber hat aus Ihnen weder Philosophen noch plötzlich Theologen machen wollen; er fordert von Ihnen das, was er von jedem vernünftigen Ehrenmanne fordern kann."

Ich unterlasse es, hieraus naheliegende Folgerungen zu ziehen. Wenn bei uns die hohe Regierung befiehlt: Der Lehrer hat den Moralunterricht nach dem vorliegenden Buche in besonderen Stunden zu ertheilen — so werden wir selbstverständlich pflicht- gemäss gehorchen; wenn aber die Erwartungen, die man daran knüpft, nicht in Erfül- lung gehen, so wollen wir nicht die Schuld daran tragen.

Es sind an die Schule zu verschiedenen Zeiten verschiedene Anforderungen gestellt worden, denen sie ihrem eigenen Begriffe nach, d. h. weil sie ihre Hauptaufgabe nicht hintanstellen darf, höchstens zum Theil, aber nie vollständig zu entsprechen vermag. So steht es auch mit den Pflichten und Rechten auf Grundlage des Laloi'schen Buches Bezüglich der praktischen Kenntnisse muss nicht nur Fleischner, sondern auch Bruhns (indem ich mich auf dessen „Rechtslehre" beziehe) eine strenge Scheidung der für die Volksschule geeigneten Partien vornehmen. Auch bezüglich der Sittenlehre leistet die Schule ja ganz Positives, u. z. so viel, als sie bei ihren beschränkten Disciplinarmitteln zu leisten vermag; zu keinem Falle aber kommt die Moralitätslehre einer besonderen Lehrkraft zu, sondern alle haben gleichen Antheil daran.

Kein besonderer Gegenstand wird die Moral lehren, anerziehen oder angewöhnen, wenn nicht erstens der gesammte Unterricht und die gesammte Erziehung jenen Geist athmet, der in der Staatsmoral sich ausprägen soll, und wenn nicht zweitens — und das hat unvergleichlich mehr zu bedeuten — die öffentlichen Zustände des bürgerlichen und politischen Lebens diese Moral bestätigen.

Das ist kein Trugschluss! Und indem ich den Eingangs angedeuteten Einwand streife, sage ich: Weil die allgemeine Sittlichkeit nicht so sehr von der in der Schule gelehrten Moral, als von der im Leben geübten Praxis abhängig ist — nämlich von der Handhabung des Rechtes in seinen tausendfältigen Formen von unten bis oben — so können wir die Verantwortlichkeit, die mit einer unbedingten Zustimmung zu den vorgelegten Thesen verbunden ist, nicht übernehmen.

Nach diesen Ausführungen muss ich sowohl die Hauptfrage in These 1, als auch die Ausführungsbestimmungen in den nachfolgenden Thesen 2, 3, 4 ablehnen.

A. Pape: Ich kann den Thesen durchaus nicht zustimmen und wünsche, dass die Lehrerschaft gegen dieselben Stellung nehme. Der Vortragende lässt uns über seine eigentliche Absicht im Unklaren, da es zweifelhaft ist, ob es sich um eine „Rechtslehre" oder um eine „Morallehre" handle. In These 1 wird von einem Gegengewicht gegen die immer grösser werdende Verwilderung der Jugend gesprochen. Nun wirken in Sachen der Gefühlswelt nur wieder Dinge der Gefühlswelt. Der Unterricht wirkt aber vorwiegend auf den Verstand ein, woraus folgt, dass durch ihn die Forderung der ersten These nicht erfüllt werden könne. Der Herr Referent sagt: „Unterricht in Rechten und Pflichten", während er in der That Moralunterricht meint. Aber auch der Moralunterricht führt nicht zu dem angedeuteten Ziele, denn der wichtigere Theil des Religionsunterrichtes ist ja nichts anderes als Moralunterricht. Gute Lehren wirken nur bei denen, welche ohnehin gut sind. Das Gefühl ist das treibende Element, nicht der Verstand. Hier ist das Gesetz der Anschauung mehr geltend als irgendwo. Durch Schauen sittlicher Thaten und Handlungen werden die Gefühle der Menschen in Affect versetzt. Weder Moral- noch Religionsunterricht sind im Stande, sittliche Menschen zu bilden, wenn sittliche Handlungen mehr und mehr schwinden. Solange die socialen Zustände nicht gebessert werden, hilft auch kein Unterricht. In These 1 liegt ein Vorwurf gegen den Religionsunterricht. Es scheint, dass derselbe durch den Moralunterricht entweder ersetzt oder unterstützt werden soll. Ich fühle mich verpflichtet, ein Wort für den Religionsunterricht einzulegen: wenn ein Unterricht im Stande ist, zu erhalten, was der Erhaltung in sittlicher Beziehung fähig ist, so ist es der Religionsunterricht.

A. Mikusch: Ähnliche Erzählungen, wie die in dem Buche des Herrn Referenten finden sich in den Lesebüchern der vormärzlichen Schule. Es scheint jedoch, dass sie nicht geeignet befunden wurden, in sittlicher Beziehung einzuwirken, denn sie sind aus den Lesebüchern wieder entfernt worden. Es ist jedenfalls mehr schädigend als nützlich, wenn man den Kindern die Moral durch einen besonderen Unterricht aufdrängt. Ich weiss das aus eigener Erfahrung. Es war mir widerwärtig, wenn mir beim Abschied eine lange Moralpredigt gemacht wurde. So geht es auch den Schülern. Einzelne Vorfälle im Schulleben geben hinlänglich Gelegenheit zur Belehrung über das sittliche

Verhalten, es bedarf nicht der eigenen Geschichten. Vieles, was vom Herrn Referenten angeführt wurde, gehört in die Fortbildungsschule oder für das praktische Leben, ist also verfrüht. Für zweckmässiger halte ich die Belehrung, welche durch Bibliotheken geboten wird. Es wäre demnach für **Hebung und Förderung der Volksbibliotheken zu wirken.**

A. Bruhns: Ich wollte Herrn Fleischner meine Meinung über das Buch privat mittheilen; er wünschte sie öffentlich zu hören, er soll sie hören.

Ich bin für möglichste Verbreitung der Rechtsbegriffe, habe ich doch selbst hier in der Pädagogischen Gesellschaft einen Vortrag über die Vermittlung der Rechtsbegriffe gehalten und im Vereine mit Dr. Brockhausen eine „Rechtslehre" geschrieben, die auch vom h. Ministerium den Lehrkörpern an Fachschulen empfohlen wurde. Ich vermuthete in Herrn Fleischner nach dem Titel seines Buches einen Bundesgenossen in meinen Bestrebungen und habe ihm deshalb, nachdem er mir sagte, er wolle ein Werk „Pflichten und Rechte in der bürgerlichen Gesellschaft" herausgeben, sogar einen Artikel hierzu geliefert, der auch abgedruckt erscheint. Wie erstaunte ich aber bei der Lectüre des Buches, als ich statt einer **Rechtslehre** eine **Morallehre**, verbunden mit einer Verfassungs- und Volkswirtschaftslehre, fand. Mit dieser Morallehre kann ich mich nicht einverstanden erklären, weil ich vor allem den leitenden Grundsatz, der diese Morallehre durchzieht, nicht anerkennen will. Dieser Grundsatz lautet etwa: **Weil dir dies oder jenes angenehm ist, weil es dir Vortheile schaffen kann, darum sollst du es thun!** Nach meiner Meinung wird durch solche Lehren die Moral im Kinde untergraben. Heute ist der Mann im Staate mehr als der nur Regierte; er hat das Recht, an der Gesetzgebung, am Richteramte als Geschworener u. s. w. theilzunehmen; daraus erwachsen ihm auch Pflichten. Die Kenntnis dieser Rechte und Pflichten muss ihm vermittelt werden; ob dieses aber in der von Fleischner empfohlenen Form und ob es speciell in diesem Ausmass in der Volksschule geschehen kann, bezweifle ich gar sehr. Ich glaube, diese Aufgabe in diesem Ausmasse müssen andere Schulkategorien übernehmen. Da nach der dritten These Fleischners Buch empfohlen werden soll, so muss auch eine Prüfung desselben vorausgehen. Ich will mich speciell mit der sachlichen Prüfung des Buches beschäftigen.

Wenn ich eine Moral- und Rechtslehre vor mir habe, so erwarte ich, dass diese wirklich moralbildend und durchaus richtig, wahr ist. Das Buch enthält aber Unrichtigkeiten in Fülle. Ich beginne mit den Beweisen bei dem XI. Capitel „Der Staat". Hier heisst es S. 92: „Die gesetzgebenden Körperschaften sind der Kaiser und die beiden Häuser des Reichsrathes; die ausübende Gewalt besitzen die Minister." Neu dürfte der Begriff sein „der Kaiser ist eine Körperschaft" (!); auch ist der Kaiser, nicht aber die Minister, der Träger der ausübenden Staatsgewalt. Der betreffende Gesetzesparagraph sagt: „Der Kaiser übt die Regierungsgewalt durch verantwortliche Minister und die denselben untergeordneten Beamten aus." — Herr Fleischner spricht fast durchgehends von einem „Kaiserthum Österreich"; es gibt nur eine österreich-ungarische Monarchie! Vom Herrenhause lesen wir S. 87: Es besteht u. a. „aus den Angehörigen der vornehmsten Adelsgeschlechter" — dann wäre unser Herrenhaus dem polnischen Reichstag ähnlich. Im Herrenhaus haben unter anderen die grossjährigen Häupter jener inländischen Adelsgeschlechter, welche durch ausgedehnten Grundbesitz hervorragen und denen der Kaiser die erbliche Reichsrathswürde verliehen hat, Sitz und Stimme. — Die Begriffe „Bürgermeister", „Gemeinderath", „Statthalter" sind nicht immer correct angewendet.

Seite 94: „Eine Befreiung von der Stellungspflicht tritt nur ein für solche, die zum Militärdienste unfähig sind, und für jene, die aus bestimmten Familienrücksichten von der Ableistung der Militärpflicht befreit werden." Dem ist entgegenzuhalten, dass es eine Befreiung von der Stellungspflicht gar nicht gibt und dass kein gesunder Mann von der Ableistung der Militärpflicht kurzweg befreit wird, sondern nur „zeitweilig", d. h. so lange bestimmte Familienrücksichten herrschen, befreit wird.

Nach Seite 100 habe am 1. Jänner 1884 die gemeinsame Staatsschuld 412 Millionen Gulden betragen. Glückliches Vaterland! Diese 412 Millionen kann ich leider nicht als einen Druckfehler ansehen, denn es stimmen weder die Ziffern, noch die Summe auch nur annähernd.

Was Herr Fleischner über die Eintheilung der Schulen sagt, ist zum grossen Theil falsch oder ungenau, so nur eines S. 105: „Ausser den Universitäten gibt es noch eine grössere Anzahl von Lehranstalten, welche zum Theil die Absolvierung einer vollständigen Mittelschule verlangen und Fachbildung vermitteln, so die Handelsakademie, die Bergakademien, ... die landwirtschaftlichen Lehranstalten, die Staats-Gewerbeschulen." Die genannten Schulkategorien nehmen ihre Schüler entweder aus der Untermittelschule oder aus der Bürgerschule. Siehe Programm der Staats-Gewerbeschule in Wien u. s. w. Wozu solche Dinge schreiben? Hierdurch werden ja die Eltern bei der Berufswahl ihrer Kinder irregeführt.

Seite 121: „Jeder 24 Jahre alte österreichische Staatsbürger ist zur Theilnahme an den öffentlichen Wahlen berechtigt." Da steht's schwarz auf weiss, bei uns existiert das allgemeine Wahlrecht! Was wollen noch immer die Abgeordneten Dr. Kronawetter u. a., die begehren, was schon existiert? Das ist nur eine flüchtige Blumenlese dafür, wie Herr Fleischner mit der Genauigkeit und mit der Wahrheit umgeht.

Nun zur Moral! Seite 1 ruft Herr Fleischner den Kindern zu: „Streitet nicht mit ihnen (den Eltern); man darf wohl mit seinesgleichen streiten, aber nicht mit seinen Eltern." Ich bin der Meinung, einem erzogenen Kinde darf gar nicht der Gedanke kommen, mit den Eltern zu streiten; hier aber wird es auf der 1. Seite im 3. Satz darauf aufmerksam gemacht. Solche Sätze sind nicht moralbildend; ebensowenig wie der nachstehende von S. 9: „Liebet eure Nebenmenschen, damit sie auch euch lieben!" Mir gefällt der Satz besser: „Thuet das Gute um des Guten willen." Seite 11: „Euer Vater will, dass ihr alles besser macht, als er es selbst macht, deshalb hat er euch unterrichten lassen." Die Väter nach der Fleischner'schen Construction sind sonderliche Käuze, wenn sie in einem Alter, sagen wir von 40 Jahren, unerfahrener, ungeschickter, ungebildeter sein wollen, als ihre Herren Buben von circa 12—14 Jahren (für solche ist ja das Buch bestimmt). Doch Herr Fleischner ist sehr zartfühlend und sagt anschliessend an den vorstehenden Satz: „Seid ihr es nun im Stande, so machet alles besser als er (der Vater), aber lasset ihn niemals eure Überlegenheit fühlen." (!)

Den Kindern wird auch mitgetheilt (S. 73): „Ein Ehegelöbnis zieht keine rechtliche Verbindlichkeit nach sich, weder zur Schliessung der Ehe selbst u. s. w." Ist das zu wissen den Volksschülern nöthig? Ist ihnen überhaupt nöthig zu wissen, wie viele Monate, Jahre Arrest, Kerker auf dies oder jenes Verbrechen gesetzt sind? (Seite 51 etc.)

In einigen Sätzen lehrt Herr Fleischner den Kindern, wie sie ihre Eltern zu controlieren haben; ob dies gut gethan ist, will ich nicht beantworten, aber die Sätze führe ich an: „Niemals dürfen die Eltern im Zustande des Zornes strafen; man erreicht durch ein mildes, aber doch entschiedenes Vorgehen bei Kindern viel mehr, als durch

Heftigkeit." „Der Vater ist verpflichtet, für den Lebensunterhalt der Familie zu sorgen."
(S. 74). — „Die Mutter soll nur dann arbeiten, wenn die Arbeit ihres Gatten
zur Ernährung ihrer Familie nicht hinreicht; dann aber soll sie, soweit es möglich ist,
eine Beschäftigung wählen, die es ihr erlaubt, zu Hause zu bleiben." Ist denn Herr
Fleischner gegen die Erscheinungen der Neuzeit blind? Sieht er nicht, wie die Frauen
selbst nach Arbeitsstellungen streben, wie sie im Geschäftsleben die Männer unterstützen,
wie überhaupt die Frau nothgedrungen durch die Verhältnisse aus dem engen Kreise
des Hauses heraustritt? Und diese Bethätigung will Herr Fleischner den Kindern als etwas
Unmoralisches hinstellen. Ich erlaube mir zu fragen, welche Gedanken ein solcher Satz
in dem Kopfe eines jungen Mädchens wecken mag? Der nächste §.: „Der Mann
muss die Ausgaben festsetzen, ohne sich aber um die Einzelheiten der Haushaltung zu
kümmern." (!) — Gelungen ist folgender Satz (S. 73): „Verzogene Kinder werden
schlechte Söhne." Bekanntlich ist gegenwärtig das weibliche Geschlecht in der Majorität, und es sehen die Staatsmänner einer Steigerung dieses Verhältnisses mit Bangen
entgegen; dem kann aber abgeholfen werden: man verziehe die Kinder und erhält dann
— Söhne, freilich schlechte Söhne. Von den Eltern sagt Herr Fleischner S. 76:
„sie müssen dadurch für ihre eigene Zukunft vorsorgen, dass sie .... einer Lebensversicherung beitreten." Nun wurde aber früher (S. 44) erklärt: „Die Lebensversicherung besteht darin, dass man jedes Jahr eine gewisse Summe, die sogenannte Prämie,
einzahlt, und zwar unter der Bedingung, dass die Gesellschaft im Falle des Ablebens
des Versicherten an seine Erben ein gewisses Capital ausbezahlt." Wie kann man
für die eigene Zukunft sorgen, wenn man den Erben Anspruch auf ein Vermögen
schafft?

Nun zum Schlusse noch einen guten Rathschlag bei der Berufswahl. Herr Fleischner ruft den Kindern S. 39 zu: „Sind eure Eltern Landwirte, so bleibet Landwirte; der
Mensch, der sein Feld bebaut, ist unabhängig; er athmet eine reine Luft, er kann
sich jung verheiraten; seine Kinder bleiben gesund und ihre Erziehung
kostet wenig. Arbeit schändet niemals." Welche Perspective eröffnet sich hier nicht
den 13jährigen Kindern: jung verheiraten, gesunde Kinder bekommen; welche Wonne!
Und deren Erziehung kostet überdies nur einen Pappenstiel!

Ich habe hiermit keineswegs das Thema erschöpft, glaube aber, das Angeführte
genügt, um zu zeigen, dass es Herr Fleischner weder mit der Wahrheit noch mit der
Genauigkeit ernst genommen hat. Ich stelle daher folgenden Antrag: Die „Pädagogische
Gesellschaft" hält an ihren im Jahre 1882, gelegentlich der Debatte über den Vortrag
„Wie ist die Jugend für das politische Leben vorzubereiten?" gefassten Beschlüssen
fest, dass die verschiedenen Schulkategorien die Aufgabe haben, ihre Zöglinge in den
einschlägigen Unterrichtsfächern durch die praktische und politische Leben durch eine dem
Alter der Schüler entsprechende Rechtsbelehrung vorzubereiten; doch entspricht das Buch
„Pflichten und Rechte in der bürgerlichen Gesellschaft" von L. Fleischner als Lernmittel für eine derartige Rechtsbelehrung nicht."

J. Schwarz: Ist die Verwilderung unserer Jugend wirklich so arg? Nein! Die
Mehrzahl unserer Jugend lässt nichts zu wünschen übrig. Gibt es heute mehr rohe
Jungen als früher? Ich glaube nicht. Und wenn ja, so liegt die Ursache der Verwilderung nicht im Mangel des Erziehlichen im Unterricht, sondern anderswo, in den
schlechten socialen Verhältnissen, die immer mehr um sich greifenden Alkoholismus,
namentlich in den unzulänglichen Disciplinarmitteln. Die Lehrerschaft hat aber auch
in dieser Beziehung das Ihrige gethan, sie hat das h. Unterrichtsministerium darauf

aufmerksam gemacht und auf Abänderung des § 24 der Schul- und Unterrichtsordnung gedrungen. — Die These 1 kann absolut nicht angenommen werden. Wir würden einerseits erklären, dass wirklich vorhandenen Übelständen durch einen Moralunterricht abgeholfen werden könne, andererseits, dass wir denselben bisher nicht gerecht worden sind, was den Thatsachen widerspricht. Dieser Unterricht wäre auch nicht zweckdienlich. Der Unterricht wirkt ja ohnehin vom ersten Schultage bis zum Austritt aus der Schule erziehlich. Der Sprachunterricht, sowie Geschichte und Naturgeschichte enthalten erziehliche Momente genug. Die Moral soll gelegentlich im Unterricht vermittelt werden ohne eine künstliche Auftheilung dieses Unterrichtsgegenstandes (These 4); von einem selbständigen Unterricht wird Umgang genommen werden müssen. Die natürliche Consequenz eines solchen wäre auch eine Vermehrung der Schulstunden, der wir das Wort nicht reden können. Der Unterricht in der Heimatkunde sowohl wie in der Geschichte, geben für Belehrung über Pflichten und Rechte Gelegenheit genug; mehr zu thun, ist nicht möglich. Die Pflichten finden sich von selbst, das Leben ist eine eindringliche Schule. Für die Rechte haben unsere Schüler noch kein Verständnis. Wir werden deshalb sämmtliche Thesen ablehnen müssen. Wenn der Unterrichtsminister gelegentlich der Budgetdebatte sagte, es gebe sehr viele unterrichtete, aber wenig erzogene Leute, so trifft dieser Vorwurf nicht uns Volks- oder Bürgerschullehrer, sondern er ist an eine andere Adresse gerichtet. Ich empfehle die Ablehnung der vorliegenden Thesen.

E. Jordan: Wenn von der Verwilderung der Jugend gesprochen wird, meint man immer nur einen Theil derselben. Es gibt seit der neuesten Reorganisation des Wiener Schulwesens Sammelstellen für verwilderte Schüler; das sind viele Knabenbürgerschulclassen. Zur Zeit der alten Schule sind Elemente, wie sie sich hier zusammenfinden, auf der Gasse herumgelaufen. Gegenwärtig zwingt sie das Gesetz in die Schule, gibt aber nicht die Mittel, sie zu erziehen. Wenn die Verwilderung jedoch immer weitere Kreise zieht, so ist das nicht unsere Schuld; wir haben gewarnt, haben jederzeit unsere mahnende Stimme erhoben und die wunden Stellen blossgelegt. Die Schuld an der immer unsicherer werdenden Basis der Volkssittlichkeit trifft unser gesammtes öffentliches Leben. Es geschehen Dinge, welche unbedingt das Gefühl für Recht, Wahrheit und Sittlichkeit vollständig erschüttern müssen. Im grossen darf gesündigt werden, nur im kleinen nicht. Von unten hinauf kann man da nicht aufbauen; die winzigen Atome unseres Einflusses werden vernichtet von der starken moralfeindlichen Zeitströmung. Sobald der Junge der Schule entwachsen ist, wirft er die ideale Schulmoral über Bord. Sehr störend wirkt noch der Conflict des Religionsunterrichtes mit der Moral des Hauses. Mit der Heilung dieser Schäden hätten sich die Religionslehrer schon längst beschäftigen müssen, wenn ihnen ernstlich um eine sittliche Festigung der Jugend zu thun wäre. Leider beachtet man die von den Lehrern diesbezüglich geäusserten Wünsche und Vorschläge nicht, und wir selbst dürfen an diese heikle Sache nicht rühren, wenn wir uns nicht der Gefahr aussetzen wollen, als Feinde der „Religion" betrachtet zu werden. Wenn gesagt wird, es sei kein Conflict zwischen Religionsunterricht und Moral, so müsste das erst bewiesen werden. Wir haben eine dreifache Moral: eine religiöse, eine Staats- und eine Schulmoral, die sehr häufig einander widersprechen. Wir müssen ehrlich gestehen: der Religionsunterricht erfüllt seine hohe und heilige Aufgabe nicht, weil sich die Religionslehrer viel zu wenig mit Pädagogik befasst haben, und weil man nicht einmal stilistische Änderungen des Katechismus zulassen will; man kann doch nicht alles mit der Heiligkeit des Buches entschuldigen. Der Religionsunterricht muss so eingerichtet werden, dass er den Hauptprincipien der Pädagogik entspricht, dass er aus dem Kinde herauswächst. Er muss endlich anfangen, das Gefühl als Ausgangspunkt zu nehmen, das Herz des Kindes gefangen nehmen, von dieser Basis aus zu den reinen Höhen der Sittlichkeit aufsteigen. Mit anderen Dingen richtet man nichts. In der alten Schule war der Schulmeister mit der Dogmatik nicht so vertraut wie heute der Katechet, es gieng ihm öfter das Herz mit dem Verstande durch, weshalb der Religionsunterrich früher besser war, als er es jetzt ist. Hie und da eifert man schon von Seite der Katecheten selbst gegen den Katechismus und die geist- und gemüthlähmende Art der methodischen Behandlung desselben; das ist ein gutes Zeichen. Der Religionsunterricht muss zu seiner früheren Einfachheit zurückkehren, dann wird die Unmoral nach und nach mehr schwinden.

Dr. S. Krenberger. Derselbe bespricht die Arbeitsmethode des Vortragenden, und zwar die äussere Form und die Principien des Vortrags, von dem er nachzuweisen sucht, dass er des wissenschaftlichen Charakters entbehre. Die Arbeiten der Vorgänger auf demselben Gebiete seien nicht gebürend berücksichtigt worden. In Bezug auf die Methode habe Herr Fleischner weder seine Ansichten bewiesen, noch ein nothwendiges Postulat aufgestellt. Von Principien finde man weder ein ethisches noch ein psychologisches, und der eine von ihm aufgestellte Grundsatz sei halb wahr, halb falsch.

P. W. Binder (Director-Stellvertreter am k. k. Blindenerziehungsinstitute und Localdirector im Rettungshaus des „Wiener Schutzverein für Rettung verwahrloster Kinder", VIII. Bezirk, Lerchenfelderstrasse 88): Herr Vorredner Schwarz wies auf die socialen Uebelstände als Ursachen der Verwahrlosung hin; er hat recht damit. Dieselben wirken schon in der Zeit vor der Schule. Ich habe in unserem „Rettungshaus" erschreckliche Dinge erfahren, wie die Eltern selbst Verführer des Kindes sind. Die Mutter selbst kümmert sich um das Kind in der Anstalt nicht, fremde Leute besuchen es. Das Kind wurde durch die Behandlung der Mutter verdorben; die früheste Umgebung des Kindes ist grundlegend für sein Verderben. Es sollen Kindergärten eingeführt und die natürlichen Anlagen früh entwickelt werden, Handfertigkeitsunterrichts-Anstalten, Knabenhorte: das ist praktischer Moralunterricht; das Einprägen und Vorpredigen hilft nichts. — Was mache ich an der von mir geleiteten Anstalt? Nichts Besonderes; hier ist die Erziehung leicht, der Unterricht ist individuell. Man hat die Kinder immerfort beisammen unter Aufsicht. Dem Kinde wurde die Jugend geraubt, man muss sie ihm wieder zurückgeben. Ein grosser Garten ist nöthig, denn die Jugend muss sich austoben, die Kinder müssen spielen und lustig sein können. Den Kleinen wird die Moral praktisch eingelernt, den Grösseren werden gute Beispiele gezeigt. Der Arbeitsunterricht ist obligat. Die Kinder werden durch Beispiele zum Guten hingezogen und dadurch sittlich gehoben. Das blosse Reden hilft nichts: praktische Moral ist nöthig. Deshalb kann ich für die 3. These gar nicht stimmen.

Der Menschenfreund übt ein gutes und dankbares Werk, wenn er sich den Blinden, Schwachsinnigen, Verwahrlosten zuwendet. Die Erziehungsthätigkeit wird auch rasch durch schöne Erfolge belohnt; alle die Zöglinge schliessen dem Erzieher ihr Herz vollständig auf, zeigen grosse Anhänglichkeit und bewahren ihm ein gutes Andenken. Ich stelle zum Schlusse noch ein Ansuchen: Wir haben in unserer Anstalt vier Stiftplätze. Wenn Sie Mädchen mit sehr schlechten Moralitätszeugnissen finden, bitte, schicken Sie dieselben zu uns!

Der Referent spricht im Schlussworte seine Befriedigung darüber aus, dass diese Frage „in so eingehender und geistvoller Weise" besprochen wurde; im übrigen verharrt er bei seinen Thesen.

Schliesslich erfolgt die Abstimmung über die Fleischner'schen Thesen; diese
werden sämmtlich abgelehnt. Der Antrag Bruhas wird in folgender Form zum Beschlusse erhoben: „Die Wiener Pädagogische Gesellschaft hält einerseits
die in der 85. Plenarversammlung (Vereinsjahr 1881—1882) gefassten Beschlüsse über das Thema: „Wie ist die Jugend für das politische Leben
vorzubereiten?" aufrecht, andererseits lehnt sie die von Herrn L. Fleischner zu dem Thema: „Pflichten und Rechte in der bürgerlichen Gesellschaft — als Unterrichtsgegenstand in der Volksschule" aufgestellten
Thesen ab."

Zur Ergänzung der vorstehenden Ausführungen recapitulieren wir aus dem „Pädagogischen Jahrbuch 1882" pag. 91 ff. die öfter erwähnten Beschlüsse. Sie lauten:

1. Durch die Einführung des Constitutionalismus tritt das praktische Leben überhaupt und insbesondere nach der politischen Seite hin mit einer Fülle von Forderungen
an den Einzelnen heran, für deren Erfüllung bisher im allgemeinen nicht Genügendes
geschehen ist, durch welch Letzteres aber der Staat in seiner Entwicklung geschädigt wird.

2. Das politische Leben fordert von dem Staatsbürger ausser einer werkthätigen
Liebe zum Vaterlande: Theilnahme an der Erhaltung desselben als Steuerträger und
Vaterlandsvertheidiger, Theilnahme an der Gesetzgebung und Verwaltung (direct als
Mitglieder einer politischen Körperschaft, indirect als Wähler dieser Mitglieder) und
Theilnahme an der Rechtspflege. Um diesen, sowie allen anderen berechtigten Forderungen des praktischen Lebens entsprechen zu können, muss der Einzelne vor allem
andern eine die so wichtige Fähigkeit des Gedankenausdruckes in freier Rede mehr oder
minder in sich schliessende solide allgemeine Bildung und einen klaren, die Verhältnisse
der betreffenden Thätigkeitssphäre rasch erfassenden und nach dem jeweiligen Bedürfnisse
zum Zwecke des Studiums sich zurechtlegenden Verstand besitzen.

Im besonderen erscheint aber mit Rücksicht auf die angeführten Forderungen es
als wünschenswert, dass der Einzelne eine genügende Kenntnis der Verfassung und
Staatseinrichtungen der Monarchie und der die wichtigsten Pflichten und Rechte der
Staatsbürger betreffenden gesetzlichen Bestimmungen besitze, also eine genügende Kenntnis
der wichtigsten Punkte der Verfassungs- und Staatsgrundgesetze,
der wichtigsten gesetzlichen Bestimmungen in Betreff der Wahlen in die Vertretungs-
körper,
der wichtigsten Bestimmungen des Wehrgesetzes,
des Gesetzes über die Geschworengerichte,
ferner eine genügende Kenntnis jener gesetzlichen Bestimmungen, welche solche
Rechtsfälle betreffen, in denen der Privatmann im Sinne des Gesetzes den Beistand eines
Rechtsfreundes nicht bedarf, sowie jener Specialgesetze, welche die Verhältnisse des Einzelnen in seinem Berufskreise ordnen.

3. Die für die Auffassung einschlägiger Belehrungen seitens des zu Belehrenden
nothwendige Intelligenz ist während des Alters der Schulpflichtigkeit nur in sehr geringem
Masse vorhanden; ausserdem ist die Volksschule mit der Lösung anderer sehr wichtiger
Aufgaben vollauf beschäftigt, so dass derlei Belehrungen naturgemäss zum weitaus grössten
Theile der dem Alter der Volksschulpflichtigkeit folgenden Altersstufe zufallen.

4. Während die Schüler der Mittel- und Hochschulen und der den genannten
Schulkategorien mehr oder weniger nahestehenden Berufsschulen vermöge ihres ganzen
Bildungsganges genugsam Gelegenheit und Veranlassung finden, sich derartige Kenntnisse

anzueignen, fehlt eine solche Gelegenheit in den gewerblichen, commerziellen und landwirtschaftlichen Fortbildungsschulen derzeit noch und wäre darum hier eigens zu schaffen.

5. Diese Gelegenheit und Veranlassung soll in diesen letzteren Schulen — welche,
nebenbei bemerkt, wenn sie überhaupt sollen erfolgreich wirken können, 1. ihrer Natur
nach nur als streng an die Volksschule sich anschliessende und 2. unter den dermaligen
Verhältnissen nur als Pflichtschulen gedacht werden können — darin bestehen, dass für
die Vorbereitung der heranwachsenden jungen Leute für das praktische und insbesondere
politische Leben im gekennzeichneten Sinne theils die hierzu geeignet erscheinenden
Unterrichtsgegenstände — beispielsweise der stilistische Unterricht für jene gesetzlichen
Bestimmungen, welche solche Rechtsfälle betreffen, in denen der Privatmann den Beistand eines Rechtsfreundes nicht bedarf — theils nach Möglichkeit die an diesen Anstalten im Gebrauche stehenden Lesebücher passende Anknüpfungs- und Anhaltspunkte
darzubieten haben, resp. solche denselben zu entnehmen sind.

6. Das für die Betheiligung des Einzelnen an dem politischen Leben der Gesammtheit im Sinne der Idee des Rechtsstaates unbedingt nothwendige Interesse für die das
staatliche Gemeinwohl betreffenden Fragen soll in der heranwachsenden Generation
einerseits durch Belehrungen sowohl während der eigentlichen Unterrichtsstunden, wie
auch bei Gelegenheit der Feier von Gedenktagen grosser und bedeutender Momente der
vaterländischen Geschichte geweckt, genährt und befriedigt werden; es soll aber auch
andererseits insbesondere im letzteren Falle schon in der Volksschule auf dem Wege
der activen Theilnahme der Jugend — durch Absingen oder Vortragen patriotischer
Lieder und Gedichte in der dieser Altersstufe naturgemäss zukommenden Form der Ge-
fühlsäusserung — zum Ausdrucke und zur Bethätigung kommen.

IV

Theorie und Praxis im Grammatikunterrichte.

Vorgetragen am 4. Februar 1887 von M. Binstorfer.

Der Grammatikunterricht bildet einen Zweig des Sprachunterrichtes und dieser wieder einen Theil des gesammten Unterrichtes der Volks- und Bürgerschule. Aller Unterricht der Volks- und Bürgerschule stellt aber wieder eine Seite, einen Theil der Schulerziehung überhaupt dar. Da nun die Erziehungsaufgabe der Volks- und Bürgerschule darin besteht, alle natürlichen Anlagen und Kräfte des Zöglings in möglichst harmonischer Weise zu entwickeln und zu bilden, und dadurch den Zögling zu befähigen, dereinst als Mitglied der bürgerlichen Gesellschaft an der Arbeit dieser Gesellschaft ebenso zu seinem eigenen Wohle wie zum Wohle der Gesammtheit thatkräftig und mit Erfolg sich zu betheiligen, so folgt daraus, dass diese Aufgabe der harmonischen Bildung des Zöglings auch jedem einzelnen Unterrichtsgegenstande in demjenigen Masse zufallen muss, in welchem die Natur, die Mittel und der Stoff des betreffenden Unterrichtsgegenstandes die Lösung der gedachten Aufgabe überhaupt ermöglichen. Und damit kommen wir zur Besprechung des Zieles und der Aufgabe zunächst des Sprachunterrichtes überhaupt und in weiterer Linie des Zieles und der Aufgabe des Grammatikunterrichtes im besonderen, welche Ziele und Aufgaben sich aus der die unterrichtliche Aufgabe einschliessenden Erziehungsaufgabe der Volks- und Bürgerschule im Zusammenhalte mit der Natur, dem Stoffe und den Mitteln des Sprachunterrichtes ungezwungen ergeben.

Fragen wir nun zunächst nach der Natur des Sprachunterrichtes, und ziehen wir zum Zwecke der Beantwortung dieser Frage, wie es ja selbstverständlich ist, von den Anschauungen derjenigen, die über diese Frage überhaupt sich geäussert haben, die eigentlich grundlegenden in Betracht, so finden wir ein Zweifaches. Wir finden erstens, dass der Gegensatz in diesen grundlegenden Ansichten über die Natur des Sprachunterrichtes ein so scharfer ist, dass er schärfer kaum gedacht werden kann; und wir finden zweitens, dass in diesem Gegensatze auch zugleich der Keim zu allen anderen Gegensätzen gelegen ist, welche in den Anschauungen der Lehrerschaft speciell über die Frage des Grammatikunterrichtes herrschen. Die Hauptvertreter der in dieser Frage einander schroff gegenüberstehenden Ansichten sind die beiden Sprachforscher Karl Ferdinand Becker und Jakob Grimm.

Karl Ferdinand Becker, dessen Ansichten über den Sprachunterricht der Pädagoge Raimund Wurst in seiner berühmten „Sprachdenklehre" für die Zwecke des Volksschulunterrichtes zurechtgelegt hat, sagt über den Sprachunterricht in seiner Schulgrammatik unter anderem Folgendes: „Der Schüler soll zunächst die Sprache verstehen lernen; er soll angeführt werden, in der Sprache die innere Welt seiner Urtheile und Begriffe in ihren organischen Verhältnissen anzuschauen; dabei kann und soll der Lehrer ihn leiten; aber die innere Anschauung und das Verständnis der Sprache kann dem Schüler doch nur dadurch werden, dass er in einer inneren Anschauung die Verhältnisse seiner Gedanken und Begriffe betrachtet und selbstkräftig bearbeitet. Der Schüler lernt hier, nicht was der Lehrer ihm gibt, sondern was er selbst entdeckt. Und weil der Sprachunterricht seiner Natur nach theoretisch ist, soll die Grammatik und vorzugsweise die Grammatik der Muttersprache die eigentliche Turnschule sein, in welcher sich vorzüglich die intellectuellen Kräfte entwickeln und üben."

Der berühmte Sprachforscher Jakob Grimm aber sagt in der Vorrede des ersten Bandes der Deutschen Grammatik unter anderem Folgendes: „Seit man die deutsche Sprache grammatisch zu behandeln angefangen hat, sind (zwar) schon bis auf Adelung eine gute Zahl Bücher und von Adelung an bis heute eine noch fast grössere darüber erschienen. — Man pflegt allmählich in allen Schulen aus diesen Werken Unterricht zu ertheilen und sie selbst Erwachsenen zur Bildung und Entwicklung ihrer Sprachfertigkeit anzurathen. Ich behaupte (aber) nichts anderes, als dass dadurch gerade die freie Entfaltung des Sprachvermögens in den Kindern gestört und eine herrliche Anstalt der Natur, welche uns die Rede mit der Muttermilch eingibt und sie in dem Befang des elterlichen Hauses zur Macht kommen lassen will, verkannt werde."

Während also Becker behauptet, dass der Sprachunterricht seiner Natur nach theoretisch sei, behauptet Grimm zwar nicht direct, aber indirect, dass der Sprachunterricht seiner Natur nach praktisch sei. Denn wenn Grimm sagt, dass gerade durch die grammatische Behandlung des Sprachunterrichtes, die ja nach Becker durch die theoretische Natur des Sprachunterrichtes bedingt ist, die freie Entfaltung des Sprachvermögens in den Kindern gestört und eine herrliche Anstalt der Natur, welche uns die Rede mit der Muttermilch eingibt und in dem Befange des elterlichen Hauses zur Macht kommen lassen will, verkannt werde, so bekämpft er damit sicherlich die Behauptung, dass der Sprachunterricht seiner Natur nach theoretisch sei. Überdies schliesst der Umstand, dass Grimm die Entfaltung des Sprachvermögens in den Befang des elterlichen Hauses verweist, die Annahme einer theoretischen Natur des bezüglichen Einwirkens auf das Kind entschieden aus, da das Elternhaus an ein theoretisches Einwirken ja nie und nimmer denken kann und denkt.

Was nun meine Anschauung über die Natur des Sprachunterrichtes betrifft, so bekenne ich mich rückhaltslos zu der Anschauung Jakob Grimms, also dazu, dass der Sprachunterricht seiner Natur nach p r a k t i s c h s e i und praktisch sein müsse. Und damit ist zugleich mein Standpunkt in der ganzen Frage des Grammatikunterrichtes von vornherein grundsätzlich gekennzeichnet.

Ja, ich leugne es auf das bestimmteste, dass ein Sprachunterricht in der Volks- und Bürgerschule nach dem Becker-Wurst'schen Systeme — und der Geist dieses Systemes hat gegenwärtig leider! nur noch viel zu viel Geltung — überhaupt bildend, insbesondere aber, dass er harmonisch bildend wirke. Er ist überhaupt nicht bildend, weil er, von der Annahme der theoretischen Natur des Sprachunterrichtes ausgehend, in logischer Consequenz hiervon das formelle Moment in den Vordergrund stellt und zum beherrschenden Momente innerhalb des Sprachunterrichtes macht. Das bedeutet aber that-sächlich eine Umkehrung des natürlichen Verhältnisses der Dinge. Denn so gewiss die Sprache selber nichts als eine Form und zwar die sinnlich hörbare oder sichtbare Form der Gedanken ist, so gewiss ist der Inhalt dieser Form, die Gedanken- und Begriffswelt, zwar nicht ein Materielles, aber doch ein Sachliches. Und dieses Sachliche, der Inhalt der Sprache, muss bei jeglichem Unterrichte im Vordergrunde bleiben, es muss die Grundlage für jedwede formelle Seite des Unterrichtes abgeben, wenn ein wirkliches Verständnis erzielt werden, wenn der Unterricht wirklich bildend wirken soll.

Ein wirkliches Verständnis der Form ohne ein volles Verständnis der Sache ist eben ein Unding. Ein Verständnis der Form ohne Verständnis der Sache kann stets nur ein Scheinverständnis sein; und nur ein solches Sprachverständnis ist die Frucht eines Unterrichtes nach dem Becker-Wurst'schen Systeme.

Ein solcher Sprachunterricht will die intellectuellen Kräfte des Schülers entwickeln und üben nicht an der inhaltlichen Seite der Sprache, an den

Sachvorstellungen und Sachbegriffen und an den sachlichen Beziehungen dieser Elemente des Denkens zu einander, also nicht vorwiegend durch das Denken schlechthin oder durch das Denken in der Sprache überhaupt, sondern er will sie entwickeln und üben an der formellen Seite der Sprache, also vorwiegend durch das Denken über die Form der Sprache, durch das Denken über die formell-sprachwissenschaftlichen Begriffe der verschiedenen Spracherscheinungen: der Wortarten, Satzglieder, Sätze und Satzreihen und der formellen Beziehungen dieser Elemente des Denkens zu einander. Er stellt also thatsächlich etwas in die erste Linie, was nach den ewigen Gesetzen aller natürlichen Entwicklung in die zweite Linie zu stehen kommt. Er stellt nämlich die Form in die erste, den Inhalt aber in die zweite Linie.

In dem bisher Gesagten ist bereits die Frage bezüglich des Stoffes und der Mittel berührt. Nach dem Becker-Wurst'schen Systeme sind nämlich die Spracherscheinungen als Sprachformen der Stoff für die Entwicklung und Übung der intellectuellen Kräfte. Das Hauptmittel dieser Entwicklung und Übung aber ist ausser dem Sprachvermögen das Reflexionsvermögen der Schüler, also das Vermögen, auf dem Wege von Abstractionen innere Anschauungen zu bilden.

Was nun Grimm betrifft, so spricht dieser Sprachforscher in dem, was ich von ihm citiert habe, abgesehen von seiner Negierung der Zweckmässigkeit des grammatischen Unterrichtes in der Schule, — überhaupt nicht von einem Sprachunterricht der Schule im positiven Sinne. Er spricht in positiver Richtung nur von einer freien Entfaltung des Sprachvermögens im elterlichen Hause. Wenn wir nun aber jene Sprachentwicklung, die damit gemeint ist, um die begonnene Parallele zwischen der Becker'schen und Grimm'schen Anschauung über Sprachunterricht weiterführen zu können und zugleich innerhalb des Rahmens unseres Themas zu bleiben, der Schule als Aufgabe zuweisen, oder sie als Aufgabe der Schule auffassen wollen, so können wir dieses ohne weiteres thun. Was Grimm an Sprachentwicklung in den Befang des elterlichen Hauses verweist, das existiert nämlich dem Wesen nach überhaupt bereits an unseren Schulen als sogenannte Sprechübungen. Wir können daher für unseren Zweck anstatt „freie Entfaltung des Sprachvermögens in dem Befange des elterlichen Hauses" ganz ruhig „freie Entfaltung des Sprachvermögens durch die Sprechübungen der Schule" sagen.

Welches ist nun aber der Stoff, und welches sind die Mittel für die Sprachentwicklung und die Vermittlung des Sprachverständnisses durch die Sprechübungen der Schule?

Der Stoff für diese Sprachentwicklung — es ist die Sprache selber mit
ihrem überreichen Inhalte an Sachvorstellungen und Sachbegriffen und deren
sachlichen Beziehungen zu einander, aber nicht im sprachwissenschaftlichen,
sondern im gewöhnlichen, im volksthümlichen Sinne. Die Mittel der Sprachentwicklung durch die Sprechübungen aber sind das Sprachvermögen der
Kinder und das Denkvermögen schlechthin.

Die Frage bezüglich der Natur, des Stoffes und der Mittel des
Sprachunterrichtes ist nun zwar beantwortet und sogar zweimal beantwortet,
leider! aber sind die Antworten verschieden. Es entsteht somit die neue
Frage: Welches ist diejenige Antwort, die wir bei der Feststellung des Zieles
des Sprachunterrichtes im allgemeinen und des Grammatikunterrichtes im
besonderen zu berücksichtigen haben?

Gehen wir zum Zwecke der Beantwortung dieser Frage auf die Erziehungsaufgabe der Schule zurück. Diese Aufgabe besteht, wie schon
gesagt, in der harmonischen Entwicklung der verschiedenen Anlagen und
Kräfte des Zöglings. Der Begriff der harmonischen Entwicklung spricht aber
nun auf das entschiedenste gegen die Becker'sche Anschauung; denn die
harmonische Entwicklung schliesst ebenso alle Einseitigkeit im Unterrichte
und in der Erziehung aus, wie sie die Naturgemässheit alles unterrichtlichen
und erzieblichen Einwirkens in sich schliesst. Da ferner der Zweck dieser
harmonischen Entwicklung in der Brauchbarmachung der Zöglinge als der-
einstige Mittheilnehmer an der Arbeit der bürgerlichen Gesellschaft besteht,
so schliesst die Forderung der harmonischen Entwicklung auch noch die
Forderung in sich, dass bei aller Thätigkeit der Schule in unterrichtlicher
und erzieblicher Richtung die Bedürfnisse und Anforderungen des praktischen
Lebens, soweit sie nicht den Rahmen des Begriffs der allgemeinen Bildung
überschreiten, auf das sorgfältigste berücksichtigt werden müssen.

Nach allen diesen drei Richtungen aber entspricht ein Sprachunterricht
nach der Auffassung Beckers nicht der Forderung einer harmonischen Entwicklung. Er ist erstens nicht naturgemäss, da er, das erste Stadium
des Sprachverständnisses, das sachliche, beiseite liegen lassend, den Schüler
sofort in das zweite Stadium des Sprachverständnisses, in das formell-sprach-
wissenschaftliche, welches nur auf dem Wege der Abstractionen erreichbar
ist, einführen zu können vermeint. Er ist somit auch zweitens seiner ganzen
Tendenz nach einseitig. Der einseitige Charakter dieses Unterrichtes erhält
aber drittens dadurch noch eine sehr ernste Bedeutung, dass diese Einseitigkeit zu Gunsten des formell sprachwissenschaftlichen Momentes überhaupt
nur dadurch ermöglicht werden kann, dass das sachliche Moment des
Sprachunterrichtes entschieden in den Hintergrund gedrängt wird, und damit

auch ganz bestimmte Forderungen und Bedürfnisse des praktischen Lebens rücksichtlich der sprachlichen Bildung der Schüler mehr oder weniger unerfüllt und unbefriedigt bleiben.

Damit ist die Frage wohl entschieden, ob die Anschauung Beckers oder diejenige Grimms in Betreff der Natur, des Stoffes und der Mittel des Sprachunterrichtes bei der Feststellung des Sprachunterrichtszieles zugrunde zu legen ist, und zwar in dem Sinne, dass nicht die Becker'sche, sondern die Grimmsche Anschauung zugrunde zu legen ist, d. h. also: Der Sprachunterricht ist nicht theoretischer, sondern praktischer Natur, und er ist deshalb auch im wesentlichen nicht theoretisch, sondern praktisch zu gestalten, indem nicht das grammatisch-formelle, sondern das sprachlich-sachliche Moment zum beherrschenden Momente dieses Unterrichtes gemacht wird. Den Stoff des Sprachunterrichtes hat also zunächst nicht die Form, sondern der Inhalt der Sprache zu bilden. Als Hauptmittel des Sprachunterrichtes hat ausser dem Sprachvermögen nicht das Reflexionsvermögen, sondern das Denkvermögen schlechthin zu gelten.

Damit ist nun zwar die Grundlage für die Bestimmung des Sprachunterrichtszieles nach der negativen Seite hin ausreichend gekennzeichnet, aber nicht zugleich auch nach der positiven Seite hin. Die Grundlage kann auch nach der positiven Seite hin nicht eine vollständige und ausreichende sein, da sie bezüglich dieser Seite ja nicht aus dem Begriffe des Gesammtsprachunterrichtes, sondern nur aus dem Begriffe eines allerdings wichtigen Theiles desselben, nämlich aus dem Begriffe des Sprechunterrichtes abgeleitet worden ist. Die Ableitung dieser positiven Seite der Grundlage aus dem beschränkten Begriffe des Sprechunterrichtes wurde aber vorgenommen, um die begonnene Parallele zwischen der Becker'schen und Grimm'schen Anschauung durchzuführen, und Zweck dieser Parallele war es wieder, die Hauptgegensätze in den Anschauungen der Lehrerschaft in Bezug auf den Sprachunterricht möglichst scharf hervortreten zu lassen.

Um nun aber eine derartige Grundlage im positiven Sinne in vollständiger Form zu gewinnen, ist es nöthig, die durch den Sprachunterricht zu entwickelnden Anlagen und Kräfte in ihrem Verhältnisse zu einander und zum Unterrichte zu betrachten und zugleich den allgemeinen Begriff der harmonischen Entwicklung auf die harmonische Entwicklung eben dieser Anlagen und Kräfte durch den Sprachunterricht im besonderen anzuwenden. Wenn wir nun dieses wirklich thun, wenn wir also — zum Zwecke der Gewinnung einer vollständigen Grundlage im positiven Sinne für die Bestimmung des Sprachunterrichtszieles auf dem bezeichneten Wege — betrachten, in welchem Verhältnisse die durch den Sprachunterricht zu entwickelnden

Anlagen und Kräfte zu einander und zum Unterrichte stehen, und worin die harmonische Entwicklung dieser Anlagen und Kräfte durch den Sprachunterricht besteht, so finden wir Folgendes.

Wir finden erstens, dass die durch den Sprachunterricht zu entwickelnden Anlagen und Kräfte, nämlich das Sprachvermögen und das Denkvermögen, vermöge ihrer wechselseitigen Beziehungen zu einander auch zugleich die wesentlichsten Mittel dieses Unterrichtes sind, indem jedes dieser beiden Vermögen sich umsomehr entwickelt, je fleissiger es selber geübt und je mehr das eine Vermögen zur Entwicklung des anderen angewendet wird. Weiter aber finden wir, dass die harmonische Entwicklung dieser Anlagen und Kräfte durch den Sprachunterricht darin besteht, dass dieser Unterricht alle die bildenden Momente, welche in dem wechselseitigen Verhältnisse des Denkvermögens und des Sprachvermögens zu einander wurzeln, stets in derjenigen Art und in demjenigen Masse berücksichtigt, als hiefür auf den verschiedenen Schulstufen die Nothwendigkeit und Möglichkeit thatsächlich vorhanden ist.

Zwischen dem Denkvermögen und dem Sprachvermögen besteht nämlich die Wechselbeziehung, dass einerseits das Denkvermögen anregend auf das Sprachvermögen zu dem Zwecke wirkt, dass die Resultate des Denkens in der Sprache sinnlich wahrnehmbare Erscheinungsform gewinnen, während andererseits das Sprachvermögen durch die sinnlich wahrnehmbaren Resultate seiner Thätigkeit anregend auf das Denkvermögen wirkt, und zwar unmittelbar wirkt bei dem Sprechenhören im eigentlichen Sinne dieses Wortes, mittelbar aber bei dem durch den Gesichtssinn vermittelten geistigen Sprechenhören oder Lesen. In dieser Wechselbeziehung des Denkvermögens und des Sprachvermögens zu einander wurzeln die wesentlichsten Momente des Sprachunterrichtes und zwar:

1) das in der Aneignung sowie in der Anwendung der Schriftsprache, als des vorzüglichsten Mittels für den in der Form der Sprache sich vollziehenden Verkehr der Gedanken, liegende rein praktische Moment;

2) das in der Nutzbarmachung des sittlichen und sachlichen Gehaltes der in der Sprache dargestellten Gedanken für die Vervollkommnung des Schülers liegende sittlich-praktische Moment;

3) das in der Beachtung der Harmonie zwischen dem Inhalte der Sprache und der Form derselben liegende ästhetische Moment; und endlich

4) das in der Vergegenwärtigung der Sprache als eines nach bestimmten Gesetzen gewordenen und noch weiter stetig sich entwickelnden, sowie in seinen verschiedenen Elementen nach bestimmten Gesetzen zu gebrauchenden Organismus liegende grammatische Moment.

Auf Grund dieser Betrachtungen können wir nun als Ziel des Sprach-unterrichtes Folgendes bezeichnen: Der Sprachunterricht soll den Schüler befähigen, die in der Sprache mündlich oder schriftlich dargestellten Ge-danken anderer richtig zu verstehen, den sittlichen und sachlichen Gehalt derselben für sich nutzbar zu machen, das in dem harmonischen Sich-Durch-dringen von Sprache und Gedanke liegende Schöne als solches zu empfinden, die Sprache mündlich und schriftlich richtig zu gebrauchen, und sie als einen nach bestimmten Gesetzen gewordenen und sich noch stetig fortent-wickelnden, sowie in seinen verschiedenen Elementen nach bestimmten Ge-setzen zu gebrauchenden Organismus aufzufassen.

In diesem Ziele des Sprachunterrichtes überhaupt muss, da der Gram-matikunterricht nur einen Zweig des Sprachunterrichtes bildet, nothwendiger-weise auch das Ziel des Grammatikunterrichtes enthalten sein. Und dieses im allgemeinen darin enthaltene Ziel des Grammatikunterrichtes wollen wir nun mit Rücksicht auf die besondere Natur, die Mittel und den Stoff des Grammatikunterrichtes im besonderen betrachten, um dadurch den Weg zu finden, der zur Erreichung dieses Zieles führt.

Die Grammatik hat es mit dem Gesetzmässigen in der Sprache zu thun. Dem Grammatikunterrichte fällt somit die Pflege des Sinnes für das Gesetzmässige in der Sprache zu. Gesetzmässigkeit ist in der Sprache in zweifacher Beziehung vorhanden, und zwar 1) in Beziehung auf die Sprach-entwicklung und 2) in Beziehung auf den Sprachgebrauch.

Gesetzmässigkeit ist in Beziehung auf die Sprachentwicklung vorhanden, indem ja der gesammte Sprachorganismus aus einer Anzahl von Sprach-elementen, den sogenannten Sprachwurzeln, durch verschiedene ganz be-stimmte Wortbildungsprocesse nach bestimmten Gesetzen, die in dem soge-nannten Geiste der Sprache liegen, nach und nach entstanden ist. Diese Sprachentwicklung ist jedoch nicht abgeschlossen. Die Sprache ist ein stetig Werdendes, sich Fortentwickelndes, was darin sich äussert, dass im Laufe der Zeit einzelne Sprachbestandtheile allmählich aus dem Gebrauche kom-men, und andere neugebildete Bestandtheile mehr und mehr gebräuchlich werden.

Die Gesetzmässigkeit ist aber auch in Beziehung auf den Sprachgebrauch vorhanden, indem bei der Gedankendarstellung die Gestaltung der veränder-lichen Wörter, die Aufeinanderfolge, sowie die Verbindung derselben durch andere Wörter genau denjenigen Beziehungen entsprechen sollen, welche zwischen den durch die veränderlichen Wörter bezeichneten Vorstellungen und Begriffen in unserem Denken bestehen, so dass die Sprache selbst zum Spiegelbilde des Denkens wird, und die Gesetze, nach denen unser Denken sich vollzieht, im Zusammengreifen mit dem Geiste der Sprache in dem Augenblicke zu Sprachgesetzen werden, in dem es sich drum handelt, das rein Geistige, den Gedanken, in dem Medium der Sprache nicht mehr bloss zu denken, sondern dieses Geistige, dieses rein Innerliche, auch noch in sinnlich wahrnehmbarer Form in der Sprache auszuprägen oder auszudrücken. Bei der schriftlichen Gedankendarstellung im besonderen erstreckt sich die Gesetzmässigkeit im Sprachgebrauche ausserdem noch auf die Schreibung, sowie auf die äusserliche Gliederung der Sprachganzen durch die Interpunctionszeichen.

Hieraus ergeben sich z w e i H a u p t richtungen im Grammatikunterrichte als ganz natürliche. Nach der einen Richtung hat der Grammatikunterricht zu zeigen, dass und wie die Schriftsprache sich entwickelt hat und sich noch fortentwickelt. Dieser Theil des Grammatikunterrichtes bezieht sich im wesentlichen auf die Wortbildung, oder, wie sie auch noch heisst, die Formenbildung und einen Theil der Lautlehre, und stellt die e t y m o l o g i s c h e Richtung dar. Nach der anderen Richtung hin soll der Grammatikunterricht den Schüler anleiten, die verschiedenen Elemente der Schriftsprache zunächst ihren im jeweiligen Denken liegenden Beziehungen zu einander gemäss zu gestalten, und sie dann weiters zu organischen Gebilden, die wir entweder blosse Sätze, oder Reden, oder auch Aufsätze nennen, nach bestimmten in der Form des Denkens überhaupt und in dem Geiste der Sprache im besonderen liegenden Gesetzen zu vereinigen. Dieser Theil des Grammatikunterrichtes umfasst die Laut- und Silben-, die Wort- und Flexions-, sowie die Satzlehre, die Rechtschreib- und die Interpunctionslehre und stellt die f o r m e n l e h r l i c h e , syntaktische, interpunctionelle und o r t h o g r a p h i s c h e Richtung dar.

In Vorstehendem erscheint die Frage beantwortet: Was fällt im allgemeinen in das Bereich des Grammatikunterrichtes, insoferne diesem Unterrichte die planmässige und zielbewusste Pflege des Sinnes für das Gesetzmässige in der Sprache als Aufgabe zugewiesen werden muss?

Damit ist auch zugleich das Ziel des Grammatikunterrichtes gekennzeichnet. Der Grammatikunterricht soll nämlich den Schüler befähigen, die Sprache gesetzmässig zu gebrauchen und die Gesetzmässigkeit der Sprache als solche mehr und mehr erkennen und verstehen zu lernen.

Für die Erreichung dieser zweifachen Befähigung gibt es auch nur einen zweifachen Weg, d. h. einen Weg, der aus zwei Theilwegen besteht. Der e i n e u n d e r s t e dieser Wege ist der der einfachen Gewöhnung des Schülers an das Gesetzmässige, d. h. an das Sprachrichtige. Und zwar kann und soll diese Gewöhnung im objectiven wie im subjectiven Sinne platzgreifen,

d. h. der Schüler soll ebenso an das Gesetzmässige durch andere gewöhnt werden, wie er sich selbst daran gewöhnen und als daran gewöhnt sich stets erweisen soll, und zwar ebensowohl bei der Sprachaneignung, wie bei der Sprachanwendung, also ebenso beim Sprechenhören und beim stillen Lesen, wie beim eigenen Sprechen und Schreiben und beim lauten Lesen. Der zweite Weg besteht darin, dass der Schüler, nachdem er genugsam an das Sprachgesetzmässige gewöhnt ist, weiters angeleitet und daran gewöhnt wird, die Gesetze selber aus der Sprache abzuleiten, sie nach Möglichkeit zu formulieren und dieselben sodann beim Gebrauch der Sprache in Wort und Schrift mit Bewusstsein anzuwenden.

Die nothwendigen Voraussetzungen für die Möglichkeit eines erfolgreichen Betriebes des Sprachunterrichtes auf dem erstbezeichneten Wege, nämlich auf dem Wege der Gewöhnung an das Sprachgesetzmässige, sind in jedem Kinde schon auf der untersten Schulstufe vorhanden, nämlich: das Wahrnehmungsvermögen, das Denkvermögen überhaupt und das Sprachvermögen. Diese drei Vermögen reichen in ihrer entsprechenden Bethätigung vollständig dazu aus, dass die inhaltlichen Elemente des Denkens: Empfindungen, Vorstellungen und Anschauungen in dem Schüler überhaupt entstehen, dass dieselben in ihrer sachlichen Bedeutung und in ihren sachlichen Beziehungen zu einander dem Schüler mehr und mehr zum Bewusstsein kommen, und dass dieselben in diesen ihren Beziehungen zu einander beim Gebrauche der Sprache seitens des Schülers endlich auch eine sinnlich wahrnehmbare Erscheinungsform gewinnen. Sie reichen somit zur Erzielung des bloss sachlichen Verständnisses der Sprache und des auf dem Boden der Gewöhnung erwachsenden bloss gefühlsmässigen richtigen Gebrauches der Sprache seitens des Schülers vollkommen aus.

Die nothwendigen Voraussetzungen für die Möglichkeit eines erfolgreichen Betriebes des Sprachunterrichtes auf dem zweitbezeichneten Wege, nämlich auf dem Wege der Abstractionen und der praktischen Verwertung derselben, sind ausser dem Wahrnehmungsvermögen, dem Denkvermögen überhaupt und dem Sprachvermögen auch noch der thatsächliche Besitz der Schriftsprache seitens des Schülers in einem gewissen Ausmasse und zugleich eine höhere Stufe oder Art des Denkvermögens, nämlich das Reflexionsvermögen oder das Vermögen, die Resultate des Denkens und das Denken selber wieder zum Gegenstande eines weiteren, des reflectierenden Denkens, zu machen.

Der Besitz der Schriftsprache stellt eben den Besitz einer gewissen Summe von Anschauungen, Vorstellungen, Begriffen und Gedanken in der fixierten Form der Schriftsprache dar, und das reflectierende Denken im Sprachunterrichte hat nun den Zweck, dem Schüler immer mehr zum Bewusstsein zu bringen, dass die jeweiligen Beziehungen dieser Elemente des Denkens zu einander nicht bloss im Denken vorhanden sind, sondern dass dieselben auch in der jeweiligen Beschaffenheit der sprachlichen Bezeichnungen dieser Elemente beim Sprechen und Schreiben den entsprechenden formellen Ausdruck finden, worin eben das Wesen der Sprachgesetzmässigkeit besteht. Dieser Besitz der Schriftsprache kann nun auch nur in mässigem Umfange auf der unteren Schulstufe nicht vorhanden sein, weil die Schriftsprache als Besitz sich auch in dem correcten schriftlichen Gebrauch derselben äussern muss, der Besitz der Schriftsprache in diesem Sinne aber von allen Kindern ausnahmslos auf dieser Stufe ja erst erworben werden muss.

Was nun speciell das Reflexionsvermögen anlangt, so kann auch dieses auf der unteren Schulstufe nicht vorhanden sein, und zwar begründe ich diese Behauptung mit Folgendem. Das Reflexionsvermögen steht im allgemeinen im geraden Verhältnisse zu der geistigen Reife, und diese ist wieder ein Product der geistigen Entwicklung überhaupt. Sowie nun aber die Entwicklung des Menschen im allgemeinen eine stufenweise, und zwar eine von der Stufe des vegetativen Seins bis zu der Stufe des echt menschlichen Seins aufsteigende ist, so ist auch die geistige Entwicklung im besondern eine stufenweise fortschreitende, so dass der Grad der geistigen Reife auf den verschiedenen Stufen der geistigen Entwicklung auch sehr verschieden ist. Die geistige Entwicklung erfolgt nun im wesentlichen in der Weise, dass die geistigen Kräfte, durch verschiedene Objecte zur Bethätigung angeregt, sich wirklich bethätigen und dabei sich ausbilden, sich vervollkommnen und erstarken. Die Objecte, welche zu dieser Bethätigung anregen, sind im allgemeinen zweifacher Art: sie sind entweder äussere oder innere Objecte. Die äusseren Objecte sind ausserhalb unseres Ichs in der uns umgebenden Welt in sinnlich wahrnehmbarer Form vorhanden und werden in uns gleichsam nur im Bilde in der Form von Anschauungen und Vorstellungen reproduciert. Die inneren Objecte aber sind ausschliesslich nur in unserem Ich vorhanden, es sind dies nämlich die Resultate der Denkbarkeit — die Begriffe und Gedanken.

In welcher Stufenfolge nun diese zwei Kategorien von Objecten in unserer geistigen Entwicklung als dieselbe beeinflussend auftreten, ist durch die Beschaffenheit der menschlichen Natur gegeben, welche eben derart ist, dass das geistige Leben sich auf der Grundlage des sinnlichen entwickelt. Folglich wird das gesammte geistige Leben in der anfänglichen Entwicklungsperiode geradezu ausschliesslich durch die äusseren Objecte beeinflusst werden. Diese äusseren Objecte wirken wegen ihrer Sinnenfälligkeit unmittelbar und deshalb auch mit grosser Kraft auf uns, ohne dass wir etwas anderes zu thun brauchen, als unsere Aufmerksamkeit auf sie zu richten. Für diese Objecte haben wir auch ein doppeltes Auffassungsvermögen: die äusseren Sinne und den inneren Sinn. Die inneren Objecte: die Begriffe und Gedanken wirken jedoch erst dann auf uns, wenn wir sie mit Bewusstsein und absichtlich nicht bloss auf uns wirken lassen, sondern sie geradezu auf uns wirken machen. Für diese inneren Objecte haben wir auch nur eine einzige Art von Auffassungsvermögen, nämlich nur den inneren Sinn. Aus diesem inneren Sinne heraus müssen wir diese Objecte erst uns vorstellig machen, um sie mit demselben Sinne dann anschauen und prüfend betrachten zu können. Da nun die Objecte des reflectierenden Denkens über die Sprache, nämlich die Sprachformen-Begriffe, durchwegs solche innere Objecte sind — denn sinnlich wahrnehmbar ist an den Sprachformen nur der sprachliche Klang und die schriftliche Gestalt, nicht aber der logische Begriff der Formen — so ist wohl klar, dass zum erfolgreichen Operieren mit dieser Art von Objecten ein solcher Grad von geistiger Reife gehört, wie ihn die Kinder auf der unteren Schulstufe unbedingt nicht besitzen können.

Der erste der bezeichneten Wege ist der des rein praktischen, d. h. desjenigen Grammatikunterrichtes, bei welchem auf dem Wege vielen und aufmerksamen Hörens und Lesens von Sprachlich-Richtigem, sowie auf dem vielfacher Übung im richtigen Gebrauche der Sprache in Wort und Schrift der eine Regulator des grammatischen Könnens, das Sprachgefühl, sich möglichst entwickelt.

Der zweite Weg ist der des theoretisch-praktischen, d. h. desjenigen Grammatikunterrichtes, bei welchem auf dem Weg des reflectierenden Denkens, des Abstrahierens der Sprachgesetze aus Reihen gleichartiger Spracherscheinungen, der andere Regulator des grammatischen Könnens, das grammatische oder Sprachbewusstsein, entsteht, sich stetig ausbildet und in seiner praktischen Bethätigung beim Sprachgebrauche ebenso dem bloss gefühlsmässigen grammatischen Können einen verstandesmässigen Halt verleiht, wie dies Bewusstsein in seiner fortschreitenden Entwicklung auch zugleich das stetig wachsende Verständnis des Schülers für die Gesetzmässigkeit der Sprache darstellt.

Auf welchen Stufen nun die eine oder die andere Art des Unterrichtsbetriebes als pädagogisch zulässig oder nicht zulässig erscheint, ist von dem Vorhandensein oder Nichtvorhandensein der nöthigen Voraussetzungen für einen erfolgreichen Unterricht auf den verschiedenen Schulstufen, sowie von dem in den Beziehungen der übrigen Zweige des Sprachunterrichtes zu dem

Grammatikunterrichte wurzelnden praktischen Bedürfnisse abhängig. Und zwar ergibt sich aus den bisherigen Betrachtungen die folgende Vertheilung der bezeichneten Unterrichtsweisen auf den verschiedenen Schulstufen als natürliche.

Die einfache, von allen Reflexionen absehende blosse Gewöhnung des Schülers an das Sprachgesetzmässige hat auf der Unterstufe (1. und 2. Schuljahr) die ausschliessliche Vertretung des Grammatikunterrichtes zu bilden. Auf der Mittel- und Oberstufe aber hat in Bezug auf die verschiedenen rücksichtlich der Gesetzmässigkeit ihres Gebrauches zu betrachtenden Sprachformen die blosse Übung im richtigen Gebrauche dieser Formen stets die grundlegende Vorbereitung für die auf die Ableitung und Anwendung der Gesetze abzielenden reflectierenden Betrachtungen zu bilden.

Damit wäre die Frage des „Wie?" im Grammatikunterrichte auf den verschiedenen Schulstufen im allgemeinen beantwortet.

Was nun die Frage des „Was?" und des „Wie viel?", also die Frage nach den auf den verschiedenen Schulstufen insbesondere zu pflegenden Richtungen des grammatischen Unterrichtes, nämlich 1) der orthographischen, 2) der etymologischen, 3) der formenlehrlichen, 4) der syntaktischen und 5) der interpunctionellen Richtung — sowie die Frage nach dem nöthigen Masse der Pflege dieser Richtungen auf den verschiedenen Schulstufen, anlangt: so ist auch für die Beantwortung dieser Frage das praktische Bedürfnis massgebend.

Erst muss der Schüler die Sache, über die er später reflectieren soll, in einem gewissen Umfange sich erwerben, damit er sie besitze. Das ist die wesentlichste mit der Beantwortung dieser Frage zusammenhängende Forderung vom Standpunkte des praktischen Bedürfnisses aus.

In der Erwerbung oder Aneignung der bezeichneten Sache, nämlich der Schriftsprache, aber wird, insoferne wir dabei nur die das Gesetzmässige betreffenden Richtungen des Sprachunterrichtes in Betracht ziehen, der Schüler insbesondere durch die Pflege dreier Richtungen gefördert und zwar durch die Pflege der formenlehrlichen, der orthographischen und der etymologischen Richtung.

Die Pflege der formenlehrlichen Richtung schafft die nöthige Gewandtheit des Schülers im Gebrauche der Wortformen mit Rücksicht auf die Beziehungen derselben zu einander, also mit Rücksicht auf die Biegung, das Personenverhältnis, das Zahlverhältnis und viele andere Verhältnisse. Die Pflege der orthographischen Richtung schafft die nöthige Vertrautheit der Schüler mit der schriftlichen Form der Wörter. Die Pflege der

etymologischen Richtung aber verschafft dem Schüler Gewandtheit in
der Bildung wie in dem Gebrauche der Wörter als Bezeichnungen für verschiedene Begriffe, und vermittelt ihm zugleich einen Einblick in den Werde-
process der Sprache, indem bei jedem Wortbildungsacte sich ersehen lässt,
wie aus irgend einem Worte mit einer bestimmten Bedeutung lediglich durch
das Hinzutreten irgend eines Bildungselementes ein neues, zwar einen anderen Inhalt, aber dennoch mit dem ursprünglichen Worte unverkennbare
innere Verwandtschaft zeigendes Wort entsteht, so dass der aus der fleissigen
Pflege der etymologischen Richtung sich ergebende Gewinn in Bezug auf die
materiale und formale Bildung des Schülers von sehr erheblicher Bedeutung
für die geistige Entwicklung desselben ist.

Da somit die drei genannten Richtungen im wesentlichen Richtungen
grundlegender Natur für die auf späteren Stufen in stetig wachsendem Umfange auftretende reflectierende Richtung im Grammatikunterrichte darstellen,
so ergibt sich daraus, dass auf der Unter- sowie auf der Mittelstufe insbesondere diese Richtungen, und zwar entschieden ausgiebig, zu pflegen sind.
Auf der Oberstufe aber ist insbesondere die syntaktisch-interpunctionelle Richtung in ausgiebigem Masse zu pflegen, da in dieser Richtung die
reflectierende Betrachtung, deren letzter Zweck die Durchgeistigung des
Sprachbesitzes ist, ihren Höhepunkt erreicht. Denn während die etymologische, formenlehrliche und orthographische Richtung es im allgemeinen nur
mit einzelnen Sprachbestandtheilen, nämlich mit den Wortformen als solchen
zu thun haben, hat es die syntaktisch-interpunctionelle Richtung mit vollständigen Sprachganzen, nämlich mit den Formen der Gedanken selber und
deren Beziehungen zu einander, mit den Wortformen aber als Bestandtheilen
der Gedanken- oder Satzformen, sowie mit der Gliederung der Gedanken-
oder Satzreihen bei der mündlichen und schriftlichen Darstellung zu thun.
Und eben deshalb gehört zur erfolgreichen Pflege dieser Richtung ein entwickeltes Reflexionsvermögen, welches Vermögen selbstverständlich auf der
Oberstufe verhältnismässig am meisten entwickelt sein wird.

Dass aber auch schon auf der Unter- sowie auf der Mittelstufe das
syntaktisch-interpunctionelle Moment zur Geltung kommen muss, liegt in der
Natur der Sache. Der Schüler soll nämlich bei allem Unterrichte, also
auch beim Grammatikunterrichte, stets denken. Da es nun aber nur ein
Denken in Sätzen gibt, so muss ganz selbstverständlich bei jedem Denken
auch die Form des Satzes, sei nun diese vollständig oder unvollständig, vertreten sein. . Daraus aber, dass das Denken auf allen Unterrichtsstufen zu
pflegen ist, zu dem Denken aber naturnothwendig auch die Satzform überhaupt gehört, folgt noch ganz und gar nicht, dass auch schon auf der Unter-

und der Mittelstufe die verschiedenen Satzformen, sowie die verschiedenen Arten der Satzglieder im sprachwissenschaftlichen Sinne des Wortes Object der reflectierenden Betrachtung sein müssen oder auch nur sein sollen. Es soll im Gegentheile die Berücksichtigung des syntaktisch-interpunctionellen Momentes auf der Unter- und Mittelstufe im allgemeinen nur eine Art von Vorbereitung für die naturgemäss der Oberstufe zukommende eigentliche syntaktisch-interpunctionelle Richtung bilden. Sie soll sich nämlich hier im wesentlichen oder hauptsächlich auf die Vermittlung der Auffassung des Satzbegriffes überhaupt — auf die in der Regel ohne Zuhilfenahme sprachwissenschaftlicher Bezeichnungen erfolgende Übung im Fragen nach den Satzbestandtheilen und im Antworten mit denselben, auf die Übung im Heraushören und Heraussuchen der einzelnen Sätze aus grösseren Satzganzen sowie auf die Übung im Interpunctieren insbesondere nach dem Sprachgehöre beschränken. Und zwar sollen diese Übungen soviel als möglich im Anschlusse an das Lesebuch vorgenommen werden, so dass dadurch die so behandelten Partien der Lesestücke, nachdem dieselben rücksichtlich ihrer inhaltlichen Seite schon im Leseunterrichte die nöthige Klarstellung gefunden haben, dem Schüler nunmehr auch in ihrer äusseren formellen Gliederung mehr und mehr verständlich werden. Dadurch gewinnen eben diese Übungen eine über den Begriff der blossen Vorbereitung hinausreichende unmittelbar-praktische Bedeutung.

Wenn wir nun das, was und wieviel im Grammatikunterrichte auf den verschiedenen Stufen und wie es behandelt werden soll, mit demjenigen, was, wieviel davon und wie es behandelt wird, vergleichen, so finden wir erhebliche Unterschiede zwischen dem Geschehen-Sollenden und dem wirklich Geschehenden. Wir finden, dass das Becker-Wurst'che Unterrichtssystem zwar nicht mehr als ein ausgebildetes System besteht, dass aber der einseitige, vorherrschend theoretisierende Geist dieses Systems, der den Grammatikunterricht hauptsächlich als eine und zwar als die vorzüglichste Art von Geistesgymnastik betrachtet, noch immer viele Jünger und Apostel hat, die diesem Geiste halb bewusst, halb unbewusst, halb freiwillig und halb gezwungen im wahrsten Sinne des Wortes Opfer darbringen, Opfer, durch welche die Lehrer wie die Schüler sehr empfindlich in Mitleidenschaft gezogen werden.

Wir finden, um die Sache nun concret zu fassen, dass das reflectierende Denken über die Sprache von den Kindern entschieden zu früh, dass einzelnes reflectierendes Denken ohne jegliches praktisches Bedürfnis danach verlangt, sowie dass anderes praktisch wirklich verwertbares reflectierendes Denken viel zu lange ohne praktische Zuspitzung gelassen und somit den praktischen Bedürfnissen durchaus nicht in demjenigen Masse dienstbar gemacht wird, in dem es ihnen dienstbar gemacht werden könnte und sollte. Wir finden ferner, dass infolge Überwucherns dieser mehr oder weniger unfruchtbaren Arten des Betriebes des Grammatikunterrichtes die vorwiegend praktisch wichtige orthographische Richtung im allgemeinen in einem nicht vollständig genügenden Masse gepflegt wird, dass die für die Erschliessung der Einsicht in das Walten des gestaltenden, wortbildenden Sprachgeistes so ausserordentlich wichtige etymologische Richtung nur eine kümmerliche Existenz fristet, und dass die formenlehrliche Richtung im allgemeinen zwar nach der Seite der reflectierenden Betrachtung hin, aber nicht auch zugleich nach der Seite der Übung im Gebrauche der Formen hin eine ausgiebige Pflege findet.

Was aber speciell die orthographische Richtung anlangt, die ich des darin herrschenden Momentes der Gesetzmässigkeit wegen gleichfalls zur grammatischen Richtung überhaupt rechne, so spreche ich nur eine Thatsache aus, wenn ich behaupte, dass die durch die Pflege dieser Richtung erzielten Resultate im allgemeinen nicht als ganz befriedigende bezeichnet werden können. Der Grund hievon liegt aber nur zum Theile im Überwuchern der grammatischen Theorie und der dadurch bedingten Beschränkung der Zeit für orthographische Übungen, zum grossen Theile liegt er eben darin, dass der orthographische Unterricht im allgemeinen auf einer theilweise unrichtigen Grundlage ruht. Im orthographischen Unterrichte wird nämlich im allgemeinen überhaupt nicht oder doch nicht genügend mit einer bestimmten auf psychologischen Verhältnissen beruhenden Thatsache gerechnet. Diese Thatsache besteht darin, dass es für alle im praktischen Leben überhaupt vorkommenden Arten des Schreibens rücksichtlich der Orthographie nur einen einzigen Regulator und zwar nur den aus den drei Factoren: Gehörsinn, Verstand und Gesichtssinn sich zusammensetzenden Regulator gibt und dass dasjenige, was häufig als ein anderer derartiger Regulator angenommen wird, nämlich der Gehörsinn im Verein mit dem Verstande aber ohne den Gesichtssinn kein Regulator ist, und deshalb, als Regulator zur Anwendung gebracht, in vielen Fällen das Unrichtigschreiben geradezu bedingen muss.

Und nun will ich meine Behauptungen rücksichtlich des reflectierenden Denkens im Grammatikunterrichte durch ein paar Beispiele kurz illustrieren.

Es ist beispielsweise entschieden zu früh, wenn von dem Kinde schon im 2. Schuljahre verlangt wird, dass es Satzgegenstand und Satzaussage als Satzglieder, Haupt-, Eigenschafts- und Zeitwörter als Redetheile, d. h. als sprachwissenschaftliche Formbegriffe von einander unterscheide. Hiezu

gehört ein gewisses Reflexionsvermögen, und das besitzt das Kind auf dieser
Stufe entschieden nicht. Weil aber das Kind das nöthige Reflexionsvermögen
nicht besitzt, so wird es die zu gebende Antwort nicht auf dem Wege strengen Denkens, sondern auf dem Wege des Rathens suchen, und da vom
Rathen zum offenbaren Unsinn bekanntlich nur ein Schritt ist, häufig genug
verkehrte statt der richtigen Antworten geben.

Damit sind auch die Erfolge, wie die unvermeidlichen Folgen eines
solchen Unterrichtes gekennzeichnet.

Die Erfolge sind nämlich entweder Erfolge im negativen Sinne des
Wortes, d. h. sie sind Misserfolge, oder sie sind blosse Scheinerfolge.

Sie sind Misserfolge, wenn die Kinder dabei das Richtige überhaupt
nicht treffen. Wenn aber auch einzelne, geistig besonders kräftige Kinder
nach gewissen äusseren Anhaltspunkten mehr oder weniger gefühlsmässig
das Richtige treffen, so ist und bleibt dieses doch immer nur ein Scheinerfolg. Diese Behauptung werde ich später begründen.

Was aber nun die unvermeidlichen Folgen eines solchen Unterrichtes
betrifft, so ist klar, dass, je öfter das Rathen an die Stelle des eigentlichen
Denkens tritt, desto mehr sich auch das Kind des richtigen Denkens ent-
wöhnen wird, statt dass es sich immer mehr daran gewöhne. Je mehr sich
aber das Kind des richtigen Denkens entwöhnt, desto weniger wird sich
auch sein Denkvermögen ausbilden und jene Kräftigkeit erlangen, ohne welche
das mit den so abstracten sprachwissenschaftlichen Formbegriffen arbeiten
sollende Reflexionsvermögen einfach nicht denkbar ist, so dass ein solches
Reflexionsvermögen zu jener Zeit, da man desselben im Unterrichte wirklich
bedarf, und in der es bei naturgemässer geistiger Entwicklung als ein natürliches Product dieser Entwicklung von selbst sich einstellt, d. h. auf einer
höheren Altersstufe der Schüler überhaupt nicht vorhanden sein wird, weil
es nicht vorhanden sein kann.

Ich sagte früher, das bloss gefühlsmässige Treffen des Richtigen beim
Bestimmen der Sprachformen bedeute nur einen Scheinerfolg, und ich begründe diese Behauptung mit dem Hinweis darauf, dass es sich hier ja gar
nicht um ein gefühlsmässiges, sondern nur um ein verstandesmässiges Finden
des Richtigen handelt. Ein bloss gefühlsmässiges Treffen des Richtigen genügt allerdings vollständig da, wo es sich nur um den richtigen Gebrauch,
d. h. um rein praktische Zwecke, handelt. Um welche praktische Zwecke
aber kann es sich bei der formbegrifflichen Unterscheidung der genannten
Spracherscheinungen handeln, oder welchen praktischen Zwecken kann eine
solche Unterscheidung auf dieser Stufe schon dienstbar gemacht werden?
Ausser dem orthographischen Moment der Schreibung der Hauptwörter mit

grossen Anfangsbuchstaben gibt es hier kein anderes praktisches Moment. Ob nun aber das betreffende Wort der Satzgegenstand oder die Aussage, ob es ein Zeitwort oder ein Eigenschaftswort ist, das hat mit der Schreibung nichts zu schaffen. Für die Orthographie wichtig ist nur, dass man wisse, dass das Wort ein Hauptwort oder kein Hauptwort oder mit Umschreibung der sprachwissenschaftlichen Bezeichnung: ob das Wort der Name irgend eines wirklichen oder bloss gedachten Dinges, oder ob es kein solcher Name ist.

Das zu unterscheiden, ist aber gar nicht so leicht, als man für gewöhnlich anzunehmen geneigt ist, da die Erfahrung lehrt, dass gar manche Kinder selbst auf der Oberstufe der Schule diesbezüglich noch mit Schwierigkeiten zu kämpfen haben. Es ist dies auch sehr wohl begreiflich. Wie abstract ist doch der Begriff „Ding"! Wie abstract ist der Begriff „Name eines Dinges"! Und wie abstract ist erst die Erklärung: „Die Namen der Dinge heissen Hauptwörter" — oder mit anderen Worten: „Die Namen der Dinge führen den allgemeinen Namen Hauptwörter."

Weil aber die Unterscheidung der Hauptwörter von anderen Wörtern praktische Bedeutung hat, soll sie und zwar schon frühzeitig fleissig geübt werden. Aber mögen wir uns doch nicht einbilden, dass die Kinder schon auf der Unterstufe diese Unterscheidung rein verstandesmässig treffen! Wir werden überhaupt genug und insbesondere lange genug damit zu thun haben, durch verschiedene Andeutungen, die wir je nach dem besonderen Falle machen, die Kinder dahin zu bringen, dass sie den dinglichen Charakter des Begriffes irgend eines Hauptwortes auch nur gewissermassen herausfühlen.

Was aber die Unterscheidung der anderen genannten Wortarten, sowie der Hauptsatzglieder anlangt, so ist die Pflege dieser Unterscheidung im formbegrifflichen Sinne auf der Unterstufe pädagogisch entschieden unmotiviert. Es fehlt auf der genannten Stufe für diese Unterscheidung das nöthige Reflexionsvermögen als Voraussetzung, sowie das Bedürfnis danach als der nöthige praktische Hintergrund.

Das ist ein Beispiel von Verfrühung auf einer Stufe, und solcher Beispiele gibt es im Grammatikunterrichte noch mehrere.

Sollen also, wird man fragen, Satzgegenstand und Aussage, dann das Zeit- und Eigenschaftswort auf dieser Stufe überhaupt noch nicht behandelt werden? Die Antwort lautet: Die genannten Spracherscheinungen sollen behandelt werden, aber nicht zu dem Zwecke, dass der Schüler sie sprachwissenschaftlich von einander unterscheiden lerne, weil dies eine vergebliche Mühe ist. Sie sollen behandelt werden zu dem Zwecke, dass der Schüler diese Sprachformen gebrauchen lerne. Es genügt in dieser Beziehung voll-

ständig, wenn die Schüler so fragen lernen, dass bestimmte Subjecte, Prädicate, Haupt-, Zeit- und Eigenschaftswörter, die in Sätzen vorkommen, beim
richtigen Denken und Sprechen zur Antwort kommen müssen, und wenn sie
auf bestimmte Fragen anderer mit bestimmten Subjecten, Prädicaten, Haupt-,
Zeit- und Eigenschaftswörtern richtig antworten lernen. Das können sie lernen, und das sollen sie auch lernen, weil sie auf diesem Wege allmählich in
den Geist der Sprache eindringen, in der Sprache denken lernen und sich
nach und nach die Sprache selber als Besitz aneignen.

Ich sagte weiters, dass einzelnes reflectierendes Denken ohne jegliches
praktische Bedürfnis danach verlangt wird. Als Beispiel hiefür führe ich an:
die häufige Pflege der Unterscheidung, durch was für Wortarten die verschiedenen Satzglieder ausgedrückt sein können oder in bestimmten Sätzen
wirklich ausgedrückt sind; die fleissige Pflege der Unterscheidung der verschiedenen Arten der Nebensätze überhaupt, dann der verschiedenen Arten
der Umstandssätze im besonderen; der Arten der Zahlwörter, des aussagenden und beifügenden Eigenschaftswortes und mancher anderer Unterscheidungen, welche sammt und sonders für das grammatische Können vollkommen belanglos sind.

Ich habe weiters behauptet, dass einzelnes reflectierendes Denken den
praktischen Bedürfnissen nicht in dem Masse dienstbar gemacht wird, in
welchem es denselben dienstbar gemacht werden könnte und sollte. Was
ich damit meine, dürfte sich aus folgenden Beispielen ergeben. Die theoretische Unterscheidnng der verschiedenen Zeitformen hat insoferne praktische Bedeutung, als diese Unterscheidung es ermöglicht, die Gesetze oder
Regeln über den Gebrauch der Zeitformen ohne Zuhilfenahme langer begriff-
licher Umschreibungen der betreffenden Formen, also in einer kurzen, knappen Fassung zu formulieren. Ebenso hat die theoretische Unterscheidung
der verschiedenen Satzgliederarten einen praktischen Wert und zwar für die
Formulierung einzelner Gesetze über das Interpunctieren. Wenn nun derlei
Unterscheidungen jahrelang sehr fleissig betrieben werden, während dieser
ganzen Zeit aber gar nicht oder doch nur höchst selten Gelegenheit genommen wird, die bezüglichen Gesetze ableiten und formulieren, beziehungsweise
sie wiederholen und anwenden zu lassen, so dass die Schüler im allgemeinen
nicht über das blosse Unterscheiden der Formbegriffe hinauskommen, wie es
eben oft genug geschieht, so kann man dieses wohl nicht anders nennen,
als praktisch verwertbares, reflectierendes Denken über die Sprachformen
den praktischen Bedürfnissen nicht in genügendem Masse dienstbar machen.

Diese Beispiele dürften genügen zur Rechtfertigung der Behauptung,
dass wir sehr viel rein theoretischen Grammatikunterricht, d. h. sehr viel

solchen treiben, der nicht im entsprechenden Masse das grammatische Können unterstützt und fördert, und dass dadurch die Bildung der Kinder rücksichtlich des praktischen Könnens wesentlich beeinträchtigt wird.

Der Grund hievon liegt zum grossen Theile darin, dass man von aussen her von unsern Schülern nicht bloss Gewandtheit im richtigen Gebrauche der Sprache und das sachliche Verständnis des in der Sprache Dargestellten fordert, sondern dass man ausserdem von ihnen leider! auch sehr viel rein theoretische Kenntnis der Grammatik verlangt. Zum Theile aber sind wir Lehrer selber schuld daran, dass die unfruchtbare grammatische Theorie im Unterrichte eine so hervorragende Rolle spielt, indem wir bei den verschiedenen Gelegenheiten, uns zu äussern, nicht oft genug und nicht entschieden genug betonen, dass der gesammte Sprachunterricht der Volks- und Bürgerschule sich im wesentlichen praktisch zu gestalten, also nur das Nothwendige und Erreichbare anzustreben habe, und dass deshalb, da in Bezug auf die Momente der Nothwendigkeit und Erreichbarkeit zwischen dem genauen Verständnisse des Inhaltes der Sprache und dem genauen Verständnisse der Form der Sprache ein sehr erheblicher Unterschied besteht, dieser Unterschied auch sowohl bei der Abfassung der Lehrpläne für den Sprachunterricht, wie bei der Durchführung der Bestimmungen dieser Lehrpläne im Unterrichte selber entsprechend zu berücksichtigen sei.

Ehe ich nun die Thesen, in welche ich das Gesagte zusammengefasst habe, mir Ihnen vorzulegen erlaube, gestatten Sie mir noch, gewissermassen zur Entschuldigung meiner nicht geringen Ausführlichkeit in der Behandlung der Frage des Grammatikunterrichtes die Aussprüche einiger Schulmänner über diesen Unterricht anzuführen. Diese Aussprüche sollen beweisen, dass die Anschauungen unter den Schulmännern über den Begriff, die Aufgabe und das Ziel des Grammatikunterrichtes und damit auch deren Anschauungen über das Wesen, die Bedeutung und den Wert dieses Unterrichtes durchaus nicht übereinstimmen. Wegen dieser Nichtübereinstimmung hielt ich es eben für nothwendig, um Missverständnissen in Bezug auf den Begriff, den ich mit dem Worte Grammatikunterricht verbinde, vorzubeugen, die bezeichneten Punkte eingehender zu behandeln.

Der Generalsuperintendent Ule sagt im Brandenburger Schulblatte über den Grammatikunterricht Folgendes: „Ein Elementarlehrer, der in der Unterschule Grammatik treibt, sollte eigentlich mit Ordnungsstrafen belegt werden."

Völter sagt in seinem Aufsatze über die Sprachunterrichtsnoth in der Volksschule (Süddeutscher Schulbote 1840): „Fragen wir nach der

Berechtigung der Grammatik in der Volksschule, so scheint uns die Frage nicht die zu sein, ob viel oder wenig Grammatik, sondern ob überhaupt Grammatik. Und da sagen wir ohne Bedenken: Gar keine Grammatik! und sind der Meinung, dass im Sprachunterrichte der Volksschule so lange kein Heil wird, als bis er die alten, bisher betretenen Wege verlassen und mit der Grammatik gänzlich gebrochen haben wird."

F. Löw sagt in seiner Anleitung zum Unterrichte in der deutschen Sprachlehre (1841): „Ich sehe den grammatischen Unterricht in der Volksschule lediglich für ein Mittel an, die Schüler zum zusammenhängenden schriftlichen Gedankenausdrucke zu befähigen. Für das Sprachverständnis, z. B. für das Verständnis des Lesebuches, ist der grammatische Unterricht ganz überflüssig.

Albert Richter sagt dagegen in seinem Buche „Ziel, Umfang und Form des grammatischen Unterrichtes 1886" Seite 114: „Und so wollen wir denn unumwunden aussprechen, dass wir den Hauptmangel des gegenwärtigen Grammatikunterrichtes gerade darin erblicken, dass er einseitig die Befähigung zum Gebrauche der Sprache anstrebt, die Einführung in das Sprachverständnis aber vernachlässigt."

Der Seminardirector Kehr aber sagt: „Ich wünsche nichts Geringeres, als dass die Schulinspectoren, Schulräthe und Schulbehörden dem Lehrer zwar den Betrieb des theoretischen grammatischen Unterrichtes nicht verbieten, wohl aber die Anhörung einer Prüfung dieses Faches sich mit aller Consequenz verbitten."

Und nun erlaube ich mir Ihnen die Thesen bekannt zu geben, in die ich das Gesagte zusammengefasst habe. Sie lauten:

1) Der theoretische Unterricht in der Grammatik hat in der Volks- und Bürgerschule nur insoweit Bedeutung und Berechtigung, als er von vornherein und fortgesetzt darauf abzielt, in dem Schüler ein grammatisches Bewusstsein zu schaffen, d. h. dem Schüler zu einer klaren Auffassung thatsächlich vorhandener Beziehungen grammatischen Wissens zu grammatischem Können zu verhelfen.

2) Einzelne Elemente des grammatischen Wissens, das wir gegenwärtig unseren Schülern vermitteln, besitzen überhaupt keinerlei Beziehungen zu irgend welchem grammatischen Können.

3) Die Vermittlung solcher Wissenselemente fördert den Schüler in der Erreichung des Sprachunterrichtes nicht im geringsten und bedeutet ein Zuviel in dem theoretischen Theile des Grammatikunterrichtes.

4) Dem Zuviel im theoretischen Theile des Grammatikunterrichtes steht ein entsprechendes Zuwenig in dem praktischen Theile dieses Unterrichts-

zweiges gegenüber: Die planmässige Übung im grammatisch richtigen Gebrauch der Sprache findet wegen des Überwucherns der grammatischen Theorie im allgemeinen eine nicht genug ausgiebige Pflege, was zur Folge hat, dass das Sprachgefühl der Schüler nicht ausreichend entwickelt wird.

5) Mit dem Zuviel in dem theoretischen Theile des Grammatikunterrichtes vereinigt sich noch das Zufrüh des Auftretens dieses Theiles.

6) Das verfrühte Auftreten der grammatischen Theorie hat zur Folge, dass die eigentliche Aufgabe dieser Theorie (die darin besteht, die bloss auf das Gefühl basierte Sicherheit der Kinder im richtigen Gebrauch der Sprache durch reflectierende Verstandesthätigkeit mehr und mehr zu erhöhen und damit zu einer immer vollkommneren zu gestalten) der Hauptsache nach ungelöst bleibt, da das wesentlichste Mittel dieser Vervollkommnung, das Reflexionsvermögen, nur bei geistig ausserordentlich kräftigen Kindern trotz dieser Verfrühung sich genügend entwickelt, bei der übergrossen Zahl der Kinder aber wegen dieser Verfrühung in seiner natürlichen Entwicklung zurückbleibt und nur in kümmerlicher Weise eine blosse Scheinexistenz fristet.

Das Ergebnis der über den vorstehenden Vortrag gepflogenen Debatte war die unveränderte Annahme der vom Vortragenden aufgestellten Thesen.

V.

Der Foucault'sche Pendelversuch im Unterricht.

Vorgetragen am 7. Jänner 1887 von Dr. AD. JOS. PICK.

Wenn ich mir erlaube, die Aufmerksamkeit der geehrten Versammlung für das angeführte Thema in Anspruch zu nehmen, so ist es nicht meine Absicht, dasselbe wissenschaftlich zu erörtern. Getreu dem Grundsatze, der mir für jeden meiner Vorträge in unserem Vereine als Richtschnur diente, will ich vielmehr untersuchen, ob denn der Foucault'sche Pendelversuch überhaupt in den Unterrichtsrahmen der Volks- und Mittelschule passe und, wenn dies der Fall, in welche Stufe er verlegt, an welcher Stelle er genommen werden sollte, wenn ein wahrhaft bildender Erfolg erzielt werden sollte.

Um diese Frage richtig zu beantworten, muss ich mir gestatten, einerseits in Kürze den astronomisch-geographischen Lehrstoff nach seiner didaktischen Seite zu skizzieren, dann auch die in dem Foucault'schen Pendelversuch liegenden Momente auseinanderzusetzen.

So sehr es auch in der Lehrerwelt beliebt ist, die Pestalozzi'schen Grundsätze als Richtschnur des Unterrichtes mit Worten zu proclamieren, so wird doch auf allen Gebieten des Unterrichtes gegen jene naturgemässen und deshalb sehr einfachen Wahrheiten intra et extra muros theils aus Missverstand, theils aus Indolenz gesündigt. Auf keinem Gebiete ist dies wohl mehr der Fall, als auf dem der astronomischen Geographie. Hier ist noch immer fast ausnahmslos der dogmatische Weg oder, was mir fast noch schlimmer scheint, der verbale Realismus mit scheinbarer Anschaulichkeit zu Hause. Für Lehrer, welche solchen Grundsätzen huldigen, für Lehrer, welche auch nur die Frage aufwerfen können, ob denn der Gewinn den Aufwand an Zeit rechtfertige, der nothwendig sei, um beispielsweise die Kugelgestalt der Erde zu einer im Geiste des Schülers sich selbst entwickelnden klaren Anschauung und Überzeugung herauswachsen zu lassen, — für solche Lehrer spreche ich nicht. Ich spreche für jene, welche die Unterrichtserfolge nicht nach der Zahl der Sätze messen, welche die Schüler ihrem Gedächtnisse eingeprägt, sondern nach der befruchtenden Einwirkung abwägen, welche das entwickelte Unterrichtsmaterial auf das Geistesleben der Schüler, auf ihre Anschauungs- und Denkkraft, und somit auf ihren Charakter ausüben.

Diese, leider immer noch geringe Anzahl von Lehrern wird mit mir übereinstimmen, dass der Unterricht in der astronomischen Geographie nicht nur mit der Anschauung der Vorgänge über unserem Gesichtrkreise zu beginnen, sondern dass man auch nicht einen Schritt weiter zu gehen habe, ehe diese Anschauungen, welche die unentbehrliche Grundlage jeder richtigen Erkenntnis astronomischer Vorgänge bilden, zu vollem geistigen Eigenthum der Schüler geworden. Man wird also die Schüler anzuleiten haben, die Erscheinungen über unserem Gesichtskreis zunächst im Verlaufe eines Tages, dann eines Mondmonates und endlich eines Jahres anzuschauen. Hiebei wird von der Erde als Ganzes keine Rede sein; man spricht nur vom Gesichtskreise. Hieran werden sich die Erscheinungen über andern Gesichtskreisen anreihen, und diese können erst Zweifel über die Kreisgestalt der Erde hervorrufen; aus ihnen aber wird sich auch mit Nothwendigkeit die Anschauung und Überzeugung von der Kugelgestalt der Erde ergeben. Auf dieser Stufe herrscht, da beim ersten Unterrichte in der astronomischen Geographie Planeten und Kometen auszuschliessen sind, harmonische Einheit, und der geocentrische Standpunkt entspricht vollkommen den Forderungen unseres Geistes. Aber von selbst erwächst nun mit zwingender Nöthigung das Bedürfnis nach Messungen. Wir suchen die Grösse der Erde, die Entfernung von Mond und Sonne und deren Grösse. Und wieder mit zwingender Nöthigung entstehen Zweifel an der Unbeweglichkeit der Erde. Die Erkenntnis von der täglichen Rotation der Erde fällt als reife Frucht von selbst vom Baume und von ihr bis zum Aufgeben des geocentrischen Standpunktes ist nur ein kleiner Schritt. Jene geehrten Collegen und Colleginnen, welche meiner astronomischen Geographie ihre Aufmerksamkeit zuzuwenden die Güte hatten, werden dies bestätigen, namentlich wenn sie des meines Wissens in keinem sonstigen Lehrbuche der astronomischen Geographie beachteten Umstandes sich erinnern, dass bei Negierung der Erdrotation Sonne und Mond auf eine ebenso sehr dem gesunden Verstande, wie den elementarsten Kenntnissen der Mechanik hohnsprechende Weise ihre Geschwindigkeit fort und fort ändern müssten (Pick, Die elementaren Grundlagen der astronomischen Geographie, S. 129 ff.).

Ein Zweifel darüber, dass die Erde rotiere, kann nicht mehr bestehen, und eines weiteren Beweises bedarf es nicht. Aber — es entspricht ganz der normalen Verfassung unseres Geistes nach wahrnehmbaren Folgen der Erdrotation zu suchen. Gibt es solche? Genügend; aber sehen wir, inwieweit sie den Bedürfnissen von zwölf- bis vierzehnjährigen Schülern entsprechen.

Da ist zunächst die Abplattung der Erde an den Polen. Sie wird keinen Eindruck auf die Schüler machen, da man ihnen nicht einmal ihr Vorhandensein wird genügend anschaulich machen können und da ihnen die physikalischen Kenntnisse zum Begreifen des ehemals flüssigen Zustandes unserer Erde gänzlich abgehen. Ähnliches gilt von den Passatwinden.

Da denkt man nun an den schönen Benzenberg'schen Fallversuch. Man kann in der That voraussetzen, dass der Schüler selbst ohne Unterricht in der Mechanik, die, ich möchte sagen, instinctive Überzeugung habe, dass ein von zwei unter einem Winkel wirkender Kräften in Bewegung gesetzter Körper die Diagonale des Kräftenparallelogramms durchlaufen müsse. Aber abgesehen davon, dass das Experiment, zu einem Schulversuch durchaus ungeeignet, nur mit dem Aufwande der allerschärfsten physikalischen Beobachtungskunst an nur wenigen Orten durchführbar ist*), ist es nicht einmal richtig, dass der von einem Thurme herabfallende Körper die Diagonale des Kräftenparallelogramms beschreibt, dessen eine Seite die Differenz der Geschwindigkeiten an der Spitze und am Fusse des Thurmes und dessen andere die Acceleration der Schwere ist. Das Problem ist vielmehr sehr verwickelt, und ich habe mich umsonst bemüht, eine Entwicklung für diese Erscheinung ohne Voraussetzung des höheren Calcüls zu finden.

Unter solchen Umständen ist es also sehr verlockend für den Lehrer, den Foucault'schen Pendelversuch heranzuziehen, und das Aufsehen sehr erklärlich, das dieser Versuch in der ganzen gebildeten Welt erregte. Die Erscheinung ist in der That sehr auffällig; in einem Raume von mässiger Höhe (ein Turnsaal lässt sich zweckmässig verwenden und selbst ein gewöhnliches Wohnzimmer genügt) wird man die Abweichung der Pendelebene nach wenigen Minuten wahrnehmen. Auch war die Erscheinung schon zu Galilaei's Zeiten bekannt, ohne dass man sie auf die richtige Ursache zurückzuführen wusste. Die allgemeinen Prämissen, auf denen sie beruht, sind ebenso leicht begreiflich, wie leicht experimentell nachzuweisen. Hat man den Begriff des Beharrungsvermögens richtig erfasst, so sieht man ein, dass die Pendelebene ihre Richtung auch bei einer Verrückung des Aufhänge-

---

*) Die sorgfältigste Durchführung des Benzenberg'schen Fallversuches ist die von Reich im Jahre 1832 zu Freiberg im Dreibrüderschachte, dessen Tiefe 158·5 m. Trotz dieser bedeutenden Fallhöhe beträgt die östliche Abweichung der Rechnung nach nur 27·518 mm. Reich fand im Mittel aus 106 Versuchen 28·4 mm.

punktes beibehalten müsse. Zeigt sich nun eine Aenderung der Lage der Schwingungsebene, so ist handgreiflich, dass diese nur scheinbar sein müsse, dass also diese Änderung der Umgebung zuzuschreiben sei. Scheinbar ist somit der Beweis für die Rotation der Erde hergestellt. Jedoch nur scheinbar.

Denn ein nur halbwegs richtig geschulter Schüler muss sich die Erscheinung folgendermassen zurechtlegen. An den beiden Polen, wo der Aufhängepunkt des Pendels seine Lage nicht ändert, ist die Erscheinung sehr einfach. Rotiert die Erde, wie ja der Fall ist, und zwar auf dem Nordpol in der Richtung der Zeiger unserer Uhren, so muss sich die Pendelebene scheinbar in entgegengesetzter Richtung drehen, und zwar vollkommen proportional der Zeit. Auch auf dem Äquator gibt es nichts, was missverstanden werden könnte. Denkt man sich ursprünglich beispielsweise das Pendel von Nord nach Süd, also im Meridian schwingen, so wird es, weil sein Aufhängepunkt im Äquator weiterrückt und die Meridianelemente am Äquator unter sich parallel sind, immer von Nord nach Süd, im Meridian schwingen, also keine Abweichung zeigen. Bildete die ursprüngliche Schwingungsebene mit dem Meridian irgend einen Winkel, so muss dieser Winkel überall derselbe bleiben; es zeigt sich also auch jetzt keine Abweichung. Auch das noch wird dem Schüler einleuchtend sein, dass die Erscheinung zwischen Pol und Äquator sich anders abspielen werde. Aber, möge sie sich wie immer abspielen, eines wird er als nothwendig annehmen, dass nach Verlauf eines Tages die Pendelebene in ihre ursprüngliche Lage zurückgekehrt sein müsse. Denn verrücken wir eine Ebene beliebig, aber stets mit sich selbst parallel und kehren wir wieder in die ursprüngliche Lage zurück, so muss die Ebene als parallel mit ihrer ursprünglichen Lage mit sich selbst zusammenfallen. Da dies nun nicht der Fall ist, wird der Schüler, so lange ihm der Grund dieses Nichtzusammenfallens nicht ersichtlich ist, zweifeln müssen, ob diese merkwürdige Erscheinung ihren Grund in der Rotation der Erde habe.

So also, wie der Foucault'sche Pendelversuch in der Regel mit wenigen Zeilen abgethan wird, und selbst wie er in den meisten grösseren Geographien und populären Astronomien behandelt wird, in denen der Grund nicht ersichtlich gemacht wird, warum die Ebene von ihrer parallelen Lage abweiche, wird er jede beweisende Kraft verlieren und nur Zweifel erregen.

Ich kann mich nicht enthalten, den Ausspruch einer mathematischen Autorität zu meinen Gunsten anzuführen. Grunert hat in dem von ihm gegründeten Archiv für Mathematik zwei Beweise für den Foucault'schen Versuch (1853 und 1856) veröffentlicht. Beide sind mit Hilfe der analytischen

Geometrie geführt, sehr lang und schwierig. Er macht bei dem zweiten die sehr beachtenswerte Bemerkung: „Ob man damit recht gethan hat (nämlich den Versuch vor das grosse Publikum zu bringen), will ich hier nicht untersuchen, will aber auch nicht verhehlen, dass die Berechtigung zu der bereits so vielfach versuchten öffentlichen Zurschaustellung des wissenschaftlich so überaus merkwürdigen Foucault'schen Versuchs vor den Augen des grossen Publicums mir wenigstens sehr zweifelhaft scheint, und dass ich darin allerdings mehr eine eines wissenschaftlichen Mathematikers oder Physikers nicht sehr würdige Escamotage als einen selbst für das sogenannte gebildete Publicum wirklich überzeugenden Versuch zu finden geneigt bin." Und zu dem Worte Escamotage macht er die Fussnote: „Insofern nämlich das grosse Publicum leicht zu der Meinung verleitet wird, etwas von der Sache zu verstehen, was in diesem Falle gar nicht möglich ist, und doch leider oft in dergleichen Fällen geglaubt wird." Setzen wir statt „Mathematiker und Physiker" Lehrer, statt „das grosse Publicum" Schüler, so sind dies goldene Worte, nicht bloss für diesen, sondern für alle ähnlichen Fälle.

Somit erübrigt für den Lehrer nichts, als entweder auf den Beweis ganz zu verzichten oder ihn mit jener Umständlichkeit zu erörtern, dass dem Schüler der Grund der Abweichung einleuchte, wenn man auch auf die Ableitung der mathematischen Formel nicht unbedingt eingehen muss.

Ich wende mich nun zur schulmässigen Behandlung des Versuches. Die Grundlagen, auf denen er beruht, und welche den Schülern klar gemacht werden müssen, sind folgende:

1. Vermöge des Beharrungsvermögens sucht die Schwingungsebene des Pendels ihre Richtung im Raume beizubehalten, bei einer etwaigen Bewegung sich parallel zu sich selbst zu verschieben.

2. Infolge der Schwerkraft muss jedoch die Schwingungsebene und ebenso die Richtung des Pendels selbst in seiner Ruhelage durch den Mittelpunkt der Erde gehen.

Der erste Satz muss experimentell erwiesen werden, ist aber leicht zu erweisen. Ein runder Schemel mit drei niedrigen Füssen, die mit sehr leicht beweglichen Rollen versehen sind, wie solche an Pianos und schweren Möbelstücken angebracht sind, trägt an seinem Umfange einen verticalen, etwa meterhohen Stab, der mit einem in horizontaler Richtung drehbaren Arme versehen ist. An diesem Arme hängt das Pendel. Man richtet nun das Pendel zunächst so, dass es über dem Mittelpunkte des Schemels schwingt. Dreht man nun denselben um seine vertikale Achse, so wird man sehen, dass das Pendel in Bezug auf das Zimmer seine Richtung behält.

(Es gleicht dies der Erscheinung an den Polen.) Hierauf schiebt man den Schemel in beliebiger Richtung gradlinig vom Platze und wird wieder sehen, dass das Pendel seine Richtung beibehält, sich nur parallel verschiebt. (Aehnlich wie beim Versuch am Äquator.) Nun fahre man mit dem Schemel im Kreise oder in beliebigen anderen Linien, — das Pendel behält seine Richtung und ist man zum Ausgangspunkte zurückgekehrt, so hat es seine ursprüngliche Lage. — Man muss nun betonen, dass dieses letztere nicht den Verhältnissen zwischen Pol und Äquator entspricht, weil bei unserer Vorrichtung das Pendel in der Ebene verschoben wird, bei der Erde auf einer Kugel, durch deren Mittelpunkt es gehen muss.

Nun wird auseinandergesetzt, dass das Pendel am Pol die Richtung seiner Schwingungsebene scheinbar proportional der Zeit ändern, am Äquator aber stets in derselben Richtung schwingen müsse. In beiden Fällen hat nach einer Erdumdrehung das Pendel seine ursprüngliche Lage. Warum nicht in den Zwischenlagen?

Um zu zeigen, dass in diesen Lagen die Schwingungsebenen sich nicht parallel verschieben k ö n n e n , geht man am besten von einem bestimmten Parallelkreise aus. Wählen wir etwa Mainz nahe 50^0 n. B. Der Einfachheit wegen soll das Pendel ursprünglich von Nord nach Süd, also im Meridian schwingen. Da Mainz nahe 26^0 östlich von Ferro, Prag (in demselben Parallelkreis) 32^0 östlich von Ferro liegt, hat nach Verlauf von 24 Minuten Mainz die Lage von Prag. Die Richtung nach Nord in Prag ist aber nicht mit jener in Mainz parallel. Wir haben also in Prag eine Linie im Horizont zu suchen, welche mit der Mittagslinie von Mainz parallel ist. Die Mittagslinie von Mainz ist ein Element eines grössten Kreises (Mainzer Meridian) und da auch jetzt die Pendelebene durch den Erdmittelpunkt gehen muss, so wird auch die mit dem Meridian von Mainz in Prag parallele Linie ein Element eines grössten Kreises sein. D i e E l e m e n t e z w e i e r g r ö s s t e r K r e i s e s i n d a b e r n u r d a n n p a r a l l e l , w e n n s i e g e n a u i n d e r M i t t e z w i s c h e n i h r e n D u r c h s c h n i t t s p u n k t e n (P o l e n) l i e g e n , wie dies mit den Meridianelementen am Äquator der Fall ist. Wir finden also, dass unter der Voraussetzung, die Pendelebene behalte ihre Richtung Nord-Süd, das Pendel so schwingen müsste, dass seine Durchschnittslinie mit dem Horizonte der Meridian von Mainz in einer Entfernung von 90^0 treffen müsste. Nach Verlauf von beispielsweise weiteren 16 Minuten liegt Mainz wie Oderberg (36^0 ö. v. F.), und auch hier, und ebenso in jedem anderen Orte, müsste die Durchschnittslinie der Pendelebene mit dem Horizont den Meridian von Mainz in demselben Punkte schneiden. Das heisst: S o l l t e d i e S c h w i n g u n g s e b e n e d e s P e n d e l s w ä h r e n d d e r E r d u m d r e h u n g ihre absolute Richtung von Nord nach Süd in Mainz beibehalten, dann müsste sich der Aufhängepunkt des Pendels in einem grössten Kreise fortbewegen, dessen Pol 90⁰ von Mainz entfernt läge. Dieser Aufhängepunkt aber ist an den Parallel von Mainz, einem kleineren Kreise, gebunden. Die Schwingungsebene kann sich also nicht parallel verschieben. Nur am Äquator ist dies möglich, und dort ist dies auch wirklich der Fall.

Es ist einleuchtend, dass sich an all' den Schlüssen nichts ändert, wenn

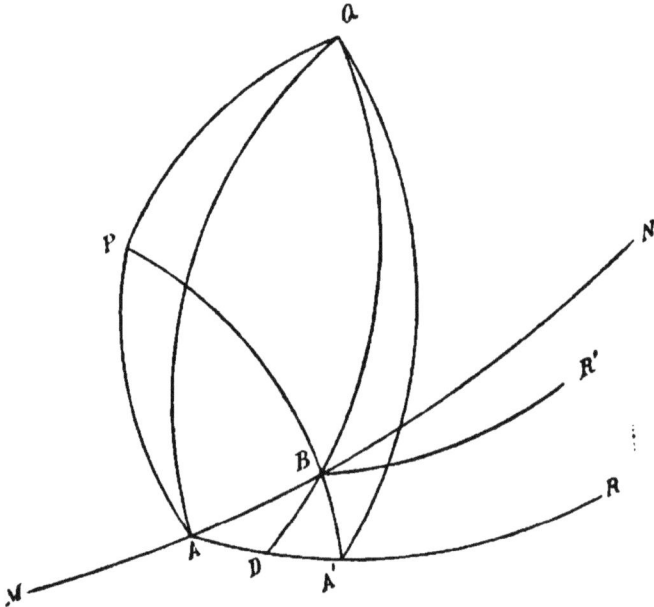

man das Pendel ursprünglich in einer andern als der süd-nördlichen Richtung schwingen lässt, und dass wir die ursprüngliche Schwingungsebene nur der Einfachheit wegen im Meridian angenommen haben.

Wir sind nun vollkommen in der Lage, zu zeigen, wie die Erscheinung in Wirklichkeit wird stattfinden müssen.

Es sei A (siehe die Figur) ein Punkt des Parallelkreises MN, P der Erdpol, PA der Meridian des Ortes A, ferner AQ der Durchschnitt der willkürlichen Schwingungsebene des Pendels, die mit dem Meridian den Winkel $PAQ = \omega$ bildet. Nach Verlauf eines kleinen Zeittheilchens gelange der Meridian PA in die Lage PB, so dass sich die Erde um den Winkel APB bewegt hat. Das Pendel, das die Tendenz hat, seine Schwingungs-ebene parallel fortzurücken, also in dem auf AQ senkrechten grössten Kreise AR, dessen Pol, wenn $AQ = 90^0$, in Q liegt, sich zu bewegen strebt, muss im Parallel MN verbleiben. Legen wir durch Q und B den grössten Kreis QD, so gibt uns dieser zu QA in D paralleler Kreis die Lage der neuen Schwingungsebene für eine ganz kleine Drehung der Erde, d. i. für eine ganz kurze Zeit. Die Pendelebene wird gewissermassen um das Stück DB gegen Q gezogen. In einem nächsten kurzen Zeittheilchen kommt es wieder in einen grössten Kreis, der sich gegen QB und BR' in analoger Weise ver-hält, wie QB seine gegenwärtige Lage gegen AQ und AR. Und so geht dies während der ganzen Umdrehung der Erde; in jedem Zeitmoment wird der Parallelismus der Schwingungsebene in etwas alteriert, so dass nach Vollendung eines Umlaufes die Schwingungsebene nicht mit ihrer ursprüng-lichen Lage zusammenfallen kann.

Weiter wird man in der Mittelschule (höchstens das letzte Gymnasial-jahr ausgenommen) nicht gehen können, aber hiermit sind wenigstens die Zweifel der Schüler an der Richtigkeit behoben, wenn man ihnen auch sagen muss, dass zur Ableitung der Formel ihre mathematischen Kenntnisse nicht ausreichen.

Ich entspreche in dem Nachfolgenden dem Wunsche vieler Mitglieder der pädagogischen Gesellschaft, dem Abdrucke meines Vortrages die Ab-leitung der Formel anzufügen. In dem ersten Jahrgange der „Zeitschrift für das Realschulwesen (Wien 1877, Alfred Hölder)" habe ich eine eingehende Studie über den Foucault'schen Versuch veröffentlicht und dort nachgewiesen, dass sämmtliche elementare Ableitungen der Formel an groben Gebrechen leiden, so, dass ich der Meinung bin, dass meine dort gegebene Ableitung die einzige correcte ist, welche keine Kenntnisse analytischer (höherer) Mechanik voraussetzt. Jene geehrten Collegen, welche sich mehr für die Sache interessieren, erlaube ich mir auf jene Studie aufmerksam zu machen. Hier folgt nur die Ableitung der Formel.

Sei nun in der obigen Figur die geographische Breite von A φ, also Bogen $AP = PB = 90 - \varphi$ (Poldistanz) und $\angle PAB = \omega$. In einem klei-neren Zeittheilchen bewege sich die Erde um den Winkel $APB = \varDelta t$. Der zu bestimmende Winkel PBQ sei $= \omega + \varDelta \omega$. Wir wissen ferner, dass $AQ = 90^0$. Wir ziehen den Hilfsbogen PQ eines grössten Kreises und erhalten die beiden sphärischen Dreiecke PAQ und PBQ. Der Kürze wegen wollen wir den $\angle\,APQ$ mit P bezeichnen. Dann folgt nach der Gleichung für sphärische Dreiecke:

$$\sin b\,\operatorname{cotg} a = \cos b\cos C + \sin C\,\operatorname{cotg} A$$

aus dem Dreiecke PBQ:

$$\sin \widehat{PB}\,\operatorname{cotg}\widehat{PQ} = \cos\widehat{PB}\cos(P - \varDelta t) + \sin(P - \varDelta t)\operatorname{cotg}(\omega + \varDelta\omega)$$

und aus PAQ:

$$\sin\widehat{PA}\,\operatorname{cotg}\widehat{PQ} = \cos\widehat{PA}\cos P + \sin P\operatorname{cotg}\omega.$$

Wegen $\widehat{PA} = \widehat{PB}$ sind die linken Seiten dieser Gleichungen gleich, so ist:

$$(1)\ \ldots\ \cos\widehat{PB}\cos(P - \varDelta t) + \sin(P - \varDelta t)\operatorname{cotg}(\omega + A\omega)$$
$$= \cos\widehat{PA}\cos P + \sin P\operatorname{cotg}\omega.$$

Nun ist Bogen $PB =$ Bogen $PA = 90^0 - \varphi$, also:

$$\cos\widehat{PB} = \cos\widehat{PA} = \cos(90 - \varphi) = \sin\varphi.$$

Dieses in die Gleichung (1) substituiert und gleichzeitig $\sin(P - \varDelta\omega)$ und $\operatorname{cotg}(\omega + \varDelta\omega)$ aufgelöst, erhalten wir:

$$(2)\ \ \sin\varphi\cos P\cos\varDelta t + \sin\varphi\sin P\sin\varDelta t + \left\{\sin P\cos\varDelta t - \cos P\sin\varDelta t\right\}$$
$$\cdot\frac{1 - \operatorname{tg}\omega\,\operatorname{tg}\varDelta\omega}{\operatorname{tg}\omega + \operatorname{tg}\varDelta\omega} = \sin\varphi\cos P + \sin P\operatorname{cotg}\omega.$$

Dividieren wir (2) durch $\sin P$, so folgt:

$$(3)\ \sin\varphi\operatorname{cotg}P\cos\varDelta t + \sin\varphi\sin\varDelta t + \left\{\cos\varDelta t - \operatorname{cotg}P\sin\varDelta t\right\}\cdot\frac{1 - \operatorname{tg}\omega\,\operatorname{tg}\varDelta\omega}{\operatorname{tg}\omega + \operatorname{tg}\varDelta\omega}$$
$$= \sin\varphi\operatorname{cotg}P + \operatorname{cotg}\omega.$$

In dieser Gleichung findet sich noch die Grösse $\operatorname{cotg}P$, welche eliminiert werden muss. Aber aus dem Dreiecke PAQ folgt nach derselben Formel:

$$\sin\widehat{PA}\,\operatorname{cotg}\widehat{AQ} = \cos\widehat{AP}\cos\omega + \sin\omega\,\operatorname{cotg}P,$$

und weil $\operatorname{cotg}\widehat{AQ} = \operatorname{cotg}90^0 = 0$ folgt:

$$0 = \sin\varphi\cos\omega + \sin\omega\operatorname{cotg}P,\quad\text{oder}$$

$$(4)\ \ldots\ldots\ldots\ldots\ \operatorname{cotg}P = -\sin\varphi\operatorname{cotg}\omega.$$

Dieser Wert in (3) eingeführt, gibt:

$$(5)\ \ldots\ldots\ldots\ -\sin^2\varphi\operatorname{cotg}\omega\cos\varDelta t + \sin\varphi\sin\varDelta t$$
$$+\left\{\cos\varDelta t + \sin\varphi\operatorname{cotg}\omega\sin\varDelta t\right\}\frac{1 - \operatorname{tg}\omega\,\operatorname{tg}\varDelta\omega}{\operatorname{tg}\omega + \operatorname{tg}\varDelta\omega} = -\sin^2\varphi\operatorname{cotg}\omega + \operatorname{cotg}\omega.$$

Lassen wir in (5) $\varDelta t$ in dt, folglich $\varDelta\omega$ in $d\omega$ übergehen, so ist wegen

$$\cos dt = 1,\quad \sin dt = dt\quad\text{und}\quad \operatorname{tg} d\omega = d\omega,$$

(6) $\quad - \sin^2 \varphi \cot g\, \omega + \sin \varphi\,.\,dt + \left| 1 + \sin \varphi \cot g\, \omega\,.\,dt \right|\,.\,\dfrac{1 - tg\, \omega\,.\,d\omega}{tg\, \omega + d\omega}$

$$- \sin^2 \varphi \cot g\, \omega + \cot g\, \omega,$$

nach Weglassung der gleichen Glieder:

(7) ... $\sin \varphi\, dt + \left| 1 + \sin \varphi \cot g\, \omega\,.\,dt \right| \dfrac{1 - tg\, \omega\, d\omega}{tg\, \omega + d\omega} = \cot g\, \omega,$

daher:

(8) .. $\sin \varphi\, tg\, \omega\, dt + \sin \varphi\, d\omega\, dt + 1 - tg\, \omega\, d\omega + \sin \varphi \cot g\, \omega\, dt$

$$- \sin \varphi \cot g\, \omega\, tg\, \omega\, dt\, d\omega = \cot g\, \omega\, tg\, \omega + \cot g\, \omega\, d\omega,$$

oder wegen $\cot g\, \omega\,.\,tg\, \omega = 1$:

$$\sin \varphi\, tg\, \omega\, dt + \sin \varphi\, d\omega\, dt + 1 - tg\, \omega\, d\omega + \sin \varphi \cot g\, \omega\, dt$$

$$- \sin \varphi\, d\omega\, dt = 1 + \cot g\, \omega\, d\omega,$$

daher nach Weglassung der gleichen Glieder:

(9) ... $\sin \varphi\, tg\, \omega\, dt - tg\, \omega\, d\omega + \sin \varphi \cot g\, \omega\, dt = \cot g\, \omega\, d\omega,$

woraus

$$\cot g\, \omega\, d\omega + tg\, \omega\, d\omega = \sin \varphi \cot g\, \omega\, dt + \sin \varphi\, tg\, \omega\, dt,$$

oder:

$$(\cot g\, \omega + tg\, \omega) d\omega = \sin \varphi\, (\cot g\, \omega + tg\, \omega) dt,$$

und

(10) .... $\dfrac{d\omega}{dt} = \sin \varphi,$

woraus durch Integration:

$$\omega = t \sin \varphi + C.$$

Die Constante C ist, wie für den Fall $t = 0$ allsogleich erhellt, der Winkel, welchen bei Beginn der Beobachtung die Schwingungsebene des Pendels mit dem Meridian bildet.

Diese Ableitung verlangt nun allerdings eine Integration; aber wie in allen ähnlichen Fällen lässt sich diese auf die übliche Weise umgehen. Geht man nämlich in Gleichung (5) nicht zum Differential über, lässt also $\varDelta t$ und $\varDelta \omega$ stehen, so ist auch $\sin \varDelta t$ und $tg\, \varDelta \omega$ als Sinus und Tangente sehr kleiner Winkel ihrem Bogen und $\cos \varDelta t$ als Cosinus eines sehr kleinen Winkels der Einheit gleich. Es bleiben also die folgenden Gleichungen unverändert, nur dass statt dt und $d\omega$ beziehungsweise $\varDelta t$ und $\varDelta \omega$ steht. So kommt man zu der Schlussgleichung:

$$\varDelta \omega = \sin \varphi\, \varDelta t,$$

d. h. dreht sich die Erde um den kleinen Winkel $\varDelta t$, so beträgt der Zuwachs $\varDelta \omega$ des Winkels ω $\sin \varphi\, \varDelta t$. Sei also der ursprüngliche Winkel mit dem Meridian ω, so wird nach der ganz kleinen Zeit t der Winkel ω_1 den

Zuwachs $\sin \varphi . \varDelta t$ erfahren, also $= \omega + \sin \varphi . dt$ sei dieser Winkel ω_2. Wieder nach einer kleinen Zeit t ist der Zuwachs wieder $\sin \varphi dt$, also $\omega_3 = \omega_2 + \sin \varphi \varDelta t = \omega_1 + 2 \sin \varphi \varDelta t$ u. s. w. Nach n solchen kleinen Zuwächsen ist also:

$$\omega_{n+1} = n \sin \varphi \varDelta t = n \varDelta t \sin \varphi$$

und $n \varDelta t = t$, ist allgemein:

$$\omega = t \sin \varphi + \omega_1 ,$$

oder, wenn die ursprüngliche Schwingungsebene im Meridian lag, also $\omega_1 = 0$ ist:

$$\omega = t \sin \varphi .$$

VI.

Dr. F. Müller's Ethnographischer Bilder-Atlas für Bürgerschulen.

Referat, erstattet am 3. Juni 1887 von M. ZENS.

Der Ausschuss hat mich mit der Aufgabe betraut, Ihnen über den ethnographischen Bilder-Atlas von Dr. Friedrich Müller ein Referat zu erstatten. Da nun die Frage, ob derartige Veranschaulichungsmittel überhaupt berechtigt seien, als erledigt betrachtet werden kann, so wird es sich bei der prüfenden Betrachtung solcher Lehrmittel lediglich darum handeln, zu untersuchen, ob die Art und Weise, in welcher diese Veranschaulichungsmittel ausgeführt sind, dem Schulzwecke entspreche. Damit ist der Rahmen gekennzeichnet, innerhalb dessen sich meine Ausführungen bewegen werden.

Das vorliegende Werk ist für Bürgerschulen bestimmt und umfasst sieben Tafeln, die einem grösseren, für die Mittelschule berechneten Ganzen entnommen sind, das aus 20 Nummern besteht.

Bevor ich die einzelnen Bilder anführe, muss ich mir eine Vorbemerkung gestatten, die sich auf das System bezieht, nach welchem die ganze Zusammenstellung erfolgt ist.

Bekanntlich wird die alte, im vorigen Jahrhundert vom Göttinger Anthropologen Blumenbach aufgestellte Eintheilung in fünf Menschenrassen, wobei jede als Hauptvertreter eines Erdtheils erscheint, nicht mehr aufrecht erhalten. Auch unsere Schulbücher haben diese Eintheilung aufgegeben, stimmen aber weder in der neuen Eintheilung, noch in den Zahlenangaben überein. Pokorny (Naturgeschichte für Bürgerschulen, dritte Stufe) unterscheidet nach der Zahl der Rassenangehörigen drei herrschende Menschenrassen, die weisse mit 600 Millionen, die gelbe mit gleichfalls 600 Millionen, die schwarze mit 140 Millionen; alle anderen fasst er mit 120 Millionen zusammen und erwähnt nur ganz kurz Malayen, Papuas, Australneger, Hottentotten und Indianer. Seibert (Schulgeographie, erster Theil) hatte früher die fünf Classen

nach der Blumenbach'schen Eintheilung gleichwertig nebeneinandergestellt;
in den neueren Auflagen beschreibt er nur drei Hauptrassen, die mittelländische, die mongolische und die Negerrasse, und fügt die amerikanische
und die malayische Rasse ganz kurz als mit den Mongolen verwandte Neben-
rassen bei. R o t h a u g (Lehrbuch der Geographie für Bürgerschulen, zweite
Stufe) erwähnt zuerst die alte Eintheilung, gibt aber dann nach Oskar Peschel
eine Eintheilung in sieben Classen an, „weil sie auch andere wichtigere Kennzeichen als die Hautfarbe berücksichtigt.‟ Er gibt übrigens den Eintheilungsgrund nicht an, sondern beschreibt sofort 1. die Australier, 2. die Papuaner,
3. die Dravida, 4. die Hottentotten und Buschmänner, 5. die Neger, 6. die
mongolischen Völker (zu denen er auch die Behringsvölker und die Amerikaner zählt) und 7. die mittelländische Rasse. Auch Rothaug spricht von drei
herrschenden Menschenrassen, gibt aber die Zahl abweichend von Pokorny
bei der mittelländischen mit 500, bei der mongolischen mit 550, bei der
Negerrasse mit 130 Millionen an. Dr. Karl R o t h e („Naturgeschichte für die
oberen Classen der Volksschulen, Bürgerschulen und verwandter Lehranstal-
ten‟, dritte Stufe 1883) gibt zuerst die Blumenbach'sche Eintheilung (kaukasisch 390, mongolisch 552, äthiopisch 190, amerikanisch 14, malayisch 200
Millionen) sammt Beschreibung, fügt aber auch die Müller'schen 12 Classen,
die ich später angeben werde, hinzu. G. R u s c h (Leitfaden für den Unterricht in der Geographie, erster Theil) unterscheidet nach der Leibesbeschaffen-
heit drei Rassen: die mittelländische, die mongolische und die Negerrasse;
die Malayen und die Indianer werden als Abarten der Mongolen bezeichnet.
(Seibert und R u s c h ohne genauere Zahlenangabe.)

Das System, worauf sich Dr. Friedrich Müller stützt, ist wissenschaftlich
in dessen „Allgemeiner Ethnographie‟ (Hölder, 1879, 2. Aufl.) ausgeführt.
Es ist dasselbe System, das Dr. Müller seiner Bearbeitung des ethnographischen Theiles der Novara-Expedition zugrunde gelegt („Reise der österreichischen Fregatte Novara um die Erde‟. Dritte Abtheilung, Ethnographie,
Wien 1868, 4⁰), das von dem Jenaer Naturforscher Ernst Häckel im Geiste
der Lehre Darwins in seiner „Natürlichen Schöpfungsgeschichte‟ (2. Auflage,
Berlin 1870, 8⁰) begründet wurde und im grossen und ganzen auch von
Peschel acceptiert wird. Es kommt nämlich bei der gesammten Eintheilung
ein zweifacher Standpunkt zu beachten: der e t h n o l o g i s c h e und der a n -
t h r o p o l o g i s c h e. Es unterliegt nun keinem Zweifel, dass wir, sofern der
Zweck unseres Unterrichtes ins Auge gefasst wird, den e t h n o l o g i s c h e n
Standpunkt, von dem aus der Mensch aufgefasst wird als zu einer bestimmten Gesellschaft gehörig, die auf Sitte und Herkommen beruht und durch
eine gemeinsame Sprache geeint ist, dem a n t h r o p o l o g i s c h e n, wonach

der Mensch ein Exemplar einer zoologischen Art ist und nach seinen physischen und psychischen natürlichen Anlagen betrachtet wird, nicht nur
gleichstellen, sondern ihm den Vorrang ertheilen. Die Anthropologie oder
die allgemeine Menschenkunde spricht von den Rassen, die Ethnographie
oder die specielle Volkskunde vertheilt und classificiert die Menschen nach
den Völkern. Rasse und Volk fallen aber nicht zusammen. Es bilden
z. B. die indo-germanischen, hamitisch-semitischen, kaukasischen und baski-
schen Völker Eine Rasse, aber ihre Sprachen sind untereinander gar nicht
verwandt. (Man findet die Erklärung darin, dass bei den genannten Völkern
zwar die leibliche Abkunft von einer und derselben Species anzunehmen ist,
dass diese Völker aber die Sprache nicht von Haus aus mitgebracht, sondern erst nach ihrer Absonderung von einander gebildet haben.)

Dr. F. Müller hat nun beide Richtungen, die anthropologische und die
ethnographische, berücksichtigt, und es stützt sich die von E. Häckel im
Anschluss an Müller's Forschungen aufgestellte Eintheilung des Menschengeschlechtes vornehmlich auf die Behaarung der Menschen und die
Sprache, welche zwei Dinge sich viel constanter zu vererben pflegen
als die Schädelform, nach welcher viele Anthropologen (so der schwedische
Naturforscher Anders Retzius) eintheilen. Nach der Beschaffenheit der Kopf-
haare zerfallen die Menschen zunächst in zwei grosse Abtheilungen, in Woll-
haarige und Schlichthaarige; das Haar der ersteren ist bandartig ab-
geplattet und hat einen länglich runden Querschnitt, das Haar der letzteren
ist cylindrisch und der Querschnitt erscheint kreisrund. Die Wollhaarigen
sind überdies alle langköpfig und schiefzähnig, nähern sich daher mehr dem
Affentypus, und wohnen alle auf der südlichen Halbkugel bis zum Äquator
und wenige Grade darüber. Diese zwei grossen Abtheilungen werden nun
wieder nach der näheren Beschaffenheit und dem Wachsthum der Haare
beiderseits in zwei Unterabtheilungen gegliedert; die erste Gruppe zerfällt
in Büschelhaarige und Vlieshaarige, die zweite in Straffhaarige und
Lockenhaarige. Dieser Haupteintheilung werden folgende zwölf Rassen
eingeordnet:

I. Wollhaarige.		B. Schlichthaarige.	
A. Büschelhaarige.	B. Vlieshaarige.	A. Straffhaarige.	B. Lockenhaarige.
1. Hottentotten.	1. Afrik. Neger.	1. Australier.	1. Dravidas.
2. Papuas.	2. Kaffern.	2. Hyperboräer oder Arktiker.	2. Nubas.
		3. Amerikaner.	3. Mittelländer.
		4. Malayen.	
		5. Mongolen.	

Diese zwölf Rassen werden nun je nach der Sprache und der darauf basierten geistigen Cultur in Volksstämme gegliedert. Nur selten decken sich Sprache oder Volk und Rasse; unzweifelhaft erwiesen ist dies nur bei den Kaffern und Malayen (sie sind monoglottisch), zweifelhaft bleibt es bei den Papuas und Australiern, in keinem Verwandtschaftsverhältnisse befindliche Sprachen weisen die übrigen acht Rassen auf: Hottentotten, afrikanische Neger, Hyperboräer, Amerikaner, Mongolen, Dravidas, Nubas und Mittelländer (sie sind polyglottisch).

Genauer auf das von Dr. Müller aufgebaute ethnologische System einzugehen, glaube ich nicht thun zu müssen; dagegen nenne ich nun die einzelnen Bilder, welche Müller in seinen ethnologischen Bilder-Atlas aufgenommen hat. Es sind dies:

1. Ethnographische Weltkarte.	11. Amerikanische Indianer.
2. Vergleichende Darstellung der zwölf Menschenrassen.	12. Polynesier.
3. Die Rassen der alten Ägypter.	13. Malayen.
4. Hottentotten.	14. Samojeden.
5. Buschmänner.	15. Mongolen und Chinesen.
6. Papuas.	16. Nubier und Fulahs.
7. Bantus (Kaffern).	17. Dravidas, speciell Todas.
8. Afrikanische Neger.	18. Kaukasische Völker.
9. Australneger.	19. Araber.
10. Eskimos.	20. Germanen und Slaven.

Die für Bürgerschulen ausgewählte Sammlung umfasst die Nummern 4, 8, 9, 11, 13, 15 und 18, also: Hottentotten, afrikanische Neger, Australneger, amerikanische Indianer, Malayen, Mongolen und Chinesen, kaukasische Völker. Und damit sind wir wieder auf das beschränkte Feld der Bürgerschule zurückgekehrt.

Nach diesen einleitenden Bemerkungen noch ein Wort über die Form jener Bilder, die wir für den Unterricht in der Bürgerschule fruchtbringend verwenden können. Diesbezüglich lautet eine alte Frage: Einzeln- oder Gruppenbilder? Die Entscheidung fällt hier wie im Anschauungsunterrichte für die Unterstufe auf die Gruppenbilder. Die Abstraction ist an und für sich eine schwierige Sache, um wie viel mehr auf einem Gebiete, das der unmittelbaren Wahrnehmung so sehr entrückt ist. Wollen wir also, dass das Bild anderer Rassenangehöriger im Vorstellungskreise der Schüler hafte, so müssen wir den Fremdling in seiner charakteristischen Umgebung vorführen, die das Klima und die auffälligsten Lebensverhältnisse erkennen lässt, ohne dass der Repräsentant zur Nebenfigur herabgedrückt wird oder gar in seiner Illustration verschwindet. Man frage sich nur, wie viele Merkmale der fremden Rassen der Schüler nach der trockenen anthropologischen Aufzählung im Gedächtnis bewahrt, und ob er nach kurzer Zeit etwas anderes von denselben anzugeben weiss als höchstens die Hautfarbe. Wir müssen aber im Unterrichte, namentlich in der Geographie, von den verschiedenen Völkerschaften ganz ausdrücklich sprechen, und zwar etwas mehr, als dass sie überhaupt existieren. Es sind daher schon mehrfach Versuche unternommen worden, die Menschenrassen im Bilde vorzuführen, und ich werde mir zum Schlusse erlauben, einige der im Gebrauche stehenden mit den Müller'schen zu vergleichen.

Nun zu den Bildern selbst. (Die Details, die unmittelbar aus den Bildern zu ersehen sind oder doch zwanglos an deren Betrachtung angeschlossen werden können, nach Dr. F. Müllers oben genannter Ethnographie; für den Unterricht ist nach Bedürfnis auszuwählen.)

Nr. 1. Hottentotten. Eine Familie im Kreise um das Feuer gelagert, an dem die Mahlzeit bereitet wird, rückwärts die Wohnungen. Im allgemeinen kleinere, schmächtige Leute, bräunlichgelb, mit krausem, büschelförmig wachsendem Haare, so dass der Kopf das Aussehen einer alten, zerzausten Bürste gewinnt, die kleinen Augen weit von einander abstehend, die Nase an der Wurzel zwar breit, aber wenig vorspringend, Nasenlöcher gross, Backenknochen hervortretend, Lippen etwas aufgeworfen, Bart nur spärlich oder ganz fehlend. Die H. sprechen eine eigenthümliche Sprache, reich an sogenannten „Schnalzlauten", die nicht durch Ausstossen, sondern durch Einziehen des Luftstromes erzeugt wird. Ursprünglich ein Hirtenvolk, das vom Ertrag seiner Herden (Rinder und Schafe) lebte, daneben die Jagd betrieb mit Bogen und Pfeil, auch mit dem Wurfspiess, Assagai genannt (er besteht aus einem langen hölzernen Schaft und einer eisernen Spitze). Die Pfeile haben eine Spitze aus Eisen oder Knochen, mit einem Widerhaken versehen, und werden im Kriege gewöhnlich vergiftet. Ihre Kleidung besteht aus einem Schurz und einem kurzen Mantel aus Schaffell; in der kälteren Jahreszeit wird die wollige Seite nach innen gekehrt, sonst nach aussen (wie bei einigen slavischen Stämmen Österreichs noch heutzutage), oder der Mantel wird ganz abgelegt. Der Mann trägt den Kopf unbedeckt, das Weib mit einer Art Mütze; an den Fussknöcheln Ringe aus Leder, wahrscheinlich zum Schutze gegen das dornige Gestrüpp. Die Füsse sind nackt, auf Reisen trägt der Mann auch plumpe Sandalen aus ungegerbter Thierhaut. Die Weiber tragen als Zierat an Hals und Armen Ringe von Knochen, Elfenbein, Glasperlen etc., die Männer tragen am Halse den Tabaksbeutel, rauchen aus einer Pfeife, die aus Büffelhorn und Thon oder Stein zusammengesetzt ist, und verschlucken den Rauch, wodurch sie die narkotische Wirkung erhöhen. Die Wohnungen bestehen aus kleinen, bienenkorbähnlichen Hütten mit einem niederen Eingange. Die Grundlage der Hütte bildet ein Gerüst aus Hölzern, worüber Binsenmatten oder alte Felle gebreitet werden. Die Hütten sind im Kreise aufgebaut und bilden ein Dorf, hottentottisch âs, d. i. Lagerplatz, genannt; bekannter ist die holländische Bezeichnung Kraal (siehe Freiligrath „Löwenritt"). Innerhalb des Kraales werden nachts die Viehherden untergebracht. (Im Hintergrunde an der Hügellehne ein ganzes Dorf abgebildet). Fleisch wird selten genossen, nur bei feierlichen Gelegenheiten wird ein Hammel geschlachtet, dagegen bilden Wurzeln, ein wildwachsendes, gurkenähnliches Knollengewächs, dann eine Art von Kartoffel, Honig (daraus Honigbier), wohl auch Strausseneier ihre gewöhnliche Nahrung.

Der Verbreitungsbezirk der durch dieses Bild vertretenen Rasse, zu der auch die Buschmänner gehören, ist Südafrika, ehemals vom Cap bis zu 20⁰ südl. Br., jetzt nur mehr in Gross- und Klein-Namaqualand und am Oranjeflusse. Durch die Berührung mit den holländischen und englischen Colonisten hat sich ihre Lebensweise geändert. Wo sie mit den Weissen verkehren, tragen sie europäische Kleider und bauen blockhausähnliche Hütten, sie haben gelernt, das Feuergewehr zu gebrauchen, Branntwein und Kaffee haben sich eingebürgert, nur den in Südafrika sprichwörtlich gewordenen hottentottischen Schmutz haben sie beibehalten. Bezüglich der Bekleidung gilt die allgemeine Bemerkung, dass alle unbekleideten Wilden, die mit Europäern zusammentreffen, nach und nach dazu gelangen, gleich den Europäern Kleider zu tragen; anfangs tragen sie die erhandelten oder erbeuteten Stoffe als Schmuck oder Trophäe, sie ahmen wohl auch die Lebensweise der ihnen culturell überlegenen Nachbarn nach, endlich wird ihnen die Kleidung zur Gewohnheit, ja sogar zum Bedürfnis.

Die ganze Hottentottenbevölkerung mag etwa 30 000 betragen. Die Buschmänner — die als besonderes Kennzeichen u. a. einen kurzen Fuss haben, so dass die Eingeborenen aus dem Abdrucke der Fusssohle im Sande unterscheiden können, ob er von einem Hottentotten oder einem Buschmann herrührt — bewohnen die sandigen und gebirgigen Theile des bezeichneten Himmelsstriches bis an den Kunene und Zambesi. Beide sind gegenwärtig nur Rassen- und Völker-Ruinen, d. h. im Aussterben begriffen.

Nr. 2. Der afrikanische Neger. (Von diesem Bilde liegt nur eine Bleistiftskizze vor.) Die abgebildeten Gestalten sind Barineger vom weissen Nil in der Umgebung von Gondokoro. Der physische Typus zeigt sich in der schwarzen Haut, in dem schmalen, seitlich zusammengedrückten Kopf, in dem krausen, wolligen Haar, dem hervortretenden Oberkiefer und den schiefstehenden Zähnen — also schiefzähnige Langköpfe — den wulstigen

Lippen, dem langen Unterarm. Freilich ist der Typus, namentlich an den Grenzen des Verbreitungsgebietes, welches sich auf das westliche und mittlere Afrika (etwa 5o Längen- und 10 bis 15 Breitegrade) erstreckt, nicht rein erhalten. Der Neger ist kräftig, so dass er nach dem Mittelländer die stärkste Arbeitsleistung aufweist, dagegen ist seine geistige Begabung relativ gering, denn er hat es nie zu einer selbständigen Cultur gebracht, wie etwa die Amerikaner in Mexiko und Peru, obwohl er mancherlei nachahmt; daher gilt von ihm die Bemerkung: „Der Neger lässt sich zwar abrichten, aber nur selten wirklich erziehen." Entsprechend dem Klima gehen die Leute fast nackt, die Weiber mit kurzen, aus herabhängenden Schnüren gebildeten Schamschürzen, die Männer ohne jegliche Bedeckung; die Stellung der Personen auf dem Bilde ist daher derart, dass weder die Decenz verletzt, noch eine offenbare Unrichtigkeit geboten wird. Die Neger treiben Viehzucht und Landbau. Auf der Ebene, die uns das Bild hier zeigt, ist rechts im Hintergrunde eine Viehherde, Rinder, ersichtlich. Die Neger essen nur selten Ochsenfleisch, Kuhfleisch gar nie. Es sind ferner die Wohngebäude zu sehen, die im ganzen Negergebiete sich in gleicher Form vorfinden und grossen, mit Spitzdächern versehenen Bienenkörben ähnlich sehen: unten eine Grundmauer aus Pfählen oder Stein, das Dach aus Stroh, Schilf, Bambus oder über einander gelegten Blättern. Mehrere Hüttencomplexe bilden ein Dorf, das mit einem Erddamme und einer Hecke umgeben ist. Zu den Waffen dieser Stämme gehören Bogen und Pfeil, die Keule, auch Speer und Schild. Im Vordergrunde des Bildes eine Schmiede: der Mann links hat den eigenthümlich construierten Blasebalg zu regieren, der andere rechts schmiedet Stein auf Stein die eiserne Lanzenspitze. Feuer erzeugen sie durch schnelles und anhaltendes Reiben von hartem Holze auf einem Block von weichem Holz. Links im Hintergrunde sind Musiker mit ihren eigenartigen Instrumenten dargestellt: Trommeln aus ausgehöhlten Baumstämmen, auch Hörner, Trompeten u. dgl., da der Neger überhaupt viel Sinn für die Musik zeigen, ja hierin dem Mittelländer am nächsten stehen soll. Noch weiter rückwärts bemerkt man zwei Negerweiber am Zaune stehen. Um den Einfluss der Hitze zu paralysieren, reiben sich die Neger am ganzen Körper mit Fett ein — ähnlich unseren Hochtouristen, die das Gesicht mit Fett bestreichen, wenn sie auf den Schneefeldern den intensiven Reflex der Sonnenstrahlen auszuhalten haben. Die in den Kampf ziehenden Krieger schmücken sich, u. a. bemalen sie den Körper roth und weiss.

Nr. 3. Austral-Neger. Der Verbreitungsbezirk: Australien und einige der umliegenden kleinen Inseln. Der leibliche Typus zeigt mittelgrosse Gestalten von dunkler, kaffeebrauner, selten schwarzer Hautfarbe, reichlich

entwickeltes pechschwarzes Haar, und zwar nicht wollig wie beim afrika-
nischen Neger, sondern schlicht (in der früher genannten Eintheilung stehen
die Australier als erste Gruppe der Straffhaarigen), üppigen Bartwuchs, die
an der Wurzel schmale Nase, daher die Augen näher zusammengerückt, einen
grossen Mund mit dicken Lippen und starken Zahnen, dünne Gliedmassen.
Sie reiben sich die Haut mit dem Fett von verschiedenen Fischen ein, was
zur Folge hat, dass sie keinen angenehmen Geruch verbreiten. Australien
besitzt kein einheimisches Hausthier und keine einheimische Nutzpflanze, es
sind daher Viehzucht und Ackerbau nicht möglich gewesen, sondern die
Bewohner waren auf Jagd und Fischfang angewiesen. Was natürliche Geistes-
begabung und Culturentwicklung anbelangt, versetzt Dr. F. Müller die Australier
auf die unterste Stufe der Menschheit und meint, dass diese Rasse vor allen
anderen von der Natur dem Untergange geweiht sei. Auf Tasmanien ist die
australische Urbevölkerung bekanntlich schon ausgestorben. Je nachdem das
Klima heisser oder (gegen den Süden zu) rauher ist, gehen die Bewohner
nackt oder mit einem Überwurf, der aus dem Fell des Känguruh oder des
Opossum gemacht wird. (Merkwürdig ist, dass sie kein Schamgefühl zu besitzen scheinen, denn sie bedecken meist nur den oberen, besonders rück-
wärtigen Theil des Körpers — was denn freilich auf dem Bilde nicht dargestellt werden kann.) Die Wohnung ist höchst primitiv; in mehreren
Gegenden findet man wahre Troglodyten, in anderen werden Hütten von
der rohesten Beschaffenheit aus übereinandergelegten Baumzweigen gebaut.
Als Nahrung verzehren sie alles irgendwie Geniessbare, nicht nur die gewöhnliche Jagdbeute, sondern auch Ratten, Fledermäuse, Eidechsen, Schlan-
gen, Frösche, Vögel, Würmer, Raupen — aber nichts wird roh gegessen,
sondern alles vorher am Feuer, das Tag und Nacht vor der Hütte brennt,
geröstet. Auch diese Wilden bereiten Feuer mittels zweier aneinander gerie-
bener Hölzer, oder sie tragen — weil diese Art der Feuerbereitung auch für
die Wilden umständlich ist — wohl auch ein Stück glimmendes Holz mit sich
herum. Einfach sind die Geräthe und Waffen: Axt und Messer, zumeist aus
Stein (besonders Quarz); für den Fischfang Netze aus der Rinde des Nessel-
baumes; Speer und Wurfstock als Trutzwaffen, der Schild als Schutzwaffe.
Die auf dem Bilde dargestellte Landschaft ist ein Eucalyptus-Wald.

Nr. 4. Amerikanische Indianer. Die Urbevölkerung Amerikas, im
Norden von der Baumgrenze an, im Süden bis zu den Feuerlandsinseln,
bildet Einen Rassentypus. (Die Eskimo im Norden gehören zu den Hyperboräern oder Arktikern.) Der Körperbau ist ziemlich kräftig, doch nicht so
stark als beim Weissen und Neger, daher die Arbeitskraft geringer; der
mittlere und untere Theil des Gesichtes tritt mehr hervor als bei anderen

Rassen, die Nase ist gross, lang und vorspringend, der Mund gross, das Haar schlicht, lang, grob und tiefschwarz, der Bart sehr schwach, die Hautfarbe variiert zwischen lichtem Braungelb und schmutzigem Rothbraun — daher die ganze Rasse die rothe, auch kupferrothe genannt wird. Der Indianer ist von Natur aus verschlossen und ernst, er war stets Jäger oder Fischer; nur wenige Feldfrüchte wurden gebaut und zwar durch die Weiber. Die Lage des Landes ist nicht überall gleich günstig, daher nur an einzelnen Stellen (Mexiko, Centralamerika, Hochländer der Cordilleren in Südamerika) eine Cultur sich entwickelt hat. Auf unserem Bilde sieht man Jäger-Indianer Nordamerikas. Diese leben unter runden, nach oben spitz zulaufenden Zelten, Wigwams genannt (lose verbundene Stangengerüste mit Häuten überkleidet, an der Aussenseite bemalt). Die Spitze des Zeltes lässt eine Öffnung offen für den Abzug des Rauches. Die ursprünglichen Waffen des Indianers sind Lanze, Bogen und Pfeil, die eigenthümlich geformte Streitaxt (Tomahawk) und das Schlachtmesser, seltener die Keule; in neuerer Zeit benützen sie die Flinte. Die Spitzen der Lanzen waren ursprünglich aus Knochen, später, nach der Bekanntschaft mit den Weissen, wurden sie aus Eisen gefertigt. Die Indianer sind vorzügliche Reiter und sollen in ihrem Kriegsleben selbst das übertreffen, was die Alten von den Parthern und die Chronisten des Mittelalters von den Hunnen berichten. Auf dem Bilde ist solch eine Kriegsscene dargestellt, — rechts: flüchtende Weiber und Kinder. Bei Friedensschluss wird die Friedenspfeife aus dem Zelte des Häuptlings hervorgeholt und in der Runde herumgereicht, dann wieder sorgsam aufbewahrt. Es ist das Rauchen des Tabaks ein allgemein verbreitetes Reizmittel (Columbus und die Mannschaften seiner Expeditionen sollen die ersten Europäer gewesen sein, die das Tabakrauchen bei den Indianern kennen lernten und dasselbe in Europa einbürgerten). Die Kleidung der nordamerikanischen Indianer wird grösstentheils aus den Fellen der erlegten Jagdthiere, worunter der Bison obenansteht, hergestellt. Die Felle werden gegerbt und zu Röcken, Beinkleidern, Gamaschen und Schuhen zusammengenäht, überdies mit allerlei fransenähnlichem Zierat aufgeputzt. Das Gesicht wird bemalt, das Haupt mit Federn, Büscheln von Pferdehaaren u. dgl. geschmückt, ferner werden Scalplocken, Bänder, farbige Perlen (besonders blaue), Muscheln etc. an Schnüren um den Hals oder an den Waffen und Geräthen getragen. Die Sprachen der Amerikaner sind äusserst zahlreich und mannigfaltig, so dass, wenn man die ausgestorbenen mitrechnet, kein anderer Erdtheil in dieser Beziehung der neuen Welt gleichgestellt werden kann.

Nr. 5. M a l a y e n. Zu dieser Rasse gehört die lichtgefärbte schlicht-

haarige Bevölkerung der Inseln des indischen Archipels und der Südsee:
von Sumatra im Westen bis zur Osterinsel im Osten, und von den Sandwichs-
inseln im Norden bis Neu-Seeland im Süden; auch einen Theil Malakkas,
dann Madagaskar rechnet man hieher. (Die eingeborenen Papuas meist
verdrängt.) Zum leiblichen Typus gehören folgende Merkmale: Die Statur
im allgemeinen kleiner, die Haut kupferbräunlich bis gelblich, Haare schlicht
und grob, von schwarzer Farbe, Bartwuchs sehr gering oder fehlend, Mund
gross und breit, Augenlider nicht so weit gespalten wie bei den Mittelländern, aber auch nicht so eng geschlitzt wie bei den Mongolen, Schenkel
und Waden schwach und mager (die Frauen mit kleinen Brüsten, Busen
wenig entwickelt, oft ganz platt). Der Malaye ist ein unerschrockener See-
mann, ein tapferer Krieger, schämt sich aber andererseits nicht, seine Waffen
zu vergiften. Er ist verschlossen und hart, wild und unbändig, blutdürstig,
ein Cannibale im wahren Sinne des Wortes, Seeräuberei betrachtet er als
ritterliches Handwerk. In geistiger Beziehung stehen die Völker der genannten Inseln seit mehr als tausend Jahren unter dem Einflusse des indischen
Culturkreises. Unser Bild zeigt uns den Stamm der Dajaks von der Insel
Borneo. Die Vegetation ist tropisch. Man treibt Ackerbau (besonders
Reisbau) und Viehzucht. Reis ist die Hauptnahrung. Von den Hausthieren
stehen obenan das Schwein und das Huhn. Die Häuser sind aus Bambus
gefertigt und stehen in der Regel auf Pfählen. Die Malayen haben eine
nicht unbedeutende Hausindustrie, man findet ausgezeichnete Schmiede, ihre
Schwerter können einen Nagel durchhauen, ohne die Schneide zu verletzen;
auch graben und schmelzen sie das Eisen selbst. Als Waffen dienen Lanze
und Schwert (das sogenannte Kris); dieselben werden öfter vergiftet, zu welchem Zwecke sie mit kleinen Rinnen versehen sind. Die Kleidung besteht
aus einem 4—5 Ellen langen Tuche, das zwischen den Beinen durchgezogen
und mehrmals um die Mitte des Körpers gewunden wird, die Enden bleiben
vorn und hinten herabhängend; auch Jacken ohne Ärmel aus Baumrinde
oder Stoffen findet man. Allerlei Zierat, Armringe, grosse Ohrringe, durch
welche die Ohrläppchen weit herabgezogen werden, auch Tätowierung —
die Frau im Bilde zeigt sie nach der modernsten Form. Zum Schutze gegen
die Sonne tragen sie grosse, buntbemalte Hüte. Die Krieger setzen einen
federngeschmückten Helm auf (die Anzahl der Federn zeigt die Zahl der
erbeuteten Köpfe an), tragen einen Panzer aus Leoparden- oder Bärenfell,
einen hölzernen Schild, die $1\frac{1}{2}$—2 Meter lange Wurfstange mit Widerhaken,
auch noch andere Angriffs- und Vertheidigungswaffen, z. B. das Blasrohr
(die damit abgeschossenen kleinen Pfeile sind vergiftet), Bogen und Pfeil etc.
Anlass zum Kriege gibt gewöhnlich die allgemein verbreitete, abscheuliche

Sitte des Kopferbeutens; es ist aber dieses Kopfabsäbeln kein Heldenstück,
sondern meist nackter Meuchelmord. Der Besitz eines feindlichen Kopfes gilt
als Zeichen des Muthes, und die That wird durch ein Fest gefeiert. Namentlich
der Bräutigam hat es nöthig, seiner Braut gegenüber sich durch eine derartige
Siegestrophäe zu legitimieren. Die Scene auf dem Bilde hat hierauf Bezug.

    Nr. 6. Mongolen und Chinesen. Die mongolische Rasse — Müller
nennt sie „mittel- oder hochasiatische" — besetzt das ganze östliche, mittlere
und nördliche Asien (die von den Hyperboräern bewohnten Districte ausgenommen) und auch einen Theil des nördlichen Europas. Der leibliche
Typus ist scharf ausgeprägt: vor allem auffallend die kleinen, gegen die
Nase zu schief geschlitzten Augen, ein rundes Gesicht, vorstehende Backenknochen, die Nase breit und platt, die Lippen breit und fleischig, Ohren
gross und weit abstehend, der Bart schwach oder fehlend (Backenbärte sind
innerhalb der mongolischen Rasse etwas Unbekanntes), die Haut fast weiss
bis bräunlich oder gelb (namentlich die mehr im Hause beschäftigten Weiber
haben eine krankhaft weisse Hautfarbe, während die Männer nach und nach
einen lohfarbenen Teint bekommen). Unser Bild zeigt die Bewohner der
Steppen Centralasiens. Die Landschaft ist eine baumlose Ebene, welche
sich nur nach ergiebigem Regen in Wiesengrund verwandelt. Der Mongole
(im engeren Sinne) ist ausschliesslich Nomade, der Landbau ist ihm unbekannt. Seine Hausthiere sind das Kameel, das Pferd, das Schaf. Die Zelte
bestehen aus einem leicht zusammenlegbaren Holzgerüste, über welches
Filzdecken gebreitet werden. Darinnen bergen sie auch ihre Hausgeräthe:
ein oder zwei Kessel, einige lederne Schläuche zum Aufbewahren des Was-
sers oder der Milch, einige flache Schüsseln und Tröge aus Holz, Schaum-
löffel, Beil, Messer, Zuber etc. Zur Nahrung dient den Mongolen Milch,
Backsteinthee (mit Grütze und Hammelfett angemacht) und Fleisch. Man
kocht in metallenen Kesseln über einem mittels Kameel- und Pferdemist
angemachten glimmenden Feuer. Da in der Steppe das Wasser selten ist
— man trinkt zum Löschen des Durstes nie Wasser, sondern Thee — so
ist auch die Unreinlichkeit der Mongolen sehr gross. Man wäscht sich nie;
die Gefässe werden von den Hunden ausgeleckt. Da in den Hütten — man
nennt sie „Jurten" — nicht nur gekocht wird, sondern im Winter auch die
kleineren Hausthiere, wie Kälber, Lämmer, Hunde, daselbst untergebracht
werden, so wimmelt es darinnen gar bald von Ungeziefer aller Art. In solchem Falle fassen einige handfeste Männer das Gerüst der Jurte und tragen
sie an einen anderen geeigneten Ort. Infolge des überaus strengen Winters,
wie ihn das continentale Klima dieser Gegenden mit sich bringt, ist die
Kleidung warm; man trägt weite Kleider, alles nach chinesischem Zuschnitt.

Der Mongole hat im allgemeinen ein sanftes und friedliches Wesen, ist phlegmatisch, aber er war ehemals ein wilder, tapferer Krieger, der die grössten Reiche gegründet hat, die die Welt gesehen. Jedoch war keines der grossen Reiche im Stande, den Tod des Urhebers lange zu überleben, denn nur dann wird der Mongole zum tapferen Krieger, wenn ihn begeisterte Männer in den Kampf führen und fanatisieren. Die Lehre Buddhas, welche er angenommen hat und welcher er treu dient, hat ihm den grössten Theil seiner Energie geraubt. Gegenwärtig ist der Mongole ein friedlicher Nomade; die Verfassung der mongolischen Völker ist patriarchalisch im strengsten Sinne.

Man kann die Mongolen nur halbcultiviert nennen. Die Chinesen hingegen haben es schon frühzeitig zu einer wirklichen, auf den Ackerbau gegründeten Cultur gebracht, die Künste und Wissenschaften entwickelt hat. Sie sind fleissige, nüchterne, namentlich praktische Leute, daher auch zum Handel besonders geeignet; sie liefern dem Mongolen die Industrie- und Ackerbauproducte und nehmen dafür von ihm die Producte der Viehzucht in Empfang. Eigenthümlich ist den Angehörigen der mongolischen Rasse die ungemeine Verehrung alles dessen, was von den Älteren und Vorältern überliefert worden ist, woraus auch die Stagnation in ihren gesellschaftlichen Einrichtungen erklärlich ist. Andere Eigenthümlichkeiten lässt unser Bild direct erkennen: beim Mongolen den bekannten Zopf am Kopf (die Weiber tragen zwei Zöpfe), schön geflochten, während das übrige Haar wie der etwaige Bart abgeschoren wird; die plumpen Lederschuhe, die Tabakspfeifen; die gleichartige Kleidung der Männer und Frauen; die Mützen aus Tuch, mit Schaf- oder Fuchsfell verbrämt (die Frau zeigt den Kindern ein Buddhabild). Der Chinese dagegen trägt einen trichterförmigen Hut aus Bambus oder Reisstroh (im Winter eine Sammtkappe), dann überhaupt bessere oder feinere Kleider aus Seide, Baumwolle oder Leinen. (Erst seit der Eroberung Chinas durch die Mandschu — 1644 — tragen auch die Chinesen den sprichwörtlich gewordenen Zopf, nur die Anhänger der Lehre Lao-tse's haben die fremde Sitte nicht angenommen; die Mädchen lassen das Haar in losen Locken frei herabhängen, bei den verheirateten Frauen wird es in einen Knoten gebunden und mittelst zweier kreuzweis eingesteckter Nadeln am Hinterhaupt befestigt.)

Die nomadischen Stämme wandern ruhelos von einem Ort zum andern; doch hat in der Regel jeder Stamm seine besonderen Plätze, welche er nach einander bezieht. Er richtet sich hiebei nach der Jahreszeit; während des Winters und zur Regenzeit weilt er in den wasserarmen, während der trockenen Zeit in den wasserreichen Gegenden. Selten bleibt er länger als drei bis vier Wochen an ein und derselben Stelle.

Nr. 7. **Kaukasische Völker.** Das Wort „kaukasisch" ist hier nicht im Blumenbach'schen Sinne gebraucht. Blumenbach bezeichnete mit diesem Worte die gesammte mittelländische Rasse, weil sich die Völker des Kaukasus durch den reinsten Rassentypus auszeichnen. Müller gebraucht hier die Bezeichnung „Mittelländer", und Häckel, Peschel und andere Forscher haben dieselbe acceptiert, denn die hervorragendsten Völker dieser Gruppe haben um das Mittelmeer herum ihre Ausbildung und Blüte erlangt. Es gehören zu den Mittelländern die vier Stämme: Basken, Kaukasier, Hamito-Semiten und Indogermanen. So sind uns die kaukasischen Völker nur die Vertreter der gesammten Rasse. Obwohl sie leiblich mit den Culturvölkern Europas und Südasiens fast übereinstimmen, so bilden sie doch sprachlich einen eigenen Stamm, der in die Nord- und in die Südkaukasier zerfällt. Es gehören zu den ersteren u. a. die Tscherkessen, zu den letzteren die alte Culturnation der Georgier, die Mingrelier u. a. Die Georgier sind Christen, mit eigener Schrift und Literatur, die nördlichen Bergvölker dagegen sind culturlos, Muhamedaner oder Heiden.

Der leibliche Typus braucht nicht näher angegeben zu werden. Von jeher zeichneten sich die Völker des Kaukasus durch kriegerischen Geist und Kühnheit aus, daher das Waffenhandwerk in höchstem Ansehen steht und die Bethätigung persönlichen Muthes, auch bei räuberischen Überfällen, für die höchste Leistung männlicher Kraft angesehen wird. Einen solchen räuberischen Überfall zeigt uns das vorliegende Bild. Das Feuergewehr, die Kleidung etc. lassen sofort erkennen, dass diese Völker in scharfem Gegensatze zu den Wilden der fremden Welttheile stehen.

Damit ist die Reihe der für die Bürgerschulen ausgewählten Bilder geschlossen.

Was ich zu den einzelnen Bildern bemerkt habe, steht zwar nicht alles darauf gezeichnet, doch bietet jedes Bild genügend Anhaltspunkte, um die entsprechende Charakteristik der Völkertypen je nach der Unterrichtsstufe und dem Bedürfnisse auszuführen. Und darin liegt, wie ich schon eingangs hervorgehoben habe, ein Hauptvorzug des neuen Lehrmittels. Um in dieser Beziehung den Unterschied zwischen den Müller'schen Tafeln und anderen ähnlichen Veranschaulichungsmitteln recht erkennen zu lassen, erlaube ich mir, zwei an unseren Bürgerschulen in Verwendung stehende Lehrmittel vorzuzeigen; es sind dies die fünf Charakterköpfe nach der Blumenbachschen Eintheilung, dann drei Tafeln Völkertypen (aus Nitzschke's Verlag in Schwäb. Hall). Sie werden auf den ersten Blick den grossen Unterschied wahrnehmen, der zugunsten der Müller'schen Tafeln spricht. Wohl haben die fünf Charakterköpfe ihren Wert, insofern sie die charakteristischen Merkmale in

entsprechender Grösse und Deutlichkeit aufzeigen; das bunte Gewirre von
Menschen auf den Nitzschke'schen Tafeln dagegen ist für die Zwecke der
Schule völlig wertlos. Und stelle ich die Frage: Wird die gleiche Belehrung
über leiblichen und geistigen Typus, über Nahrung, Kleidung und Wohnung
besser haften bei Benützung der Müller'schen Tafeln oder bei Verwendung
der beiden anderen Lehrmittel? so werden Sie keinen Augenblick im Zweifel
sein, Ihre Stimme für die ersteren abzugeben.

Doch möchte ich mir einen Vorschlag erlauben, die Auswahl der Bilder
betreffend. Ich vermisse nämlich in der Sammlung eine Völkertype, die vermöge der ganz besonderen Lebensverhältnisse unsere Aufmerksamkeit in
Anspruch nehmen darf. Ich meine die Eskimos, jenen kleinen, verküm-
merten Menschenstamm, der unter den ungünstigsten klimatischen Verhältnissen sein Leben fristet, seine Existenz der Natur gleichsam abtrotzt und
in seinem ganzen Leben und Treiben einen scharfen Gegensatz zu den wilden
Bewohnern der heissen Zone bildet. Ich will nicht rathen, eines von den
vorhandenen Bildern aus der Sammlung auszuscheiden, eher möchte ich die
Anzahl der Nummern auf acht erhöhen.

Das Lehrmittel findet sich auch in das Normallehrmittelverzeichnis der
Stadt Wien (unter Nr. 17) aufgenommen, ist jedoch den Schulen nicht bei-
gestellt worden, weil es bisher die behördliche Approbation nicht erhalten
bat, und zwar letzteres deshalb nicht, weil erstens das Werk nicht vollständig
vorliegt, und weil es zweitens über die Lehrziele der Volksschule (worunter
hier auch die Bürgerschule verstanden sein will) hinausgehen soll. In An-
betracht dessen, dass der fragliche Gegenstand in der Bürgerschule denn
doch behandelt werden muss (was nicht weiter begründet zu werden braucht);
dass ferner ähnliche, wenngleich minderwertige Lehrmittel für diesen Gegenstand den Schulen zugewiesen wurden; dass endlich über Auswahl und Auffassung des Dargebotenen bereits ein behördliches Urtheil vorliegt (nämlich
die Aufnahme in das Normallehrmittelverzeichnis): gebe ich mich der Hoffnung
hin, dass die genannte, hohenorts erfolgte Ablehnung nicht als die letzte,
endgiltige Entscheidung aufzufassen sei. Ich gebe mich der Hoffnung hin,
dass ein erneuertes Gesuch um Zulässigkeitserklärung, sobald die Sammlung
vollendet vorliegt, einen günstigeren Erfolg haben werde, und dass dann auch
unsere Bürgerschulen in den Besitz eines so prächtigen Lehrmittels gelangen
werden, wenn wir auch den Gegenstand nicht in der Genauigkeit und Ausführlichkeit wie etwa in den Oberclassen der Mittelschule behandeln können,
sondern nach dem Principe des concentrischen Unterrichtes uns mit einem
kleineren Kreise zu begnügen haben.

Noch eines Momentes muss ich hier Erwähnung thun: Die wilden Völker-

schaften haben bekanntlich iu den tropischen Ländern nicht das Kleidungs-
bedürfnis, das sich bei den civilisierten Völkerschaften nicht nur unter hohen,
sondern auch unter niederen Breiten äussert. Wie soll sich nun demgegenüber
die Schule verhalten? Soll sie von der Nacktheit ganz schweigen? Soll sie
dieselbe im Bilde verleugnen und jene adamitischen Sprösslinge mit einem
Mäntelchen der Prüderie behängen? Die Antwort auf diese Frage darf uns
keine Schwierigkeit verursachen. Sowie erstens das Princip der Wahrheit
aufrechterhalten werden muss, so muss zweitens alles ferngehalten werden,
was das sittliche Gefühl der Schüler irgendwie zu verletzen geeignet wäre.
Sehen wir die Bilder der Reihe nach an, so finden wir, dass in jedem derselben die Decenz ängstlich gewahrt erscheint, aber doch ohne eine offenbare Unwahrheit, wozu weder ein Gelehrter wie Dr. Müller sich verstehen
wird, noch wir unsere Zustimmung geben dürfen. Wollten wir in dieser
Beziehung schon jede nackte Brust und jedes nackte Knie als eine fernzu-
haltende Nudität bezeichnen, so müssten eine ganze Reihe den Kindern
zugänglicher Bildwerke gestrichen werden. Das erste Bild in der biblischen
Geschichte, das Adam und Eva im Paradiese vorstellt, müsste dann ein
Greuel vor dem Herrn sein, und doch findet es sich in den landläufigen
Schulbüchern; die geflügelten Engel, die Darstellungen aus der heidnischen
Mythologie, die Abbildungen aus der Somatologie (wovon ich einige hier
vorzeige) u. dgl., ja sogar viele unserer öffentlichen plastischen Werke müss-
ten sofort entfernt werden.

Ich finde, dass die Bilder auch in dieser Beziehung eine strenge Kritik
aushalten können, und ich habe absichtlich diesen Punkt berührt, um nicht
dem Gedanken Raum zu lassen, dass diesbezüglich etwas verdeckt werden solle.

Der Vollständigkeit halber führe ich noch an, dass die Bilder zumeist nach
von Missionären bezogenen Photographien angefertigt wurden, und zwar hat
die schönen Originale, von denen hier drei zu sehen sind, der Maler August
Gerasch hergestellt. Die Ausführung der Tafeln erfolgt nach Angabe und
unter wissenschaftlicher Leitung von Dr. Friedrich Müller, o. ö. Professor
an der Wiener Universität, durch den Hof-Chromolithographen Hartinger
(Wien, VI. Mariahilferstrasse 49). Preis im Abonnementswege per Bild 5 Mark
(einzelne Bilder 6 Mark).

Mein Gesammturtheil lautet günstig. Die wissenschaftliche Seite habe
ich nicht zu prüfen; hier kann ich getrost der Autorität des Dr. Müller vertrauen. Vom didaktischen und pädagogischen Standpunkte aber begrüsse
ich das Werk, das heimischem Boden entsprochen ist, mit grosser Freude,
denn es füllt eine empfindliche Lücke in der Reihe der unseren Bürgerschulen
zur Verfügung stehenden Lehrmittel aus. Ich rechne den ethnographischen

Bilder-Atlas unter die Hilfsmittel der Geographie (das Normallehrmittel-verzeichnis hat ihn unter Nr. 17 der Naturgeschichte zugewiesen). Der Globus, die Karten, die Reliefs, die geographischen Charakterbilder und die bisherigen Rassenbilder kommen je einem besonderen Zweige des geographischen Unterrichtes zugute; die Richtung, für welche das neue Lehrmittel geschaffen ist, war bisher minder gut bedacht, obwohl sie ebenso wichtig ist, wie die anderen, ganz besonders in der Bürgerschule, die ich hier im Auge habe. Und deshalb sind die Müller'schen Bilder doppelt willkommen zu heissen. Das Format ist gross, 91/67 cm, daher die Zeichnung deutlich, die Darstellung ist richtig und doch decent, die Auswahl des Dargestellten weise beschränkt und zweckentsprechend, das Colorit kräftig — im ganzen genommen ein vortreffliches Lehrmittel.

Ich bitte, mein befürwortendes Votum einer strengen Kritik zu unterziehen und darnach Ihr Urtheil zu fällen.

———

Nach kurzer Debatte beschliesst die Versammlung einhellig, dem günstigen Urtheile des Referenten vollinhaltlich beizutreten.

VII.
Reform des naturgeschichtlichen Unterrichtes.

Vorgetragen am 15. October 1886 von FRANZ ZODER.

Es ist nicht zu leugnen, dass die Naturgeschichte, was die Entwicklung ihrer Methode und Unterrichtspraxis anbelangt, das jüngste unter den Geschwistern „Realien" ist. Trotz massenhaft verarbeiteten Materiales entlässt die Bürgerschule ihre Zöglinge zwar nicht als Fremdlinge in unserer schönen Erdenheimat, aber auch nicht als Heimatsangehörige derselben. Als der Gegenstand vor etwa 200 Jahren in der deutschen Volksschule auftauchte, nannte man ihn mit den anderen Realien zusammen „Nützliche Kenntnisse". Lehrer und Schüler kannten damals nur nützliche, essbare, benutzbare Thiere und Pflanzen und Schädlinge, Arzneipflanzen, Giftpflanzen und Unkräuter, wertvolles und taubes Gestein. Dieser Standpunkt muss wohl ein einseitiger, ein engherziger genannt werden und ist trotz seiner Parole nicht einmal so nützlich. Der Nutzen dieser Kenntnisse, soweit sie vermittelt werden konnten, ist selbst für jene Berufsarten, die direct mit der Natur und ihren Producten zu thun haben, ein Minimum. Gute Lehre und eigene Erfahrung sind weit dienlicher als diese „nützlichen Kenntnisse". Der Lohgerber, die Köchin z. B. wissen ohnehin, woher Häute und Lohe, Spargel und Butter kommen, und sie wissen viel mehr davon, als der genannte Unterricht bieten konnte. Der Förster weiss mehr, lernte in der einfachen Lehre bei seinem Meister mehr von den Bäumen, als sie unterscheiden u. dgl. Der Laie aber braucht wohl nicht mehr als das nöthige Geld, um welches er hartes und weiches Holz genug bekommt. Was für Qualitäten das verschiedene Werkholz und Bauholz haben muss, das wissen der Wagner, der Tischler und andere Werkleute dem Jungen besser zu sagen, als die Stunden der „nützlichen Kenntnisse". So liesse sich das vom Landmann, vom Winzer u. s. w. durchführen.

Und bildet solcher Unterricht auch Geist und Gemüth? Bildet er nicht Menschen, die bei allem und jedem nur an den directen Nutzen denken? Auf diesem Standpunkt müssen ja schon die Pfahlbauer gestanden sein! Pestalozzi, seine Zeitgenossen und Jünger suchten daher die verschiedenen Unterrichtsfächer durch die Behandlungsweise auch geist- und gemüthbildend zu gestalten. Für die Naturgeschichte war es bekanntlich Lüben, der schon 1832 alle Pestalozzi'schen, so zu sagen, modernen Unterrichtsgrundsätze auf ihre Methode in Anwendung brachte. Er steckte ihr auch ein weit höheres Ziel: „Erkenntnis der Einheit, Erkenntnis der Mannigfaltigkeit innerhalb der Einheit, Erkenntnis des Lebens, der Stoffe und Kräfte, welche dieses Leben hervorbringen." — Nun die Durch-führung: Er bildet auf streng anschauliche Weise den Artbegriff, gruppiert nachher die Species durch Vergleichen und Unterscheiden zu Gattungen. In weiteren Cursen bildet er die Begriffe Familie, Ordnung und Classe. Im sechsten Curse wird das Nothwendige aus der Anatomie und Physiologie der Pflanzen, der Thiere und des Menschen geboten, und der Chemismus der Mineralien. Dann werden die drei Reiche aufgestellt und das Gemeinsame aller Lebewesen. Da er nicht dociert, sondern Selbstthätigkeit der Schüler fordert, da die Schüler selbst die „Einheit" erkennen sollen, muss er lange Reihen von Gattungen, Familien u. s. w. vorführen. Sonst wird ja wegen der zu grossen Lücken die Einheit, die Verwandtschaft nicht erkennbar. Jetzt wissen wir auch, was Lüben unter seiner „Einheit" versteht: die Er-kenntnis, dass ein Band der Verwandtschaft alle Lebewesen um-schliesst, die systematische Einheit. Seine Naturgeschichte gipfelt daher in der Systemkunde. Der formale Wert seines Unterrichtes besteht demnach hauptsächlich in der mit dem selbstthätigen Beobachten und Be-schreiben verbundenen Sinnes-, Verstandes- und Sprachbildung, sowie in der logischen Verstandesübung des Vergleichens und Unterscheidens, der Begriffsbildung und Einordnung. Wie wirkt dieser Unterricht gesinnung-bildend? Der Schüler lernt Gottes Allmacht und Weisheit im Kleinsten wie im Grössten kennen. Er lernt „bestimmen", legt allenfalls ein Herbarium oder sonst eine Sammlung an. Er pflegt während dieser Zeit einen Verkehr mit der Natur. Aber es kommt bald dessen Ende. „Ich hatte auch einmal eine Sammlung," sagt er als Mann. Der materielle Wert dieses Unter-richtes besteht in der Gewinnung einer ziemlich übersichtlichen Kenntnis der drei Reiche und ihrer Gruppen. Man weiss, „wohin der Kümmel gehört," dass die Schnabelthiere in manchen Merkmalen an die Vögel erinnern. In einem Museum weiss man sich auch ohne Leitung zurecht zu finden. Aber in der Natur? Sie erscheint dem gewesenen Lüben-Zögling als ein sehr ·

unordentliches grosses Museum, dessen Custos trotz seiner Meisterschaft im
Einzelnen als ein Unfähiger. Vielleicht macht ihm dieser Durcheinander, in
dem eines das andere frisst, später einmal den Eindruck, als habe da nie
ein Custos existiert! Damit würde im Einklang stehen, wenn er den
Menschen, der vom systematischen Standpunkte recht gut in das besagte
Band der Verwandtschaft einzuschliessen ist, nicht als „den Herren der
Schöpfung", sondern als den primus inter pares, die Nummer Eins der
grossen Menagerie, auffasste.

Wenn das nicht ein Mensch von seltenen Herzensgaben ist, so wird er
sein Thun und Lassen nur vom Utilitätsstandpunkte aus bestimmen. Er wird
auf anderem Wege zum selben Ziele kommen, wie der Mann der
„nützlichen Kenntnisse". —

Diese Art des Naturgeschichtsunterrichtes ist es auch nach meiner Meinung, welche dem Gegenstande so viele Feinde geschaffen hat. Auch Lüben
fühlte den Mangel. Er suchte durch Einfügung von Poesie, sowie durch
öfteren Hinweis auf die Feinheit der Gebilde, auf den unerschöpflichen
Formenreichthum das Gemüth der Kinder zu erregen. —

Wir dürfen Lüben aber nicht verwerfen. Er vereinigte so viele Vorzüge
in seiner Methode, als im Geiste seiner Zeit lagen. Die Gelehrten selber
waren damals vornehmlich mit Classification beschäftigt. In den Dreissiger-
Jahren entstanden ja die natürlichen Systeme an Stelle der bis dorthin herrschenden künstlichen, besonders der Linné'schen. Und von einem Schulmeister kann man nicht verlangen, dass er den Gelehrten, den Forschern,
voraneilt. Er hat zum mindesten keine Zeit dazu. —

Das war A. v. Humboldt vorbehalten, welcher in der Vorrede zu seinem
berühmten „Kosmos" sagt: „Und was mir den Hauptantrieb gab, war der
Wunsch, die Erde als ein durch innere Kräfte bewegtes und belebtes Ganzes darzustellen," welcher an anderer Stelle sagt: „Nicht mehr in der
Fülle, sondern in der Verkettung der Thatsachen liegt der Wert
der Naturwissenschaft." Sein Apostel war der liebenswürdige Rossmässler, welcher 1860 in einer Schrift: „Der naturgeschichtliche Unterricht. Gedanken und Vorschläge zu einer Umgestaltung desselben" goldene
Worte sprach. Er bezeichnet den herrschenden Naturgeschichtsunterricht
als den beschreibenden und fordert dafür den geschichtlichen.
Sein Ziel ist „eine klare, edel menschliche Weltanschauung". Sein Unterricht muss zu „einem freudevollen, für das ganze Leben andauernden
Verkehr mit der Natur" führen, muss „das freudige, auf Verständnis
beruhende Gefühl der irdischen Heimatsangehörigkeit" hervorrufen; nur
der geschichtliche Unterricht kann dem Menschen „die Erde zur

Heimat machen, in der ein Fremdling zu sein eine Schande und ein Schaden ist."

Er versteht unter geschichtlichem Unterricht jenen, der nach dem, was geschieht, fragt und die Ursachen der Geschehnisse zu ergründen sucht, der sich nicht mit der „Fülle der Thatsachen" begnügt, sondern sie nach ihrer Ursächlichkeit „verkettet". Das ist der Geist seiner Streitschrift, die ausser dem Abschnitte von den Lehrmitteln wenig Positives bietet, welcher Geist noch deutlicher aus seinen wahrhaft classischen populär-naturwissenschaftlichen Werken spricht. Er ist es, der uns lehrt, wie wir das Erbe des grossen Humboldt endlich antreten sollen.

Humboldt fasst die Erde, die ganze Welt als ein organisches Ganzes, als einen Organismus auf. Die Erde ist also, um ein Gleichnis zu gebrauchen, nicht eine Materialienkammer, gefüllt mit Coulissen und Marionetten, sie ist das lebendige Theaterstück selbst und mitten in der Aufführung. Die Natur ist nicht eine Summe von verschiedenartigen Körpern, sondern sie ist Handlung, ist ein grossartiges Drama, in dem jedes Geschöpf seine bescheidene Rolle inne hat. Und dieses Stück spielt sie alle Jahre und immer wieder neu. Wir nennen es den Naturhaushalt. (Dieselben Worte: „Rolle" und „Naturhaushalt" gebraucht auch unser officieller Lehrplan im Ziele). Naturhaushalt, das ist ein ungemein complicierter Begriff. Aber schon der grosse Humboldt ist zur Einsicht gekommen, dass „die Natur in jedem Winkel ein Abglanz des Ganzen" ist. Sowie sich der Lebensvorgang im Menschenkörper aus den zweckmässig verketteten Vorgängen der einzelnen Organe zusammensetzt, so der Naturhaushalt aus kleinen Haushalten. Betrachten wir einen solchen: einen Fleck Erde mit allem, was drum und dran ist, z. B. einen Fleck Wiese am Waldrande. Die Pflanzen, die mit dem Boden in Verbindung stehen, denen er im Bunde mit den Atmosphärilien zur Nährmutter wird. Sie stehen so durcheinander, dass einem Systematiker das Herz weh thun muss, augenscheinlich ganz zufällig. Aber die eine entzieht dem Boden mehr von diesem Stoffe, die andere von jenem; die eine mehr aus der Tiefe, die andre mehr von der Oberfläche. Viele tragen ihre Blätter auf Stengeln und Halmen der Sonne entgegen, viele ranken empor, viele bescheiden sich auf dem Boden neben einander. Diese brauchen volles Licht, andere gedämpftes. Wenn aber lauter gleiche wären, und alle dasselbe wollten? — Auf diese Art kann der Boden mehr Pflanzen tragen, als von lauter gleichen. Unser Fleckchen Erde wird dadurch schöner und auch — nahrhafter. Die Wühlmaus gedeiht besser bei einer Auswahl von verschiedenen Wurzeln, Zwiebeln und Knollen. Und das ist dem Wiesel, dem Fuchse, der Eule und dem Bussarde recht. Engerling und Regenwurm wünschen ebenfalls Abwechslung. Eine Pflanzenart allein brächte ihnen nicht alle die chemischen Elemente und Verbindungen zu, deren sie bedürfen. Ihr Gedeihen bedingt wieder den Maulwurf und so manchen Vogel, den wir gerne sehen. Wenn die Bienen den Honig von recht vielerlei Blumen sammeln, mundet er uns besser als im anderen Falle. Sie nehmen ihn auch nicht umsonst. Sie bezahlen durch die befruchtende Verschleppung des Blütenstaubes. Haben die Würmer und Mäuse nicht schon lange alles Grün ausgerottet? Haben Eule, Wiesel und Fuchs nicht alle Mäuse ausgerottet, die Maulwürfe nicht alle Engerlinge? Die Habichte nicht jeden Singvogel? — Mit nichten!

Es hat mehr der „schädlichen" Habichte und mehr Singvögel gegeben, als der Mensch seinen Fuss noch nicht ins Thal gesetzt hatte. Ist der Boden noch nicht erschöpft? — Sie düngen ihn ja! Das Ganze also, der Boden mit seiner Pflanzendecke, die Thiere darin und darauf und der Stossfalk hoch über allen anderen sind ein Stückchen Naturhaushalt, eine wenn auch dürftig ausgestattete Lebensgemeinschaft, d. i. eine bestimmte Anzahl von Species des Thier- und Pflanzenreiches, welche auf einem begrenzten Gebiete auf Grund der vorhandenen chemisch-physikalischen Verhältnisse mit und von einander leben und durch Fortpflanzung sich dauernd im Gleichgewichte erhalten. Diese „Lebensgemeinschaft" besteht aus höheren und niederen Organismen, die zusammen wieder einen Organismus bilden, in dem kein Theil fehlen darf, ohne das Ganze zu gefährden, in dem alle Theile für sich und damit für das Ganze sorgen, in dem jedes Glied nimmt, aber auch gibt. —

Der Mensch ändert manches, wo er auftritt. Wenig der Jäger und Fischer. Er setzt sich einfach an die Stelle der Raubthiere. Der nomadisierende Hirt mehr, der sesshafte Landwirt am meisten. Er setzt seine Schützlinge an Stelle der vorhandenen. Er kann aber nur solche hersetzen, Thiere oder Pflanzen, denen Boden und Klima behagen. Er kann sie nicht in beliebigem, sondern nur in dem durch die Umstände bedingten Verhältnisse züchten und bauen. Auch er muss das Gleichgewicht zwischen Viehstand einerseits, Acker- und Wiesenland andererseits herstellen. Er muss, weil er schon nicht „Kraut und Rüben" durcheinander bauen will, eine passende Fruchtfolge einhalten. Er bildet mit seinem Vieh, seinen Wiesen und Äckern eine Lebensgemeinschaft, ähnlich der, welche früher da war. Aber er ist doch der Herr? Er nimmt nur, braucht nicht zu geben? — Keineswegs! — Nur die Thiere, Pflanzen und Gründe nützen ihm, denen er nützt. Er sorgt für Nahrung und Unterkunft der Thiere, baut und behütet die Pflanzen und zahlt dem Boden jede Ernte getreulich in Dungform ab. Wenn nicht, ist es sein Schaden. Er nimmt und gibt wie jedes andere Glied der Kette.

8*

Thun wir einen Schritt weiter: Das ganze Thal ist auch eine Lebensgemeinschaft. Der Wald an dem Berghange gehört auch dazu. Er schirmt als Bannwald vor Lawinensturz, er spart das Wasser für den heissen Sommer, verhindert oder mildert Überschwemmungen, er liefert Brenn-, Bau- und Werkholz, er kühlt den Sommer und schützt im Winter vor dem eisigen Nordhauche. Er ist es, der in ausgiebigster Weise Kohlensäuregas zerlegt und reinen Sauerstoff herauszahlt und die Luft dadurch athembar erhält. Einen Schritt weiter: Unser Thal mündet in ein Hauptthal und viele dem unseren sehr ähnliche auch. Menschen, Thiere, Pflanzen und vielfach sogar der Boden stimmen mit dem der Nebenthäler zusammen, und Beziehungen der mannigfaltigsten Art stempeln auch dieses grosse Gebiet zur Lebensgemeinschaft, zu einer wirtschaftlichen Einheit. Das Hauptthal gehört zu einem ganzen Stromgebiet, welches sich zum Hauptthale so verhält, wie dieses zu seinen Nebenthälern. Ist das Meer, in welches unser Strom mündet, ein Binnenmeer, so ist dieses mit allen zugehörigen Stromgebieten wieder eine wirtschaftliche Einheit. Das Meer selber ist aber auch eine solche, der See, der Strom, der Fluss, Bach, Teich, Sumpf, jedes für sich und im Zusammenhange mit den Ufergeländen, wie mit anderen Wässern, ebenso. Auch zu Lande gibt es noch andere Lebensgemeinschaften: die Steppe, die Tundra, das Waldland u. s. w. Damit ist also der ganze Erdball, die Nährmutter aller, auch kein loses Zusammensetzbild. Selbst fremde Zonen unterstützen einander. Nur das Nächstliegende und doch grossartig Weittragende: Die warmen Meeres- und Luftströmungen der Tropen machen den Erdball bis in die kalten Zonen für Lebewesen bewohnbar, die kalten Strömungen der Polarzonen mildern die Glut der Tropen. Die den reichsten Pflanzenwuchs tragenden Tropen bereiten den Sauerstoff für die Heizanlagen unserer Fabriken und Locomotiven; wir schicken unsere Vögel über Winter nach dem Süden. Sie zahlen dort durch Einschränkung vieler von uns „Ungeziefer" genannter Thiere u. s. w. Wir sind eigentlich schon über die Grenzen des Erdballes hinausgegangen. Ohne Sonne keine Jahreszeiten, keine Zonen, kein Grashalm, kein Leben auf Erden.

Sonne, Erde und ihre Planetengeschwister sind wieder eine wirtschaftliche Einheit, nicht nur eine astronomische. In diesem Lichte lassen sich auch menschliche und andere gleichartige Vereinigungen als Lebensgemeinschaften verstehen: Die Familie, die Gemeinde, der Staat, Land und Stadt, die einzelnen Gewerbe mit dem Landmanne zusammen, Schule und Kirche mit dem Dorfe, Herrenleute und Gesinde, „greift nur hinein ins volle Leben, wo ihr's packt, dort ist's interessant!" Nirgends Unordnung, nirgends Zufall! Alles Ursache und Wirkung, alles gesetzmässig!

Ein Mensch, der die Natur so auffassen gelernt, vor dem spielt also ein grossartiges Drama, wo der andere nur Geräthschaften und Schauspieler etc. ohne Zusammenwirken sieht. Mehr noch: Er spielt mit, zeitlebens mit, und „nur die Weltanschauung, welche den Menschen als Glied der Natur auffasst, gibt das Bewusstsein wahrer Menschenwürde." (Rossmässler.) Ein Mensch, dessen Blick geübt ist, das Ursächliche in dem Zusammenhang der Erscheinungen zu finden, ist weit besser ausgerüstet als der andere. Auch vor ihm liegt nicht die ganze Welt entschleiert da, aber er hat den Schlüssel, zu finden, was möglich, wessen er bedarf, oder was ihm den Forscherdrang befriedigt. Er wird nicht in falschen Meinungen aufwachsen und sich dann mit Weltschmerz Jahre vergällen. Er weiss, wie es in der Welt zugeht, dass jeder, der nehmen will, auch zu geben hat. Er wird kein Thierquäler, denn er versteht seine Mitgeschöpfe und schätzt sie. Er wird aber auch frei sein von Empfindelei, obwohl er keine Ursache hat, dieses oder jenes Geschöpf zu hassen. In ihm lebt „das freudige Gefühl der irdischen Heimatsangehörigkeit", in ihm findet die Liebe, jene mit den Jahren sich läuternde, allumfassende Liebe, wie sie der erhabene Gründer der Culturreligion gelehrt und geübt hat, ihren Boden. In dem Gesetzmässigen der Natur sieht er das Walten des göttlichen Willens, sein Gott ist allweise und allgütig, sein Glaube ein freudiger und lichtvoller, frei von finsterem Wahn und Aberglauben; nicht „im irdischen Jammerthal", auf Gottes schöner Erde wandelt er.

Der Naturgeschichtsunterricht im Humboldt-Rossmässler'schen Geiste ist eine mächtige Stütze des Religionsunterrichtes, nicht ein Feind desselben. Die „edel menschliche Weltanschauung", das Leben und Lebenlassen, das Gesetz der Gegenseitigkeit, der Liebe, erzieht keine Verbrecher, keine Revolutionäre, auch keine Fatalisten. Unser Zögling wird nie die Hände in den Schoss legen, um zu verzweifeln, nein, er wird sie wacker rühren, wissend, dass Millionen von Mitgeschöpfen, Menschen, Thieren und Pflanzen, sein Los theilen und dabei jedes in seiner Art die Freude am Leben erkennen lassen. —

Das Kind drängt ja selber nach dieser Methode. Es fragt gewöhnlich: warum? was thut es? womit macht es das? Das Kind strebt nach der Aufdeckung der Ursachen, es interessiert sich hauptsächlich für das, was man im Drama „Handlung" nennt. Es betrachtet thierische Mitgeschöpfe als fühlend und denkend, und wir sollten diese Auffassung vernachlässigen, statt sie zu läutern? Sie sollen allein vom Formenreichthum satt werden? Sollen nur „Formen" sehen?

Auch der Dichter fühlt und denkt wie das Kind, und ebenso richtig.

(Citat des Gedichtes in Hebels „Schatzkästlein" im Artikel „Obstbaumzucht").
Also: Die systematische Ordnung ist heutzutage ebenso wert-
voll, als vor 5o Jahren, aber sie ist nicht mehr das Ziel des
Naturgeschichtsunterrichtes.

Debatte
(nach dem Berichte des Schriftführers Franz Steigl).

Dr. A. J. Pick. Einleitend schickt er voraus, dass jeder Unterricht, also auch der
naturgeschichtliche, von der Heimat auszugehen habe; weiter findet er sich veranlasst,
den Äusserungen des Herrn Zoder, soweit sie Lüben, Rossmässler und Humboldt betreffen, entgegenzutreten, resp. sie richtig zu stellen. Es sei nicht richtig, dass Lüben
ein Vielerlei der Naturobjecte, d. h. ein Zuviel der Individuen im naturgeschichtlichen
Unterricht behandelt wissen wolle, was schon daraus hervorleuchte, dass er u. a. nur
12 bis 14 Pflanzen per Classe und Jahr vorzuführen empfehle; gleich Lüben wünsche
aber auch Rossmässler die Beobachtung der Individuen in einer natürlichen Ordnung;
was Humboldt von der Beobachtung der Naturobjecte halte, gehe aus seinen Schriften
in anderer Weise hervor, als dies von Herrn Zoder dargestellt worden; gewiss sei
jedenfalls, dass keiner reine Systematik und nur Beschreibung der Individuen will. Der
Redner führt seine Ansichten entwickelnd also fort: Von der Kenntnis des Materials
muss ausgegangen werden, aus dieser ergibt sich alles Weitere; Lebensgemeinschaften
zu nehmen, wäre sehr schön, nur existieren solche für die Schüler nicht, weil letzteren
die Beobachtungen fehlen; das Gebiet dieser Lebensgemeinschaften ist übrigens gar
nicht im kleinen zu absolvieren; was die von Herrn Zoder aufgestellten Ziele anbelangt,
so fallen diese allen Gegenständen zu, und es gehe nicht an, hier eine Einschränkung
zugunsten anderer Gegenstände vorzunehmen, oder dem naturgeschichtlichen Unterricht
eine andere Aufgabe zuzuweisen, als er hat; der Unterricht kann niemals alles bieten
wollen, er muss so beschaffen sein, dass der Schüler fühlt, er sei nicht fertig; vielfaches
Vergleichen des Individuellen, Erkennen und Bewusstwerden, erkennen zu können,
Bestimmen der naturgeschichtlichen Objecte, das sind die ersten Aufgaben des naturgeschichtlichen Unterrichtes. Redner fürchtet, dass der Unterricht hier einer neuen Auflage des verbalen Realismus entgegensteuert, da die unbedingt nothwendigen Beobachtungen, welche das Verständnis von Lebensgemeinschaften erfordert, von den Schülern
nicht gemacht werden können.

V. Nietsch wendet sich zunächst gegen die Kritik, die Herr Zoder den im Gebrauch stehenden Lehrbüchern angedeihen lässt. Die Methode, welche in diesen Büchern
zur Geltung komme, sei die inductive und hier als eine Errungenschaft des Jahrhunderts
zu betrachten. Redner wendet sich ferner gegen den Vorwurf Zoders, dass die jetzige
Methode nicht verstandesbildend sei; er preist im Gegensatz zu Zoder als deren stärkste
Seite die Disciplin des Verstandes. Ebenso weist er den Vorwurf zurück, dass sie auf
die Schüler keine moralische Einwirkung übe. Auf die von Zoder vorgeschlagene Reform
des naturgeschichtlichen Unterrichtes übergehend, sagt er, dass der Unterricht nach
Lebensgemeinschaften viel zu schwierig sei, da die Aufdeckung und Durchforschung
solcher Lebensgemeinschaften zu den schwierigsten naturhistorischen Problemen gehört,
und vor allem eine gründliche Kenntnis der Physiologie und des Individuums überhaupt

erfordert. Redner hält es für unmöglich, die durch Zoder vertretene Methode durchzuführen, aber auch nicht für nothwendig, da das Motiv hiezu, gemeinschaftliche Lebensführung, keineswegs ein zwingendes sei. Schliesslich meint er, dass eine Vereinbarung getroffen werden sollte, indem in der Mitte der beiden von Zoder charakterisierten Richtungen das Wahre liegen dürfte.

F. Zoder erwidert auf die Ausführungen des Dr. Pick, dass dieser wahrscheinlich die späteren Werke Lübens vor Augen habe, in denen Lüben wahrscheinlich andere Ansichten vertrete; ferner sagt der Redner, dass er mit Dr. Pick fast in allem übereinstimme, und nur die Ungenauigkeit seines (Zoders) Ausdruckes in der frei gesprochenen Rede konnte eine Auffassung seiner Worte erzeugen, wie sie die Vorredner, insbesondere aber Dr. Pick, bezüglich Rossmässlers und Humboldts bekundeten. Zoder sagt weiter in Bezug auf Nietsch, dass er hinsichtlich der Methode, welche jetzt herrscht, sein Urtheil auf Grund der vorhandenen Lehrbücher gebildet habe; dass er sich in seinen Ansichten bezüglich der Methode mit dem über Induction von Nietsch Geäusserten in keinem Widerspruche befinde; dass er die jetzige Methode nicht für genügend verstandesbildend halte und keineswegs alle Systematik verbannt wissen wolle; dass er an Lebensgemeinschaften in wissenschaftlichem Sinne nicht gedacht habe, dass aber durch Vereinfachung dieser vieles zu erreichen sein dürfte; endlich meint er, dass die Vermittlung physiologischer Kenntnisse eine Tugend des von ihm vertretenen Systems genannt werden müsse. Schliesslich stellt Redner folgende Thesen auf:

1. Ziel des naturgeschichtlichen Unterrichtes ist nicht die Systemkunde, sondern eine „edel menschliche Weltanschauung" oder „Verständnis des Naturhaushaltes".

2. Die Lebewesen sind daher nicht regelmässig in systematischer, sondern in natürlicher Gruppierung (in ihrer Lebensgemeinschaft) zu behandeln.

3. Dabei verlange der Unterricht nach wie vor scharfes Beobachten und selbstthätiges Beschreiben. Nur lenke er den Blick noch mehr auf das Ursächliche der Erscheinungen und auf das Gesetzmässige in ihnen.

V. Trautzl bespricht die Zoder'schen Thesen, von denen er sagt, dass sie ausser der zweiten These nichts Neues bringen, die genannte These aber nicht genügende Klarheit enthalte. Er sagt ferner, dass die von Zoder vertretene Methode der unmittelbaren Anschauung entbehren müsste und überhaupt nicht durchführbar sei. Das eigentlich Geistbildende des naturgeschichtlichen Unterrichtes sei, dass das Schulkind durch denselben einen Einblick in den Bau der Natur und der einzelnen Objecte erhalte. Derselbe Redner bringt mehrere Beispiele vor, wie die Lebensgemeinschaften ausfallen werden, und betont, dass durch dieselben das eigentlich Bildende des Unterrichtes nichts gewinnen, wohl aber einbüssen werde.

Dr. A. J. Pick erklärt, kein Freund der Thesen zu sein, da er sich aus denselben kein rechtes Bild von dem machen könne, was Zoder eigentlich meint. Wenn These 1 eine „edel menschliche Weltanschauung" verlangt, so müsse er entgegenhalten, dass dies nicht Ziel des naturgeschichtlichen Unterrichtes allein', sondern aller Lehrgegenstände zusammen, des ganzen Unterrichtes, ja der ganzen Erziehung sei. Das nächste Ziel des naturgeschichtlichen Unterrichtes könne nur sein, den Menschen heimisch zu machen in seiner Umgebung. Die Schule müsse vor allem entwickeln und den Schüler selbständig zu machen suchen, damit er sich weiterbilden könne; an Kenntnissen zu bieten, vermag sie nur wenig. Der Unterricht, nach der von Zoder vertretenen Anschauung organisiert, hätte eine grosse Zerfahrenheit auf diesem Gebiete zur Folge. Gegen die dritte These habe er nichts einzuwenden, nur sei er für ein richtiges Masshalten bezüglich deren Forderungen, insbesondere sei er für die Berücksichtigung von nur ungesuchter gegenseitiger Einwirkung der Naturobjecte.

V. Nietsch: Die bisherige (analytische) Methode hat den Vorzug logischer Klarheit und logischer Schulung des Lernenden. Die Lebensgemeinschaften dagegen sind nicht bestimmt und allgemein giltig aufzustellen, eignen sich also nicht für strengern Unterricht. Sie bilden gute Ausgangspunkte und Übersichten bei einem gründlichen Unterricht. Das Princip der Causalität muss jeder naturgeschichtliche Unterricht berücksichtigen, es bildet also keinen speciellen Vorzug der Auffassung von Lebensgemeinschaften.

F. Schindler legt eine Lanze für die Zoder'schen Ausführungen ein; er findet die Ideen derselben beachtenswert, obzwar ihm einiges übertrieben erscheint. Die Hauptidee des Vortrages sei die, den naturgeschichtlichen Unterricht vor weiterer Entartung zu bewahren. Das Ganze ziele auf eine intensivere Concentration des Unterrichtes ab.

(Von mehreren Seiten wird der Wunsch geäussert, der Vortragende möge ein Bild einer Lebensgemeinschaft detaillirt vorführen; diesem Wunsche entspricht derselbe in einem zweiten Vortrage, gewissermassen dem praktischen Theile des Ganzen, in dem er zugleich gegen die abfälligen Bemerkungen der Vorredner Stellung nimmt. Hievon folgende Skizze).

F. Zoder. Er sagt, es sei unzutreffend, zu behaupten, dass die Schüler nur nachdeclamieren lernen; sie werden zum Beobachten angeleitet und müssen das Beobachtete (Bekannte) sprachrichtig zum Ausdruck bringen. Die Schüler sollen auch nicht nur ungesucht sich Bietendes, sondern noch manch anderes Wichtige kennen lernen. Was das Fertigbilden in der Schule anbelangt, so habe er keine abgeschlossene, wohl aber eine abgerundete Ausbildung gemeint; gegen die Systematik sei er nicht, im Gegentheil, er halte sie für nothwendig, doch dürfe dieselbe den naturgeschichtlichen Unterricht nicht beherrschen. Bezüglich der Auswahl der Objecte könne man sich leicht helfen; keineswegs sollen alle in eine Lebensgemeinschaft fallenden Objecte besprochen werden. Dass die Schüler einen Einblick in den Bau der Natur erhalten sollen, sei selbstverständlich. Zur Begründung der ersten These sagt das in derselben zum Ausdruck gebrachte Ziel ein mit Rücksicht auf die abschliessende Bildung, welche die Bürgerschule zu vermitteln hat, abgestecktes sei. Wenn behauptet worden, dass dieses Ziel ebensogut für die übrigen Lehrfächer gelte, so sei dies wahr und beweise die Richtigkeit der These. Zur Erläuterung der zweiten These bringt Redner zunächst die Erklärung einer Lebensgemeinschaft nach Möbius. Er sagt, die Behandlung jeder Lebensgemeinschaft müsse ein Stück Naturerkenntnis liefern. Ein vorzügliches Gebiet stelle hiefür die Landwirtschaft. Zunächst handle es sich um die Sammlung des Materials, welches der Schüler nachher zu ordnen hat; kehrt man den Fall um, so gewinnen die Schüler keinen Einblick in den Haushalt der Natur. Bezüglich der dritten These meint Redner, dass dieselbe ausser der Thätigkeit des Ordnens etc. noch mehr des Bildenden verlangt, und zwar legt sie ein besonderes Gewicht auf das Ursächliche der Lebenserscheinungen, auf das Gesetzmässige in ihnen etc., wodurch der bisherige naturgeschichtliche Unterricht eine bedeutende Erweiterung in Bezug auf das Bildende derselben erfahren solle. Der Redner zählt nun die bekannten wichtigsten organischen Grundgesetze auf: das Gesetz der Existenzfähigkeit, der Accomodation, der organischen Sparsamkeit, der Arbeitstheilung, der organischen Harmonie etc. Nachdem Redner noch bemerkt hatte, dass die Auffassung des Nützlichkeitsprincipes als des dominierenden im Naturgeschichtsunterrichte fallen müsse, zeigt er schliesslich an einem praktischen Beispiel (Wiener Prater), was von einer Lebensgemeinschaft in der ersten Bürgerschulclasse vorgenommen werden könnte. Prater (als Beispiel): Wald, Aue, Wasser etc.; Hase, Maus, Maulwurf, Hermelin, Wildente, Dohlen, Spechte, Habicht, Eidechse, Ringelnatter, Frösche, Fische; Algen, Pflanzen, Gesteine.

Mit dieser Darlegung schlossen die an vier Sitzungsabenden geführten Verhandlungen; die Majorität der Versammlung wünschte nämlich keine Fortführung der Debatte, sondern stimmte den allgemein gehaltenen Thesen des Vortragenden zu.

VIII.

Die Gestaltung des Handfertigkeitsunterrichtes für Knaben in der Gegenwart.

Vorgetragen am 6. Mai 1887 von ALOIS BRUHNS.

Vor circa vier Jahren hatte ich die Ehre, von diesem Platze zu Ihnen über die Organisation von Schülerwerkstätten zu sprechen. Sie beschlossen damals nach einer längeren Debatte, den Gegenstand nicht aus dem Auge zu verlieren und ihn nach einem Intervalle wieder in Verhandlung zu ziehen. Diesem Beschlusse verdanke ich die freundliche Aufforderung unseres Ausschusses, heute einen Vortrag über denselben Gegenstand zu halten.

Bei der Begrenzung des Themas musste ich mich fragen, welche Partie doch einiges Neue Ihnen bieten könnte, da ja schon wiederholt entweder generell oder in einzelnen Theilen diese wichtige Frage im Vereine behandelt wurde. So haben aus unserer Gesellschaft die Herren Deinhardt, Dr. Pick, Director Hein, Hübner u. a. die Frage gelegentlich eingehend erörtert. Ich glaubte nun, um Wiederholungen vorzubeugen, am besten zu thun, wenn ich mich auf eine Darstellung des gegenwärtigen Standes in der Frage beschränke. Die Gegenwart ist ja das Product der Vergangenheit und lässt viele Rückblicke leicht zu; sie ist aber auch der Ausgangspunkt für jedes weitere Unternehmen.

Und so lade ich Sie, geehrte Anwesende, ein, mit mir eine kleine Studienreise anzutreten in einige Länder, in welchen der Handfertigkeitsunterricht bereits Wurzel gefasst hat.

Meine Aufgabe als Cicerone wird wohl nicht sein können, Ihnen nur Neues zu zeigen. Mein Verdienst wird wahrscheinlich nur darin bestehen, bekannte Einzelheiten zu einem Gesammtbilde vereinigt zu haben.

Bemerken will ich noch, dass ich mich vorerst, d. i. im Vortrage, jeder Polemik enthalten und nur referierend auftreten will und mir vorbehalte, einige Schlüsse zu ziehen, zu welchen ich hoffentlich ihre Zustimmung erlangen werde.

Und somit wollen wir in unserem Nachbarstaate Deutschland unsere erste Station machen.

Deutschland. Hier erfreut sich der Handfertigkeitsunterricht oder die Knabenhandarbeit, wie er gegenwärtig genannt wird, seit circa zehn Jahren der lebhaftesten Agitation. An vielen Orten wurden Schülerwerkstätten von Vereinen oder Privaten gegründet und selbst von den höchst stehenden Personen, wie der deutschen Kronprinzessin, den Majestäten und Prinzen von Würtemberg, von Baiern u. a. Staaten, unterstützt. Gegenwärtig dürfte Deutschland gegen 200 solcher Anstalten zählen. Eine Anzahl von Freunden des Handfertigkeitsunterrichtes trat im Jahre 1881 in Berlin zusammen und bildete ein deutsches Centralcomité zur Propagierung des Handfertigkeits-Unterrichtes. Als ein wirksames Mittel hiezu wurde die Einberufung von Congressen beschlossen und ausgeführt. Diese Versammlungen waren von Jahr zu Jahr zahlreicher besucht, und so gieng das Centralcomité am 20. September 1886 auf dem Congress zu Stuttgart um einen Schritt weiter und empfahl eine festere Organisation durch die Gründung des deutschen Vereines für Knabenhandarbeit, welcher Antrag die Zustimmung des Congresses fand. Der Verein stellt sich die Aufgabe, der erziehlichen Knabenhandarbeit Eingang zu verschaffen, und zwar zunächst durch Gründung von Schülerwerkstätten, dann durch Gründung eines Seminars zur Heranbildung von Lehrern für diese Anstalten. An der Spitze des Vereines stehen: A. Lammers (Bremen) als Vorsitzer, Dr. Götze (Leipzig) und Director Grunow (Berlin) als Stellvertreter im Vorsitze, E. v. Schenckendorff (Görlitz) als Geschäftsführer, und Director Nöggerath (Brieg) als Schatzmeister. Die Ziele des Vereines hat der Landtagsabgeordnete v. Schenckendorff, welcher als der deutsche Agitator auf diesem Gebiete gilt, in der constituierenden Versammlung des Vereines zu Stuttgart (1886) und in anderen Publicationen klar gelegt. Es sind hiervon einzelne Auslassungen so interessant, dass ich sie trotz der Beschränktheit des mir zugewiesenen Raumes anführen will. Schenckendorff sagt u. a.: „.. In der That hat es kaum jemals eine Zeit gegeben, in welcher an die Arbeitsfähigkeit des Einzelnen eine so hohe Forderung gestellt worden wäre, wie in der heutigen." „Die Behauptung darf ich als unbestritten hinstellen, dass das heutige Leben mehr wie zuvor auch Arbeitskraft, Arbeitsausdauer und Arbeitslust, diese Bestandtheile der Arbeitsfähigkeit erfordert, wenn es überhaupt möglich sein soll, die als richtig und segensreich anerkannte Arbeitspflicht auch ausüben zu können." — „Auf die körperliche Ausbildung, die doch einen so wesentlichen Theil der Arbeitsfähigkeit ausmacht, nimmt unsere heutige Erziehung nicht die Rücksicht, welche sie verdient." — „Die zwei wöchentlichen Turnstunden sind ein viel zu geringes Mittel, um nur einen Ausgleich des gestörten Gleichgewichtes herbeizuführen, um wieviel weniger den jugendlichen Körper kräftig zu entwickeln und zur Arbeit zu befähigen. Darum finden Sie bei den Schülern heute auch so vielfach Kopfschmerzen, Nervenschwäche, Abgespanntheit, mangelnde Stetigkeit der Aufmerksamkeit und wirkliche Krankheiten. Und so glaube ich, dass, wenn wir in gleichem Sinne in der Schule fortfahren, wir einem Rückgange der Volkskraft überhaupt entgegen gehen, und ist dieser noch nicht in weiterem Umfange eingetreten, so verdanken wir dies zum grossen Theil der allgemeinen Wehrpflicht." — „Bei der Erziehung der Zukunft werden Arbeit, Gymnastik und Unterricht verbunden sein, weil dies die einzige Methode zur Heranbildung vollseitig entwickelter Menschen und auch ein Mittel zur Steigerung der Productionskraft ist."

Diese und ähnliche Sätze liessen den Gedanken aufkommen, dass die Vertreter des Handfertigkeitsunterrichtes eine unbedingte Unterwerfung fordern und jeden Zweifel an der beglückenden Wirkung des Handfertigkeitsunterrichtes vollends zurückwiesen; um so angenehmer berührt daher die Zusammenfassung der Bestrebungen in dem Satze: „Wir wollen, so gut es geht, auf facultativer Grundlage den Arbeitsunterricht jetzt neben der Schule einrichten; wir wollen einen ernsten Versuch hiermit machen, und sehen wir, dass er gelingt und Anerkennung findet, nun, so haben wir nicht nöthig, die Schule zu erobern, denn dann wird sie von selbst kommen, und gelingt er nicht, dann möge man den Irrthum, der im guten Glauben für eine vermeintlich gute Sache gebracht war, erkennen und dieselbe fallen lassen."

Gleichwie die Vertreter des Handfertigkeitsunterrichtes ihre Bestrebungen als einen Versuch hinstellen, so betrachten sie auch die deutschen Regierungen als Versuch. Herr v. Gossler, der preuss. Unterrichtsminister, äusserte sich im Landtage dahin, dass in dem Handfertigkeitsunterrichte wahrscheinlich einst die Reaction gegen die einseitige Kopfarbeit liegen werde. Er liess am Lehrerseminar zu Osnabrück den Handfertigkeitsunterricht versuchsweise einführen, aber die ganze Angelegenheit durch Gesetze zu regeln, wies er einstweilen noch zurück. Diese Zurückhaltung wird auch erklärlich, wenn man die bestehenden Verhältnisse in Betracht zieht.

Deutschland hat in dieser Frage seine directe Anregung von Dänemark, Schweden und durch Dr. Schwab aus Wien erhalten. An jedem Orte, wo Schülerwerkstätten entstanden, wurden diese nach einem der drei Muster organisirt, aber in vielen Punkten den örtlichen Verhältnissen entsprechend geändert. So hatte anfänglich fast jede Anstalt ihren eigenen, von den anderen differierenden Plan. Diese Zerfahrenheit dürfte durch die Thätigkeit des genannten Vereines und des von ihm gegründeten Seminars in Leipzig bald einer einheitlichen Organisation weichen.

Ich glaube die bestehenden Verhältnisse ganz Deutschlands am besten zu zeichnen, wenn ich die im Königreiche Sachsen herrschenden anführe. Nach einem Berichte vom April 1886 zerfallen die Arbeitsschulen in Hand - fertigkeitsschulen, d. h. solche Arbeitsschulen, denen die Arbeit ein nothwendiges, in seiner Eigenart durch kein anderes zu ersetzendes Erziehungsmittel ist; in Fachschulen, diesen ist der erziehliche Einfluss der Arbeit Nebenzweck, Hauptsache ist hier die Vorbereitung für den künftigen Beruf; in Hausindustrieschulen, diese legen grossen Wert auf den erziehlichen Einfluss der Arbeit, doch ist ihr nächster Zweck der Erwerb. Hiezu treten noch die Knabenhorte, welche den Zweck verfolgen, Knaben, denen in der schulfreien Zeit die elterliche Beaufsichtigung fehlt, vor dem Verderben des Strassenlebens zu schützen, sie der Verwahrlosung zu entziehen. Ein wirksames Mittel hiezu ist ihnen die physische Arbeit.

Unter den Arbeitsschulen erster Kategorie ist in erster Linie die Schülerwerkstätte der gemeinnützigen Gesellschaft in Leipzig zu nennen. Sie ist die älteste und bestfrequentierte Anstalt dieser Art. An der Spitze der Leitung steht Dr. Götze, ihm zur Seite dreizehn Lehrkräfte. Die Staatsregierung unterstützt den Verein jährlich mit 1600 Mark, die Stadt mit 300 Mark und durch unentgeltliche Überlassung von sechs Arbeits- und einem Ausstellungszimmer. Die übrigen Kosten werden zum Theil durch das Schulgeld aufgebracht, das monatlich 1 Mark und für sogenannte Freiplätze 0,50 Mark beträgt. Unterricht wird ertheilt in Papparbeiten, Holzarbeiten an der Hobelbank, im Holzschnitzen, Metallarbeiten und Modellieren in Thon. Für jede Disciplin ist ein Lehrgang aufgestellt, und es sind diese bereits im Drucke erschienen.

Mit der Schülerwerkstätte sind Lehrercurse verbunden, für Leipziger Lehrer besteht das ganze Jahr hindurch ein solcher Curs; für auswärtige Lehrer bestehen jährlich zwei Ferialcurse, für welchen jeder Theilnehmer ein Schulgeld von 50 Mark zahlt.

Die Hausindustrieschulen sind sämmtlich im Gebiete der sächsischen Schweiz gelegen. Ihr Gründer ist der bekannte dänische Rittmeister A. v. Clauson-Kaas, der noch jetzt diesen Anstalten vorsteht. Sie werden durch Staats- und Gemeindeunterstützungen erhalten. Da ihr Zweck der Nebenerwerb ist, so werden auch Erwachsene neben den Kindern unterrichtet. Es existieren vier Schnitzschulen, sechs Hauptindustrieschulen, an denen Weisskorbarbeiten, Strohgeflechte, dahin gehörige Galanteriearbeiten erzeugt werden; diese Schulen sind zugleich die Lehrerinnenbildungsstätten. Ferner gibt es 16 Gemeindeschulen, welche ihre Erzeugnisse an die Hauptschulen abliefern, und schliesslich 52 Grünkorbflechtschulen. Nicht verschwiegen werden soll, dass in Sachsen sich die Schülerzahl an den Hausindustrieschulen in den letzten Jahren sehr gehoben hat, während an den Schulwerkstätten ein Sinken derselben constatiert wurde.

Die Fachschulen kann ich hier füglich übergehen. Die Knabenhorte, als vorwiegend humanitäre Anstalten, suchen den Kindern das Elternhaus nach jeder Richtung zu ersetzen; sie kommen insofern in unserer Besprechung in Betracht, als viele derselben auch die Knabenhandarbeit als Erziehungsmittel und Beschäftigungsmittel verwerten. Von ihnen ist zu erwarten, dass sie die Frage über die Handarbeit am kräftigsten propagieren werden, denn ihnen werden, ihres wohlthätigen Zweckes wegen, die meisten Sympathien aller Kreise entgegengebracht. Der rein pädagogische (formalbildende) Wert der Arbeit wird von den Laien meist nicht gewürdigt, und viele Lehrer bezweifeln noch heute denselben.

Noch seien einige Arbeitsschulen anderer Orten angeführt.

Nach einem Bericht des Regierungsrath Brandt wurden im letzten Jahre 320 Knaben in den Schulwerkstätten in Osnabrück unterrichtet, 280 Knaben mussten Raummangels halber zurückgewiesen werden. 320 + 280 Knaben gibt die Zahl aller Knaben Osnabrücks im Alter von 12—14 Jahren. Der Besuch war ein regelmässiger. Gelehrt werden Tischlerarbeiten (Nääs'sches System mit Modificationen). In Görlitz besteht ein Verein zur Förderung von Handarbeit und Jugendspielen. Schon in dem Titel liegt der doppelte Zweck angedeutet. In der Handfertigkeitsschule werden Papparbeiten, Holzschnitzerei und Tischlerei betrieben; für letztere Fertigkeit ist der Plan ursprünglich dem Nääs'schen nachgebildet, doch geht man daran, deren einzelne Objecte durch Gegenstände, welche der Anschauung, dem Unterrichte in der Physik und Mathematik, sowie dem Spiele und verschiedenen Bedürfnissen der Kinder in Haus und Schule dienen, auszutauschen. — Man hofft damit dieses System der deutschen Jugend schmackhafter zu machen. — Ausserdem lässt man auch nach Zeichnungen und eigenen Entwürfen arbeiten. An den Jugendspielen nehmen vorwiegend die Schüler des Gymnasiums theil. Der Verein erzielte pro 1885 eine Einnahme von 3097,94 Mark, der eine Ausgabe von 2548,94 Mark entgegensteht. In Stuttgart besteht seit sieben Jahren eine Knabenarbeitsschule, an deren Erhaltung der König, die Königin und mehrere Prinzen sich betheiligen. In Berlin wurde im Vorjahre die erste Schulwerkstätte eröffnet, und jetzt ist man daran, die zweite zu gründen.

Schweden. Den grössten Einfluss auf die Entwicklung des Handfertigkeitsunterrichtes übt in diesem Lande Director Salomon; doch wäre
es unrichtig, zu glauben, sein System stehe unbestritten da. Salomon ist
eine interessante Persönlichkeit, die auf alle, welche mit ihr in nähere Berührung kommen, einen tiefen Eindruck hervorbringt. Selbst voll Begeisterung für die von ihm vertretene Richtung, hat er sich doch Toleranz
gegen Andersdenkende bewahrt — was nicht in gleichem Masse von allen
seinen Schülern zu sagen ist. Reich und unabhängig, wie er ist, konnte er
seinen Anschauungen überall den nöthigen Nachdruck und eine wünschenswerte Verbreitung verschaffen. So gründete er mit seinem Schwiegervater
Herrn Abrahamson ein Seminar für Slöjdlehrer — Herr Abrahamson gab
hiezu circa $^1/_4$ Million Kronen — konnte auf mehreren Reisen, die er bis
zu uns ausdehnte, seinen Anschauungen Verbreitung schaffen und steht mit
seinen Schülern in einem fortwährenden Contact durch eine von ihm herausgegebene und redigierte Zeitschrift. Salomon fasst die Frage des Handfertigkeitsunterrichtes von einem hohen Gesichtspunkte auf. So schreibt er
in einem Aufsatze des „Arbeiterfreundes" (Bremen): „Man spricht so viel
von grossen Fragen, hat aber dabei eigenthümlicherweise oft nur eine Reform
des Steuerwesens oder der Heeresorganisation im Auge." „Nur eine Frage
kann im vollen Sinne des Wortes gross, eine Lebensfrage genannt werden,
nicht für eine, sondern für alle Zeiten: das ist die der Erziehung — weil die
Zukunft der Jugend gehört." „Eine von diesen Fragen, und sicherlich eine,
die nicht am wenigsten sich die Aufmerksamkeit des Publicums zu gewinnen
vermochte, gilt dem Slöjd, der körperlichen Arbeit im Dienste der Schule.
Es ist zweifelsohne ein Irrthum, wenn man diese mehr und mehr in den
Vordergrund tretende Unterrichtsfrage auf andere Weise betrachtet, als im
Zusammenhange mit den übrigen gegenwärtigen Ereignissen auf dem pädagogischen Gebiete. Durch seine besondere, wenn man sich so ausdrücken
kann, materielle Art und Beschaffenheit, seine aus gewissen Gesichtspunkten
sichtbaren Resultate, hat der Slöjd vielleicht in höherem Grade als ein
anderes jetziges oder vorgeschlagenes Unterrichtsfach die Aufmerksamkeit
und ein warmes, dauerhaftes Interesse nicht am wenigsten bei Personen, die
ausserhalb der Schule stehen, zu gewinnen vermocht. So ist ohne Zweifel
das Verhältnis, aber hier gerade muss man sich vom pädagogischen Standpunkte inacht nehmen, dass man dieser Slöjdunterrichtsbewegung nicht eine
andere Bedeutung gibt, als ihr mit Recht zukommt. Sie ist nämlich nichts
anderes als eine bestimmte Seite der allgemeinen Unterrichtsreform und darf
darum nicht auf andere Weise betrachtet und behandelt werden. Dass man
dies fesstellt, dürfte von ausschlaggebendem Gewichte sein, denn entgegen-

gesetztenfalls wird es leicht geschehen, dass der Schwerpunkt der Frage verlegt und es also weniger gelten würde, den Slöjd in die Dienste der Schule, als die Schule in die Dienste des Slöjd zu stellen."

Diese Behauptungen sind von eminenter Bedeutung. Sehen Sie nach Deutschland, speciell nach Sachsen, dort bestehen neben den Schülerwerkstätten Hausindustrieschulen, die, wie der Bericht selbst erklärt, den erziehlichen Einfluss der physischen Arbeit als Nebenzweck betrachten und das Hauptgewicht auf den Erwerb legen. „Die Schule will den Slöjd in die Schule einführen, nicht wegen der Beförderung des Slöjd, sondern weil sie glaubt, dass die Schule durch dies Fach in vollkommener Weise und so allseitig wie möglich auf die Entwicklung der Zöglinge hinwirkt."

So viel über die Art, wie Salomon den Handfertigkeitsunterricht vertheidigt. Nach seinen persönlichen Mittheilungen ist der Slöjdunterricht in beinahe 1000 Schulen Schwedens eingeführt. Dieser wird nach drei Systemen ertheilt, als pädagogischer Slöjdunterricht, als Hausfleiss- und als Handwerksunterricht. Das erstere System — das Nääs'sche — gewinnt immer mehr an Boden. Die Slöjdschulen werden im allgemeinen von den Communen erhalten. Der Staat gibt jeder Slöjdschule 75 Kronen jährlich. Der Unterricht wird vorwiegend von Lehrern ertheilt, die noch beschäftigten Handwerker werden immer mehr verdrängt, da man die Erfahrung gemacht haben will, dass der pädagogische, wie der Hausfleissslöjd von pädagogisch gebildeten Lehrern mitgetheilt werden müsse.

Im letzten Schuljahre wurde auch an der Universität zu Upsala eine Slöjdwerkstätte eröffnet, die sich grosser Beliebtheit bei den Studenten erfreuen soll; auch hat die Regierung bei dem Reichstag in dieser Session den Antrag eingebracht, dass an weiteren drei Volksschullehrer-Seminarien der Slöjdunterricht von staatswegen eingeführt werden möge.

Aus dem Ganzen ist zu entnehmen, dass man in Schweden bemüht ist, die erziehliche Seite des Handfertigkeitsunterrichtes in den Vordergrund zu stellen, die ökonomische Seite aber, die vielenorts den Ausgangspunkt abgegeben hat, zu verdrängen sucht.

Frankreich. Frankreich hat in den letzten Jahren eine so gewaltige Umwälzung seines Schulwesens vorgenommen, wie Österreich nach dem Jahre 1869. In dem 1882 gegebenen Schulgesetz hat dieses Land gleich allen Forderungen der Neuzeit gerecht zu werden gesucht und die Schule auch als Mittel zur Hebung der verschiedenen zutage tretenden Fehler auf politischem und industriellem Gebiete zu benutzen gesucht. Frankreich glaubte bis in die neueste Zeit unbestritten, an der Spitze des kunstgewerblichen Lebens zu stehen. Die grossen Industrieausstellungen öffneten aber den

Franzosen die Augen, sie sahen, dass andere Culturstaaten sie auf diesem
Gebiete eingeholt haben, ja zu überflügeln trachten. Dem sollte abgeholfen
werden, und auch die Schule sollte hiebei mithelfen. Ferner machte man
die Erfahrung, dass auch in Frankreich die Handarbeit in der allgemeinen
Achtung sank und sich ein übergrosses geistiges Proletariat bildete. Hier-
gegen sollte durch die Einführung des Handfertigkeitsunterrichtes ein Damm
gebaut werden. So sagte der Unterrichtsminister Ferry bei Eröffnung einer
Schule die bemerkenswerten Worte: „Die Handarbeit adelt, das wollen wir.
Und damit der Adel der Handarbeit nicht nur von denen, die sie ausüben,
sondern auch von der ganzen Gesellschaft anerkannt werde, hat man das
sicherste, einzige, praktische Mittel gewählt, man hat die Handarbeit in die
Schule selbst eingeführt. Glauben Sie mir, wenn Hobel und Feile ihren
Ehrenplatz neben dem Zirkel, der Karte und dem Geschichtsbuche einge-
nommen haben, dann werden die Vorurtheile schwinden, und der sociale
Friede wird sich auf den Bänken der Schule vorbereiten." Die beste Ein-
sicht in die Bestrebungen der französischen Gesetzgebungen bezüglich des
Handfertigkeitsunterrichtes geben die betreffenden Gesetze selbst. Da meines
Wissens ausser noch in Finnland der Handfertigkeitsunterricht nirgend vom
Staate organisiert ist, will ich die gesetzlichen Bestimmungen im Auszuge
mittheilen.

Decret
vom 2. August 1881 aus der allgemeinen Verordnung über die Errichtung von Mutter-
schulen (écoles maternelles).

Die Übungen in der Handfertigkeit sollen bestehen in: Flechtarbeit, Weberei,
Falten, kleinen Stickereien. Alle andern Näharbeiten und Arbeiten, welche die Kinder
ermüden, sind untersagt. Kinder von 2 bis 5 Jahren: Spiele, kleine Übungen im Falten, Weben und Flechten. Kinder von 5 bis 7 Jahren: Falten, Weben, Flechten,
Zusammenstellungen von färbiger Wolle auf Canavas und Papier, kleine Strickerei-
arbeiten.

Elementarschulen (écoles primaires élémentaires). Der Handfertigkeitsunterricht
hat auf dieser Stufe ein dreifaches Ziel zu fördern: die physische, die intellectuelle und
die moralische Erziehung. Für Knaben wie für Mädchen werden 2 bis 3 Stunden
wöchentlich den Handarbeiten gewidmet. Die physische Erziehung hat einen doppelten
Zweck: 1. Kräftigung des Körpers, Festigung des Kindescharakters; 2. Hebung der
Geschicklichkeit, Anstelligkeit und Gewandtheit, jene Schnelligkeit und Sicherheit des
Kindes, die insbesondere für jene Kinder von Werte ist, die grösstentheils zum Handwerke bestimmt sind. Die Knaben sollen für ihren künftigen Beruf als Arbeiter und
Soldaten, die Mädchen für ihre häuslichen Besorgungen und Frauenarbeiten vorbereitet
werden. Da die Leibesübungen einen Theil der ganzen Schularbeiten ausmachen, wird
es im allgemeinen leicht zu bewerkstelligen sein, dass die Schüler guten Willen und
Lust dazu mitbringen, und dass sie diesen Unterricht als eine wahrhafte Erholung
betrachten.

Der methodische Stufengang ist bis ins kleinste Detail geordnet für das Turnen und für die militärischen Übungen durch die unter den Auspicien des Ministeriums herausgegebenen Handbücher, sowie durch die Weisungen, welche die Professoren und Fachlehrer haben. Was die Handfertigkeit der Knaben anbelangt, so theilen sich die Übungen in zwei Gruppen: Die erste Gruppe umfasst die verschiedenen Übungen, welche den Zweck haben, den Fingern Gelenkigkeit, Gewandtheit, Geschmeidigkeit, Schnelligkeit und Richtigkeit der Bewegungen zu geben. Die zweite Gruppe umfasst die stufenweisen Übungen im Modellieren, welche zur Ergänzung des Zeichenunterrichtes dienen. Die Handfertigkeit der Mädchen gestattet ausser den Näh- und Schnittarbeiten eine gewisse Anzahl von Belehrungen, Rathschlägen und Übungen, mittelst deren die Lehrerin an der Hand einer grossen Anzahl von praktischen Beispielen sich zur Aufgabe macht, den jungen Mädchen Liebe zur Ordnung, die ernsten Eigenschaften der Hausfrau beizubringen und sie gegen die frivolen und gefährlichen Gelüste zu schützen.

Handarbeiten für Knaben. Kinderclasse, 1. Curs. Kleine Übungen im Flechten, Falten und Weben. Zerlegung und Anwendung von färbigen Papierstücken auf geometrische Zeichnungen. Eine kleine Korbarbeit: Zusammenfügung von Sprossen verschiedener Farbe. Modellieren: Herstellung geometrischer Körper und sehr einfacher Gegenstände.

Kinderclasse, 2. Curs. Herstellung von Cartonnagewaren, welche mit gefärbten Zeichnungen und färbigem Papier überklebt werden. Kleine Arbeiten mit Draht: Gitterwerk. Verbindungen von Draht und Holz: Käfige. Modellieren: Einfache Bauornamente. Belehrungen über die gebräuchlichsten Werkzeuge.

3. Curs. Combinierte Zeichen- und Modellierarbeiten: Ausführung von Gegenständen nach gezeichneten Skizzen und Zeichnen von Skizzen nach fertigen Gegenständen. Belehrungen über die hauptsächlichsten Werkzeuge, welche bei der Holzarbeit verwendet werden. Praktische, stufenweise Übungen. Hobeln, Holzsägen, einfache Verbindungen. Genagelte oder ohne Stifte verbundene Schachteln. Holzdrechslerei: Drechseln sehr einfacher Gegenstände. Belehrungen über die hauptsächlichsten Werkzeuge, welche bei Eisenarbeiten verwendet werden, Übungen im Feilen, Schleifen oder Vollenden von Rohgegenständen oder solchen, welche aus dem Gusse gekommen sind.

Knabenbürgerschulen (Écoles primaires supérieures de garçons). Der Ergänzungscurs wird immer in einem bestimmten Saale abgehalten. Die Anstalt muss so viele Lehrsäle für diesen Gegenstand zur Verfügung haben als sie Studienjahrgänge hat und ausserdem einen Zeichensaal, in welchem in Ermangelung eines anderen Locales die Sammlungen und die Lehrmittel aufbewahrt werden können. Alle Anstalten, welche für Knaben bestimmt sind, müssen mit einer Werkstätte versehen sein, in welcher die Eisen- und Holzarbeit gelehrt werden kann. Was das Stundenausmass anbelangt, so werden für diesen Gegenstand auf dieser Stufe wöchentlich ungefähr vier Stunden für den Handfertigkeitsunterricht bestimmt. Im vierten Jahrgange kann man die für den Handfertigkeitsunterricht bestimmte Zeit in der Weise vermehren, dass für die übrigen Gegenstände per Woche mindestens zehn Lehrstunden verbleiben. Der Zeichen- und Gesangunterricht, ferner der Unterricht in den lebenden Sprachen, im Turnen, in den Handfertigkeiten soll so viel als möglich Lehrern anvertraut werden, welche schon an der Schule wirken.

Der Handfertigkeitsunterricht an den französischen Lehrerbildungsanstalten. Ergänzungscurs. Derselbe Lehrplan wie an den Bürgerschulen.

Holzarbeit: Die hauptsächlichsten Holzgattungen, die bei Bauten oder Maschinen angewendet werden. Ihre Eigenschaften und ihr Gebrauch. Die hauptsächlichsten Werkzeuge auf Holzarbeiten angewendet. Verschiedene Säge-, Bohr-, Hobel-, Drechslerarbeiten, verschiedene Verbindungen. Eisenarbeit: Eigenschaften, Verschiedenheiten und Gebrauch des Eisens. Die hauptsächlichsten Werkzeuge, welche bei der Eisenarbeit verwendet werden. Feilarbeit, Hämmern, Schmieden, Löthen, Radierarbeiten, Hobeln, Drechseln, verschiedene Verbindungen, Adjustierungen. Gezeichnete Entwürfe, nach welchen einfache Objecte in Holz oder Eisen ausgeführt werden, und Zeichnen solcher Skizzen nach solchen Objecten. Für landwirtschaftliche Arbeiten und Handarbeiten sind an diesen Anstalten vier Stunden wöchentlich für jeden Jahrgang gewidmet. Die Professoren der Lehrerbildungsanstalten werden die Schüler arbeiten lassen, indem sie dieselben um ein und dasselbe Modell gruppieren. Jedes Modell soll mehrmals copiert werden, aber mit Wechseln des Platzes, um die Schüler zu fruchtbaren Vergleichungen zwischen den verschiedenen Darstellungen zu veranlassen. Der Unterrichtsstoff: Die verschiedenen Holzgattungen, das Eisen, das Kupfer, das Zink, der Thon, der Gyps, die Kreide, der Stein; die ohne ernstliche Gefahr handlichen chemischen Stoffe, die einfachsten Geräthe; die Naturproducte, welche am meisten verbreitet sind, vom Gesichtspunkte ihres Nutzens. Die gesammten Handarbeiten am Lehrerseminar lassen sich in vier Kategorien eintheilen: 1. Tischlerarbeiten; 2. Adjustierungen, Drechsler- und Schmiedearbeiten; 3. Zeichen- und Modellierarbeiten, welche besonders das Ornament berücksichtigen; Abgussarbeiten (Modellieren), Stereotomie und Sculpturübungen sehr einfacher Art; 4. Handhabungen, Experimente und Präparate, welche dem Wesen der Volksschule angemessen sind.

Vom Beschluss bis zur vollständigen Durchführung ist oft ein weiter Weg. So auch hier. Auf dem letzten internationalen Lehrercongress zu Havre zeigten sich noch manche Differenzen. Einem Bericht über diese Versammlung entnehme ich Nachstehendes:

In der allgemeinen Wertschätzung der Arbeit als Bildungs- und Erziehungsmittel waren alle einig, aber während die einen nur eine Ergänzung des theoretischen Lernunterrichtes in ihr erblicken, sehen andere in ihr das unentbehrliche Mittel der harmonischen Menschenbildung, de l'instruction intégrale, wie die Franzosen sagen. Dieser letztere Standpunkt wurde von den gewandtesten französischen Rednern und Rednerinnen vertreten. Zum Beschlusse erhoben wurden die Resolutionen, dass die Handarbeit in den Lehrplan der Primarschulen gehöre und den localen Bedürfnissen angepasst werden soll. Der Unterricht ist von Lehrern zu ertheilen, denen durch den Besuch eines Seminars, das die Handarbeit in seinen Unterrichtsplan aufzunehmen hat, Gelegenheit geboten wird, sich über die Arbeiten und die Methode in der Übungsschule des Seminars zu unterrichten. Aber nicht nur in der Primarschule, sondern auch in der Secundar- und Realschule, in der école primaire supérieure, ist der Arbeitsunterricht nothwendig, wenn sie ihren Zweck erfüllen und lebenskräftig bleiben sollen. Es wurde beschlossen, dass dort das Modellieren, die Arbeiten in Holz und Eisen und die Arbeiten im Schulgarten, respective Versuchsfeld, einzuführen seien. Man fasste diesen Beschluss, obschon ein Ministerialerlass die Einführung des Arbeitsunterrichtes in die Secundärschulen bereits angeordnet hat. Mit diesem Beschlusse war die Frage der écoles professionelles, das heisst der Handwerker- oder Gewerbe- oder Fortbildungsschulen, wesentlich erledigt. „Wir wollen die Arbeit in die Schule und nicht die Schule in die Werkstatt einführen," sagte ein Redner und fand ungetheilten Beifall. —

Leblanc, ehemaliger Director des Seminars für Arbeitslehrer in Paris, erstattete Bericht über die Verhandlungen der Section A in Sachen des Arbeitsunterrichtes. An seinen Bericht knüpfte sich eine belebte und interessante Discussion. Mehrere Gegner des Arbeitsunterrichtes traten auf, fanden aber überlegene Vertheidiger. Einige derselben brachten so schlagende Argumente für den Arbeitsunterricht vor, dass die Versammlung zu wiederholtem stürmischen Applaus hingerissen wurde. Bei der Abstimmung wurde die erste Resolution der Section A mit grosser Mehrheit angenommen, lautend: „Die Section A, in Erwägung, dass die Handarbeit einen integrierenden Bestandtheil eines guten allgemeinen Erziehungssystems bilden muss, weil sie dazu beiträgt, die Arbeitsamkeit, die Beobachtungsgabe, das Fassungs- und Anschauungsvermögen zu entwickeln, spricht den Wunsch aus, dass dieselbe sobald als möglich in die elementaren Primarschulen ein geführt werde."

Um den Unterschied zwischen der deutschen, einschliesslich der schwedischen, einerseits und der französischen Richtung andererseits ganz klar zu legen, dürfte sich eine Parallelstellung beider empfehlen. Ich lasse hier das Urtheil des italienischen Deputierten Comm. Aristide Gabelli folgen, der im Auftrage seiner Regierung beide Länder besucht hat und in einem Bericht an den italienischen Unterrichtsminister Nachstehendes sagt: „In Deutschland, wie man sehen konnte, ist eine Methode vorherrschend, zum Theil aufgekommen durch Fröbel (die Papparbeiten), zum Theil nach dem schwedischen Beispiele (Holzgeräthe zum häuslichen Gebrauch), und zum Theil erfunden und fortwährend verbessert in Deutschland selbst (Construction von Lehrmitteln). Weiters: manche acceptieren das Modellieren in Thon, und andere wieder nicht; manche fügen der Holzarbeit die Metallarbeit bei, und andere wieder nicht; manche betrachten die Schule als ein Mittel zur directen Vorbereitung für das Leben und wollen deshalb dem Handfertigkeitsunterrichte eine gewöhnlichere Richtung geben, mehr eine gewinnbringende Richtung, mit mehr industrieller Absicht; andere behalten aber jenen guten Sinn, der allen dienlich ist, und zielen vielmehr dem allgemeinen Endzwecke

der Erziehung zu. Daher der Vorzug, der hier der einen und dort der
anderen Richtung gegeben wird, je nachdem diese oder jene für geeigneter
gehalten wird, um den gewünschten Zweck zu erfüllen.

Wenn wir die Grenzen Deutschlands verlassen, so wird die Uneinigkeit
der Meinungen noch viel grösser. In Frankreich z. B. ist geradezu eine
andere Welt. Es scheint mir nicht unnütz, wenigstens ganz flüchtig die
Hauptunterschiede zu zeigen. In Frankreich hat der Handfertigkeitsunterricht
vor allem einen industriellen Charakter, und die Bedürfnisse der Industrie
waren es, dass derselbe in den Schulen eingeführt wurde. In Deutschland
hingegen erscheint die erziehliche Richtung und die Pädagogik ausschlag-
gebend (an der Spitze Fröbel), dass derselbe gefördert und in den Schulen
eingeführt wurde. In Frankreich ist der Handfertigkeitsunterricht Handwerkern anvertraut, die nur von Lehrern unterstützt werden; in Deutschland
hingegen wird derselbe nur von Lehrern ertheilt, welche in einigen Orten
von Handwerkern unterstützt werden. In Frankreich werden an mehreren
Orten auch die Metalle verarbeitet, und besonders das Eisen mittelst des
Feuers, dafür fehlen aber im allgemeinen die Papparbeiten. In Deutschland
bildet die Papparbeit die Hauptarbeit, und sehr selten werden die Metalle
verarbeitet, weder warm noch kalt. In Frankreich verfertigt man gewöhnlich
die Bestandtheile der Gegenstände, und die Zusammensetzung wird den
Industrieschulen überlassen. In Deutschland hingegen werden immer, auch
anfangs, vollständige Gegenstände verfertigt, indem man von der Ansicht
ausgeht, dass es den Zögling nur dann freuen kann, wenn er einen nützlichen
Gegenstand aus seinen Händen hervorgehen sieht. In Frankreich und besonders in Paris geht man mit einer voreiligen Hitze vorwärts, so dass wohl
8000 Zöglinge die Werkstätte besuchen. In Deutschland schreitet man sehr
ruhig vorwärts, mit kleinen Schritten, mit wenigen Zöglingen, indem man
auch die Methode Schule für Schule nach den gemachten Erfahrungen mo-
dificiert. In Frankreich ergriffen die Regierung, die Stadtvertretung von Paris,
und dieser es nachahmend viele andere eine gewisse Initiative mittelst Gesetzen und Verordnungen. In Deutschland hingegen ist gegenwärtig nur die
Privatinitiative vorhanden; die Regierungen hingegen bewahren eine wohl-
wollende Stellung, sie helfen mit Unterstützungen, warten aber ab, bevor sie
einen Schritt weiter machen, dass die Sache in einen sicheren Gang gebracht
wird und mehr sichere Früchte verspreche. Die deutschen Regierungen befürchten, dass sie mit einer nicht genügend vorbereiteten Neuerung Einrichtungen aus der Ordnung bringen könnten, welche viel Denken, viele Studien
und viel Geld kosteten. Man fürchtet, dass mit unreifen Reformen Hand
an das wohlgeordnete Erziehungssystem gelegt wird."

Österreich. In Österreich schien die Frage gleich bei ihrem Erscheinen schon wieder eingesargt zu werden. Bekanntlich wurde der Handfertigkeitsunterricht in den revidierten Normallehrplänen infolge der Schulnovelle vom Jahre 1883 als facultativer Gegenstand für Knabenbürgerschulen aufgenommen. Die Sache ward auch im Parlament behandelt, und Abgeordneter Prof. Exner sprach daselbst das nachmals so unverdient berühmt gewordene Wort von der Laubsägeepidemie und der Pappendeckelseuche. Ich sage, das Wort wurde unverdient berühmt, so zu sagen zu einem Schlagworte, denn man glaubte allgemein, Hofrath Exner wollte den Handfertigkeitsunterricht überhaupt dem Spotte preisgeben — so schien es auch die „Neue freie Presse" in einem Artikel aufzufassen, in dem sie den Handfertigkeitsunterricht als eine reactionäre, den ganzen Entwicklungsgang eines Volkes schädigende Erscheinung hinstellte. Hofrath Prof. Exner veröffentlichte aber nach wenigen Wochen in den Mittheilungen des technologischen Gewerbemuseums vom 15. April und 15. Mai 1884 einen längeren Artikel, in dem er Stellung nimmt gegen einzelne Richtungen des Handfertigkeitsunterrichtes und erklärt, dass bisher eigentlich nur Philosophen und Pädagogen, welche selbst wenig oder keine Fertigkeit besassen, dem Handfertigkeitsunterricht das Wort redeten; er vermisse Fachleute aus dem Gebiete der Industrie, der Technik, der manuellen Leistungsfähigkeit.[*] Im weiteren Verlaufe seiner Abhandlung macht er der Volksschule den Vorwurf, dass sie im Zeichenunterrichte tief unter dem leicht Erreichbaren, noch tiefer unter dem Möglichen stehe, trotzdem dieser eine Fertigkeit von der grössten Wichtigkeit für alle Berufsrichtungen sei, weshalb er besondere Pflege verdiene. Eine zweite Aufgabe der Volksschule sei die Ausbildung des Körpers durch das Turnen. Erst wenn das Intellect genügend entwickelt, ein grosser Grad von Fertigkeit im Zeichnen und eine tüchtige physische Ausbildung des Körpers durch das Turnen erreicht ist, dann seien alle Forderungen erfüllt, die man an die Volksschule bezüglich der Vorbereitung für alle Berufsclassen stellen müsse. Nachdem aber doch anzunehmen sei, dass in mancher städtischen Volksschule dieses Pensum wirklich gelöst werde und noch Raum gewonnen werden könne für eine in ethischer und praktischer Richtung bedeutungvolle Institution, so wolle er zeigen, wie sie beschaffen sein müsse. Als Zweck des Handfertigkeitsunterrichtes stellt er auf: 1. Übung des Augenmasses in Ergänzung zum Zeichenunterrichte — das Zeichnen biete nur eine erste Stufe dieser Übung;

---

[*] Dem wäre entgegen zu halten, dass S a l o m o n Ingenieur, B ü c k i n g Bauinspector, G r u n o w Director des Kunstgewerbemuseums, F r i e f Gewerberath ist, dass in Deutschland und in Wien an den Lehrercursen Gewerbetreibende wirken.

2. Erhöhung des manuellen Geschickes über jene Grenze hinaus, welche durch das Zeichnen und Schreiben erreicht wird, — der Arm wird beim Zeichnen unterstützt und arbeitet nur immer in einer Ebene, die Kraftäusserung ist nur eine sehr geringe. Als Material empfehle sich Wachs, Thon, Holz. Es dürfe nicht eine einzelne Gewerbeart herausgegriffen werden; die Stufenfolge von Rohstoffen und Hantierungen müsse ganz unabhängig von der Praxis bestimmter Handwerke aufgestellt werden. Wenn dies alles eingehalten werde, dann werde der Handfertigkeitsunterricht von wesentlichem Werte für die Volksschule und für die Erziehung des Staatsbürgers werden.

Zur selben Zeit veröffentlichte R. v. Chlumecky, Minister i. R., in der „Volkswirtschaftlichen Wochenschrift" einen Artikel, in dem er, ausgehend von einem Besuch der ersten Wiener Schulwerkstätte, den Handfertigkeitsunterricht geradezu als das wirksamste Agitationsmittel für die achtjährige Schulpflicht empfiehlt. Er erklärt, dass die Versuche mit dem Handfertigkeitsunterrichte volle Berechtigung haben, und dass man nicht aus Principienreiterei denselben entgegentreten solle.

Hofrath v. Eitelberger, Director des österreichischen Museums für Kunst und Industrie, hatte schon vor Jahren für die Einführung des Handfertigkeitsunterrichtes gewirkt. Nachdem in Wien im Jahre 1884 (16. Juli) die erste Wiener Schulwerkstätte unter meiner Leitung eröffnet worden war und nach einigen Besprechungen mit ihm, erklärte er mir, er wolle einige hervorragende Männer zu einer Conferenz laden, um mit ihnen Mittel und Wege zu berathen, wie bei uns die Frage des Handfertigkeitsunterrichtes in Fluss gebracht werden könnte. Dies geschah auch. An den Berathungen nahmen theil: Hofrath Eitelberger, Excellenz Chlumecky, Sectionsrath Baron Dumreicher, Hofrath Dr. Wolf, Landtagsabgeordneter Al. Riss, C. Sitte, Director der höheren Staatsgewerbeschule in Wien, Bezirksschulinspector Gugler, Gemeinderath K. Lustig und meine Person. In diesen Conferenzen wurde beschlossen, durch Vorträge und Publicationen die Aufmerksamkeit weiterer Kreise für die Frage zu erwecken. Solcher Vorträge wurden drei im k. k. Museum für Kunst und Industrie, und zwar zwei von Al. Bruhns und einer von Director C. Sitte gehalten. Zwei dieser Vorträge beehrte Se. kaiserl. Hoheit, der Herr Erzherzog Rainer, mit seiner Gegenwart. Erzherzog Rainer übernahm auch später das Protectorat des Vereines zur Gründung und Erhaltung unentgeltlicher Knabenbeschäftigungsanstalten in Wien. Leider erkrankte Hofrath Eitelberger bald darauf, und mit seinem Tode wurde die durch das Kunstmuseum angebahnte Thätigkeit eingestellt. Im hohen Unterrichtsministerium wurden auch Conferenzen über den Handfertigkeits-

unterricht abgehalten, und mit dem Eintritt des Herrn Dr. Gautsch v. Franken-
thurn in den Ministerrath wurde von dieser höchsten Stelle an die Landesschulräthe von Niederösterreich und Böhmen eine Verordnung erlassen, in
der diese Behörden aufgefordert wurden, den Bestrebungen auf dem Gebiete
des Handfertigkeitsunterrichtes ein wohlwollendes Interesse entgegen zu bringen und die Gründung von Schulwerkstätten zu unterstützen, die zu geneh-
migen seien, wenn sie den hygienischen und pädagogischen Forderungen der
Schulgesetze entsprechen. Hiermit hatte das Ministerium in ähnlicher Weise
seine abwartende Stelle fixiert, wie dies von Regierungen anderer Länder
auch eingehalten wird.

In der Lehrerschaft machte sich nach und nach ein Umschwung bemerkbar. Der von dem Vereine zur Gründung und Erhaltung unentgeltlicher
Knabenbeschäftigungsanstalten eröffnete Curs zur Heranbildung von Lehrern
des Handfertigkeitsunterrichtes für Knaben *) wurde im ersten Jahre (1884
bis 1885) von 28 Lehrern besucht, von denen nur einer vor Schluss ausblieb.
Zu dem zweiten Curs meldeten sich circa 60 Lehrer, von denen Platz-
mangels wegen nur 28 aufgenommen werden konnten, in den dritten Curs
1886 bis 1887 wurde eine gleiche Zahl aufgenommen; hierbei sei bemerkt,
dass fünf Lehrer an allen drei Cursen theilnahmen. Von Interesse dürften
noch folgende Thatsachen sein:

Die oberösterreichische Landeslehrerconferenz beschloss im Jahre 1886,
bei der Behörde um die Creierung eines Lehrercurses für den Handfertigkeitsunterricht in Linz anzusuchen. — Der böhmische Landesschulrath beschloss im selben Jahre die versuchsweise Einführung des Handfertigkeitsunterrichtes an einer Bürgerschule Prags. — Die Reichenberger Handels-
kammer bedachte mehrere Lehrer mit Stipendien zum Besuche eines Lehrercurses für den Handfertigkeitsunterricht. — Der Stadtschulrath von Olmütz
beauftragte 1887 den k. k. Professor Nowak mit der Organisation einer
Schulwerkstätte. — Mit Zustimmung des hohen Ministeriums wurde in den
Ferialmonaten unter Director Urbans Leitung ein Lehrercurs in Neulerchenfeld abgehalten. — Die Lehrerconferenzen vom VIII. und IX. Wiener Ge-
meindebezirk, von Hernals und anderen Orten sprachen sich für die Einführung des Handfertigkeitsunterrichtes aus und fassten hierauf bezügliche
Resolutionen. Im Juni 1887 bildete sich in Wien ein Verein für Lehrer und
Freunde des Handfertigkeitsunterrichtes für ganz Österreich.**) Derselbe
zählt schon nach so kurzer Zeit seines Bestandes 50 Mitglieder aus den verschiedenen Gauen Österreichs.

---

*) Unter der Leitung des Schreibers dieses Aufsatzes.
**) Derselbe hat seinen Sitz in Wien, VII., Neubaugasse 42.

So ist denn zu erwarten, dass der Handfertigkeitsunterricht bei uns eine richtige Würdigung erfahren und Österreich sich an dessen Weiterentwicklung in geeigneter Weise betheiligen werde. Bisher hat der Handfertigkeitsunterricht an folgenden Orten Eingang gefunden: In Wien und Umgebung zwei Schulwerkstätten des Vereines zur Gründung und Erhaltung unentgeltlicher Knabenbeschäftigungsanstalten in Wien — für die Creierung anderer drei Schulwerkstätten in Wien im Schuljahre 1887/88 sind die einleitenden Schritte bereits unternommen, in den Knabenbeschäftigungsanstalten im IX. und X. Bezirk, im k. k. Waisenhaus, am Blindeninstitut auf der hohen Warte, in Simmering, in Zillingsdorf, im Knabenhort zu Wiener-Neustadt, in Biedermannsdorf, in Pottschach; das Näässche System wird gelehrt in Penzing, in Neulerchenfeld, in Döbling; in Böhmen besteht eine Schulwerkstätte in Reichenberg; die Gründung solcher Anstalten für Prag und Olmütz ist bereits beschlossen; in den Lehrerbildungsanstalten zu Bielitz und zu Troppau wird schon seit Jahren der Handfertigkeitsunterricht betrieben.

Schliesslich will ich noch jene Publicationen anführen, welche in den letzten Jahren in Österreich über den Handfertigkeitsunterricht erschienen sind und einige Bedeutung besitzen:

1. Der Handarbeitsunterricht für die männliche Jugend u. s. w. von Urban, May, Bauhofer und Kreibich.

2. Die Schulwerkstätte in Verbindung mit dem theoretischen Unterrichte von Al. Bruhns, enthält Lehrgänge für das Modellieren, die Cartonnagearbeiten, Arbeiten an der Hobel- und Drehbank und für das Holzschnitzen; mit Illustrationen.

3. Die Geschichte des Handfertigkeitsunterrichtes v. R. Petzel; Separatabdruck aus der Zeitschrift „Die Volksschule".

4. Studie über Handfertigkeits- oder Werkstattunterricht von Friedrich Kick, k. k. Regierungsrath und o. ö. Professor an der k. k. deutschen technischen Hochschule in Prag (1887).

   Regierungsrath Kick behandelt die Frage streng wissenschaftlich, untersucht den Effect jeder Muskelbewegung bei den verschiedenen Handübungen und zeigt, wie ein Lehrplan dieses Moment berücksichtigen müsse. Dieses Werkchen halte ich für die bedeutendste Publication Österreichs auf dem Gebiete des Handfertigkeitsunterrichtes.

Ich komme zum Schluss. Aus dem Gesagten ist die Thatsache zu entnehmen, dass vielfach an der Spitze der Bewegung nicht Lehrer, wenigstens nicht Lehrer jener Schulkategorie stehen, welche am nächsten betheiligt erscheinen. Ja die Volksschullehrer haben sich anfänglich der Frage meist ablehnend gegenüber gestellt, dann aber dieselbe an einzelnen Orten mit um so grösserem Nachdruck verfochten. Wie mag diese Erscheinung zu erklären sein? — Ich glaube, in den Volksschullehrern steckt bis zu einem gewissen Grade ein conservativer Zug. Sie gehen ungern aus dem liebgewordenen Geleise heraus. Auch die Regierungen nehmen eine abwartende Stellung ein und überlassen die Entwicklung der Frage ganz der Volksinitiative. Eins aber steht fest: Die Frage lässt sich nicht wegschieben. Die Lehrerschaft muss sich an dieselbe prüfend heranwagen, und ich meine, je intensiver sie es thut, um so segensreicher für die Schule wird die Lösung werden. Ich fürchte, wenn sich die Lehrerschaft in ihrer Mehrheit noch länger dieser Frage gegenüber indifferent verhält, so wird sie bei uns von anderen Factoren gelöst werden — ob aber dann im Sinne der Pädagogik oder nur im Hinblick auf sociale und speciell ökonomische Gesichtspunkte, das kann nicht fraglich sein. Ich selbst bin kein Himmelstürmer, Sie wissen, meine Herren, dass ich trotz jahrelanger, intensivster Beschäftigung mit der Frage nur äusserst selten an die Öffentlichkeit getreten bin. Es war nicht Furcht, auch nicht der Zweifel, den ich in den Wert des Handfertigkeitsunterrichtes setzte, sondern absichtliche Zurückhaltung, um nicht zu einer Zeit, in welcher die Versuche noch kein klares Bild gaben, die Opposition hervorzurufen. Ich empfehle auch heute noch ein ruhiges, langsames Vorwärtsschreiten und erlaube mir, Sie zur Mitarbeit an dem Ausbau wie an der kritischen Beurtheilung des Handfertigkeitsunterrichtes einzuladen. Das beste Mittel hiezu dürfte Ihnen die persönliche Beobachtung des Lebens und Treibens in einer Schulwerkstätte bieten, deshalb lade ich Sie zum Besuch unserer Schulwerkstätte im VII. Bezirk, Zollergasse 41, auf das herzlichste ein. Auf Wiedersehen daselbst!

Anmerkung. Eine Anzahl von Mitgliedern der „Wiener pädagogischen Gesellschaft" leistete der freundlichen Einladung Folge und besichtigte im Laufe des Sommers die genannte Anstalt.

IX.

Eine Reform der deutschen Satzlehre.

Referat, erstattet am 7. October 1887 von M. ZENS.

„Die tiefe und unbesiegliche Abneigung, Unklares und Willkürliches als Klares und Nothwendiges den Schülern erscheinen zu lassen, hat mich schon vor dreissig Jahren bewogen, in der grammatischen Belehrung andere Wege zu versuchen, als die viel betretenen und doch nicht zum erwünschten Ziele führenden." .... „Dabei leitete mich überall der Gedanke, dass die mit wissenschaftlicher Erkenntnis übereinstimmende Unterrichtspraxis nicht nur wirklich grammatisches Verständnis von Seiten des Schülers als Ergebnis, sondern auch in den Lehrstunden selber leichteres und freudigeres Lernen, frischeres und hingebenderes Lehren herbeiführen müsse, als es bei den gewöhnlichen Satztheorien möglich ist, wo so oft Lücken, Unklarheiten, Widersprüche, Willkürlichkeiten den Unterrichtsgang holpricht, unerquicklich und langweilig machen." Mit solchen und ähnlichen Worten wendet sich Gymnasialdirector Franz Kern aus Berlin in einer Anzahl Schriften, auf welche hiemit die Aufmerksamkeit gelenkt werden soll, an die deutsche Lehrerwelt. Es sind dies: 1. Die deutsche Satzlehre, 1882, December; 2. Zur Methodik des deutschen Unterrichtes, 1883; 3. Grundriss der deutschen Satzlehre, 1884; 2. Auflage 1885; 4. Zur Reform des Unterrichtes in der deutschen Satzlehre, 1884; 5. Zustand und Gegenstand, 1886.

Es wird meine Aufgabe sein, den wesentlichen Inhalt dieser Schriften anzugeben, ihn mit Rücksicht auf die eingangs angeführten Worte zu prüfen und auch nach der Richtung hin zu untersuchen, wie weit durch die Kern-schen Vorschläge das Gebiet der Volks- und Bürgerschule berührt wird. Vorweg muss bemerkt werden, dass der Verfasser vom Gymnasium ausgeht und im Vorwort der zweiten Schrift den praktischen Nutzen des Unter-richtes in der deutschen Satzlehre äusserst gering veranschlagt, ja sogar ausspricht, dass die für das praktische Bedürfnis nöthige Belehrung recht häufig „bei Kindern gebildeter Eltern gänzlich überflüssig ist" — eine Anschauung, die ich umsoweniger theile, als die Grenze zwischen „praktischem" und „idealem" Nutzen überhaupt nicht sicher festzustellen ist. Da nun der Verfasser diejenige grammatische Bildung als die fruchtbarste erklärt, „welche die wenigsten Concessionen an einen etwaigen praktischen Nutzen macht," so könnte man meinen, dass hier ein wissenschaftliches System aufgebaut werde für die höheren Unterrichtsstufen, dass es sich daher nicht empfehle, Anknüpfungspunkte für die Volks- und Bürgerschule zu suchen. Die K.'schen Schriften wenden sich freilich zunächst an das Gymnasium; sie sind aber für den Unterricht in den unteren Classen daselbst, ja zum Theil ausdrücklich für den „Anfangsunterricht" geschrieben. Das Gymnasium beginnt so ziemlich mit den gleichen Altersstufen, mit denen die Bürgerschule beginnt; es kann demnach der Stoff des Untergymnasiums (abgesehen davon, dass er im Obergymnasium die entsprechende Fortführung findet und ausserdem mit Latein, dann Griechisch parallel läuft) wohl mit dem der Bürgerschule verglichen werden. Auch spricht der Verfasser wiederholt von den „Anfangsgründen" und beruft sich nicht auf die eine oder die andere gleichgeartete fremdsprachliche Construction, im Gegentheile beklagt er es, dass man „oft genug nach dieser oder jener Besonderheit des Lateinischen, für welche das Deutsche durchaus andere Mittel des sprachlichen Ausdrucks besitzt, die deutsche Sprachlehre so gestaltet hat, dass häufig die deutsche Eigenthümlichkeit verwischt und infolge davon wissenschaftlich Unhaltbares gelehrt wird."

Die vorliegende Arbeit wird zuerst den Inhalt der fünf Schriften skizzieren, dann die für den Anfangsunterricht gegebenen Weisungen darlegen, endlich an der Hand des K.'schen „Grundrisses" die Entwicklung des neuen Systems aufzeigen. Es wird sich hierbei weniger um wissenschaftliche Ausführungen, als vielmehr um jene Details handeln, die für den Schulgebrauch von Belang erscheinen. Wo eine Belegstelle oder der Hinweis auf dieselbe nöthig erscheint, ist mit leicht unterscheidbaren Abkürzungen das betreffende Buch angegeben.

I. **Die deutsche Satzlehre.** Eine Untersuchung ihrer Grundlagen. 8⁰. III Seiten. — Nach dem Vorworte ist diese Schrift zunächst für die Lehrer, denen der Unterricht in der deutschen Sprache übertragen ist, . eine Aufforderung, „von neuem zu erwägen, ob nicht aus diesem Unterrichte manche nicht nur ganz unnöthigen, sondern geradezu verwirrenden Unterscheidungen besser wegfallen können, damit Raum geschaffen werde für eine gründliche Belehrung über den Bau des einfachen Satzes". Die Abhandlung gliedert sich in sechs Capitel. 1. Satz und Urtheil. Der Verfasser wendet sich gegen die Hineinmengung logischer Abstractionen in die Grammatik, namentlich dagegen, dass Satz und Urtheil identificiert werde. Er untersucht eingehend die Begriffe Satz und Urtheil, erklärt das finite Verbum als Hauptbestandtheil des Satzes (S. 65 „es ist selber schon der Satz in seiner einfachsten Form") und demgemäss den Satz als einen mit Hilfe eines finiten Verbums ausgedrückten Gedanken (S. 24), dagegen das Urtheil als eine Subsumierung eines Begriffes unter einen andern. K. vergleicht hiebei (S. 26) den lebendigen Organismus der menschlichen Rede, des Satzes, mit einem Baum, der zwei deutlich geschiedene Äste, die sich nachher auf das mannigfaltigste gliedern, aus sich hervortreibt. Das finite Verbum nämlich hält er gleich dem noch ungetheilten Stamm, die beiden Äste den Bestimmungen der Verbalperson (dem Subjectswort) und den Bestimmungen des Verbalinhalts (den Prädicatsbestimmungen). Nach der logischen Auffassung des Satzes dagegen würde der Subjectsbegriff in den Prädicatsbegriff hineingelegt, wie eine kleinere Schachtel in die grössere Schachtel. Dieser Abschnitt richtet sich gegen Becker, Wurst u. s. w.; was darin noch sonst von Haupt-, Neben- und verkürzten Sätzen behandelt wird, soll später eingehender berührt werden. 2. Subject und Subjectswort. Das finite Verbum enthält den Verbalinhalt (das Prädicat) und die Subsistenz, an welcher er haftet (das Subject), in einem einzigen Worte bis zur Unlöslichkeit verbunden. Das Subject ist die durch die Verbalform selber ausgedrückte Subsistenz, das Subjectswort die durch ein besonderes Wort ausgedrückte Subsistenz. Es gibt keine subjectlosen Sätze, wohl aber entbehren einige Sätze des Subjectswortes — wenn nämlich die Subsistenz ausser der Verbalform durch kein besonderes Wort ausgedrückt ist. Der Begriff „logisches Subject" ist in der Satzlehre völlig unberechtigt. Die obliquen Casus bestimmen sämmtlich den Verbalinhalt, der Subjectsnominativ bestimmt die Person, die Subsistenz. 3. Von der sogenannten Copula. Die innige, untrennbare Verbindung der zustandlosen Subsistenz (Substantiv) und des subsistenzlosen Zustandes (Infinitiv) erscheint in der durch das finite Verbum geschaffenen sprachlichen Form. Wollte man etwas als Copula bezeichnen, so könnte nur diese Verbindung damit gemeint werden, nicht aber die durch die Formen des Zeitwortes „sein" erfolgte. Die Verbindung liegt jederzeit nur in dem finiten Verbum, nämlich in dem innigen Zusammensein des Verbalinhaltes mit der Verbalperson. Sie liegt auch in dem unscheinbaren „ist", das den Begriff der Existenz und die dritte Verbalperson, also einen Zustand und eine Subsistenz, genau ebenso deutlich und bestimmt ausdrückt, wie jedes finite Verbum, das in der dritten Person steht. 4. Bestimmter und unbestimmter Artikel, Hilfszeitwörter, Präpositionen. Der Artikel ist keine besondere Wortart, es ist nur von einem schwach betonten Demonstrativum und von einem schwach betonten Zahlwort zu sprechen, auch „bestimmt" und „unbestimmt" sollten wenigstens den Ausdrücken „bestimmend" und „nicht bestimmend" weichen. Die Unterscheidung von Hilfszeitwörtern und anderen Zeitwörtern ist für die Grammatik wertlos; zum mindesten ist die Bezeichnung Hilfszeitwort zu beschränken auf die Verben sein, haben, werden, weil diese gebraucht werden müssen, wenn ein Verbum durchconjugiert werden soll. Auch die Unterscheidung von subjectiven und complementären Verben ist wissenschaftlich haltlos. Die Ausdehnung der Bezeichnung Präposition auf eine Menge von Wörtern muss eingedämmt werden. Das Vernünftigste wäre, so wie im Griechischen nur diejenigen ursprünglich Raumverhältnisse angebenden, mit dem Casus eines Nomens verbundenen Wörter als Präpositionen zu bezeichnen, welche mit Verbis und Nominibus componiert werden können. Die Präpositionen mit dem Genetiv sollten aus der Grammatik überhaupt gestrichen werden. 5. Verkürzte, nackte und bekleidete, zusammengezogene Sätze. Die verkürzten Sätze sind weder verkürzt, noch sind es überhaupt Sätze, sondern Bestimmungen im Satze. Die Bezeichnung „nackte und bekleidete Sätze" ist überflüssig. (In „Zur Meth." 5 wird auch die Bezeichnnng „erweiterter Satz" angefochten.) Ganz willkürlich ist die Annahme von zusammengezogenen Sätzen; man kann nur von Sätzen mit verdoppeltem (vervielfachtem) Subjectswort, Object, Prädicatsgenetiv etc. sprechen. 6. Praktische Vorschläge. (Diese Vorschläge entsprechen den vorangegangenen Ausführungen, finden sich auch in späteren Schriften und daselbst ausführlicher behandelt.)

II. **Zur Methodik des deutschen Unterrichts.** 112 S. — Das Buch enthält zuerst grammatische Vorbemerkungen, in denen kurz wiederholt wird, was die vorgenannte Schrift umständlich und wissenschaftlich begründet, beziehungsweise als Neuerung vorgeschlagen hat. Diese Vorschläge werden noch ergänzt durch die Einschränkung des Begriffes „Object" auf jene Accusative, welche bei der Verwandlung ins Passiv Subjectsworte werden, und durch eine neue Bezeichnung für Artikel („Zeiger" und „Zähler"). Hierauf folgt die grammatische Behandlung von Lesestücken; es wird die Lessing'sche Fabel „Die Sperlinge" analysiert und die Herausstellung aller jener grammatischen Begriffe vorgenommen, die namentlich innerhalb des einfachen Satzes nach der K.'schen Auffassung zu gewinnen sind. Dieser Theil ist also durchaus praktischer Art, und ich gehe nur

deshalb nicht näher darauf ein, weil ich die Besprechung der praktischen
Durchführung an die späteren Schriften „Grundriss" und „Zustand und Gegenstand" anknüpfen will. Endlich folgt als dritter Abschnitt dieses Buches von
Seite 35—112: Behandlung dichterischer Lesestücke. Dieser Theil
spricht über die Behandlung und Auswahl von Gedichten kleineren Umfanges, und zwar für alle Stufen des Gymnasialunterrichtes, und wurde veranlasst durch einige neuere Erscheinungen der didaktischen Literatur, so
besonders durch das von Nadler herausgegebene Werk „Erläuterung und
Würdigung deutscher Dichtungen." So beachtenswert dieser Abschnitt ist,
so ist er doch nur zufällig in die grammatischen Schriften hineingerathen,
und ich lasse ihn, als abseits vom Wege führend, liegen.*)

III. **Grundriss der deutschen Satzlehre.** 1. Auflage 1884. 2. Auflage
1885. 79 S. — Das ist nun ein grammatisches Lehrbuch, bestimmt für die
Classen bis Tertia der preussischen Gymnasien; es wird neben der Schrift „Zustand und Gegenstand" für die vorliegende Untersuchung ganz besonders in
Betracht gezogen werden, weil sich gerade in einem für die Hand der Schüler berechneten Lehrbuche das ganze System mit seinen Eintheilungen und Definitionen klar zeigen, resp. bewähren muss.

IV. **Zur Reform des Unterrichts in der deutschen Satzlehre.**
71 S. — Eine Streitschrift, welche einige der erschienenen Kritiken über die
erste Schrift „Die deutsche Satzlehre", theils zustimmenden, theils ablehnen-
den Inhalts, bespricht. Besonders eingehend ist die Kritik von W. Wilmanns
in der „Zeitschrift für das Gymnasialwesen", Band 37 und 38, gewürdigt,
dann die von Oskar Erdmann in der „Zeitschrift für deutsches Alterthum",
Band 27, die von O. Bochin im „Centralorgan für die Interessen des Real-
schulwesens", Jahrg. XII, endlich werden die gegen die praktische Durchführbarkeit gerichteten Ausführungen in der „elften Generalversammlung des
Provinzialvereines Pommern" berührt. Der grösste Theil dieser Schrift beschäftigt sich mit Wilmanns, und so interessant auch die Ausführungen sind,
so lässt sich doch an dieser Stelle nicht weiter darauf eingehen.

V. **Zustand und Gegenstand.** Betrachtungen über den Anfangsunterricht in der deutschen Satzlehre. Nebst einer Lehrprobe. 134 S. — Der Verfasser benützt die Vorrede, auch einige Stellen des
Textes, zu Entgegnungen auf mehrere Recensionen und verweilt hierbei fast

---

*) Ich gestatte mir hier die Anmerkung, dass K. über diesen Zweig des deutschen
Unterrichtes sich mehrfach ausgesprochen hat; es sind im gleichen Verlage — Nicolai
(R. Stricker) in Berlin — von ihm erschienen: „Lehrstoff für den deutschen Unterricht
in Prima"; „Goethe's Torquato Tasso"; „Deutsche Dramen als Schullectüre"; „Drei
Charakterbilder aus Goethes Faust"; „Friedrich Rückerts Weisheit des Brahmanen".

durchwegs auf den wissenschaftlichen Grundlagen; dagegen beschäftigt sich der übrige Theil des Buches mit der methodischen Durchführung. Den Ausgangspunkt bildet, wie aus dem bisher Erwähnten zu schliessen ist, nicht das Subject, sondern das finite Verb. Als Anhang erscheinen in 20 Absätzen die „Grundsätze und Vorschläge für den Anfangsunterricht in der deutschen Satzlehre." In dieser letzten Schrift findet sich endlich auch die lang gesuchte Beziehung auf die Volks- und Bürgerschule (S. 35, 36 und 110). Im übrigen spricht der Verfasser immer nur von „Anfangsunterricht", setzt aber (S. 56) voraus, „dass dem Schüler die Hauptthatsachen der Formenlehre bekannt sind". Die gegebene Lehrprobe soll „in das allererste Verständnis des Satzes" einführen, doch sind die Beispiele und Ausführungen nicht durchweg elementar gehalten; auf welche Art die Thätigkeit der „Vorschule" beurtheilt oder genutzt wird, ist aus den K.'schen Schriften nicht klar zu ersehen.

Es erscheint mir gerechtfertigt, die „Grundsätze und Vorschläge für den Anfangsunterricht in der deutschen Satzlehre", wie sie K. in „Zustand und Gegenstand" aufstellt, ihrem Wortlaute nach anzuführen, wenn auch das Wesentliche derselben auf kürzere Weise ausgedrückt werden könnte. Aber K. bemerkt S. XIX ausdrücklich: „Als Anhang habe ich dem Buche in kurzer Übersicht die methodischen Grundsätze und die wissenschaftlichen Überzeugungen hinzugefügt, welche nach meiner Meinung bei zweckmässigem Unterricht in den Anfangsgründen der deutschen Satzlehre zur Anwendung kommen sollten," — und da will ich dem Verfasser das Wort ertheilen, dass er seine Sache selbst führe.

„1. In der Satzlehre von einer Frage auszugehen, auf welche der Schüler lediglich mit dem zu behandelnden Satze selber antwortet (z. B. der Knabe schreibt. Wer schreibt? Der Knabe schreibt), ist nur scheinbar ein Anfang grammatischen Unterrichtes und beansprucht vom Schüler nicht das allergeringste Nachdenken."

„2. Das Prädicat stets durch die Frage ‚was thut der u. s. w.?‘ zu ermitteln, setzt eine undeutsche, den Schüler mit Recht befremdende und darum ungehörige Erweiterung des Begriffes ‚thun‘ voraus."

„3. Zur Ermittlung des Prädicats bald die Frage ‚was thut —?‘, bald ‚was leidet —?‘, bald ‚wie ist —?‘ anzuwenden, ist darum unzulässig, weil dabei eine Kenntnis vom Inhalt des Satzes, der doch erfragt werden soll, schon im voraus angenommen wird." — In der den „Grundsätzen etc." vorausgehenden Lehrprobe (S. 60 ff.) beginnt K. damit, dass er einen Satz vorsprechen oder vorlesen lässt, um daran klar zu machen, dass jeder Satz eine Mittheilung enthalten müsse, und dass ein Wort oder eine Wortverbindung, worin eine Mittheilung nicht enthalten ist, auch nicht Satz genannt werden dürfe. Er lässt dann einen aus zwei Wörtern bestehenden Satz betrachten: „Karl arbeitet", forscht nach dem Mitgetheilten und lässt Sätze bilden, in denen von Karl andere Zustände angegeben werden. Er gewinnt den Begriff „Zeitwort" und lehrt, dass das Zeitwort der nothwendigste Bestandtheil im Satze ist und daselbst Prädicat oder Aussage genannt wird. Dass das Verb der nothwendigste Bestandtheil des Satzes ist, wird a. a. O. wiederholt betont, unter anderem ist auf Diesterwegs „Praktischen Lehrgang" verwiesen (II, 173: „In grammatischer Hinsicht gibt es nur einen Hauptbestandtheil des Satzes: das Verb"). Vom finiten Verb aus werden die übrigen Satztheile erfragt, wobei sich ergibt, dass nur das finite Verb durch die Wörter des Satzes nicht erfragt werden kann. Das Wort „Zustand" gebraucht K. im weiteren Sinne, so dass es alles das, was wir als „Thätigkeit, Leiden oder blossen Zustand" zu bezeichnen pflegen, in sich schliesst. („Zust. u. G." 40.) Als allgemeines Fragewort nach dem Prädicate verwendet K.: „Wovon ist in dem Satze die Rede?" („Zur Meth." 8; siehe auch Punkt 17 der „Grundsätze etc.")

„4. Die im Interesse der grammatischen Erkenntnis (der Erkenntnis der einzelnen Satztheile) an die Schüler gerichteten Fragen müssen so gestellt werden, dass eine grammatisch genau entsprechende Antwort von ihnen gegeben werden kann. Also kann durch die Fragen ‚was thut der u. s. w.?‘ ‚was leidet der u. s. w.?‘ welche offenbar nach dem Object eines Thuns oder Leidens fragen, nicht das Aussagewort, das finite Verb selber, erfragt werden. Richtig werden dadurch vielmehr in Sätzen, wie ‚er thut Unrecht‘, ‚er litt Noth‘, die Objecte Unrecht und Noth erfragt." — Solange die Begriffsbestimmung des Zeitwortes dahin lautet, dass das Zeitwort „ein Thun, ein Leiden oder einen blossen Zustand" bezeichnet, solange ist die beregte Fragestellung nicht zu verwerfen. Übrigens verhält sich hier K. bloss negativ, da er eine völlig entsprechende Frage nicht angibt. Denn auf die Frage „Wovon ist in dem Satze die Rede?" wird eine zwar inhaltlich, aber nicht „grammatisch genau entsprechende Antwort" erfolgen. Lautet der Satz (Punkt 17): „Der Knabe kommt", so ist nach der obigen Frage wohl „von dem Kommen" des Knaben die Rede; diese Antwort enthält aber einen präpositionalen Dativ, während die „grammatisch genau entsprechende Antwort" doch das finite Verb enthalten müsste. — Wir haben den Anfangsunterricht im Auge. Bei diesem Anfangsunterricht gehen wir aber so vor, dass wir die Kinder zunächst an ausgewählten (Muster-) Beispielen die Satzglieder erkennen, das Gefüge des sprachlichen Gedankenausdruckes anschauen lassen. Dann erst, wenn diese Übung vorausgegangen ist, führen wir die Schüler zu der Erkenntnis, dass die bisherige Fragestellung grammatisch nicht ausreichend ist, dass daher nach einem allgemeinen Merkmale geforscht werden muss, wie ein solches in den nachfolgenden Punkten 8 und 9 von den substantivischen und adjectivischen Wörtern angegeben wird. Aus derselben Rücksicht für den Anfangsunterricht beginnen wir auch nicht mit Frage-, Ruf-, Befehlssätzen u. dergl., sondern mit dem Behauptungssatze.

„5. Das Fremdwort ‚Substantiv‘ ist nicht zu entbehren, schon weil das davon abgeleitete Eigenschaftswort ‚substantivisch‘ völlig unentbehrlich ist, da es sehr zweckmässig ist, substantivische Wörter (wie ‚ich‘, ‚wer‘) von Substantiven im engeren Sinne zu unterscheiden. Will man aber ein deutsches Wort dafür verwenden, so ist immer noch ‚Hauptwort‘ (obwohl das hauptsächlichste. wesentlichste Wort in jedem Satze das Aussagewort ist) der anderen, neuerdings vielfach üblich gewordenen Übersetzung ‚Dingwort‘ vorzuziehen. Unter Dingwörtern auch Bezeichnungen von Personen und Räumlichkeiten zu verstehen, ist eine nicht zu billigende Vergewaltigung unserer Sprache; und Zustände und Eigenschaften, wie ‚Freude‘, ‚Tapferkeit‘, werden wohl im Gegensatz zu den Adjectiven ‚freudig‘ und ‚tapfer‘ so gedacht, als wären sie etwas Selbständiges, aber als Dinge sieht sie darum noch keiner an.“ — Was die lateinischen Bezeichnungen anbelangt, ist zu bemerken, dass sie bei uns nur in beschränktem Masse angewendet werden. Ich kann mich für die vollständige Beseitigung derselben nicht aussprechen — trotz des Beschlusses der vorjährigen niederösterreichischen Landeslehrerconferenz, wo bekanntlich Director M. Binstorfer ein Referat über den „Sprachunterricht auf Grundlage der Lesebücher“ erstattet hat. *) „Dingwort“ ist bei uns nicht gebräuchlich, sondern allgemein „Hauptwort“; statt „substantiviert“ sagen wir „hauptwörtlich gebraucht“.

„6. Das Zeitwort sollten die Schüler nicht zuerst als Infinitiv (welcher zu den substantivischen Wörtern gehört) kennen lernen, sondern gleich aus dem Satze heraus in seiner nur ihm eigenthümlichen und den ganzen Satz beherrschenden Kraft als Aussagewort, als finites Verbum erkennen.“ — Das geschieht wohl im Elementarunterrichte, da man ja vom Satze ausgeht; natürlich lässt man neben der flectierten Form sogleich die unflectierte merken. Jedenfalls ist es von Wichtigkeit, und kein Lehrer unterlässt es, die verschiedenen Wörter recht häufig bezüglich ihrer Function im Satze betrachten zu lassen.

---

*) Abgedruckt in der Fachzeitschrift „Die Volksschule“, 1886, Nr. 44—48; die Thesen hierüber siehe „Pädagogisches Jahrbuch 1886“, Seite 159.

„7. Die Ungenauigkeit, mit welcher man oft die drei Verbalpersonen als die sprechende, angeredete und besprochene erklärt, sollte vermieden werden. Dass der Sprechende, wenn er die erste Person anwendet, sich bespricht, wenn er die zweite Person gebraucht, den Angeredeten bespricht, und wenn er das Zeitwort in die dritte Person stellt, etwas anderes als sich oder den Angeredeten bespricht, sieht jeder Schüler ein. Warum also den unrichtigen Schein erwecken, als wären die beiden ersten Personen nicht immer auch besprochene, und es so ausdrücklich nur von der dritten behaupten, die in ihrem eigenthümlichen Wesen, in ihrem Unterschiede von den beiden anderen dadurch auch nicht von fern gekennzeichnet wird?" — Die Ungenauigkeit, die in der Bezeichnung „sprechende, angesprochene, besprochene Person" liegt, ist nicht zu leugnen, doch ist die vorgeschlagene Form: „wenn der Sprechende sich, den Angeredeten etc. bespricht", für den Anfangsunterricht nicht recht verständlich. Eine ausreichende und zugleich verständliche Erklärung würde sein: Man unterscheidet in der Rede dreierlei Personen; 1. die Person, welche spricht und zwar von sich selber spricht — das ist die e r s t e Person; 2. die Person, zu welcher und von welcher zugleich gesprochen wird — das ist die z w e i t e Person; 3. die Person, welche weder selbst spricht, noch angesprochen wird, sondern von welcher bloss gesprochen wird — das ist die d r i t t e Person. Unberücksichtigt lasse ich hierbei die abweichenden conventionellen Formen in der Anrede (die Formen der dritten Person für die der zweiten Person) und die Redewendungen, wie sie namentlich in Briefen (Schlussformel: Es grüsst dich herzlich Dein Freund N. N.) zur Anwendung gelangen. Der Anfangsunterricht geht von wirklichen, leibhaftigen Personen aus: von einer Person, die spricht; von einer Person, zu der gesprochen wird; von einer dritten Person, v o n welcher gesprochen wird. Später erst findet die Übertragung auf das grammatische Personenverhältnis und die Anwendung auf nicht „persönliche" Subjecte statt, und es werden die Personsbezeichnungen technische Ausdrücke mit einem bestimmten grammatischen Begriffsinhalt. In Ermangelung eines passenden kurzen Ausdrucks — da die dritte Person nur negativ bestimmt werden kann — wird man entweder die Ungenauigkeit entschuldigen oder sich auf die Bezeichnung „erste, zweite, dritte Person" beschränken.

„8. Was ein substantivisches Wort ist, lernen die Schüler am besten durch dessen Stellung im Satze gleich bei der allerersten Unterweisung in der Satzlehre kennen, nicht durch eine Begriffsbestimmung, welche vom Satze absieht. Alles, was Subjectswort sein kann, ist ein substantivisches Wort, natürlich auch die persönlichen Fürwörter. Bald genug erfahren sie denn

10*

auch, wodurch es ihnen eigentlich vor allem Unterrichte in der Satzlehre möglich war, die Substantiva (durch das ganz mechanische Verfahren mit dem Artikel) zu erkennen, weil sie begreifen, dass es im Wesen der Substantiva liegt, überhaupt durch Adjectiva bestimmt zu werden, also auch durch adjectivische Fürwörter, von denen eins der sogenannte Artikel ist." — Gilt erst für die Oberclasse der Volksschule und für die ganze Bürgerschule, ist deshalb als Unterweisung in der Satzlehre nicht eine „allererste".

„9. Nur aus dem Satze lernen die Schüler auch begreifen, was ein Adjectivum ist. Denn Eigenschaften zu bezeichnen, kommt dem Substantivum ebenso gut zu, wie dem Adjectivum; aber die Eigenschaften, nie als selbständig gedachte, sondern als einem andern anhaftende (sprachlich durch Gleichheit der Flexion ausgedrückt) zu bezeichnen, das ist Sache des Adjectivs und keines anderen Redetheiles. Also allein die Lehre vom adjectivischen Attribut führt zur Erkenntnis von dem Wesen des Adjectivs."

„10. Es ist unvermeidlich, Subject und Subjectswort zu unterscheiden; sonst erscheinen dem Schüler manche Sätze, vor allem die so häufigen Imperativsätze, als subjectlose." — Dieser so unscheinbare Satz ist wichtig für die K.'schen Aufstellungen. Wir begnügten uns bisher mit Folgendem: Der vollständige Satz muss Subject und Prädicat haben; fehlt im sprachlichen Gedankenausdrucke eines dieser Hauptsatzglieder, oder fehlen beide, so müssen sie hinzugedacht werden können. In der Grussformel „Guten Morgen!" muss sowohl ein Subject als auch ein Prädicat vorausgesetzt werden, sonst wäre der Ausspruch kein sprachlicher Gedankenausdruck, kein Satz. Im Imperativsatze wird das Subject durch die Personalendung des Zeitwortes angedeutet, aber nicht ausgedrückt.

„11. Die Bezeichnung Copula ist vom Unterricht fernzuhalten. Das Verbum ‚sein‘ für ein Verbum wie die anderen zu halten, dürfen die Schüler durch den Unterricht nicht gehindert werden. Sätze, in denen das Verbum ‚sein‘ allein Prädicat ist, sind zwar selten, aber nicht seltener und jedenfalls inhaltsvoller als solche, in denen die Verba ‚haben‘ und ‚nehmen‘ allein die Aussage enthalten. Und ein vernünftiger Satz, in dem das Prädicat ganz allein durch eine Form des Zeitwortes ‚gleichen‘ gebildet würde, ist überhaupt kaum denkbar." — Die Bezeichnung „Copula" oder „Satzband" ist in der That nicht nöthig. In dem Satze „Das Pferd ist schnell" ist die Aussage „schnell sein" oder „ist schnell", nicht aber „schnell" allein. Ich habe dies gar nie anders gehalten, wohl aber erwähnt, dass „ist" auch Copula genannt wird, damit den Schülern das Wort nicht unbekannt bleibe, wenn sie anderswo davon hören oder bei einem Examen darnach gefragt werden. Es heisst ja schon auf der ersten Stufe des Elementarunterrichtes:

Vom Subjecte wird ausgesagt 1. was es ist, 2. wie es ist (beides eine
bestimmte Art des Seins), 3. was es thut, 4. was mit ihm geschieht (beides
eine bestimmte Art des „Zustandes"). Wenn nun irgendwo in „Das Schaf
ist ein Hausthier" und „Der Fuchs ist listig" die Wörter „Hausthier" und
„listig" als Prädicate erklärt werden, so ist dies nichts anderes als eine
Nachlässigkeit, die kaum als „Kürzung" zu entschuldigen wäre. Es wird
nur noch die Frage zu lösen sein, ob man nun sprechen solle von substantivischen und adjectivischen Prädicatsnominativen etc., die zu den Zeitwörtern sein, werden, bleiben, scheinen, heissen u. s. w. gesetzt werden,
oder wie bisher vom Prädicat schlechtweg. Für die allgemeinen Schulen
empfiehlt es sich, das letztere zu thun. Von den Neuerungen, welche K. in
der Bezeichnung der übrigen Satztheile versucht, wird später die Rede sein.

„12. Die Bezeichnung ,Artikel' auch auf das unbetonte Zahlwort ,ein'
auszudehnen, ist zu missbilligen, weil dadurch eine Wortclasse geschaffen
wird, deren eine Art ein Demonstrativpronomen, und das andere ein Zahlwort ist." — Hierin stimme ich K. nicht bei. Der Elementarunterricht
braucht den kurzen Namen, und es kommt nur darauf an, dass man „Artikel" oder „Geschlechtswort" nicht als eine Wortart erklärt. Der Ausdruck
ist ein gewohnter und sonst auch unschädlicher; in der Bürgerschule aber
ist vom unbetonten Demonstrativpronomen und vom unbetonten Zahlwort
ausdrücklich zu sprechen — ohne die Bezeichnung Artikel fortzuwerfen.

„13. Für die Übungen im Declinieren ist nicht immer nur ,der' und
,ein' zu gebrauchen, sondern zuweilen auch ,dieser', ,jener' und ,mein',
,kein', damit die Schüler nicht zu der verkehrten Meinung kommen, in der
deutschen Sprache seien Wörter lediglich zu dem Zweck vorhanden, dass
man mit ihrer Hilfe decliniere und die Substantiva an ihnen erkennen könne.
— Bei der Lehre von den adjectivischen Attributen darf man das unbetonte
Demonstrativpronomen (den Artikel) und das unbetonte Zahlwort am aller-
wenigsten vergessen, weil gerade diese beiden die häufigsten adjectivischen
Attribute sind."

„14. Es ist kein Grund vorhanden, warum man den Nominativ, welcher
als Anrede dient und in dieser Verwendung Vocativ genannt wird, für etwas
anderes ausgeben solle als für das Subjectswort des Satzes, falls er dieselbe
Person bezeichnet, wie die finite Verbalform. Die andern Vocative natürlich stehen ausserhalb der Satzfügung, wie das auch bei manchen Nominativen, Genetiven, Accusativen der Fall ist." — Dieser Absatz verlangt eine
eingehendere Prüfung, namentlich fällt der im zweiten Satze liegende innere
Widerspruch sofort in die Augen. Ich nehme bei der Betrachtung des „Grdr."
Gelegenheit, hierüber ausführlicher zu sprechen."

„15. Nur derjenige Schüler hat eine Einsicht in die wesentlichsten grammatischen Verhältnisse des einfachen Satzes gewonnen, der mit Sicherheit und Vollständigkeit weiss, auf welche verschiedene Arten einerseits das finite Verbum, andererseits die Substantiva bestimmt werden können. Wer zum Beispiel von einem adverbialen Attribut noch nichts weiss, hat diese Einsicht noch nicht gewonnen. — Zu diesen e r s t e n nothwendigsten Erkenntnissen gehört aber nicht die Lehre vom doppelten Objecte und vom Prädicatsaccusativ."

„16. Die allererste Erkenntnis, die der Schüler gewinnen soll, bevor noch mit ihm über Subject und Prädicat gesprochen wird, ist die, dass jede Rede, jeder Satz zwar nicht immer eine Aussage, aber stets eine M i t t h e i - l u n g ist. Entweder theilt der Sprechende irgend etwas T h a t s ä c h l i c h e s mit (er sagt etwas aus, b e h a u p t e t etwas), oder er theilt seinen W i l l e n mit, sei es, etwas zu erkennen (F r a g e s ä t z e), sei es, etwas in der Wirklichkeit zu verändern (i m p e r a t i v i s c h e S ä t z e)." — In „D. d. S." 92 heisst es: „Man pflegt es doch als eine ganz unbestreitbare grammatische Wahrheit gelten zu lassen, dass der Satz eine Aussage enthält" (und auf S. 93 positiv: „.... das durchaus wesentliche Merkmal, dass der Satz eine A u s s a g e enthalten müsse").

„17. Auf alle drei Möglichkeiten des Inhalts der Sätze passt stets die Frage ,wovon ist in dem Satze die Rede?' Denn mag der Satz lauten ,Der Knabe kommt' oder ,Komm, Knabe' oder ,Kommt der Knabe?', immer ist von dem Kommen des Knaben die Rede, das im ersten Satze behauptet, im zweiten gewollt und im dritten zu erkennen begehrt wird." — (Siehe Punkt 3 und 4, sowie die Bemerkung hiezu.) Hieher erlaube ich mir die Antwort zu setzen auf eine von K. im selben Buche S. 13 gestellte Anfrage. Er sagt, es wäre ihm „für die Methode des Anfangsunterrichtes überaus erwünscht", wenn die Lehrer ihm mittheilen wollten, wie sie die Schüler dazu bringen, dass diese auf die Frage „Wovon ist die Rede?" mit dem Subjectsbegriff antworten. Die Sache ist doch leicht erklärlich. Wenn dem Schüler erst gesagt wird: „Subject ist der Gegenstand der Rede" und „Prädicat ist das Ausgesagte", und wenn ihm dies an den einfachsten Beispielen gezeigt wird, warum soll er nicht unter der Frage „Wovon ist die Rede?" die Frage nach dem Satzgegenstand, dem Gegenstande der Rede oder dem Subject, verstehen? Wenn K. diese Antwort nicht befriedigen sollte, da es ihm „weder durch Nachdenken noch durch die Erfahrung möglich geworden, den zum Ziele führenden Weg zu entdecken," so brauche ich nur auf die in „Zur Ref." 53 mitgetheilten Worte Wilmanns' zu verweisen. (Wilmanns, mit der K.'schen Fragestellung nicht einverstanden, sagt: „Wenn ich fünf einfache Sätze nehme und bei jedem hintereinander die Frage wiederhole: Wovon ist in dem Satze die Rede? und die Frage mit der Angabe des verb. fin. beantworte, so wird der Quartaner witzig genug sein, zu verstehen, welche Antwort der Lehrer auf seine Frage verlangt"). Freilich darf man für einen „Anfangsunterricht" nicht den der obigen Anfrage beigesetzten Satz verwenden: „Den siegreichen Feldherrn empfiengen gestern die Bürger in der festlich bekränzten Stadt mit unermesslichem Jubel." Damit soll aber die Richtigkeit der in Punkt 17 empfohlenen Fragestellung nicht im mindesten angezweifelt werden. Wir gebrauchen als allgemeine Frage nach dem Prädicate auch: „Was wird von dem Subjecte ausgesagt?"

„18. Auch auf die Sätze mit dem Prädicate ‚sein' passt diese Frage. Heisst der Satz ‚Die Rose ist schön', so ist in ihm von dem Schönsein der Rose, oder, was genauer dasselbe bedeutet, von ihrer Schönheit die Rede. In dem Satze ‚Karl schrieb gestern einen Brief an seinen Freund' ist zunächst von einem Schreiben die Rede. Durch die Bestimmungsfragen ‚wer?', ‚wann?', ‚was?', ‚an wen?' wird alles erfragt, was zu diesem Inhalt des Aussagewortes Bestimmung ist."

„19. Durch jeden Satz wird uns also immer irgend ein Zustand mitgetheilt (oft mit sehr vielen Bestimmungen versehen), der an irgend einem Gegenstand haftet. Dieser Gegenstand wird zuweilen allein durch die Verbalform (die Person) ausgedrückt. Geschieht es durch die dritte Person, oder wird ihr nichts als das Subjectswort ‚es' hinzugefügt, so wird dieser Gegenstand als ein uns unbekannter bezeichnet." — Dass der Gegenstand auch durch die Verbalform allein ausgedrückt werden könne, ist entschieden zu bestreiten. Die Verbalform weist nur auf das Person- und Zahlverhältnis des Satzgegenstandes.

„20. Was von dem einzelnen Satze gilt, gilt auch von der aus vielen Sätzen bestehenden Rede. Hier den wichtigsten Zustand herauszufinden, von dem aus alles übrige erfragt werden kann (wie im Satze die einzelnen Bestimmungen), ist für die Schüler eine vortreffliche Übung ihres Verstandes und sprachlichen Geschickes und führt sie zu klarer Unterscheidung des Wesentlichen vom Unwesentlichen in einer Darstellung."   ·

So lauten die für den Anfangsunterricht geltenden Vorschläge. Wo ich theilweise oder gänzlich anderer Meinung war, habe ich dies angemerkt; anderen ·Punkten habe ich eine Anmerkung nicht beigesetzt, weil ich den sachlichen Inhalt theils als selbstverständlich, als bereits in die Schulpraxis aufgenommen, theils als Folgerung aus vorausgegangenen Punkten angesehen habe. Die wesentlichsten Vorschläge liegen wohl in den Punkten 10, 11, 14 und 19. Was ich über die K.'sche Satzdefinition (sie ist ihrem Wortlaute nach nicht unter die „Grundsätze" aufgenommen, erscheint aber indirect durch Punkt 19 angegeben) zu sagen habe, findet bei der Besprechung des „Grdr." eine Stelle. Unklar ist der Ausdruck „Anfangsunterricht", da die Ausführungen bald höchst einfach, bald schwieriger, Übung und Erfahrung voraussetzend, gehalten sind; doch enthält der Text wiederholt Hinweise auf Schulen, die keine fremden Sprachen — d. h. kein Latein und Griechisch — lehren, ein Beweis dafür, dass sich die K.'schen Vorschläge nicht auf den Gymnasialunterricht allein beziehen wollen.

— — — — —

Ich wende mich zum „Grundriss für die deutsche Satzlehre." Da K., wie schon angedeutet, viele der bisherigen Bezeichnungen, so: Copula, Hilfszeitwörter, Artikel, Präpositionen mit dem Genetiv, präpositionale Objecte, zusammengezogene und verkürzte Sätze u. m. a., willkürliche und wertlose nennt, so ist es interessant, zu erfahren, ob nach Hinwegräumung dieses unnützen Ballastes für das Gedächtnis, wie er sich ausdrückt, die angestrebte grammatische Einsicht leichter und sicherer erreicht wird. Für die Volks- und Bürgerschulen (es ist hier von den österreichischen Bürgerschulen die Rede) ist die Beachtung dieses Momentes um so nothwendiger, als dieselben auch in diesem Zweige des Unterrichtes zu einem bestimmten Ziele gelangen müssen, und zwar in verhältnismässig sehr beschränkter Zeit, daher ihnen jeder Fingerzeig, ihre Aufgabe rascher und mit weniger Mühe durchzuführen, höchst willkommen sein muss. Die Rücksichtnahme auf das Bedürfnis der allgemeinen Schulen nöthigt mich, wie schon früher bemerkt worden ist, hauptsächlich die elementaren, für den Schulgebrauch berechneten praktischen Vorschläge ins Auge zu fassen. Das Gebiet der eigentlichen Methodik, d. i. der Art und Weise, wie der Unterrichtsstoff den Schülern vermittelt wird, lasse ich hier grossentheils unberührt.

Der „Grundriss" ist für die Classen bis Tertia der preussischen Gymnasien (entsprechend unseren ersten vier Gymnasialclassen) bestimmt und enthält 153 Paragraphen, von denen §§ 19—68 und die Lehre von der Interpunction auf Sexta und Quinta, §§ 69—117 und dazu einige in kleineren Lettern gesetzte Anmerkungen auf Quarta, endlich das übrige mit allen Anmerkungen, namentlich aber die vollständige Darstellung des zusammengesetzten Satzes, auf Tertia entfällt. Von Seite 1—37 wird der einfache Satz (§§ 1—68), von Seite 37—73 die Satzverbindung (§§ 69—138), endlich auf den letzten sieben Seiten (§§ 139—153) Ellipse, Pleonasmus und Interpunction behandelt.

Den Anfang macht die Eintheilung der Redetheile, wobei unterschieden werden:

1. der satzbildende Redetheil, das finite Verbum;
2. die satzbestimmenden Redetheile, und zwar a) die declinierbaren (Substantiv, Adjectiv, Pronomen, Numerale), b) die undeclinierbaren (Adverb, Präposition, Conjunction);
3. ein zum Satzgefüge nicht gehörender Redetheil: „Die Interjection oder Empfindungswort".

Wenn ich dieser Eintheilung die bei uns gebräuchliche gegenüberstelle (1. biegsame, a) declinierbare oder Nomen: Substantive, Adjective, Pronomen, Numerale, b) conjugierbare oder Verben, 2. unbiegsame oder Partikeln: Adverbien, Präpositionen, Conjunctionen), so ist auf den ersten Blick zu ersehen, dass der Eintheilungsgrund bei K. in der Beziehung auf die Function im Satze besteht, was in der Satzlehre voll und ganz berechtigt ist. Freilich ist hier sogleich auf die.K.'sche Satzdefinition zu achten. In „Zur Meth." 1 heisst es: Wo ein finites Verbum steht, ist immer ein Satz vorhanden. „Wortverbindungen, welche des finiten Verbums ermangeln, sind keine Sätze, können aber gleichwohl durchaus verständlicher Ausdruck von Gedanken sein." „D. d. S." 24 nennt „nur die Wortfügungen einen Satz, in denen ein solches (finites) Verbum steht oder mit zweifelloser Klarheit ergänzt wird." Der „Grdr." endlich definiert (§ 10): „Satz ist der Ausdruck eines Gedankens mit Hilfe eines finiten (ausgedrückten oder zu ergänzenden) Verbums." Die zwei letzten Erklärungen weichen insoferne von der ersten ab, als auch eine „Ergänzung" des finiten Verbums zulässig erscheint; wie der Ausdruck „mit zweifelloser Klarheit" zu verstehen sei, ist freilich dem Belieben jedes Einzelnen überlassen; denn es unterliegt keinem Zweifel, dass auch Büchertitel, Überschriften etc. als Sätze, nämlich als elliptische, aufgefasst, beziehungsweise zu vollständigen Sätzen ergänzt werden können. K. führt („D. d. S." 24) als Beispiel an, dass die Wortfügungen „die Umdrehung der Sonne um die Erde" und „die Umdrehung der Erde um die Sonne" beide Gedanken sind, „aber für Sätze würde sie doch keiner ausgeben wollen"; der Nebensatz „dass die Erde sich um die Sonne bewege" enthalte denselben Gedanken wie das mit Attributen versehene Substantiv „die Bewegung der Erde um die Sonne", daher müsse man „zu einer richtigen Definition die Form mit berücksichtigen, d. h. den Satz definieren als einen mit Hilfe eines finiten Verbums ausgedrückten Gedanken." Nicht enthalten ist in dieser Definition die K.'sche Auffassung, dass jedes fin. Verb ein Satz sei (§ 16 und „D. d. S." 102), dass also mit der Anzahl der fin. Verben auch die Anzahl der Sätze gegeben sei, eine Auffassung, die später noch besprochen werden wird.*) Ich merke noch an, dass die sprachliche Form: „eines zu ergänzenden Verbums" eine mindestens ungewöhnliche, wenn nicht geradezu unrichtige ist, da das Zeitwort ergänzen sonst nicht mit efficiertem Object gebraucht wird. Aus der Gegenüberstellung von „ausgedrückt" und „zu ergänzend" (sowie früher: „ein solches Verbum steht" und „oder mit zweifelloser Klarheit ergänzt wird") ist zu entnehmen, dass das finite Verbum entweder vorhanden ist, oder dass es fehlt und dann hinzuzudenken oder hinzuzusetzen ist; „ergänzen" aber kann man das Verbum nur dann, wenn es schon vorhanden ist. Wesentlich für die neue Definition ist die K.'sche Auffassung von Subject und Subjectswort, wovon „D. d. S." Cap. 2 ausführlich berichtet. Bisher musste der vollständige Satz Subject und Prädicat (Subjectswort und Prädicatswort) enthalten, K. begnügt sich mit dem Vorhandensein des verbum finitum.

Kehren wir zurück zur Eintheilung der Redetheile. Die Bezeichnungen „satzbildend" und „satzbestimmend" können nur vom Standpunkte der K.'schen Satzdefinition acceptiert werden; für die allgemeine Schule aber wird die Auffassung, dass das Subject die erste Prädicatsbestimmung sei, immer zu schwierig sein. Auch die dritte Art, welche durch das Empfindungswort vertreten ist, scheint mir nicht berechtigt zu sein. Der Ausdruck „Satzgefüge", unter dem man sonst die Verbindung von Haupt- und Nebensatz versteht, ist hier offenbar für das Satzganze, also für „Satz" gebraucht; es wird übrigens dieser Ausdruck im ganzen Buche nicht mehr angewendet. Setzen wir nun: „ein zum Satze nicht gehörender Redetheil", so wird das Bedenkliche dieser Ausdrucksweise noch mehr hervortreten. Gibt es Redetheile, das sind doch Theile der Rede, die nicht zum Satze gehören? Was hat im Satze etwas zu thun, wenn es nicht dazu gehört? Irgend eine positive Benennung muss sich denn doch auch für die Interjection finden lassen. Ich stehe übrigens auf Seite derjenigen, welche die Interjection ebensowenig für eine eigene Wortart ansehen als den Artikel; was man unter dieser Bezeichnung in verschiedenen Sprachlehren findet, sind entweder Ellipsen oder Schallnachahmungen und unarticulierte Gefühlsäusserungen, und diese letzteren sind doch keine eigentlichen Worte.**)

---

*) Heyse, Ausf. Lehrb. d. d. Spr. II, 1: „Wenn der Laut an und für sich Ausdruck der Empfindung und als Bestandtheil des Wortes nur sinnliches Element ist, das Wort aber nur die vereinzelte Vorstellung darstellt: so ist hingegen der Satz Ausdruck des Gedankens in einer dem Inhalte völlig angemessenen entwickelten Form." .... „Ein Redesatz oder Satz ist jede vollständige, in sich geschlossene und für sich verständliche Aussage oder Äusserung eines Gedachten." — Vernaleken, Deutsche Syntax, I, 1: „Ein Satz ist der Ausdruck eines Gedankens durch die Sprache."

**) Andererseits gibt es Grammatiker (z. B. Gelbe, Deutsche Sprachlehre für höhere Lehranstalten etc.), welche die Interjectionen sogar Casus regieren lassen; als Beispiele

Merkwürdigerweise enthalten die §§ 139—141, die über die Ellipse sprechen, gar nichts von den fälschlich Interjectionen genannten Ausrufen (Zwischenwürfen), dagegen wird in § 141 eine neue Kategorie des sprachlichen Gedankenausdruckes aufgestellt: „satzloser Ausdruck von Gedanken" und als Beispiel hiefür angegeben: „Jung gewohnt, alt gethan", „Mir nichts, dir nichts". Von der Satzdefinition, wie von den Interjectionen und den elliptischen Sätzen wird übrigens noch die Rede sein. Die Haupteintheilung der Redetheile ist also nicht unanfechtbar. — In der Untereintheilung findet sich als Zusatz: „Die Pronomina gehören theils zu den Substantiven, z. B. ich, theils zu den Adjectiven, z. B. mein, welcher." Nach dieser Erklärung dürfen die Pronomina nicht in die angegebene Eintheilung aufgenommen werden. Auch ist die Stellung der Conjunctionen unter den satzbestimmenden Redetheilen eine unsichere, da ja der Verfasser a. a. O. die Conjunction nicht als Satzbestimmung gelten lässt. Nebenbei bemerkt, gestatten wir uns wohl die Zusammenstellung „das Adjectivum oder Eigenschaftswort" ohne Artikel zum zweiten Substantiv, nicht aber „die Interjection oder Empfindungswort" (S. 1).

Es folgt sodann „Das finite und das infinite Verb." (Die Bemerkung in „Zust. u. G." 38: „das finite Verbum erkennt er mit Sicherheit stets an der Form" — ist auf das richtige Mass einzuschränken!) § 6 sagt, dass das finite Verbum — ich setze dafür „aussagendes Zeitwort"[*]) — auch ausgelassen wird, dann aber zu den gesprochenen Worten stets hinzuzudenken ist, und dass solche Sätze unvollständige oder elliptische Sätze heissen. Dagegen soll der obengenannte Ausdruck „Jung gewohnt, alt gethan" nach § 114 kein Satz, auch kein elliptischer sein, „da er durch keine hinzugefügten Worte zu einem Satze vervollständigt werden könnte."[**]) Die folgenden Capitel „Verbalinhalt" und „Verbalperson" enthalten die wichtige, durch den Titel gekennzeichnete Neuerung, dann die bekannte Satzdefinition n § 10. — § 12 spricht von den drei Verbalpersonen in der früher mitgetheilten

---

hiefür werden angeführt: „O weh mir meiner Leiden." (Nibl.) „Ach, des Elendes." „Wohl dem, der frei von Sünd und Fehle!" — Heyse, Grimm u. a. gebrauchen durchgehends: Interjection oder Empfindungslaut.

[*]) Kern gebraucht in „Zur Meth." wiederholt den Grimm'schen Ausdruck „stehendes Verb" (nach Gramm. IV, 91: im Gegensatz zu dem vom herrschenden Verb abhängigen Infinitiv, dem „liegenden Verb"); im „Grdr." kommt diese Bezeichnung nicht mehr vor, dagegen wird im § 6 das finite Verb das herrschende genannt.

[**]) Was ein Mensch schon jung (in seiner Jugend) zu thun gewohnt war, wird von ihm auch alt (im Alter) gethan. — Nach Heyse II, 65 sind in „Jung gewohnt, alt gethan", „Ende gut, alles gut" beide Glieder des Satzgefüges elliptische Sätze.

Weise. Nach § 16 ist „jedes finite Verbum allein ein Satz" (siehe § 138, S. 73), wenn es auch nur wenig Sätze gibt, „die aus ihm allein bestehen; hauptsächlich sind es Imperative und einzeln stehende Indicative, z. B. Lies, geh, nimm; danke, bitte."*) — § 17 theilt die Bestimmungen im Satze ein in unmittelbare und mittelbare; die ersteren bestimmen das finite Verbum (die Verbalperson und den Verbalinhalt), die letzteren bestimmen die ersteren. Das Subject mit allen seinen Bestimmungen (durch das Subjectswort und dessen Attribute) heisst volles Subject, das Prädicat (der Verbalinhalt) mit allen seinen Bestimmungen: volles Prädicat (§ 58). Die Disposition der unmittelbaren Satzbestimmungen ist folgende: 1. Die Subjectsbestimmung (Bestimmung der Verbalperson): Das Subjectswort, a) im Nominativ, b) im Vocativ; 2. die Prädicatsbestimmung (Bestimmung des Verbalinhalts) u. z.: A) Casus, a) ohne Präposition, b) mit Präposition, B) Adverbien, a) allein, b) mit Präpositionen. · Das ergibt nach der Zählung S. 29 neun Arten von Bestimmungen zum finiten Verbum, darunter sieben Arten von Prädicatsbestimmungen; bei letzteren wird nämlich jeder reine Casus (Prädicatsnominativ, Accusativ, Dativ, Genetiv) für sich gerechnet, die Casus mit Präpositionen dagegen sind alle unter eine einzige Nummer gestellt.

Die §§ 19—26 sprechen vom Subjectswort; hiebei heisst es in § 22: „Als durch nichts," d. h. durch kein Subjectswort, „bestimmt sieht man die 3. Person auch dann an, wenn sie durch kein anderes Subjectswort bestimmt werden kann, als durch das unpersönliche Fürwort es, z. B. es blitzt;" ein Subjectswort — ein grammatisches Merkmal — ist aber thatsächlich vorhanden! Die sogenannten unpersönlichen Verbalformen werden in § 22 innominative genannt, weil sie sich gegen die drei Personen nicht gleichgiltig verhalten, sondern eine bestimmte Person u. z. stets die dritte bezeichnen („D. d. S." 38). Die Anmerkung zu § 22 erklärt das „es" in „Es war einmal ein König" als ein vor dem finiten Verbum stehendes „vorläufiges" Subjectswort! Dieselbe Angabe findet sich in § 96, wo hiezu in Parallele gestellt wird, dass „auch viele Nebensätze durch Pronomina und Pronominaladverbia vorangehender oder folgender Hauptsätze angedeutet werden," z. B. Das weiss ich, dass du fleissig bist. — Zu dem Beispiel „Die Freiheit, sie

---

*) Heyse II, 59: „Auch die in der Volkssprache und in der Poesie bisweilen vorkommende Weglassung des persönlichen Pronomens als Subject (z. B. bin auch dabei; hast recht etc.) muss im Deutschen als eine Ellipse angesehen werden, da für die grammatische Vollständigkeit des Ausdrucks das Pronomen als Träger des Verbums in der heutigen Sprache nothwendig ist und nicht, wie im Lateinischen, Griechischen und Gothischen, die Personalform des Verbums allein das persönliche Subject mit auszudrücken genügt."

ist kein leerer Wahn" (hier „soll der durch das Subjectswort bezeichnete Gegenstand lebendiger und selbständiger vorgestellt werden") wird als gleichwertig gestellt: „Der arme Mensch! Nun ist er ganz verlassen!" und hiezu bemerkt: „Folgt das Pronomen nicht unmittelbar auf das Subjectswort, so kann dieses so selbständig werden, dass hinter ihm ein Ausrufungszeichen gesetzt wird." Ob dieses Beispiel mit dem Rufzeichen und dem grossgeschriebenen „nun" von den Schülern noch als ein einfacher Satz betrachtet wird, bleibt zweifelhaft; ich spreche in diesem Falle von zwei Sätzen. Nach § 25 (u. z. nach der in „Zust. u. G." 72 und 73 gegebenen Rectification) ist in allen Sätzen, deren finites Verbum in zweiter Person steht, das Subjectswort als Vocativ (als Casus der Anrede) zu betrachten, auch das Pronomen „du". („D. d. S." 60 weist im imperativischen Satze dem Vocativ dieselbe Stelle an wie dem nominativischen Subjectswort im indicativischen Satze.)

Die Bestimmung des Prädicats durch einen Nominativ (§ 29), den Prädicatsnominativ, ist entweder ein Substantivum oder ein Adjectivum (Pronomen, Zahlwort, Participium); „besonders häufig dient der Prädicatsnominativ als Bestimmung zu den Verben: sein, werden, bleiben, scheinen, heissen." Was die adjectivischen Prädicatsnominativa und auch die adjectivischen Prädicatsaccusativa (§ 33) anbelangt, ist zu bemerken, dass die betreffenden Adjectiva, solange sie unflectiert erscheinen, dem Schüler sehr schwer als Nominativa resp. Accusativa klar zu machen sind; ein grammatisches Merkmal ist nicht vorhanden (trotzdem der Name auf ein solches hinweist), demnach die Qualität nur aus dem Inhalt des Satzes erforscht werden kann. K. ist übrigens in „Zust. u. G." 107 ff. dafür, beim Anfangsunterrichte sowie in jenen Schulen, in denen keine fremden Sprachen gelehrt werden, von dem adjectivischen Prädicatsnominativ gänzlich abzusehen, auf den adjectivischen Prädicatsaccusativ aber will er nur im ersten Unterricht Verzicht leisten. Das Satzglied, das als adjectivischer Prädicatsaccusativ erscheint, wird der Schüler wohl unzweifelhaft als eine Prädicatsbestimmung auffassen, den „Casus" jedoch nur auf indirectem Wege herausfinden. Es läuft immer wieder auf die ängstlich gemiedene Inhaltserkenntnis *) hinaus, und da wird man

---

*) Es findet sich in K.'s Schriften wiederholt der Vorwurf ausgesprochen, dass in den landläufigen Grammatiken Sachliches und Grammatisches verwechselt oder vermengt werde, sowie auch die Bemerkung, dass die Grammatik selbständig werden müsse und sich durch das „Hinschielen" nach dem Stofflichen nicht beirren lassen dürfe. K. gibt aber doch zu, dass die grammatischen Merkmale allein nicht immer ausreichen, alle grammatischen Verhältnisse zu kennzeichnen, und im „Grdr." ist nicht selten dem Texte eingefügt, dass erst „der Zusammenhang der Rede" oder „der Sinn des ganzen Satzes"

sich in den genannten Schulen begnügen, im Falle ein Beispiel wie „Ich nenne ihn fleissig" vorkommt, auf die Identität des Inhalts und die Formen-ähnlichkeit mit „Ich nenne ihn einen Fleissigen" hinzuweisen und die Prä-dicatsbestimmung „fleissig" nach dem alten Sprachgebrauche eine objective nennen. Im „Grdr." ist wohl von den genannten Prädicatsbestimmungen wiederholt die Rede, ich wage aber nicht zu behaupten, dass der Schüler, falls er auf die mehr gelegentlichen Bemerkungen auf S. 11, 15, 17 allein an-gewiesen bleibt, daraus eine klare Anschauung gewinnt. Es ist für die Schüler der Unterclassen durchaus kein Leichtes, genau zu unterscheiden, dass in „Das ist rührend" („Grdr." 11) ein adjectivischer Prädicatsnominativ, in „Die Mühe ist vergebens" („Grdr." 21) eine adverbiale Bestimmung enthalten ist. Der „Anfangsunterricht" wird zweckdienlich die Adjectiva und die Ad-verbien, die als Bestimmungen zu Verben wie sein, werden u. s. w. gesetzt sind, als zum „Prädicate" gehörig betrachten; in den obigen zwei Beispielen können daher „ist rührend" und „ist vergebens" ganz unbedenklich und gleichmässig als „Prädicat" bezeichnet werden. K. scheint nicht abgeneigt zu sein, hier Concessionen zu machen; ausser der vorhin erwähnten Be-merkung in „Zust. u. G." 107 äussert er sich in einem ähnlichen Falle („Zur Meth." 34) bezüglich einer Bestimmung im Satze „So weit kann's kommen, wenn man es allen Leuten will recht machen" folgendermassen: „Freilich müsste es ihm (d. h. dem Lehrer) nichts verschlagen, ob die Schüler das Wort recht als blosses Adverbium zu machen oder als einen zu dem Ob-ject es gehörigen Prädicatsaccusativ durch das Satzbild darstellen; denn darüber kann auch der Lehrer in ernstlichem Zweifel sein." Ferner ist auch bezüglich der zusammengesetzten Tempora („Grdr." 12 und „D. d. S." 85) in unseren Schulen von keinem Prädicatsnominativ zu sprechen, wozu noch kommt, dass sonst die Annahme von zur Conjugation nothwendigen Hilfs-zeitwörtern hinfällig würde, demnach die Zusammengehörigkeit von „ist ge-kommen", „wird kommen" und „wird gekommen sein" unangetastet bleiben muss. Fallen die „Hilfszeitwörter", dann fallen auch die herkömmlichen Tempora, und es bleiben nur Präsens und Imperfect übrig — eine für die allgemeinen Schulen nicht zu empfehlende Neuerung. K. erkennt auch an, „dass praktische Rücksichten dazu treiben", im „Elementarunterricht" („D. d. S." 105) und im „ersten Unterricht" („Zust. u. G." 114) bei den zu-sammengesetzten Verbalzeiten auf die Prädicatsnominative und Prädicats-

---

klar mache, welches grammatische Verhältnis ausgedrückt ist (§§ 2, 9, 14, 17, 34 etc.), oder dass diese oder jene Sätze und Satztheile diesen oder jenen „Wert" haben (z. B. das Capitel: Hauptsätze und Satzbestimmungen im Werte von Nebensätzen) u. dgl.

accusative zu verzichten, während er im „Grdr." 12 ausdrücklich davon spricht, dass „manche zusammengesetzten Tempora" einen Prädicatsnominativ enthalten, z. B. er ist gekommen (ist ein Gekommener), die Frucht wird reifen (wird reifend, eine reifende).

Unter § 29, der vom Prädicatsnominativ handelt, finden sich auch einige schwierigere Beispiele. In „Ein guter König sein ist eine schwere Aufgabe" wird der Satztheil „Ein guter König sein" so erklärt, dass der Infinitiv das Subjectswort ist, welches durch einen Prädicatsnominativ bestimmt ist. In dem Beispiele „Ein brauchbarer Mensch zu werden ist deine Lebensaufgabe" wird der präpositionale Infinitiv als Subjectswort bezeichnet. (Dass bezüglich der Interpunction in diesem Satze gegen die in § 145 und § 153 aufgestellte Regel gesündigt wurde, sei nur nebenher erwähnt.) Wenn K. aber fortfährt: „Auch andere Substantiva (nämlich nicht nur Infinitiva) werden zuweilen mit Präpositionen verbunden, ohne dass sie dadurch aufhören, Subjectsworte zu sein," und als Beispiel hiezu beifügt: „An tausend Menschen waren dort versammelt," so ist dies nicht richtig, denn „an" ist hier keine Präposition, sondern Adverb, gehört auch nicht zum Substantiv, sondern zum adjectivischen „tausend", wie man etwa setzen würde: „fast, beinahe, ungefähr". Es ist auffällig, dass ein solcher Verstoss noch in der zweiten Auflage eines Lehrbuches für Schüler stehen bleiben konnte.

Als eine Neuerung gegenüber dem in unseren Schulen herrschenden Sprachgebrauche ist die Definition des Begriffes O b j e c t anzusehen: „Accusative, welche bei einer Verwandlung des Satzes in das Passiv Subjectswort werden, heissen Objecte" (§ 30). Und knapp dabei: „Aber nicht alle Verba, welche durch ein Object bestimmt werden, lassen die Verwandlung ins Passiv zu." Woran soll man nun das Object erkennen? Ferner: „Auch Infinitive (Verbalsubstantiva) können Object sein, z. B. Ich mag nicht spielen"; dann als Beispiel mit zwei Objecten, von welchen das eine die Person, das andere die Sache bezeichnet: „Dies kostet mich keinen Pfennig" (§ 33), wogegen in „Sie nannten ihn einen Verräther" ein Object mit einem Prädicatsaccusativ verbunden ist; endlich S. 13: „Andere Accusative drücken die Ausdehnung in der Zeit oder im Raume aus, wie z. B. Er ist diesen Weg gegangen." Der Verfasser wird zugestehen, dass die von ihm verworfenen „präpositionalen Objecte" bezüglich der grammatischen Merkmale, wodurch sie sich von den adverbialen Bestimmungen zu sondern haben, nicht ungünstiger gestellt sind als die neuen „Objecte" bezüglich ihrer Scheidung von anderen Accusativen. — Das vom Verbum unmittelbar abhängige Object heisst zur Unterscheidung von den von Infinitiven und Participien abhängigen Objecten „Satzobject"; ferner werden noch afficierte und efficierte Objecte (in „Zur Meth." 20

„äussere" und „innere" genannt) unterschieden, z. B. ich zerschneide das Band, er baut einen Wagen — In „Zust. u. G." 7 missbilligt K. die deutsche Bezeichnung für Activ und Passiv, weil hiebei von „Thun" und „Leiden" die Rede ist. Ich glaube, hier führt der reformatorische Eifer denn doch zu weit. „Was kommt auf den Namen an, wenn nur der Schüler begriffen hat, wie die Sache zusammenhängt," sagt der Autor auf S. 59, indem er die lateinischen Bezeichnungen verficht; derselbe Satz lässt sich hier auf das deutsche „thätige und leidende Form" anwenden. — In § 31 heisst es: „Diejenigen genetivischen Bestimmungen, welche vermöge des Inhalts der Substantive eine Zeitbestimmung dem Satze hinzufügen (wie: nächster Tage, des Abends), können meistens zu anderen Casus noch hinzutreten, weil im finiten Verbum selber der unbestimmte Ausdruck einer Zeit schon enthalten ist." Ich würde nach dieser Begründung meinen, dass die genannten Genetive deshalb leicht entbehrlich sind und nicht so häufig stehen; einen Grund für das Hinzutreten zu anderen Casus kann ich darin nicht ersehen.

Für die in § 33 behandelte Verbindung eines Objectes mit einem Prädicatsaccusativ ist folgendes Merkmal gegeben: „Man erkennt die Verbindung eines Objects mit einem Prädicatsaccusativ (auch Prädicatsinfinitiv) daran, dass man aus beiden einen Satz bilden kann, in welchem das Object zum Subjectswort wird, der Prädicatsaccusativ aber entweder ohne weiteres zum finiten Verbum wird, oder als Prädicatsnominativ in einem mit Hilfe des Verbums sein gebildeten Satze erscheint." Z. B. a) Object mit gewöhnlichem Substantiv: Sie nannten ihn einen Verräther — er ist ein Verräther (nach ihrer Bezeichnung); b) Object mit Adjectiv: Er weinte sich die Augen roth — die Augen sind roth (durch sein Weinen); c) Object mit Infinitiv: Lass mich ruhen — ich ruhe (mit deiner Erlaubnis). Auf die übrigen Anmerkungen (es sind im ganzen acht) dieses Paragraphen gehe ich nicht weiter ein. Die Behandlung dieser Materie ist für Quarta(!) bestimmt.

Wie K. die präpositionalen Objecte verwirft („Zust. u. G." 118: „sie bringen die ärgste Verwirrung in die Prädicatsbestimmungen"), so verwirft er auch die bisher übliche Eintheilung der Adverbialia; sie sind ihm ganz allgemein Prädicatsbestimmungen u. z. a) Casus mit oder ohne Präposition, b) Adverbien ohne oder mit Präposition. So heissen die vorhin aus § 31 genannten genetivischen Bestimmungen einfach Prädicatsbestimmungen. In „Zur Ref." 51 aber meint K., dass man unter den Genetiven die hervorheben müsse, „welche infolge des Inhalts des Substantivbegriffes eine Zeit- oder Raumbestimmung enthalten, wie das auch bei den Accusativen nöthig ist," nur dürfe man nicht versäumen, „darauf aufmerksam zu machen, dass, wie bei der Eintheilung der Adverbialsätze, solche Unterscheidung

nicht mehr eine syntaktische, sondern eine lexikalische ist." Es muss ferner
eigenthümlich berühren, dass K. neben Subjectswort, Prädicat, Attribut (Apposition) und Object noch blosse Genetive, Dative und präpositionale Casus
unterscheidet, da doch Genetive, Dative und präpositionale Casus z. B. als
Attribute erscheinen können, demnach diese Zusammenstellung derjenigen
gleicht, die in „Zust. u. G." 104 angeführt ist („Katzen, Hunde, Rinder,
Pferde und — Zugvieh"). So sehr ich K. beistimme, wenn er in „Zur
Ref." 35 gegen die neueren orthographischen Vorschriften einwendet, dass
sie durch unnöthiges Zusammenschreiben dazu beitragen, das Sprachbewusstsein zu verdunkeln, so wenig bin ich mit ihm einverstanden, die Partikeln der
trennbar zusammengesetzten Verben als Satzbestimmungen zu behandeln. (Siehe
„Grdr." § 77; übrigens befinden sich auf der vorausgehenden Blattseite zwei
Satzbilder, in denen die Partikel aus „Komm mit" nicht bezeichnet ist.) Denn
mit solchen Dingen, wie etwa mit der Bestimmung des wieder im Satze:
„Als sie nun in ihrem neuen Glanze da stand, kamen die Sperlinge wieder,"
wo durch Fragen („Zur Meth." 14) herausgebracht werden soll, ob wieder
auf Ort, Zeit oder Zahl bezüglich sei, beschäftigen wir uns nicht. In der
Bürgerschule gilt wiederkommen als ein Wort, und auf höheren Unterrichtsstufen dürfte man wieder und ähnliche Adverbien einfach erklären,
nicht aber durch die Frage „Wie (wann) kamen die Sperlinge?" zu bestimmen suchen. Das Gymnasium mag solche Unterscheidungen vornehmen, die
allgemeine Schule bedarf derselben nicht.

Ich wende mich zu den mittelbaren Satzbestimmungen. Diese
sind: 1. Bestimmungen der Substantiva (Attribute), 2. Bestimmungen der
Adjectiva und Adverbia. Es werden neun Arten von Attributen aufgezählt:
vier adjectivische (eigentliche Adjectiva, Participia, Pronomina, Numeralia),
drei substantivische (Genetiv, Apposition, Casus mit Präposition), zwei adverbiale (Adverb, Adverb mit Präposition). — Bei der Besprechung der concreten Substantiva erscheinen auch die sattsam bekannten Ausdrücke „Sam-
melname; Stoffname, Eigenname, Gattungsname." Diese Ausdrücke sind so
nacheinander erklärt, resp. behandelt, als ob sie einander coordiniert wären.
Wenn hier eine Eintheilung beliebt werden sollte, so könnte es nur die in
nomina propria und nomina appellativa sein; Sammelnamen aber und Stoff-
namen haben so viel Berechtigung wie Sternnamen, Gewürznamen u. dgl. —
Bei den adjectivischen Attributen erscheint in einer Anmerkung der ehemals
(„Zur Meth." 4) des Landes verwiesene „bestimmte und unbestimmte
Artikel" wieder in Gnaden aufgenommen, während in der ersten Auflage
des „Grdr." „Zeiger" und „Zähler" gestanden haben, und nichts mehr würde
an diese Episode erinnern, wenn nicht in den zwei Satzbildern auf S. 38 bei .

„den" und „des" die Bezeichnung „Zg." für „Zeiger" geblieben wäre. (Ganz
und gar hat K. seine neue Bezeichnung nicht fallen lassen; in der letzten
Schrift, „Zust. u. G." 103, möchte er „Zeiger" festhalten, „Zähler" dagegen
und den ganzen unbestimmten Artikel verwerfen und dafür einfach „das
Zahlwort" setzen.) Ich wundere mich übrigens darüber, dass K. nicht mit
mehr Zähigkeit an der Bezeichnung „bestimmend" und „nicht bestimmend"
festgehalten hat, eine Bezeichnung, die längst in die Praxis eingedrungen ist.
Die Erklärung des Artikels, wie sie in „Zur Meth." 30 gegeben wird, dürfte
den Schülern kaum verständlich sein. Im Elementarunterricht wird der Artikel
als Satzglied gewöhnlich nicht gerechnet, sondern bloss als Begleiter des
Hauptwortes angesehen, der Unterschied zwischen bestimmtem und un-
bestimmtem Artikel jedoch hervorgehoben; seine attributivische Zugehörigkeit
zum Substantiv steht natürlich ausser allem Zweifel.

Nicht bestimmt genug sind die Appositionen behandelt. Hier erscheinen sie als mittelbare Satzbestimmungen im einfachen Satze, denn als
„verkürzte Nebensätze" lässt K. sie ebensowenig gelten, als er irgend einen
anderen verkürzten Satz anerkennt. Da wird nun in § 50 erklärt: „Ein substantivisches Attribut, welches in dem Casus seines Beziehungswortes steht,
nennt man Apposition"; aber in § 51 trifft dieses grammatische Merkmal
nicht mehr zu bei den Vocativen zum Pronomen der zweiten Person, dann
bei Attributen ohne Casusbezeichnung. In § 50 steht allgemein: „Genus und
Numerus können dabei verschieden sein" und in § 51: „Genus und Numerus der Apposition müssen aber denen des Beziehungswortes gleich sein,
wenn die Wörter es irgend zulassen," und die Worte „können" und „müssen"
sind gesperrt gedruckt. Was kann und was muss sein? Und was heisst
„wenn die Wörter es irgend zulassen"? Ferner, wodurch unterscheiden sich
die durch Beistriche abgetrennten Appositionen von den ungetrennten? Nach
§ 51, Anm. 1, kann die Apposition zu jedem Casus des Pronomens der zweiten
Person auch im Vocativ stehen, z. B.: Dir, mein lieber Freund, verschweige
ich nichts. Wenn aber diesem Pronomen die Apposition in demselben Casus
hinzugefügt wird (z. B. Dir, meinem lieben Freunde, verschweige ich nichts),
„so hat die Apposition den Sinn des Satzes: weil du mein lieber Freund
bist"(?!). Wie lautet nun die Regel? Bis jetzt haben wir daran festgehalten,
was Heyse II., 707 mit den Worten ausdrückt: „Die Casus-Congruenz ist un-
verbrüchliches Gesetz der echten Apposition." Derselbe Gewährsmann
warnt (II, 500) davor, mit der Apposition die Parenthese oder den Schaltsatz zu verwechseln (im „Grdr." ist vom Schaltsatz nirgends die Rede), und
fügt hinzu: „Dahin gehört namentlich der vocativische Anruf, welcher neben
dem Anrede-Pronomen in dem Casus ganz unabhängig von dessen Einflusse

stehen kann. Z. B. Wie könnte ich dich, mein bester Freund, vergessen! verschieden von der Apposition: Wie könnte ich dich, meinen besten Freund, vergessen!" Bei K. findet sich diese Unterscheidung nicht, seine Vocative bleiben überhaupt unklar, da er sie sonst als „zur Satzfügung nicht gehörig" bezeichnet, hier aber doch „appositionelle" Vocative, wie im Imperativsatze „subjective" Vocative, in die Satzfügung aufnimmt.

Auf die Abgrenzung der Präpositionen von den Adverbien nach K.'scher Art kann ich von meinem Standpunkte aus gar nicht eingehen, denn K. gibt kein den Schülern klares und unzweifelhaftes Merkmal an, und so bleibt es beim alten. Welches Kennzeichen soll dem Schüler anzeigen, dass „nächst ihm, sammt seinem Herrn, nebst seinen Kindern, seit einem Jahre" als Adverbia durch den Dativ bestimmt. „trotz des Gebotes, statt des Freundes, laut des Gesetzes" als Adverbia, durch den Genetiv bestimmt, anzusehen sind? „Sie können mit anderen Wörtern zusammengesetzt werden oder werden mit dem Casus eines Nomens und mit Adverbien verbunden", sagt § 35; das genügt nicht, auch ein früher angegebenes Merkmal, dass die Präpositionen ursprünglich ein Verhältnis im Raum ausdrücken, kann für den gegenwärtigen Sprachgebrauch nicht massgebend sein. Ebensowenig wird die Anmerkung 3 in § 55: „Die Präpositionen sind eigentlich Adverbia und können daher auch durch Adverbia bestimmt werden" die Sache deutlicher gestalten.*) Ich halte es daher in Betreff der Volks- und Bürgerschule entschieden für besser, die berechtigt oder unberechtigt in die Reihe der Casus „regierenden" unbiegsamen Redetheile aufgenommenen Wörter als Präpositionen merken zu lassen. Ich kann auch keinen andern Grund für die in den §§ 36—39 enthaltene Aufzählung der Präpositionen annehmen, als den, dass die Schüler die Vorwörter auswendig lernen (zum Zwecke des richtigen Casusgebrauches), und dass sie sich zu merken haben: alle andern, in der Reihe nicht vorkommenden Wörter sind nicht Präpositionen. Auch „Zust. u. G." 116 will die Präpositionen als adverbiale Wörter gelten lassen,

---

*) Heyse I, 796: „Von den Präpositionen unterscheiden sich die Adverbien dadurch, dass sie den zum Prädicate hinzugefügten Bestimmungsbegriff für sich allein erschöpfend darstellen und nie von ihnen regiertes Gegenstandswort hinter sich haben, dahingegen die Präpositionen immer in Beziehung auf ein solches Gegenstandswort stehen, mit welchem verbunden sie erst einen vollständigen Bestimmungsbegriff des Prädicates ausmachen." ... 286: „Sie (die Präpositionen) sind also nur die Vermittler des Verhältnisses, welches zwischen dem Zustand oder Handeln des Subjects und dem Gegenstande stattfindet, auf welchen dieser Zustand oder dieses Handeln bezogen oder gerichtet ist; nicht aber, wie die Adverbien, selbständige Bestimmungswörter des Prädicates." — Grimm II, 698: „Zur Präposition gehört ein von ihr abhängiger (gesetzter, bisweilen ausgelassener) Casus."

unter denen sie „an sicheren(!) Kennzeichen, die von ihrem Inhalt und von ihrer Anwendung herzunehmen sind," leicht zu unterscheiden seien; als eines der charakteristischen Merkmale wird 117 angegeben, dass die Präpositionen durch den Casus eines Substantivs (mit Ausschluss des Nominativs, Vocativs und Genetivs) bestimmt werden können. (Consequent damit müsste nun K. unter den Satzbestimmungen anführen: „Präpositionen mit Casus", „Adverbia mit Casus"; statt dessen findet sich überall die herkömmliche Form „Casus mit Präposition" etc.). Bestimmt als Präpositionen angegeben finden sich: aus, bei, mit, nach, von, zu — mit dem Dativ verbunden (§ 36), durch, für, gegen, ohne, um, wider — mit dem Accusativ (§ 37), an, auf, hinter, in, neben, über, unter, vor, zwischen — mit Accusativ auf wohin?, mit Dativ auf wo? (§ 38). K. sagt zwar in „D. d. S." 88, dass man die Zahl der Präpositionen gegenwärtig nicht bestimmt angeben könne, u. z. wegen der weitherzigen grammatischen Anschauung, die die Aufnahme so vieler Adverbien, besonders aller den Genetiv regierenden, unter die Präpositionen gestattet; aber es muss denn doch auffällig erscheinen, nach der authentischen Angabe aller Präpositionen (§§ 36, 37, 38) im nächsten Paragraphen noch andere Präpositionen (ob, ausser, bis) abgehandelt zu finden. Gehören die letzteren in die Reihe oder nicht? Und was fängt der Schüler mit den anderen Wörtern an, die in gleicher Weise durch den Casus eines Substantivs bestimmt werden, wie K.'s eigentliche Präpositionen? Es wird ihm dann wohl so ergehen, wie jetzt; er lernt auswendig: Dies und jenes ist eine Präposition, und was in der Reihe nicht steht, gehört nicht dazu. Grammatische Einsicht hat der Schüler hiebei nicht gewonnen; prägt er aber nach der jetzigen Weitherzigkeit die längere Reihe seinem Gedächtnisse ein, so gewöhnt er sich wenigstens eher daran, mit den betreffenden Wörtern den richtigen Casus zu verbinden.

Es folgt nun die „Übersicht über die Satzbestimmungen": in § 56 die Bestimmungen zum finiten Verbum, in § 57 die Bestimmungen zum Substantiv. Von allen diesen Bestimmungen wurde bereits gesprochen, und es dürfte angezeigt sein, hier anzumerken, dass sich von Verbalinhalt und Verbalperson auch bei der gegenwärtig üblichen Gliederung des einfachen Satzes sprechen lässt, und zwar in folgender Form:

Ein Satz ist der Ausdruck eines Gedankens durch die Sprache. Die wesentlichen Theile eines vollständigen Satzes sind Subject (Satzgegenstand) und Prädicat (Aussage). Zur Aussage bedarf der Satz vor allem eines aussagenden Zeitwortes; fehlt das aussagende Zeitwort im Satze, so muss es hinzugedacht werden können. Das Zeitwort gibt irgend einen Zustand an (eine Thätigkeit, ein Leiden oder einen blossen Zustand). Im aussagenden

Zeitwort (finiten Verb) ist dieser Zustand auf einen Gegenstand bezogen, weshalb das Zeitwort nicht mehr im Infinitiv (Nennform) erscheint, sondern in der flectierten Form. Bei dem finiten Verbum ist daher zu beachten: der Verbalinhalt (der Zustand, der von einem Gegenstand ausgesagt wird) und die Verbalperson (der Gegenstand, an dem der Zustand haftet). Der Verbalinhalt wird ausgedrückt durch den Stamm des Zeitwortes; die Personalendung (geh-e, geh-st, geh-t) deutet auf die Verbalperson, ohne dieselbe auszudrücken (ohne sie zu benennen). Als Prädicat dient entweder das finite Verbum allein oder (bei den Zeitwörtern sein, werden, bleiben, scheinen, heissen u. a.) das finite Verb und ein Prädicatswort; das Prädicat wird näher bestimmt durch das Object und durch das Adverbiale. Der Gegenstand, von dem der Verbalinhalt ausgesagt wird, ist das Subject; es wird im Imperativsatze gewöhnlich nicht, in den anderen Sätzen durch ein Substantiv oder ein substantivisches Wort ausgedrückt. Das Subject, das Prädicatswort, das Object und das Adverbiale können, wenn sie durch ein Hauptwort ausgedrückt sind, durch ein Attribut bestimmt werden. Alles, was zur Bezeichnung und näheren Bestimmung der Verbalperson dient, heisst zusammen „volles Subject"; was zur Bezeichnung und näheren Bestimmung des Verbalinhaltes dient, heisst zusammen „volles Prädicat". — In was für einer äusseren Form, d. h. durch welchen Redetheil (Wortart), das eine oder andere Satzglied ausgedrückt wird, ist dann Sache einer speciellen Untersuchung. So wird auch vermieden, dass „Casus" und „Adverbium" nebengeordnet als Prädicatsbestimmungen stehen; der Casus, ob Prädicatsnominativ, ob Accusativ, Dativ oder Genetiv, zeigt immer nur das grammatische Verhältnis an (welches natürlich wieder besonders zu bezeichnen ist) und ist durchaus nicht das Wort selber, wie dies beim Adverb der Fall ist.

Nach der „Übersicht über die Satzbestimmungen" folgt die „anschauliche Darstellung" derselben durch die sogenannten Satzbilder. Das erste Beispiel diene als Muster: „Eine stolze Krähe schmückte sich mit den ausgefallenen Federn der Pfauen."

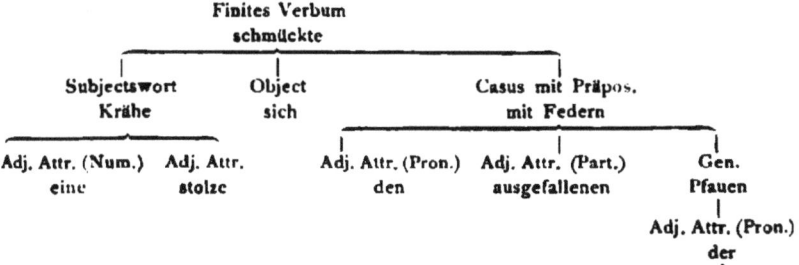

Dieser Art der Darstellung, die die Beziehung auf das finite Verbum in der
That recht anschaulich macht, lässt sich nur beistimmen; übrigens ist sie
ihrem Wesen nach nicht neu. Nicht unbedenklich ist aber, dass in K.'s
System auch Satztheile vorkommen, die gleichzeitig von zwei Seiten abhängig
sind, so im Satze: „Lasst euch mein Misstrauen nicht beleidigen", mit dem
Satzbilde:

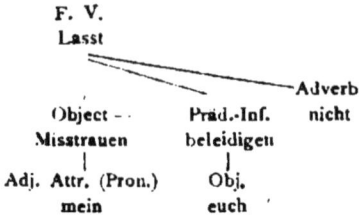

```
                    F. V.
                    Lasst

                                        ┌─Adverb
        Object --      Präd.-Inf.   nicht
        Misstrauen     beleidigen
            │              │
        Adj. Attr. (Pron.)    Obj.
            mein              euch
```

Ich erkenne im vorliegenden Falle zunächst den Präd.-Inf. abhängig vom
finiten Verbum, dann erst kommen die Bestimmungen wen? und was?

Das Satzbild erinnert neuerdings an eine Schwierigkeit im K.'schen
Systeme, die hier ausführlicher besprochen werden soll. § 64 weist „die
Interjectionen, sowie manche Vocative (nämlich diejenigen), welche weder
Subjectswort noch Apposition sind)" aus dem Satz hinaus, daher sie im
Satzbild keine Stelle finden. Wohin sollen sich die Verwaisten wenden?
(In „Zust. u. G." 99 werden die Interjectionen von den Wortarten geschie-
den, „da sie keine Satztheile sind", auch von den Conjunctionen wird ab-
gesehen, „da sie keine Bestimmungen im einfachen Satze sind"; in § 1 des
„Grdr.", womit die Abhandlung über den einfachen Satz eröffnet wird, er-
scheinen dagegen die Conjunctionen als satzbestimmende, die Interjectionen
als zum Satzgefüge nicht gehörige Redetheile. Auch auf S. 127 in „Zust. u.
G." ist zu lesen von den „Conjunctionen, die nichts im Satze bestimmen" etc.)
„Dasselbe gilt," heisst es weiter, „von einigen Nominativen, besonders solchen, welche als Apposition zu dem ganzen Satze zu betrachten sind." In
den Beispielen: „Ach, ich kann dir nicht helfen" (oder statt „ach": „o
Himmel", „lieber Freund"), „Ich bin gestern, ein schönes Vergnügen, den
ganzen Tag im Regen gewandert" und „Der arme Mensch! Ich kann ihm
nicht helfen" — finden „ach", „o Himmel", „ein schönes Vergnügen" *),

---

*) Unter einem und demselben Paragraphen findet sich einerseits die Bemerkung,
dass „ein schönes Vergnügen" nicht in das Satzbild gehört (nach der vorausgegangenen
Erklärung steht dieser Satztheil ausserhalb des Satzes) und andererseits die Erläuterung:
„Der obige Nominativ ‚ein schönes Vergnügen' ist zugleich Apposition und Ausruf".
Da haben wir also eine Apposition, die ausserhalb der Satzfügung steht, und zwar
eine Apposition, die zweifellos den sogenannten unechten Attributsätzen (die sich auf

„der arme Mensch!" keinen Platz im Satzbild. Spricht K. in seinen Schriften
hie und da von einer „Weitherzigkeit der grammatischen Anschauung", so
ist man berechtigt, ihm hier, nicht nur des Satzbildes wegen, eine Engherzig-
keit zum Vorwurf zu machen. Zu den ersten Erkenntnissen, welche die
Schüler zu gewinnen haben, gehört: „Wir sprechen in Sätzen" oder „Unsere
Rede (unser Gespräch) besteht aus Sätzen." K. sagt in „Zur Ref." 43 ebenfalls: „Der Satz aber, auch der kleinste und inhaltleerste, ist eine Rede selber"; dann 44: „Also die Sätze mit ihrem unendlich mannigfachen Inhalt
sind die Reden selber, die Wörter mit ihren Flexionen und mit ihren Bedeu-
tungen, die syntaktischen Verhältnisse, in denen sie zu einander stehen, sind
die sprachlichen Mittel, welche der Redende meist unbewusst anwendet und
deren Gesetze der Sprachforscher zu erfassen sucht; lediglich mit den sprachlichen Mitteln .... hat es die Grammatik zu thun." Nun hört der Schüler
plötzlich, dass Theile der Rede ausserhalb der Satzfügung stehen, und zwar
nicht nur die fragwürdigen Interjectionen, sondern Satztheile, an denen ein
ganz bestimmtes grammatisches Verhältnis erkennbar ist — und sie können
doch nicht allein ein Verhältnis bilden — die in dieses grammatische Verhältnis erst durch die Aufnahme in die Rede, in den Satzverband, getreten
sind. Darin liegt der Widerspruch, von dem ich bei der Vorführung der
Grundsätze und Vorschläge aus „Zust. u. G." gesprochen habe, da der
14. Punkt lakonisch kundthut: „Die anderen Vocative (die nicht Subjectsworte sind) natürlich stehen ausserhalb der Satzfügung, wie das auch bei
einigen Nominativen, Genetiven, Accusativen der Fall ist." Es braucht kein
Schüler aus Quarta oder Tertia zu sein, und dazu kein besonders geweckter
Kopf, der da mit der Frage herausrücken wird: Woher kommt es, dass an
einem Wort ein grammatisches Verhältnis ersichtlich ist, wenn dieses Wort
nicht zum Satz gehört, wie gelangt das Wort in einen Vocativ, Nominativ,
Genetiv, Accusativ? Denn die Schüler lernen, dass die Biegung der Wörter
nur durch den Gebrauch derselben in der Rede bedingt ist. Und wenn
der eine Vocativ, Genetiv etc. innerhalb der Satzfügung steht, warum nicht
auch der andere? K. sagt („Zur Ref." 33): „Wo ich ein klares grammatisches Merkmal sehe, da unterscheide ich grammatische Begriffe; wo mir
die fehlen, unterlasse ich es." Ich fürchte nicht, dass er mir entgegenhält,
er bemerke eben das Merkmal des Genetivs und lasse es dabei bewenden.

---

den ganzen Satz beziehen) gegenüberzustellen ist. Die hiehergehörige Verwandtschaft
mit dem Schaltsatze soll nur vorübergehend erwähnt werden, denn ich kann auf die
Erklärung solcher Erscheinungen, wo zwei Sätze aus dem beigeordneten Verhältnisse in
das untergeordnete übergehen, hier nicht näher eingehen. Der „Grdr." spricht von den
unechten Attributsätzen nichts.

Aber vielleicht ist hier doch noch eine Entwicklung möglich! K. bringt in „Zust. u. G." 72 aus Humperdincks deutscher Grammatik folgendes Citat: „Dass der Vocativ in einem Imperativsatze als Subject stehe, ist nicht zuzugeben. Der Vocativ steht eben, ganz ähnlich wie die Interjectionen, ganz ausserhalb der Satzfügung, als loses Einschiebsel." (Wenn Humperdinck dieses „Einschiebsel" nur definierte!) K. dagegen nimmt den Vocativ im Imperativsatze in die Satzfügung auf; von den als Subjectswort dienenden Vocativen aber, meint er S. 74, „sind natürlich die aufs schärfste zu unterscheiden, welche nicht diese Stellung im Satze einnehmen; diese mag man immerhin als Einschiebsel bezeichnen, sie enthalten Anreden, bezeichnen aber nicht das Subject des Satzes." Die bezeichneten „Anreden" sind also blosse „Einschiebsel" und können nicht als Bestandtheile des Satzes gelten!! An demselben Orte findet sich die Bemerkung, dass es vielleicht besser sei, „in deutscher Grammatik gar nicht von Vocativen zu sprechen, sondern sich mit der Lehre zu begnügen, dass der Nominativ auch als Casus der Anrede diene". Dieser „Casus der Anrede" muss sich denn doch grammatisch bestimmen lassen! *) Endlich setze ich hieher einen Ausspruch in „Zust. u. G." 47: „Von Zuständen müssen wir sprechen in vollständigen Sätzen und müssen sie wenigstens so andeuten durch unvollständige und unvollkommene Sätze, dass jeder aus den Worten erräth, welche Zustände wir denken; das ist eines von den Gesetzen, die auch nicht eine Ausnahme zulassen." In der Anmerkung hiezu findet sich auch die Definition, wonach unvollständige Sätze „durch Ergänzung eines sich allen Hörern oder Lesern gleichmässig und mühelos darbietenden Wortes, besonders des finiten Verbums, zu Sätzen im gewöhnlichen Sinne vervollständigt werden," unvollkommene dagegen „keine Satzform angenommen haben, auch nicht von den Hörern und Lesern durch Ergänzungen in solche zu bringen sind, und doch Mittheilungen von Gedanken sind." **) In

---

*) Für die in „Grdr." § 106 vorkommende Scheidung von Anrede und Anruf („Komm, Karl" und „Karl! komm") genügt die Umstellung des Vocativs nicht. Auch die Interpunction schwankt. Wo die im Zusammenhange der Rede eingeschaltete Anrede als Ausdruck effectvoller Empfindung steht, wird ein Rufzeichen gesetzt, sonst aber der Vocativ nur in Kommata eingeschlossen (Heyse II, 817). „Wenn dem Begehrungssatze ein Anruf im Vocativ vorangeht oder nachfolgt, so werden diese verbundenen Theile nur durch Komma getrennt, und das Ausrufungszeichen erst am Schlusse des ganzen Satzes gesetzt. Z. B.: Max, bleibe bei mir! geh nicht von mir, Max! (Schiller)." Heyse II, 818.

**) Eine genaue Scheidung dürfte nach dieser Definition schwierig oder gar unmöglich sein; es wird nicht nur einem Quartaner schwer fallen, die in „Zust. u. G." 24 gegebenen Beispiele nach der vorstehenden Erklärung so zu benennen, wie dies der

dieser seiner letzterschienenen Schrift ist also der Verfasser schon ein Stück weitergegangen als in der ersten, worin er („D. d. S." 23) sagt: „Es ist also einleuchtend, dass man oft Worte, unverbunden mit einem finiten Verbum, spricht und hört und schreibt und liest, durch die ein sich im Augenblick des Sprechens und Schreibens vollziehendes Denken oder Wollen ausgedrückt wird, Worte, die auch nicht als elliptische Sätze aufzufassen sind. Ich kenne keinen grammatischen Terminus, mit dem man solche Worte und Wortfügungen kurz und bestimmt bezeichnen könnte, und verzichte darauf, selber einen vorzuschlagen." Was K. aus „praktischer Rücksicht" (S. 24) unzulässig erscheint, nämlich diese genannten Ausdrücke des Denkens und Wollens in die Sätze einzubeziehen, erscheint mir überhaupt und ganz besonders aus praktischer Rücksicht nicht nur zulässig, sondern nothwendig. Ich hege die Hoffnung, dass der Verfasser, der noch im „Grdr." nur von „elliptischen (unvollständigen) Sätzen" spricht, in „Zust. u. G." aber doch unvollständige und unvollkommene Sätze unterscheidet (siehe noch „Zust. u. G." 24), auch für die „ausserhalb der Satzfügung stehenden" Worte eine annehmbare Bezeichnung findet. In einer Beziehung ist übrigens die Bezeichnung „ausserhalb der Satzfügung stehend" zu acceptieren, wenn man nämlich damit ausdrücken will, dass der betreffende Satztheil nicht in die Satzfügung jenes besonderen „Satzes" gehört, bei oder in welchem er sich befindet, so wie irgend ein einzelner Satz des zusammengesetzten Satzes ausserhalb der Satzfügung des anderen bei- oder nebengeordneten Satzes steht. Es ergibt sich also, dass der Vocativnominativ so wie die anderen oben bezeichneten Casus zwar selbständig stehen und keine vollständige Satzform zeigen, aber doch Satzwert haben, ohne dass man anzunehmen brauchte, sie seien aus vollständigen Sätzen zu Einzelausdrücken comprimiert worden.*)

Verfasser thut. Es wird nämlich die Belehrung angeknüpft an die Lessing'sche Fabel „Ross und Stier", und dabei heisst es: „An dem ‚Schande!' könnte man das Wesen der unvollkommenen Sätze, an dem ‚aber ich' das der unvollständigen klar machen." Nun kann man doch das eine wie das andere gleichmässig und mühelos ergänzen: „Dies ist eine Schande!" „Aber ich lasse mich von einem Knaben regieren!" (Oder „Das ist für dich eine Schande!" „Aber ich lasse dies geschehen!" u. s. w., denn Varianten sind hier wie dort möglich.) — Auch „Ja" und „Nein", von denen S. 47 gesagt wird, dass sie „durch Ergänzung niemals zu Sätzen vervollständigt werden können", lassen sich mühelos als Objecte in ein Satzganzes einfügen.

*) Heyse II, 57: „Der einzeln stehende Vocativ, womit man jemand anruft (z. B. Johann! guter Freund!), sowie das antwortende Ja und Nein sind ebensowenig elliptische Sätze, als die Interjectionen (ach! o weh!); denn diese Ausdrücke stehen ausser allem grammatischen Zusammenhange mit anderen Worten, welche zum Verständnis ihrer Form zu ergänzen wären. Sie sind vielmehr vollkommen selbständige, formell ganze

In „D. D. S." 94 ist K. geneigt, von verkürzten Nebensätzen dort zu
sprechen, „wo zu dem vorhandenen Worte eine finite Verbalform zu ergänzen ist, also z. B. in Vergleichungssätzen wie: ich bin grösser als du";
aber für diese sprachliche Erscheinung sei „Ellipse" ein allgemein anerkann-.
ter Terminus, für den man zu deutsch „Verkürzung" setzen könne. Diese
Verkürzung wäre denn doch eine Satzverkürzung! Nebenbei bemerkt sind
die „verkürzten Nebensätze" etwas anderes als die Ellipsen, und „als du"
im obigen Satze ist einfach als Bestimmung zum Comparativ anzusehen.
Vollkommen am rechten Orte, gleich neben dem „satzlosen Ausdruck von
Gedanken" im „Grdr." § 141, bemerkt K., wie ein und derselbe Satz durch
die Betonung das einemal zu einem Ausdruck der jubelnden Freude, das
anderemal zu dem des höchsten Entsetzens werden kann. Es handelt sich
hier also noch um eine andere Sphäre, um die des Empfindens, und dem
Übergreifen in diese Sphäre, dem Bestreben, einen kurzen und doch allgemein verständlichen Ausdruck unserer Empfindung zu gebrauchen, haben
eben die — Interjectionen ihr Dasein zu verdanken. Den Sprachgelehrten

Sätze darstellende Aussagen, wenn auch nicht, wie die Imperative (höre!
komm! etc.) materiell wirklich vollständige Sätze." .... II, 62: „Durch die Reduction
des Satzes auf eine einzelne adverbiale Bestimmung kehrt die Sprache gewissermassen
zu ihrem Anfangspunkte, dem unentwickelten Gefühlsausdrucke durch blosse Empfin-
dungslaute, zurück. Elliptische Aussagen, wie ,auf! frisch! vorwärts! fort! wohlan!
Glückauf!' haben ganz den Charakter von Interjectionen, wie he! heda! holla! etc.
und können daher auch als uneigentliche Interjectionen angesehen werden." Wenn wir
aber dem sprachlichen Gedankenausdrucke, und zwar auch dem in unvollständigster
Art erfolgenden, eine grammatische Distinction geben wollen, so lässt es sich nicht
rechtfertigen, die noch verständlichen, d. h. in ihrer grammatischen Stellung erkenn-
baren, adverbialen Ausdrücke zu den in dieser Beziehung unbestimmten Interjectionen
zu zählen, sondern es empfiehlt sich, die allgemein und unbestimmt gehaltenen Sprach-
äusserungen an die nächst höhere, inhaltlich und formell ähnliche grammatische Form
anzuschliessen, also die Interjectionen zu den obgenannten elliptischen Sätzen empor-
zuheben, statt umgekehrt die elliptischen Sätze zu Interjectionen zu verdunkeln. — Bezüglich des Vocativs sagt auch Heyse II, 69, dass er deshalb nicht als elliptischer
Satz angesehen werden kann, weil er vermöge seiner grammatischen Form und Bedeutung keine Ergänzung zu einer vollständigen Satzform zulässt. Dem stelle ich gegenüber, dass die verkürzten Nebensätze auch nicht durch äusserliche Mehrung zu einem
vollständigen Satze ergänzt werden können; wie aber die verkürzten Sätze in vollständige Sätze umgeformt werden oder Satzglieder in Nebensätze, lassen sich auch Vocative
umformen, z. B. „Grdr." § 108 „Der du so oft dich deiner Thaten rühmst (geschwätziger
Prahler), versuche doch hier zu helfen"; oder in Wanderers Nachtlied von Goethe:
„Der du von dem Himmel bist" (Himmlischer!) etc. Wo die äussere Form, die grammatische, zur Bestimmung eines Satztheils nicht hinreichend ist, muss der Inhalt dieses
Satztheils auf den rechten Weg leiten.

kommt es aber zu, alles, was als articuliert in den Bereich des sprachlichen Gedankenausdruckes gehört, in ein grammatisches System zu bringen. Sind nun die Interjectionen in die Sprache der Gebildeten aufgenommen, so muss auch ihre grammatische Stellung erklärbar sein. Ich begnüge mich hier damit, die Begriffe „Schaltsatz", „Vocativ" (genauer nach K.: „ausserhalb der Satzfügung stehende Casus") und „Interjection" neben einander zu stellen, um zur inhaltlichen und formellen Vergleichung derselben anzuregen.

Noch belehren vier Paragraphen über die Conjunctionen, so einfach und engbegrenzt, dass man sich wundert, sie neben früher genannten, ebenfalls gross gedruckten, also für Sexta und Quinta berechneten Schwierigkeiten zu treffen. Da aber die Conjunctionen erst im zusammengesetzten Satze vollständig zur Geltung gelangen, so wird erst dort davon die Rede sein. Hiermit ist der erste Theil des „Grdr." erledigt.

Der zweite Theil des Buches enthält von § 69 bis § 138 die Lehre von der „Satzverbindung", das Grossgedruckte laut Vorrede für Quarta bestimmt. Die bei uns übliche Bezeichnung „reine einfache" und „erweiterte einfache Sätze" (bei ihm „nackte" und „bekleidete", letztere auch „erweiterte" genannt) erklärt K. für müssig und wertlos. Er gebraucht für seine Auffassung der Satzbestimmungen das Bild des Baumes mit Stamm, Ästen, Zweigen und Blättern, für die andere Auffassung das Bild von „Hemde, Rock und Weste" („D. d. S." 96). Auch ich kann die Bezeichnung „nackt" und „bekleidet" nicht als „geschmackvoll" bezeichnen, dass aber die Unterscheidung eine schwierige sein solle, kann ich nicht einsehen. Der reine einfache Satz enthält nur die beiden Hauptsatzglieder, der erweiterte einfache Satz ausser den Hauptsatzgliedern noch Nebensatzglieder — lautet unsere Erklärung. Das in „D. d. S." 96 angefochtene Beispiel („Dann wäre aber ‚Der Tisch ist rund' nicht mehr ein nackter Satz; denn er enthält noch eine Prädicatsbestimmung") ist vollkommen zulässig, solange die Copula gilt; werden aber alle Zeitwörter als vollwertig genommen, dann ist der betreffende Satz entweder ein erweiterter einfacher Satz, oder er bleibt auch ein reiner einfacher Satz, wenn nämlich der Prädicatsnominativ mit dem finiten Verb zusammen als „Prädicat" angenommen wird. (Als Parallele hiezu: zusammengesetzte Tempora!) Eine Unklarheit kann nicht eintreten, da in jeder Sprachlehre die Copulafrage und was damit zusammenhängt, irgendwie entschieden sein muss, und ich kann die Unterscheidung weder „müssig" noch „wertlos" nennen, da es sich bisher vor allem um die Herausstellung von Subject und Prädicat gehandelt hat, auch die Unterscheidung klar und deutlich ist. Noch einen Einwand könnte K. erheben: Der Satz „Der Tisch ist rund" enthält nach dem K.'schen Systeme nicht nur eine Prädicatsbestimmung, sondern auch ein Attribut, nämlich das unbetonte Pronomen demonstrativum (den Artikel), und schliesslich ist das Subject selbst eine Bestimmung des Verbum finitum; als „reiner einfacher Satz" bliebe also nur der blosse Imperativ übrig. Die genannten Bezeichnungen sind daher nur mit Hinsicht auf die K.'schen Vorschläge anzufechten; dass die allgemeine Schule die letzteren in der Gestalt, wie sie gegenwärtig vorliegen, nicht annehmen kann, wird sich aus den mannigfaltigen, in diesem Referate erhobenen Bedenken ergeben. Ob „reiner einfacher Satz" und „erweiterter einfacher Satz" auch einen schiefen Gegensatz bilden wie „nackt" und „erweitert" („Zur Meth." 5), will ich nicht untersuchen. Wenn die Bezeichnung nicht zutreffend ist, so wähle man eine andere. K. bemerkt an demselben Orte: „Übrigens besagt der Ausdruck Satzerweiterung gar nichts als Satzverlängerung; denn durch hinzugefügte Bestimmungen wird der Inhalt des Satzes natürlich nicht erweitert, sondern verengert und dadurch bereichert." Was damit bewiesen werden soll, ist mir nicht klar. Wo von „Erweiterung" gesprochen wird, kann dies doch nur im Sinne einer äusserlichen Mehrung der Satzglieder geschehen; in Bezug auf die Begriffsbestimmung aber fasse ich hier nur jenes Verhältnis ins Auge, in welchem Inhalt und Umfang eines Begriffes zu einander stehen: jede hinzutretende Bestimmung, ob sie nun „splitternackt" („Zur Meth." 5), „nackt", „bekleidet" oder „erweitert" heisst, vergrössert den Inhalt und verengert den Umfang des Begriffes „Satz". (So scheiden sich auch, mich auf „D. d. S." 23 beziehend, die „elliptischen" von den „unvollkommenen" und „unvollständigen" Sätzen. Ob man diese K.'sche Eintheilung nicht in Parallele setzen könnte zu der einen „schiefen Gegensatz" enthaltenden, unterlasse ich zu prüfen.)

Noch schlimmer erscheint dem Verfasser die landläufige Annahme von zusammengezogenen Sätzen („D. d. S." 97). Gewiss ist die Entstehungstheorie nicht ausreichend, nach welcher zwei Sätze, die ein oder mehrere Satzglieder gleich haben, zusammengezogen werden, daher auch der Name „zusammengezogen" nicht vollkommen entsprechend ist; ich für meine Person begnüge mich damit, hier von einem Satz mit gleichartigen Satzgliedern zu sprechen und ihn zu den erweiterten einfachen Sätzen zu rechnen, zu denen ja auch Sätze mit zwei verschiedenen Objecten (Personen- und Sachobject) gerechnet werden. Wenn K. („D. d. S." 98) meint, dass es eine „Verkehrtheit" sei, den Terminus „zusammengezogener Satz" in seinem gegenwärtigen Umfange anzuwenden, so kann sich dies lediglich auf die Benennung und auf die Art der Erklärung beziehen; ein grammatisches Merkmal, das diese Art der Sätze von anderen unterscheidet, ist thatsächlich vorhanden. Der Aufwand von Gelehrsamkeit und Witz („D. d. S." 99: Gegenüber dem Satze „Ich liebe meine Eltern" ist aber der Satz „Ich liebe meinen Vater und meine Mutter" offenbar ein auseinandergezogener), um diesen Terminus zu Fall zu bringen, würde nicht zu begreifen sein, wollte man ausseracht lassen, dass nach K. jedes finite Verb ein Satz ist, und dass eine Reihe der K.'schen Aufstellungen, z. B. über die Verbindung der Hauptsätze in § 138 u. a., damit in Zusammenhang stehen. — Die zusammengesetzten Sätze theilen wir in einfach und mehrfach zusammengesetzte Sätze ein; bei den ersteren unterscheiden wir ausdrücklich die „Satzverbindung" vom „Satzgefüge", bei den letzteren heben wir unter den vielfachen Formen als eine besondere Art die „Periode" hervor. Im „Grdr.", für die Classen bis Tertia bestimmt, ist von den Perioden gar nicht die Rede. Ich bemerke noch, bezugnehmend auf S. X in „Zust. u. G.", dass es bei uns fast allgemein üblich ist, nur jenen Satz einen Hauptsatz zu nennen, der einen Nebensatz an seiner Seite hat, dass demnach im einfach zusammengesetzten Satze unsere „Satzverbindung" aus zwei selbständigen, einander beigeordneten Sätzen besteht, das „Satzgefüge" dagegen aus einem über- und einem untergeordneten Satze, aus Haupt- und Nebensatz. Darnach ergibt sich folgendes Schema.

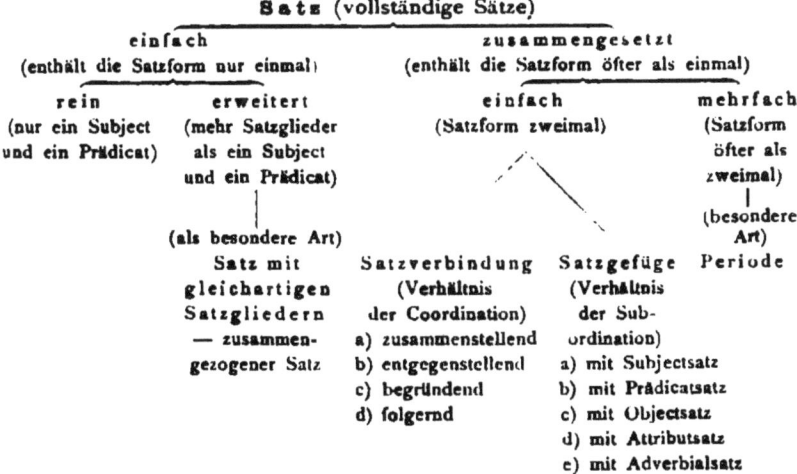

Der „Grdr." richtet sich nach einer anderen Terminologie. Die allgemeinste Benennung für den nicht einfachen Satz ist „Satzverbindung", auch trägt das ganze zweite Hauptstück diese Überschrift. Die Definition lautet

(§ 69): „Sind zwei oder mehrere Sätze durch ihren Inhalt eng mit einander verbunden, so entsteht eine Satzverbindung, z. B. Komm mit, wir wollen den Freund besuchen." Das ist wohl keine scharfe Abgrenzung, auch fehlt das von K. so dringend geforderte grammatische Merkmal; in jeder zusammenhängenden Rede sind alle Sätze durch den Inhalt eng mit einander verbunden. Unmittelbar darauf folgt (§ 70): „Man erkennt die Satzverbindung daran, dass man den Inhalt derselben auch durch einen Satz wiedergeben könnte: Komm mit zum Besuche des Freundes." Zur Erhärtung dieses Ausspruches wird noch ein dritter Satz hinzugefügt und hierauf mit dem Ganzen verschmolzen. Ich kann dieses Kennzeichen durchaus nicht als ein allgemein giltiges betrachten; anders ist es dort, wo Haupt- und Nebensatz ein Ganzes bilden. — Es folgt das Capitel „Wortstellung", und hier tritt zum erstenmale der „Nebensatz" auf, der erkannt wird an der veränderten Wortstellung und an der Conjunction. (Nebenbei bemerkt ist von unterordnenden Conjunctionen bisher nirgends die Rede gewesen, es heisst bloss, dass in dem gegebenen Beispiele an die Stelle der Conjunction „denn" die Conjunction „weil" getreten ist.) Sonst pflegt man davon auszugehen, dass der Nebensatz seinem Sinne nach ein Satzglied des Hauptsatzes ist, dass man nach ihm wie nach einem solchen Satzglied fragen kann, dass auf diese Frage der ganze Nebensatz zur Antwort kommt; daran schliesst sich, dass er nur seiner Form nach (grammatisches Merkmal) als ein eigener Satz zu rechnen ist, auch eine besondere Wortstellung hat und gewöhnlich durch bestimmte Wörter eingeleitet wird, endlich dass durch die Wortfolge und das einleitende Wort die Abhängigkeit vom Hauptsatze angezeigt wird. In der methodischen Behandlung dieser Materie in „Zur Meth." 12 lässt K. die Nebensätze erkennen „an ihrem immer ganz ungenügenden Inhalt und an der Stellung des finiten Verbums am Ende." Dass diese Kennzeichen nicht genügen, liegt auf der Hand,*) namentlich die durch Inversionen ausgezeichnete poetische Sprache liefert Beispiele in Fülle. Ungenau sagt § 82: „Nebensätze werden nicht nur durch Relativpronomina, sondern auch durch Conjunctionen eingeleitet." Durch Conjunctionen schlechtweg werden auch die beigeordneten Sätze (vulgo Hauptsätze) der Satzverbindung eingeleitet, die attributive Bestimmung „unterordnend" darf nicht fehlen; es genügt durchaus

In der methodischen Behandlung des vierten Satzes aus der Lessing'schen Fabel „Die Sperlinge" („Zu was," schrieen sie, „taugt denn nun das grosse Gebäude?") heisst es: „Hier sind zwei stehende Verben: schrieen, taugt; also zwei Sätze. Keiner von beiden ist ein Nebensatz, denn das Verbum steht in keinem am Ende." („Zur Meth." 28.) Wie aber, wenn der Satz hiesse: „Sie schrieen: Zu was taugt etc."

nicht, wenn in § 83 nachgetragen wird, dass die in § 82 genannten Conjunctionen subordinierende sind. So wird auch in „Zur Meth." 12 erst ganz zuletzt angegeben, dass alle Nebensätze stets den Wert von Bestimmungen des Hauptsatzes haben. Dagegen sagt § 93, dass nicht immer mit Sicherheit anzugeben ist, welcher Satztheil durch einen Nebensatz vertreten wird, da manche Nebensätze sowohl gegen Adverbia als auch gegen Casus mit Präpositionen vertauscht werden können. Der „Satztheil" ist wohl zu erkennen, aber nicht die Wortart, durch die er ausgedrückt wird. Es decken sich ferner nicht die Definitionen: „Alle Sätze, an deren Stelle ein Adverbium eintreten kann, werden Adverbialsätze genannt, wenn das Adverbium auch den Sinn oft nur sehr unbestimmt wiedergibt" (§ 93) und: „Die Adverbialsätze vertreten sowohl Adverbia wie Casus mit Präposition." (Welcher „Casus mit Präposition" wird hier gemeint? Vertritt nicht auch der Attributsatz in § 95 einen Casus mit Präposition?) „Sie bilden nur eine Classe, weil die Präpositionen ursprünglich Adverbia sind." (§ 107. S. 52). Wenn der letztere Standpunkt gelten soll, so halte man ihn doch consequent fest und setze auch „Präposition mit Casus" oder gleich „Adverb mit Casus". Wie viele Redetheile gibt es nicht, die „ursprünglich" andere Wörter gewesen sind; eine bestimmte Deutung muss denn doch bestehen bleiben, wenn der Schüler nicht in Verwirrung gerathen soll. Ein anderer bedenklicher Fall liegt vor in § 109: „Manche Sätze kann man mit demselben Recht als Objectsätze und als Genetivsätze auffassen" (Sätze mit den Verben: bedürfen, entbehren, geniessen, pflegen). Und beizusetzen wäre: Ebenso decken sich häufig Genetiv und Casus mit Präposition, z. B. Ich erinnere mich nicht, was gesagt wurde (des Gesagten, an das Gesagte). Alle diese Störungen rühren daher, weil K. die bisher übliche Bezeichnung der Satzglieder „Object" und „Adverbiale" für den einfachen Satz nicht gebrauchen will und der Ersatz durch die Casusbezeichnung, namentlich „Casus mit Präposition", nicht ausreichend ist. Mit besonderem Nachdruck bekämpft K. die „präpositionalen Objecte", aber ich kann ihm nicht vollständig zustimmen, wenn er („Zur Meth." 3) sagt, dass sie die „grösste Verwirrung" hervorbringen. Es lassen sich nun einmal im Deutschen statt der einfachen Casusformen thatsächlich häufig „Casus mit Präposition" gebrauchen, und die Betrachtung verwandter Sprachformen im Französischen etc. beirrt diesen deutschen Sprachgebrauch nicht im mindesten, bestätigt ihn vielmehr.*) Es wird freilich die Schwierigkeit der Unter-

---

*) „Diese innere Verwandtschaft der Präpositional- und der Casusbegriffe wird auch dadurch bestätigt, dass in Sprachen, welche keine Declination mehr besitzen, der Begriff der Casus durch Präpositionen ausgedrückt wird; z. B. französisch l'homme, der Mensch; de l'homme, des Menschen; à l'homme, dem Menschen etc. Auch im Deutschen

scheidung der präpositionalen Objecte von den Adverbialien durch K.'s System behoben, u. z. gründlich; was ist aber an dessen Stelle getreten? Grammatische Erkenntnis? — Ich wollte durch die vorstehenden Anführungen nur darthun, wie gerne ich K. zustimme, wenn er („Zust. u. G.'' II) sagt, dass es didaktisch richtig ist, beim Anfangsunterrichte von möglichst anschaulichen Begriffen auszugehen.

Der nächste Abschnitt spricht vom zusammengesetzten Satze. Die Definition lautet (§ 81): „Die Verbindung eines Hauptsatzes mit einem Nebensatze oder mehreren Nebensätzen ist ein zusammengesetzter Satz.'' — Die Nebensätze werden nach ihrer Einleitung in Conjunctional- und Relativsätze eingetheilt. — Ein neuer Abschnitt ist betitelt: „Übungen in der Vertauschung von Satzbestimmungen mit Nebensätzen.'' Hier werden noch Nebensätze, wie: „worüber du dich freust'', „wo wir uns befinden'', „woher mir jetzt diese Freude kommt'', gleichmässig durch „Casus mit Präposition zum Prädicat'' vertauscht; die später erfolgende Eintheilung der Nebensätze nimmt auf diese Bezeichnung keinerlei Rücksicht. — § 97 enthält die „Eintheilung der Hauptsätze'': 1. indicativische oder Behauptungssätze, 2. conjunctivische oder Vorstellungssätze, 3. imperativische oder Heischesätze, 4. Fragesätze — alle vier Arten entweder bejahend (affirmativ) oder verneinend (negativ). — Bei der Erklärung der conjunctivischen Sätze wird der Conjunctiv betrachtet als der Modus a) der indirecten Rede, b) der Annahme, c) der Aufforderung, d) des Wunsches, e) für die unter gewissen Annahmen geltende Ausnahme. Die Fragesätze werden geschieden in Satzfragen und Bestimmungsfragen, dann nach einem zweiten Eintheilungsgrunde in wirkliche und rhetorische Fragen.

Eigenthümlich ist eine Ausführung in § 100; sie lautet: „In den Bestimmungsfragen wird die Satzbestimmung, über deren Inhalt der Fragende in Unwissenheit ist, durch Fragewörter ersetzt, welche die Form der nicht gewussten Bestimmungen haben. So wird'' — es ist dieser Ausführung kein Beispielsatz zugrunde gelegt — „durch den Nominativ wer? nach dem Subjectswort gefragt, durch den Accusativ wen? nach dem Object, durch das Adverbium wann? nach einer adverbialen Bestimmung des Prädicats (Zeit-

---

wird das einfache Genitivverhältnis häufig durch die Präposition von umschrieben; z. B. der Herr vom Hause statt der Herr des Hauses; die Gedichte von Schiller statt Schillers Gedichte. Wo hingegen die Declination reicher und mannigfaltiger entwickelt ist, können manche Verhältnisse, für deren Ausdruck wir der Präpositionen bedürfen, durch blosse Casus ausgedrückt werden; z. B. lateinisch hoc modo, auf diese Weise; vi, mit Gewalt; labore, durch Arbeit; domi, zu Hause; Romae, in Rom; Romam, nach Rom etc.'' Heyse I, 847.

bestimmung), durch den Casus mit Präposition an welchem Orte? nach einer präpositionalen Bestimmung des Prädicats (Ortsbestimmung)." Der Verfasser wollte durch die Bezeichnungen „Nominativ, Accusativ, Adverbium, Casus mit Präposition" offenbar anzeigen, dass die gebrauchten Frageworte ebensolche Satzbestimmungen sind, aber sie müssen nicht ebensolche Wörter sein, wie sich schon aus der Betrachtung der Adverbialia ergibt; auf die Frage wann? kann die Antwort ebensogut durch das Adverb morgens, wie durch den präpositionalen Dativ am Morgen gegeben werden, daher die Einreihung von „Zeitbestimmung" in „adverbiale Bestimmung des Prädicats", von „Ortsbestimmung" in „präpositionale Bestimmung des Prädicats" unbestimmt und verwirrend ist. Der „Grdr." enthält weder von den präpositionalen, noch von den adverbialen Prädicatsbestimmungen eine Eintheilung, deren Eintheilungsgrund der Inhalt dieser Bestimmungen ist, und § 118 sagt ausdrücklich, dass innerhalb des einfachen Satzes die Unterscheidung der Satzbestimmungen eine rein grammatische ist. In demselben Paragraphen findet sich wohl eine Art Eintheilung, nicht der adverbialen Satzbestimmungen, sondern der unflectierbaren Wörter, durch die sie gebildet werden, diese Eintheilung endet aber mit „u. s. w." Erst § 119 spricht von „Umständen", nicht von Satzgliedern in der bisherigen Auffassung, sondern von den Begleitern irgend einer Handlung. Auch hiebei muss auffallen, dass K. denselben Gegenstand an verschiedenen Orten verschieden eintheilt. In „D. d. S." 34 werden nämlich als nothwendige Partitionstheile jeder menschlichen Handlung angegeben: Subject, Object, Ort, Zeit, Zweck, Mittel, Erfolg; in „Grdr." § 119 wird gesprochen von: Subject, Object, Ort, Zeit, Ursache, Zweck, Folge, Mittel, Hindernis, Vergleichung; bei der Eintheilung der Adverbialsätze in § 122 wird unterschieden: Zeit, Ort, Ursache, Zweck, Folge, Mittel, Hindernis, Art und Weise, Bedingung; endlich bei den adverbialen Bestimmungen (§ 121 sagt, dass die Adverbialsätze mit Rücksicht auf den Inhalt ebenso eingetheilt werden wie die adverbialen Bestimmungen des einfachen Satzes) resp. den Adverbien in § 118: „ein Zeitverhältnis, ein Ortsverhältnis, ein Verhältnis der Art und Weise, des Grundes u. s. w."

§ 107 nimmt die Eintheilung der Nebensätze nach vier Eintheilungsgründen vor: nach dem Worte, durch welches sie mit dem Hauptsatze verbunden sind (Relativ-, Conjunctional-, abhängige Fragesätze — siehe § 82), nach ihrer Stellung im Hauptsatze (Vorder-, Zwischen-, angefügte Sätze; „Nachsatz" wird nur der Hauptsatz genannt, während sonst nach der örtlichen Stellung und unabhängig vom Inhalte der erste Satz als Vorder-, der zweite als Nachsatz gilt), nach dem Grade der Abhängigkeit vom Hauptsatze (Nebensätze 1., 2. etc. Grades), endlich nach den Satzbestimmungen, statt deren sie eintreten (I. statt der Bestimmung der Verbalperson: Subject-sätze 1. für das nominativische, 2. für das vocativische Subjectswort; II. statt der Bestimmungen des Verbalinhaltes 1. Prädicatsnominativsätze, 2. Objectsätze, 3. Genetivsätze, 4. Dativsätze, 5. Adverbialsätze; III. statt der mittelbaren Satzbestimmungen: mittelbare Nebensätze). — Der Prädicatsaccusativ, verschieden vom Object, fehlt; siehe § 33, Anm. 2.). — Hier, bei der Betrachtung der Nebensätze, können die K.'schen Ideen, u. z. nach der grundlegenden Seite hin, eine kräftige Stütze gewinnen. Das Subject, das Object, das Adverbiale und das Attribut lassen sich in Nebensätze umformen, nur das Prädicat nicht; denn unsere „Prädicatsätze" sind nur Umschreibungen des zum finiten Verb gehörigen „Prädicatswortes", aber nicht Umschreibungen des aussagenden Zeitwortes selber. (Die Anhänger der Copula deuten dies zu ihren Gunsten). Diese Thatsache allein muss dazu führen, dem finiten Verb eine hervorragende Stellung im Satze einzuräumen, es geradezu als Träger des Satzes anzuerkennen. Dass eine solche Auffassung neue Eintheilungen und Benennungen im Gefolge hat, ist selbstverständlich; die Lösung jedoch, wie sie der „Grdr." gibt, halte ich nicht für völlig entsprechend. — Dass K. („Zur Meth." 12) die Benennung „Substantivsatz" und „Adjectivsatz" abweist, ist berechtigt; mit der gleichen Berechtigung ist aber auch die K.'sche Bezeichnung „Genetivsatz", „Dativsatz" etc. abzuweisen.

An zwei Beispielen wird hierauf das Satzbild des zusammengesetzten Satzes gezeigt. Abgesehen von der Wahl der Beispiele, die ihres unruhigen Charakters wegen gewiss nicht als stilistische Muster gelten können, ist diese Veranschaulichung, wie die des einfachen Satzes, eine zweckentsprechende. Das eine Beispiel heisst: (§ 114) Wenn dein Bruder, der mir so wert und theuer ist, wie nur irgend ein Mensch es sein kann, in der Noth, die ihn bedrängte, sich an mich gewendet hätte, so würde ich, was nur irgend in meinen Kräften stand, aufgeboten haben, damit er damals die Ruhe, deren er so würdig ist, wieder gewonnen hätte.

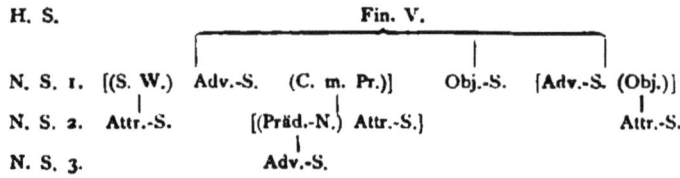

Mit Buchstaben bezeichnet: 1a. 2. 3. 1a. 2. 1a. H. 1. H. 1b. 2. 1b.

Ich habe für die Buchstabenbezeichnung folgendes Verfahren in Übung, wobei ich auch auf die Interpunction genau achten lasse: a_1 (condit.)

a_2 (attrib.), a_3 (modal), a_1, a_2 (attrib.), a_1, A, b_1 (object.), A, c_1 (final), c_2 (attrib.), c_1.

Mit § 118 beginnt der Abschnitt über die Adverbialsätze. Die Einleitung besagt, wie schon gelegentlich berührt worden, dass innerhalb des einfachen Satzes die Unterscheidung der Satzbestimmungen nur eine rein grammatische ist, dass sie nämlich nur an den Formen, welche die Sprache bildet, erkannt werden. Dass die Erkennung hie und da der mangelnden grammatischen Merkmale wegen nicht möglich ist, sondern dass öfters nach dem Inhalt oder Sinn geforscht werden muss (wie oben gezeigt), ist hier nicht angegeben. Dagegen findet sich erst an dieser Stelle (§ 118, Stoff für Tertia) die Erklärung, dass die adverbialen Bestimmungen im Gegensatz zu anderen Satzbestimmungen durch unflectierbare Wörter gebildet werden, und dass diese Wörter nach dem, was sie bedeuten, also nach ihrem Inhalte eingetheilt werden. „Diese Eintheilung ist deshalb zweckmässig," heisst es weiter, „weil der Inhalt der Adverbia etwas bedeutet, was in den meisten Zuständen oder Handlungen erkennbar ist oder doch als vorhanden vorausgesetzt wird." Warum diese Begründung nur für Satztheile wie „hier, oben gestern, fortwährend" gelten soll und nicht auch für „am Platze, auf dem Baume, vorigen Montag, zu jeder Zeit," ist umsoweniger einzusehen, als dieselbe Eintheilung nun zur Benennung der Adverbialsätze so nothwendig ist und die Adverbialsätze doch auch die eben angedeuteten Casus vertreten; aber das K.'sche System kennt im einfachen Satze nur „rein grammatische" Formen und will hier jene Eintheilung nicht dulden, die später im zusammengesetzten Satze unbedenklich verwendet wird. Es kann deshalb die Volks- und Bürgerschule auf die nach dem Inhalt erfolgende Definition und Eintheilung der Adverbialia, zu denen auch Casus mit und ohne Präpositionen gerechnet werden, nicht verzichten. Auch ist es ja allgemein üblich, bei der Satzanalyse genauer auf das grammatische Verhältnis einzugehen; in dem Beispiele: „Unter der Linde spielen die Kinder" ist „unter der Linde" ein Umstand des Ortes zum Prädicat „spielen" und ist ausgedrückt durch ein Hauptwort im 3. Falle mit dem Vorworte „unter" (oder: durch einen präpositionalen Dativ). Dass Casus mit Präpositionen bald unter die adverbialen Bestimmungen, bald unter die Objecte gerechnet werden, muss durchaus nicht „die grösste Verwirrung" hervorbringen; aus demselben Grunde müsste man dann dasselbe von dem verschiedenen Gebrauch der Hauptwörter (als Subjectsworte, Prädicatsnominative, Objecte, Attribute u. dgl.) behaupten können. In „Grdr." §§ 30, 31, dann „Zur Ref." 51 werden diejenigen Genetive und Accusative hervorgehoben, welche eine Zeit- und Raumbestimmung enthalten; es kann aber der Genetiv auch einen Modalumstand ausdrücken (z. B. hastigen Schrittes, leichten Herzens etc.), — sind diese Genetive nicht auch hervorzuheben? Und warum sollte die Hervorhebung des Inhalts bei den präpositionalen Casus nicht stattfinden dürfen? Freilich ist ein „klares grammatisches Kennzeichen", die präpositionalen Objecte von den Adverbialien zu unterscheiden, nicht vorhanden, überhaupt kein grammatisches, da es sich hier doch um die Inhaltsunterscheidung handelt. Nach § 121 fügen die Adverbialsätze dem Hauptsatze Bestimmungen mit ähnlichem Inhalt hinzu, wie die adverbialen Bestimmungen dem einfachen Satze. Gewiss; nur lasse ich von vornherein den Nebensatz als die Umschreibung eines Satzgliedes vom Hauptsatze (von dem ihm übergeordneten Satze) auffassen. Ich führe noch an, dass § 122 die Adverbialsätze eintheilt in solche, welche bezeichnen 1. die Zeit (Temporalsätze), 2. den Ort (Localsätze), 3. die Ursache (Causalsätze), 4. den Zweck (Finalsätze), 5. die Folge (Consecutivsätze), 6. das Mittel (Instrumentalsätze), 7. das Hindernis (Concessivsätze), 8. die Art und Weise (Modal-, Comparativsätze), 9. die Bedingung (Conditionalsätze).

Es folgt ein Abschnitt über die abhängigen Fragesätze, dann ein Abschnitt, betitelt „Hauptsätze und Satzbestimmungen im Werte von Nebensätzen"; was davon gesagt ist, stützt sich wieder hauptsächlich auf den Inhalt. So lautet § 127: „In dem zusammengesetzten Satze ‚Es war gerade zwölf Uhr, als der Thurm mit furchtbarem Gekrach einstürzte' enthält der Nebensatz die dem Redenden wichtigste Thatsache, der Hauptsatz nur eine Zeitangabe zu derselben etc." Dann: „Oft haben angefügte Nebensätze, welche mit relativischen Wörtern wie ‚was, worüber, womit' eingeleitet werden, den Wert von Hauptsätzen." Auf solche ohne Grundangabe erfolgende Unterscheidungen kann ich mich nicht einlassen; ich weise in meiner Schulpraxis den Hauptgedanken wirklich dem Hauptsatze zu, da es vom Redenden abhängt, diesen oder jenen Gedanken als Hauptsache gelten zu lassen. Wenn der Satz, wie oben, anfängt: „Es war gerade zwölf Uhr," so nehme ich an, dass es dem Redenden vornehmlich um die Zeitbestimmung zu thun ist, dass in dem besonderen Falle diese Zeitbestimmung grössere Wichtigkeit besitzt, als die Nachricht vom Einsturz des Thurms, oder dass die letztere Mittheilung chon als bekannt vorauszusetzen ist — was durch die Prüfung der betreffenden stilistischen Ausführung resp. der Rede leicht zu ermitteln ist. Sollte aber keiner der genannten Fälle zutreffend sein, sondern die Hauptsache im Einsturz des Thurmes liegen, dann ist die obige stilistische Construction verfehlt.

Interessanter ist der Theil „Satzbestimmungen im Werte von Nebensätzen". § 135 beginnt nämlich: „Der Infinitiv mit zu, um zu, ohne zu hat sehr oft den Wert eines Nebensatzes". In welchem Falle dieser

Wert wirklich vorhanden ist oder nicht, dafür ist weder ein grammatisches noch ein anderes Kennzeichen angegeben. Immerhin aber zeigt dieser Paragraph, dass von den ausgemerzten „verkürzten Sätzen" noch ein „Stumpf" geblieben ist. Während K. in seinen vier anderen Schriften diese Satztheile auch nicht durch Beistriche von den übrigen sondert, so dass seine Interpunction ein ungewohntes Gepräge trägt und das rasche Lesen sicherlich nicht fördert, hat er im „Grdr." nicht nur die allgemein übliche Interpunction beibehalten, sondern auch im letzten Abschnitt des Buches, der eben davon handelt, gerade diese Formen ausdrücklich namhaft gemacht, wobei mir nur aufgefallen ist, dass bezüglich des Beistrichs in § 145 und 153 das inhaltlich Gleiche ganz ohne Nöthigung in verschiedener Reihenfolge aufgezählt wird. Welcher Grund dafür vorliegt, dass die Schüler in den verschiedenen Fällen — vor den mit Bestimmungen versehenen präpositionalen Infinitiven, bei Appositionen etc. — den Beistrich zu setzen haben, ist nicht angegeben. Oder soll das Zugeständnis, die dem Auge gewohnte Form beizubehalten, eine Captatio benevolentiae sein? Denn von „verkürzten Sätzen" darf beileibe nicht gesprochen werden. An dieser Stelle merke ich noch an, dass die „verkürzten Nebensätze", die eine bestimmte grammatische Form haben, denn doch nicht so leichthin mit beliebigen Kürzungen in Concepten identificiert werden dürfen, wie es sich K. in „Zust. u. G." 127 zu thun gestattet. Freilich ergeben sich bei einer genaueren Betrachtung derselben noch mancherlei Unterscheidungen, die z. B. als „participium conjunctum", „absolutes alleinstehendes Particip", „Substantiv mit Particip", „unvollständiger Satz", „absoluter Satztheil", „adverbialer Ausdruck", „Appositionale", u. dgl. eine weder übereinstimmende, noch scharf abgrenzende Bezeichnung haben. Die allgemeine Schule kann auf derartige Subtilitäten nicht 'eingehen; aber alle verkürzten Nebensätze haben nicht nur eine bestimmte Form für sich, sondern lassen sich auch in ganz bestimmter Weise zu einem vollständigen Nebensatze umformen, und für die Schüler ist vorweg ein Anhaltspunkt für die Gliederung des Satzganzen — im Lesen und Sprechen — gegeben, was durchaus nicht gering anzuschlagen ist. Eines haben überdies die verkürzten Nebensätze mit den zusammengezogenen Sätzen gemein: ebensowenig jeder zusammengezogene Satz aus zwei oder mehreren Sätzen entstanden sein muss, ebensowenig jeder verkürzte Nebensatz aus einem vollständigen. Im schlimmsten Falle käme es auf eine Namensänderung an!*)

---

*) Allzurasch sollte man freilich in der Umtaufung grammatischer Begriffe nicht vorgehen, namentlich dort nicht, wo ein Terminus allgemein und unbestritten gebraucht wird. Als Curiosum erlaube ich mir, hieher einen Satz aus Heyse I, VI zu stellen. Heyse tadelt, dass „ein und derselbe Begriff oft mit beinahe ebenso verschiedenen

Ich gelange zu § 138: „Verbindung der Hauptsätze miteinander." Einen besonderen Namen tragen die nur aus „Hauptsätzen" bestehenden Sätze nicht, wiewohl man dies hätte erwarten können, da die allgemeine Bezeichnung (die als Hauptüberschrift im Text und Inhaltsverzeichnis steht) „Satzverbindung" lautet, die Verbindung eines Hauptsatzes mit einem Nebensatze aber als „zusammengesetzter Satz" besonders behandelt ist (§ 81 bis § 91). Ich bin genöthigt, bei § 138 ein wenig zu verweilen und vorerst daraus zu citieren: „Die Art der Verbindung ist eine dreifache. I. Das verbindende Element gehört nur dem ersten Satze an und besteht a) in einem hinzeigenden Wort, b) in der Unvollständigkeit des ersten Gedankens. II. Das verbindende Element gehört nur dem zweiten Satze an und besteht a) in einer nebenordnenden Conjunction, b) in der Unvollständigkeit des zweiten Gedankens. III. Das verbindende Element liegt in beiden Sätzen und besteht a) in Conjunctionen, welche auf einander hinweisen, b) in der Unvollständigkeit beider Gedanken." K. wird nicht behaupten wollen, dass hier ausser der stiefmütterlich behandelten Conjunction irgend ein grammatisches Merkmal vorhanden sei, denn die Unvollständigkeit des ersten oder zweiten Gedankens vermag mir umsoweniger ein solches abzugeben, als sich hier K. die von ihm so häufig gegeisselte Vermischung des Sachlichen mit dem Sprachlichen selbst zuschulden kommen lässt. Liegt das verbindende Element wirklich in der Unvollständigkeit eines oder beider Gedanken? Worauf darf sich hier die Unvollständigkeit beziehen, auf den Gedanken, oder auf den Ausdruck desselben, auf die sprachliche Form? Denn der Gedanke für sich ist doch nicht der Satz, und um die Verbindung der Sätze handelt es sich; die Gedankenverbindung als solche ist nur durch den Inhalt der Sätze bedingt. Es liegt offen zutage, dass diese Eintheilung vorzugsweise den verpönten „zusammengezogenen" Sätzen gilt. Wir finden als Beispiel zu II b: „Alles rennet, rettet, flüchtet", als Beispiel zu III b: „Sie misshandelten, beraubten, tödteten die Wanderer". Jeder dieser Sätze besteht nach K. aus drei Hauptsätzen, weil jeder drei finite Verben enthält. Bei der grammatischen Behandlung eines Gedichtes in „Zust. u. G." 70 heisst es ausdrücklich: „Es sind nur so viel Sätze in der Strophe enthalten, als Zeitwörter in ihr sind," desgleichen

---

Namen, als es Sprachlehren gibt, versehen ist," und führt an: „So heisst z. B. das Verbum bald Zeitwort, bald Wandelwort, bald Aussagewort, bald Sagewort, oder Aussager, Aussageanzeiger, bald Redewort, Zustandswort, Wirkwort, Handlungswort, Begebenheitswort, Satzwort, Sätzer u. dgl." Heyse selbst gebraucht I, 289 „Verbum oder Red wort, gewöhnlich Zeitwort, auch Meldewort genannt" und emfiehlt 291 den Namen „Redewort (entsprechend dem griechischen ῥῆμα, d. i. das Ausgesagte oder die Aussage, was durch das lateinische verbum sehr unvollkommen wiedergegeben wurde)."

besagt „Grdr." § 16, dass jedes finite Verbum allein ein Satz ist. So sollen die zuvor genannten Sätze, weil in jedem drei finite Verben stehen, je drei Sätze enthalten. Mit nichten! Jedes finite Verb braucht, um Satz zu sein, seine Verbalperson und seinen Verbalinhalt in seiner eigenen grammatischen Form, d. h. mit seinen ihm allein zukommenden Bestimmungen!*) Es wäre doch merkwürdig, wenn eine Satzbestimmung die Kraft hätte, durch einmaligen Ausdruck drei selbständige Sätze zu bestimmen. Gerade eine solche Häufung der finiten Verben muss zu der Bezeichnung „zusammengezogener Satz" führen. Wenn übrigens der Schüler nichts anderes zu thun hat, als die finiten Verben (oben war gar nur von „Zeitwörtern" die Rede) zu zählen, um die Anzahl der Sätze eines Satzganzen zu bestimmen, dann ist dies wohl eine sehr mechanisierende Methode. Wenn die „klare Einsicht in grammatische Zusammenhänge" („Zur Meth." 33) darauf hinausläuft, dann verzichte ich auf sie. Welche Freiheit in der grammatischen Behandlung, wenn zum erstgenannten Beispiel („Alles rennet etc.") beigefügt wird: „Hier ist das Subjectswort zum zweiten und zum dritten Satz zu ergänzen", zum zweitgenannten Beispiel: „Hier ist aus dem ersten Satze das Subjectswort zum zweiten und dritten, aus dem dritten Satze das Object zum ersten und zweiten zu ergänzen," und auf S. 77 zu dem Beispiele: „Ich sagte ihm, dass seine Leistungen gut und wir mit ihm zufrieden seien": „Hier ist der erste Nebensatz ein elliptischer"! „Elliptisch", das ist das Auskunftsmittel, die durch die Abtödtung der „zusammengezogenen" Sätze gerufenen Geister zu beschwichtigen. Schon die erste Schrift („D. d. S." 108) erklärt den Begriff Ellipse für völlig ausreichend, um die Termini „zusammengezogener" und „verkürzter" Satz zu vermeiden. „Zur Ref." 40 erklärt ausdrücklich, dass in dem wiederholt genannten Satze „Alles rennet, rettet, flüchtet" die beiden finiten Verben „rennet" und „flüchtet" elliptische Sätze sind. Der andere Satz „Sie misshandelten, beraubten, tödteten die Wanderer" besteht somit durchwegs aus Ellipsen. Und, am drittgenannten Beispiel die Interpunction bestimmend, heisst es S. 77: „Aber auch, wenn beide Nebensätze vollständig sind und ihnen nur die Conjunction gemeinschaftlich ist, fehlt bei enger Gedankenverbindung oft das Komma vor ‚und', z. B. ‚Wenn dies gelingt und alles andere nach Wunsch geht, so können wir sehr glücklich sein'." Ich halte „Wenn dies gelingt" wohl für einen vollständigen Conditional-

---

*) Vergleiche hiermit folgende Ausführung in „Zust. u. G." 70: „Also wie viel Sätze sind es? — Drei. — Wie heissen sie? — Kommt, bist, braucht. — Ja, das sind die Zeitwörter, die Prädicate in den drei Sätzen; ich will aber die ganzen Sätze hören, also alles, was zu kommen und zu bist und zu braucht noch hinzugehört."

satz, „alles andere nach Wunsch geht" aber nicht. Ich spreche über solche
Ausdehnung des Begriffes „elliptischer Satz" (der trotz alledem ein Satz
bleibt und doch nicht immer ein finites Verbum enthalten muss)
nicht jenes Urtheil aus, das K. bezüglich des Gebrauches von Infinitivsätzen
in „D. d. S." 92 gegeben („ist in der That eine bodenlose Verwirrung"), ich
erkläre sie einfach für unstatthaft.

Die Conjunctionen werden im „Grdr." an drei Orten bedacht, in
§§ 65—68 („Die Conjunctionen"), 122 („Eintheilung der Adverbialsätze") und
138 („Verbindung der Hauptsätze mit einander"). Die Eintheilung in echte
und unechte Conjunctionen (K.: die echten leiten Hauptsätze mit regelmässiger Wortstellung ein, die unechten bringen, weil sie eigentlich Prädicatsbestimmungen sind, die invertierte Wortstellung hervor) übergehe ich.
Hauptsache bleibt, dass die Conjunctionen nicht bloss Wörter und Sätze verbinden, sondern ausserdem das Abhängigkeits- oder Unabhängigkeitsverhältnis
der durch sie verbundenen Sätze bezeichnen und auch den Inhalt der von
ihnen eingeleiteten Sätze andeuten; so z. B. ist „denn" beiordnend und
begründend, „obgleich" unterordnend und concessiv. Die Anmerkung auf
S. 72 unter IIa genügt nicht; wenn irgendwo das Sachliche neben dem
Grammatischen zu beachten kommt, so ist es hier der Fall!

§§ 139—141 sprechen von der Ellipse, die schon genügend oft erwähnt
wurde, §§ 142—144 vom Pleonasmus, und schliesslich §§ 145—153 von der
Interpunction.

––––––––

Einen bedeutenden Vorzug haben die K.'schen Schriften vor vielen
anderen ihrer Art, dass sie nämlich in hohem Grade anregend wirken, mag
auch der Leser nicht allen Vorschlägen beistimmen, mag ihm auch manches
davon nicht neu sein. Ich liess es mir angelegen sein, darnach zu forschen, ob
die neuen Aufstellungen wirklich alles das zwanglos zu einen vermögen, was
in dem alten System sich ungefüge und störrig erwies, und da bin ich in
meinen Erwartungen nicht befriedigt worden. Sämmtliche Schriften K.'s
haben mein lebhaftes Interesse erweckt, massgebend aber war für mich der
„Grdr.", der ja die beabsichtigte Vereinfachung am bestimmtesten und un-
zweideutigsten aufzeigen sollte. Es ist daher dem „Grdr." auch der grösste
Theil meines Referates gewidmet; aber ich bin zu dem Schlusse nicht gekommen, dass nach ihm die „Einsicht in grammatische Zusammenhänge"
besser vermittelt werden kann, als es bisher möglich war. Hiebei räume ich
sofort ein, dass ich dem Verfasser in jedem Bestreben, das darauf gerichtet
ist, bestimmtere und zutreffendere Eintheilungen und Definitionen zu schaffen,

rückhaltlos zustimme. Im grossen und ganzen genommen sind die K.'schen Reformvorschläge nur als Ansätze zu einer radicalen Umgestaltung zu betrachten, vielleicht bahnen sie einer solchen den Weg, denn sie zeigen die Richtung an, nach welcher hin an der Vereinfachung der syntaktischen Terminologie erfolgreich gewirkt werden kann; in ihrer gegenwärtigen Gestalt entsprechen sie den gegebenen Verheissungen nicht, namentlich fehlt es ihnen an der durchgreifenden Consequenz. Die deutsche Sprache hat nicht den Formenreichthum, dass jedes Abhängigkeitsverhältnis an der äusseren Form zweifellos erkennbar wäre, daher häufig statt des grammatischen Merkmals der Inhalt entscheiden muss, worunter übrigens die Denkthätigkeit der Schüler gewiss nicht Schaden leidet. Über das, was die Volks- und Bürgerschule als „wissenschaftlich" zu nehmen hat oder nicht, brauche ich mich hier nicht zu äussern. Wenn K. („Zur Ref." 53) ausruft: „Wie dringend ist es zu wünschen, dass endlich einmal in unseren Schulen die Grammatik zur Würde einer selbständigen Wissenschaft gelange, die sich ihre Begriffe nicht länger durch ein beständiges Hinschielen nach dem Stofflichen verwirren liesse!" so ist dieser Ausruf, abgesehen von seiner eigenthümlichen Schlusswendung, nicht auf die allgemeine Schule zu beziehen. Die allgemeine Schule vermittelt grammatische Kenntnisse zu dem ganz besonderen Zwecke, das auf dem Wege der Gewöhnung erlangte, wesentlich auf dem Sprachgefühle beruhende grammatische Können der Kinder allmählich auf die höhere Stufe des Sprachbewusstseins zu erheben.*) Zugleich bemerke ich auf die eingangs citierten Worte betreffs des leichteren und freudigeren Lernens, wie des frischeren und hingebenderen Lehrens, dass mit einer neuen sachlichen Gliederung die Frage nach der methodischen Behandlung durchaus nicht erschöpft ist, sondern für alle Fälle ihre besondere Wichtigkeit behält.

Ich stimme dem Verfasser bei, dass man wirklich vom finiten Verbum ausgehe und alle übrigen Satztheile in ihrem Verhältnisse zu dem finiten Verb erkennen lasse, „also von den Zuständen auf die Gegenstände, ihre Eigenschaften und Verhältnisse" zu sprechen komme („Zust. u. G." 128); dagegen ist die Satzdefinition zu eng. Die Copula möge verschwinden, die Anzahl der Hilfsverben auf die drei Zeitwörter haben, sein, werden beschränkt bleiben. Die reinen einfachen und erweiterten einfachen Sätze können ruhig fortexistieren; in der Eintheilung des zusammengesetzten Satzes kann ich K. durchaus nicht folgen. In die Nothwendigkeit gestellt, zwischen den zusammengezogenen — der Name thut hier nichts zur Sache — und den ver-

---

*) Siehe M. Binstorfer („Theorie und Praxis im Grammatikunterrichte") über den rein praktischen und den theoretisch-praktischen Weg des Grammatikunterrichtes, Seite 73.

kürzten Sätzen einerseits und den K.'schen Bezeichnungen andererseits zu
wählen, muss ich mich für die ersteren entscheiden. Die verkürzten Nebensätze mögen im Gymnasium einfache Bestimmungen gekannt werden, für die
Bürgerschule muss der Name aus praktischen Gründen belassen werden.
Wo präpositionale Objecte und adverbiale Bestimmungen einander inhaltlich
nahe kommen, wird man sich auf eine genaue Scheidung nur dort einlassen,
wo sich dieselbe ohne Schwierigkeit und verlässlich vornehmen lässt, sonst
aber mit dem Hinweis auf die vorhandene Schwierigkeit darauf verzichten.
So lange die Gelehrten selber kein untrügliches Merkmal für die Scheidung
angeben oder kein besseres System aufstellen, so lange muss es dem einfachen Lehrer gestattet sein, zu dem genannten Auskunftsmittel zu greifen.
Auf grammatische Erkenntnis, d. h. auf Beachtung der Abhängigkeitsverhält-
nisse, kann und muss in jedem Falle die gleiche Aufmerksamkeit verwendet
werden. Die blosse Hinweglassung der angefochtenen Termini aber wird
die Einsicht in den Bau des Satzes nicht fördern; ja was der einfache Satz
an „Schwierigkeiten" erspart, erhält der zusammengesetzte Satz doppelt zugemessen. Mit dem präpositionalen Object bleibt natürlich auch der Begriff
Object unangefochten. Was sich als Präposition eine Stelle erobert hat,
möge diese behalten; so wird der Friede gesichert, sonst werden die gegenwärtig berechtigt und unberechtigt in dieser Kategorie stehenden Wörter
sich fortwährend befehden.*) Vollinhaltlich ist K. beizustimmen, wenn er
in „D. d. S." no sagt: „Ziel des syntaktischen Unterrichtes ist aber, dass
die Schüler ein klares Bewusstsein davon haben, welche Bedeutung für den
Satz jedes einzelne Wort hat, welches andere Wort durch dasselbe bestimmt
wird"; und ich füge bei, dass nur dann, wenn dieses Ziel erreicht ist, sich

---

*) Unter den österreichischen Schulbüchern enthält die „Deutsche Schulgrammatik"
von Dr. Karl Ferd. Kummer (Tempsky, Prag) Anlehnungen an die K.'schen Anschauungen, so bezüglich der Satzdefinition („Ein Satz ist der sprachlich richtige Ausdruck
eines Gedankens mit Zuhilfenahme eines finiten Verbums"), der Begriffe „Verbalinhalt"
und „Verbalperson" mit der Erläuterung: „Subject und Prädicat sind im finiten Verbum
zu einer untrennbaren Einheit verbunden; denn der Stamm des Verbums enthält dessen
Inhalt (das Prädicat), die Personalendung enthält die Verbalperson (das Subject)", u. a.
Im übrigen bleibt es auch hier bei der bisherigen Eintheilung in Haupt- und Nebensatzglieder (statt des Prädicatsnominativs wird „Prädicatsbestimmung" gebraucht), bei präpositionalen Objecten und verkürzten Sätzen, ja die zweite Auflage vom Jahre 1886
(umgearbeitet nach dem neuen Gymnasiallehrplan vom 26. Mai 1884, durch welchen der
grammatische Unterricht von zwei auf sechs Classen ausgedehnt wird) nimmt die in der
ersten Auflage ausgefallenen Termini „Copula" und „zusammengezogener Satz" wieder
auf. In Bezug auf methodische Durchführung, Einfachheit der Diction, Fülle der Beispiele und Vollständigkeit des Stoffes muss K. sowohl dem genannten Buche, wie auch
vielen anderen entschieden den Vorrang lassen.

auch die Wirkung des grammatischen Unterrichtes im mündlichen und schriftlichen Gedankenausdruck geltend machen wird, weil es denn doch ungemein viele sprachliche Formen gibt, die der Schüler aus der Umgangssprache allein, auch wenn sie darin gebraucht würden, nicht sicher genug erlernen kann.

Damit habe ich meine Ansicht über die K.'schen Vorschläge ausgedrückt, obwohl dies nicht der Hauptzweck dieser Arbeit war; als solchen halte ich: die Fachgenossen aufmerksam zu machen, dass sie ebenfalls prüfen und — urtheilen. In einer grossen Anzahl pädagogischer und wissenschaftlicher Fachblätter sind bereits Anzeigen oder Recensionen erschienen, wie aus einem von der Verlagsbuchhandlung zusammengestellten und den einzelnen Schriften beigelegten Verzeichnisse ersichtlich ist, und die daselbst verzeichneten Urtheile lauten durchaus zustimmend. Ich gebe daraus folgende Proben: „eine sehr geistreiche, tiefdurchdachte Arbeit" — „die Stimme eines Rufenden" — „diese treffliche Schrift muss besonders dem Schulmanne warm empfohlen werden" — „ist angelegentlich allen zu empfehlen, welche irgendwie sprachliches Studium betreiben" — „ohne Folgen kann der von Kern gegebene Anstoss nicht bleiben" — „verdient durch seine von richtigen Anschauungen über die Sprache getragenen, an feinen Bemerkungen reichen, manches erlösende Wort sprechenden, manchen Zopf glücklich beseitigenden Reformvorschläge den allerwärmsten Dank der Sprachlehrer" — „auf das überaus lesenswerte Büchlein aufmerksam zu machen" — „verdient als Ergebnis wissenschaftlicher Arbeit im Dienste der Schule die höchste Beachtung und verständige Nachfolge" — „wir sind gerne theilnehmende Schüler geworden und bleiben dem Verfasser für diese schöne Gabe dankbar" — „deshalb wünschen wir dem Werke in allen Lehrerkreisen weite Verbreitung" — „eine erfreuliche Leistung auf dem Gebiete der deutschen Grammatik" — „es verdient der vorgeschlagene Weg um seiner Einfachheit und Übersichtlichkeit willen seitens der Lehrer wohl die Beachtung" — „ein sehr zu empfehlendes Hilfsmittel" — „wünschen seiner Satzlehre die weiteste Anerkennung" — „es dürfte kaum zweifelhaft sein, dass sich die dort entwickelten Principien mit der Zeit allgemeiner Geltung erfreuen werden" — „das aber dürfte feststehen, dass eine Ignorierung der Werke Kerns ohne Schaden nicht leicht thunlich ist." Alle diese Recensionen beziehen sich nur auf die eine oder die andere der drei ersten Schriften K.'s; freilich ist es dabei üblich, dass die Recensenten ein allgemeines Urtheil abgeben, ohne sich in eine umständliche Analyse einzulassen. Ich selbst bin in meinen Aus- und Anführungen über den Rahmen hinausgegangen, der in den Pädagogischen Jahrbüchern für ähnliche Arbeiten üblich geworden ist, und ich fürchte ernstlich, die Geduld manches Lesers auf die Probe zu stellen;

doch wird diese „breite" Behandlung vor dem Vorwurf bewahrt bleiben, dass es sich nur um einen passiven Widerstand handle, wie er leider auf dem pädagogischen Gebiete so vielen gutgemeinten Vorschlägen entgegengesetzt wird. Zu den ausführlichen Beurtheilungen gehören jedenfalls jene, auf welche sich die von K. als „Streitschrift" bezeichnete dritte Schrift „Zur Ref." bezieht, womit angezeigt ist, dass sich auch gegnerische Stimmen geäussert haben. Ich bin nicht in der Lage gewesen, die besprochenen Recensionen nach ihrem Wortlaute einzusehen, ich habe mich der unmittelbaren Wirkung der Lectüre überlassen und aus dieser heraus mein Urtheil gebildet. Mag man nun den Anschauungen K.'s mehr oder weniger Beifall zollen, der Verfasser hat sich jedenfalls ein Verdienst erworben durch die gegebenen Anregungen. Mögen diese Anregungen zu recht fruchtbaren, der Sache förderlichen Erörterungen führen!

<hr>

Die Debatte über den Gegenstand des vorstehenden Referates, von welch letzterem nur der allgemeine Theil im Plenum zum Vortrag gelangte, wurde auf Wunsch des Referenten bis nach Erscheinen des Pädagogischen Jahrbuches vertagt, damit auf Grundlage des gedruckten Berichtes eine desto intensivere Besprechung sich entwickeln könne.

ANHANG.

I.

Die deutsch geschriebenen pädagogischen Zeitschriften Österreichs.

Von K. HUBER.

Die nachfolgenden Zeilen geben einen Überblick über die Wirksamkeit der benannten Fachpresse in dem Zeitraume vom 15. Septbr. 1886 bis 15. Septbr. 1887. Wie in den früheren Jahrgängen des „Pädagogischen Jahrbuches" finden sich auch diesmal die wichtigsten erschienenen Aufsätze angeführt und kurz charakterisiert nach Gesichtspunkten, die bereits im Jahrbuche 1884 angegeben erscheinen. Indem wir uns auf dieselben freundlichst zu verweisen erlauben, schreiten wir sogleich zur Darlegung der diesbezüglichen Materie selbst.

I. **Die sociale Stellung und die Rechtsverhältnisse des österr. Lehrstandes.** Bezugnehmend auf einen Erlass des Badener Bezirksschulrathes spricht Jessen in Nr. 47 der F. p. B. unter dem Titel „Unser Staatsbürgerrecht" in klarer Weise über die politischen Rechte, die jedem Lehrer wie jedem andern Staatsbürger durch das Staatsgrundgesetz gewährleistet sind. „Die Lehrer haben, bei aller Achtung vor den ihnen übergeordneten Behörden, die Pflicht, sich das Recht der freien Meinungsäusserung im Privatleben ganz in demselben Umfange zu wahren, wie dasselbe anderen Staatsbürgern unbestritten eingeräumt wird." Es ist wahr, der Lehrer hat im allgemeinen alle Ursache, wenn man will sogar die moralische Pflicht, Äusserungen zu vermeiden, die ihn als mitthätig im Kampfe der ihn umgebenden Parteien erscheinen lassen können. Die Harmonie des Hauses mit der Schule ist für ihn eine Vorbedingung zu erfolgreichem Wirken, stört er hie und da diese Harmonie, indem er den Ansichten einzelner, vieler, oder selbst aller Eltern entspricht, so schwächt das gar leicht seinen Einfluss, und das sollte er so weit als möglich zu vermeiden suchen. Aber diese moralische Pflicht fällt nicht in das vom Strafrichter zu bewachende Bereich. Über „Stellung und Aufgabe des Lehrstandes im Schul- und öffentlichen Leben" lässt Ernst in Nr. 51 und 52 der F. p. B. seine Stimme hören. Der Autor kennzeichnet in scharfen Umrissen die Gegner der Neuschule und zeigt, wie ihnen der Lehrer entgegenzuwirken habe. In dem Aufsatz „Zu weit gegangen" nimmt Jessen in Nr. 3 der F. p. B. Stellung gegen den Erlass eines Bezirksschulrathes, der den Lehrern den Privatunterricht der Schüler seiner Classe verbietet, und führt aus, dass kein Gesetz besteht, welches dem Lehrer dieses verbiete, und dass jede Verordnung, welche ohne auf einem Gesetze zu fussen etwas verbietet, ein Ausfluss der Willkür ist. „Im Ernst der Zeit" hat Gloning in Nr. 3 d. Z. d. o.-ö. L. Anschauungen bedenklicher Art ausgesprochen. „Der Ernst der Zeit verlangt ein volles Erfassen der gegebenen Verhältnisse, ein Rechnen und Rechten mit a l l e n Factoren der Wirklichkeit, ein Aufgeben von Meinungsgewohnheiten (!) und Sonderbestrebungen, der Scheu vor dem Urtheile einflussreicher oder aufdringlicher Persönlichkeiten, Organe und Parteien (!), sofern deren Theilnahme an unserem Wohle und Wehe nicht erhaben steht über dem Zweifel der Uneigennützigkeit, wo nicht gar der Herrschsucht." (Richtig.) „Kluges Erwägen der Verhältnisse ist nicht charakterlos, zumal wenn es für das Wohl des Ganzen wie des Einzelnen geschieht, und das Überbieten in tönenden Floskeln noch nicht Mannesmuth, zumal wenn andere die Kosten zu bezahlen haben" (richtig). „Die conservative Partei hat im Landtage die Mehrheit, hat die Behörde gewählt, der die Er- nennungen im Schulwesen obliegen, und von ihrer Mässigung und Einsicht muss abge- wartet werden, ob sie sich ihrer Macht zum Wohl oder Wehe der Schule bedient" (falsch). „Freilich darf hier die Lehrerschaft, von deren Wohl oder Wehe ja doch das der Schule mit abhängig ist, sich nicht auf den schroffen Standpunkt von Parteigegnern stellen, denn bekanntlich überzeugen sich solche nicht, sie bekämpfen sich (falsch)". „Und geberdet sich die Lehrerschaft als leidenschaftlicher Verfechter eines ausschliess- lichen Parteistandpunktes, so kann es den mit der Wirklichkeit Vertrauten kaum befremden, wenn bei Berathung ihrer Angelegenheiten der Parteistandpunkt zur Geltung kommt. Haben im nied.-österr. Landtag doch die Vertreter des unverfälschtesten Liberalismus diesbezüglich ein Pröbchen geliefert, das der Lehrerschaft wohl wenig bekommen hat" (falsch). „Sucht Verständigung, wo es ohne Aufgeben der Grundlagen volksthümlichen (!) und ersprieslichen Wirkens immer nur geschehen kann! Brecht mit dem Schiboleth des Parteistandpunktes!" (Falsch.) — Unter dem Titel „Unsere Vertretung im Landes- schulrathe" schreibt Böhm in Nr. 4 des L. Er beklagt es, dass in ganz Cisleithanien in den Landesschulräthen nur im Niederösterreichischen ein Vertreter, der der Volks- schule angehört, sitzt. „In der gesammten Verwaltung, sowie im Medicinalwesen, im Bauwesen, in der Gerichtsverwaltung, der Kirche, dem Postwesen, dem Bergbau, dem Handel, dem Fabrikswesen, der Schifffahrt finden wir nur theoretisch und praktisch ge- bildete Fachmänner in der Vertretung ihrer Betriebs- oder Verwaltungskörper. Nur die Volksschule, in welcher mehr als 90% fürs Leben vorgebildet werden, macht eine Aus- nahme. Es ist auch vom Gerechtigkeits und Billigkeitsstandpunkte nicht zu goutieren, wenn dem Volksschullehrer die Avancements-Aussichten abgeschnitten werden. Bei der grösstmöglichen Rücksichtnahme von Besetzungen der Inspectorenstellen und bei Berufung von Fachmännern aus unserem Stande in den Landesschulrath würde der Lehrer aus der Stellung des bevormundeten Schulbediensteten heraus in jene geachtete Stellung gelangen, welche gleich andern Ständen eine weitere Entfaltung seiner Kräfte gestalten würde." — Einen trefflichen Aufsatz begegnet man in Nr. 7 der F. d. Bl., mit „Standes- sinn und Standesehre" überschrieben. Es wird darin vorerst auf den Stand der Officiere und Geistlichen hingewiesen, die bezüglich des „Standessinn und Standesehre" dem Lehr- stand ein leuchtendes Beispiel geben. „Bei dem Officieren ist es vor allem der kamerad- schaftliche Sinn, der jedem Laien Bewunderung und Anerkennung abzwingt; der höchst- gestellte Stabsofficier und der in seiner Carrière noch am Anfang stehende Lieutenant sind in der Gesellschaft gleichhohe Standespersonen; sie finden sich im traulichen Kreise

zusammen, sitzen zusammen an einem Tische, ehren und schätzen einander; es gibt bei
ihnen nur einen Unterschied, der gewisse Grenzen zieht, nämlich das Alter. — Jedes
einzelne Mitglied gehört ganz und gar der Gesammtheit an, jeder Einzelne lebt und stirbt
für seine Kameraden: Das ist Standessinn." — Wie streng wird die Standesehre gewahrt! Der fehlende Kamerad wird ermahnt, er wird gestraft (Ehrengericht) und wenn
keine Hilfe ist, von den Kameraden rücksichtslos und strenge gerichtet, aber mit Dis-
cretion, und dies alles zur Wahrung der Standesehre" . . . „Den ledigen Officieren wird
es zur Pflicht gemacht, an dem gemeinschaftlichen Mittagsessen (Menage) theilzunehmen,
ja selbst die verheirateten haben dieser Pflicht von Zeit zu Zeit nachzukommen. Dabei
ist die Sitzordnung täglich eine andere, „damit der kameradschaftliche Sinn im Officier-
corps gepflegt werde." Ob sich dabei die höheren Officiere nicht in den Augen ihrer
jüngeren Kameraden etwas vergeben? Man sehe hin, wenn sie im Dienste sind: blinder
Gehorsam, strengste Subordination." — Wie steht es im Lehrstand? Allerorten hört
man klagen, dass Zerfahrenheit herrscht, die Leiter der Schulen absentieren sich —
auch im gesellschaftlichen Leben — von ihren Mitlehrern; die Bezirksschulinspectoren
meinen, dass sie sich etwas vergeben, wenn sie mit der Lehrerschaft des betreffenden
Bezirkes in engere Fühlung treten; Mittelschullehrer missachten den Stand der Volksschullehrer wegen ihrer „höheren Bildung;" Bestrebungen, welche den Zweck haben
sollen, den Geist der Zusammengehörigkeit zu wecken und zu fördern, werden vornehm
ignoriert und vieles andere mehr. Es kommt nicht selten vor, dass Amtsgenossen einander
— selbst in der Öffentlichkeit — zu verunglimpfen und herabzusetzen suchen. Daher
kommt es auch zum Theil, dass der Stand der Volksschullehrer in gesellschaftlicher
Beziehung nur sehr geringe Erfolge aufzuweisen hat. Nicht das geringe Einkommen
allein trägt bei uns daran Schuld, gab und gibt es doch auch jetzt bei den beiden
zuerst genannten Ständen Fälle, wo das zum standesgemässen Leben nothwenige Einkommen nicht immer vorhanden ist; auch der Standesehre kommt ein grosser Theil zu,
das Ansehen und den Einfluss des Standes zu heben." — „Über die sociale Stellung des
Lehrstandes" handelt ein ausgezeichneter Vortrag von Prof. Braunmüller in Nr. 5 des
K. Schb. (Siehe die Thesen zu päd. Themen.) — In dem Aufsatz „Zur Gehaltsfrage"
stellt Gold in Nr. 6 des K. Schb. folgende Gesichtspunkte auf: Die gegenwärtigen Gehaltsclassen sind ungerecht; sie bieten dem Lehrer der einclassigen Schule bei der
grössten Anstrengung den geringsten Gehalt, dagegen dem Lehrer an mehrclassigen Schulen
bei verhältnismässig leichterer Arbeit den ungleich höheren Lohn. — Die bisher üblichen
Gehaltsclassen befördern den heutigen Lehrerwechsel an Schulen, und was dieser zu bedeuten hat, das wissen nicht nur die Schulbehörden und Fachmänner, das weiss auch
jeder einsichtsvolle Laie zu beurtheilen — die Einreihung der Schulen in Gehaltsclassen
bietet Anlass zu amtsunbrüderlichem Vorgehen Einzelner. — Die Lehrer Böhmens
petitionierten in der letzten Landtagssession einmüthig — und wurden darin vielfach von
den Bezirksschulräthen unterstützt — und bescheiden um Aufhebung der 4. Gehaltsclasse
(400 fl), doch vergebens! In Nr. 19 der F. Schz. schreibt Legler: „Länger als ein Jahr-
zehnt arbeiten Hunderte, ja Tausende Lehrer Böhmens in den niederen Gehaltsclassen
um einen wahren Sündenlohn. Pferdearbeit und Zeisigfutter, das allein ist die richtige
Bezeichnung für das Verhältnis, in welchem die streng geforderte Leistung mit der gnädigst
bewilligten Leistung steht." Am Schlusse seines Artikels fragt Legler: Was nun?
„Dasselbe thun, was wir bisher gethan, aber in noch gewissenhafterer und in etwas
stürmischerer Weise. Wir Lehrer sind es uns, unseren Kindern und dem Ansehen unseres
Standes, schliesslich selbst der Schule schuldig, dass wir nicht eher aufhören zu bitten,

als bis wir erhört sind." — Anlässlich der Schuldebatte in Tirol wies Statthaltereirath Baron Reden darauf hin, „dass gewaltige Enttäuschungen den Hoffnungen folgen würden, die man geweckt hätte, dass sich der Lehrerschaft eine durch nichts zu bannende Verstimmung und Muthlosigkeit bemächtigen, und dass nur jene Mitglieder derselben in Tirol bleiben würden, welche nicht anderweitig unterkommen könnten." Wie bekannt wurde die Gesetzesvorlage abgelehnt. Der Tirol. Schulf. schreibt nun in Nr. 3: „Aber nicht bloss die Ablehnung des Gesetzes treibt die besseren Lehrkräfte aus dem Lande, sondern vielfach auch das Verhalten dieser in der sogen. Concessionsära emporgekommenen Grössen." Wer weiss es etwa nicht, durch welche Mittel man dahin strebte, die Lehrerschaft unter das Zepter der Geistlichkeit zurückzuführen? Die „katholische Volksschule", die Katecheten und Lehrerconferenzen, die offene Darlegung bei den Inspectionen, dass der Lehrer gleichsam nur der Diener der Herren im Talare sei, sind gewiss Dinge, die einen auf die Würde seines Standes haltenden Mann zwingen, dorthin zu gehen, wo man ihm diesbezüglich auch die schuldige Achtung entgegenbringt. Zu alledem kommt noch der dem gegenwärtigen Landesschulinspector eigenthümliche beissende Spott und Hohn, mit dem er den Lehrern entgegentritt. So hat er sich jüngst einem Lehrer, der in Folge der misslichen Schulverhältnisse den Weg nach Salzburg einschlägt, gegenüber geäussert, er finde es unbegreiflich, dass die Lehrer, die bloss 4 Jahre studiert und höchstens jährlich 50 fl gebraucht hätten, „so hoch hinauswollten und nicht mit dem zufrieden wären, was sie hätten." — L. P. macht in dem Aufsatz „Zur militär. Carrière der Lehrer" entschieden Front gegen jene Petitionen, worin um Zulassung zur Ablegung der Unterofficiersprüfung gebeten wird. Sollte dies etwa die Erkennung der Fähigkeiten des Lehrers bedeuten, dass er eine Charge einnehmen könne, die etwa ein Rossknecht erreicht? Heben wir dadurch wirklich unsern Stand? Der Lehrer ist berechtigt, die Officierscharge zu erreichen! Wenn wir immer das Gleiche wiederholen, so wird das Ziel doch endlich erreicht werden, das Mindere fällt uns dann im ungünstigsten Fall von selbst zu (Ö. Sch. 6). — Bei Besetzung von Schulleiterstellen verlangt ein Aufsatz mit der Überschrift „Machinationen", dass nicht bloss das Wirken zwischen den vier Wänden allein in Betracht komme, sondern es sollte namentlich auch darauf Rücksicht genommen werden, was der Competent für die Pädagogik im allgemeinen gethan hat. Ein Lehrer, der nur in seiner Classe sein tägliches Pensum abwickelt und den alle pädagogischen Angelegenheiten, die nicht damit im Zusammenhange stehen, kalt und theilnahmslos lassen, taugt nicht für einen Schulleiter, der etwa entweder ein Despot, der die abweichenden Meinungen und das Streben seiner Untergebenen gering schätzen würde und jedem Fortschritte hinderlich wäre, oder er würde der Spielball seines ihm geistig überlegenen Lehrkörpers sein". Nr. 41 d. F. p. B. — Der steierische Landesausschuss brachte beim Landtag eine Novelle zum Gesetze über die Anstellung des Lehrers ein, worin verlangt wird, dass dem Landesschulrathe das Recht werde, neben Disciplinarversetzungen auch Versetzungen aus Dienstesrücksichten vornehmen zu können, weil es vorkommt, dass Lehrer durch Taktlosigkeit und unbedachte Äusserungen den Unwillen eines Theiles der Bevölkerung hervorrufen können. Dazu bemerkt F. im Ö. Sch. 2: „Wenn also irgend ein Lehrer künftig das Unglück hat, einem Manne von Einfluss gegenüber in irgend einer Sache die abweichende Meinung zu äussern — wer bürgt dafür, dass sie nicht mit dem Prädicat „unbedacht" belegt und zum Hebel wird, der jenen, und mag derselbe auch ein braver, tüchtiger, überzeugungstreuer Mann sein, aus einem liebgewordenen Wirkungskreise hinausbefördert, aus materiell behaglichen Verhältnissen in solche, die seinen materiellen Ruin herbeiführen?" — (Ist da nicht der Lehrer vogelfrei erklärt?)

II. Bezirkslehrer-Conferenzen. Zutreffend und launig schildert Severus in Nr. 12 des Ö. Sch. „die Wiener Bezirks-Lehrerconferenzen" und meint, „in der ganzen trostlos öden und unfruchtbaren Verhandlungswüstenei bietet sich unserem müden Auge kein einziger grüner Punkt — sie bedeuten für jeden einen verlorenen Tag!" — F. P. spricht in Nr. 29 der V. „Etwas über Bezirkslehrerconferenzen". Er lobt die Intention der Gesetz-geber, die die Conferenzen einführten, meint aber, dass viele Conferenzen Hunderte kosten und wertlos sind. Um die Conferenzen für Lehrer und Schule gewinnbringend zu machen, bringt er folgenden Vorschlag: „Der betreffende Inspector macht bei seinen Inspectionen wohl so manche Erfahrungen; er sieht dieselbe Sache an verschiedenen Schulen in mannigfacher Art behandelt und verschiedene Resultate erzielen. Er greife nun einen dieser Gegenstände aus der Praxis und vielleicht auch eine Frage, die erst kürzlich am pädagogischen Horizont zur Prüfung und Begutachtung sich hervordrängte, auf, setze diese Themata auf die Tagesordnung der nächsten Conferenz, eröffne nun hierüber entweder selbst die Debatte oder bestelle Referenten. Nun müsste die Verpflichtung bestehen, dass jede Lehrperson sich mit dem Thema so vertraut zu machen habe, dass sie, wenn sie vom Inspector hiezu aufgefordert wird, in logisch geordneter, umfassender Darstellung den Gegenstand zu besprechen im Stande sein muss."

III. Schulleiter. Ein äusserst gehaltvoller Artikel findet sich in Nr. 1 und 2 des Ö. Sch., „Im Schuldirectorate" betitelt. Wir heben aus dem ausführlichen Aufsatz, den jeder Schulleiter eingehend studieren möge, hervor das Verhältnis des Schulleiters zu der vorgesetzten Behörde; er fasst es in folgende Punkte zusammen: 1. Thue deine volle Pflicht, ohne Rücksicht darauf, ob du Lob oder Tadel dafür erntest. Den Lehrern gegen-über vertrittst du die Rechte der Behörde, soweit sie durch das Gesetz oder auch nur die Sitte und den Anstand festgesetzt worden sind, der Behörde gegenüber aber die Rechte und die berechtigten Wünsche der Lehrer; denn du hast ein Mittleramt zu ver-walten. 2. Wenn du nicht durch amtliche Verpflichtung oder besonderen Wunsch deiner Vorgesetzten genöthigt bist, über Sachen und Personen amtlich oder vertraulich dich aus-zusprechen, so thust du es auch niemals deinen Vorgesetzten gegenüber. Wirst du aber aufgefordert, so sprichst du über Sachen und Personen wahr, klar, freimüthig und vollständig dich aus, erläuterst, beweisest, bittest, warnest u. s. w., wie dein Gewissen es dir gebietet; denn du bist nicht berufen, unaufgefordert deine Vorgesetzten zu belehren oder sie mit Zuträgereien zu bedienen, wohl aber, mit deinem Wissen und Können, wenn sie es verlangen, zu unterstützen. — Sein Verhältnis zu den Lehrern seiner Anstalt findet in folgenden Worten Ausdruck: „Ein Vorgesetzter sollte immer bedenken, dass er es doch im Leben besser hat, als seine Untergebenen, und sollte deshalb danach streben, dass diese ihr Werk mit Freuden und nicht mit Seufzen thun." „Die Unterrichtsstunden besuchte ich fleissig, 200 bis 300 Stunden jährlich, und zwar aus folgenden Gründen: 1. Schüler, Lehrer, die Eltern der Schüler und die Behörden sollen erkennen, dass der Director die erforderliche Theilnahme an der gesammten Schularbeit nimmt. 2. Wenn der Director den ihm untergebenen Lehrern auch traut und vertraut, er muss doch auch ganz genau wissen, was der Einzelne leistet, und wie er die Unterrichtsergebnisse erzielt. 3. Nur durch vieles Hospitieren und Revidieren lernt der Dirigent erkennen, für welche Classe und für welches Fach jeder Lehrer am besten geeignet ist. 4. Soweit der Dirigent hiezu im Stande ist, soll er durch vorbildliches Vormachen, durch ertheilte Musterlectionen den Lehrer, der es bedarf, in seiner Unter-richtspraxis, also sowohl pädagogisch, als auch methodisch-didaktisch zu fördern suchen, und dies geschieht kaum durch blosse Worte, leicht aber durch Thaten!" — Die bei

Besetzungen geübte Protection findet in dem Artikel „Zur Besetzung von Schulleiter-stellen" in Nr. 4 d. B. eine satirische Behandlung. „Ist eine Schulleiterstelle zu besetzen, so drängen sich höchst sonderbare Candidaten in den Vordergrund, deren Ungestüm bei eingehender Revue eine heilige Entrüstung bei allen verdienstvollen und würdigen Collegen hervorrufen muss. Als einzige Berechtigung ihrer Ambition dient diesen Leuten oft nur der Hinweis auf diesen oder jenen, der doch „in jeder Hinsicht tiefer stand und doch Schulleiter wurde". Und nun werden vier solche Typen in scharfer, zutreffender W e i s e gezeichnet.

IV. **Lehrerbildung und Lehrerbildungsanstalten.** In dem Aufsatz „Zum neuen Statut für Lehrerbildungsanstalten" spricht Justus in Nr. 20 des Ö. Sch. über den Geschichtsunterricht, worin ausgeführt wird, dass bei der geringen Stundenzahl nicht die wünschenswerte Gründlichkeit, wohl aber Oberflächlichkeit und Flüchtigkeit zutage treten müssen. Ein Artikel in Nr. 7—9 des Ö. Sch. von Emprechtinger „Das Verhältnis der Lehrerbildungsanstalten zu der Lehrerschaft" führt aus, dass dieses Verhältnis derzeit ein missliches ist, woran theils die Lehrerseminare, theils die Lehrerschaft die Schuld tragen. Als Mittel zur Besserung führt Emprechtinger an, dass die Lehrer an Lehrer-bildungsanstalten in erster Linie zu Schulinspectoren berufen werden sollen, und in zweiter Linie tüchtige Volks- und Bürgerschullehrer. Dadurch lernen die Lehrer der Lehrerbildungsanstalten die Bedürfnisse der Volksschule genauer kennen, sehen mit eigenen Augen, wo es fehlt, und wie sie es in der Zukunft zu machen haben werden, lernen die Hindernisse der Schule würdigen, ihre Lehrthätigkeit dem entsprechend ein-richten. Auch zu Prüfungs-Commissären sollen in erster Linie die Lehrer der Lehrer-bildungsanstalten, in zweiter Linie Volks- und Bürgerschullehrer genommen werden. Über „Fortbildung des Lehrers" findet sich ein lesenswerter Aufsatz in den Nrn. 42 und 43 d. F. p. B. von A. Frankl. Es werden die Wege gezeigt und die Materien angeführt, die zur Fortbildung dienen sollen. — „Lectüre für Lehrer." Darüber schreibt Major in Nr. 43 d. F. p. B., dass leider die Seminare nach der Richtung wenig thun. Der Lehrer soll hauptsächlich die deutschen Classiker zu seinem Studium machen. Eine eingehende Kritik erfährt in Nr. 7 des P. das neue Statut für Lehrerbildungsanstalten von Z. H. Nach Darlegung der neuen Forderungen führt der Verfasser aus: „Überall begegnen wir bis jetzt statt einer berechtigten Vermehrung der Stundenzahl und weisen Beschränkung des Lehrstoffes — einer erheblichen Verringerung der Unterrichtsstunden mit gleichzeitiger Ausmerzung nothwendigen Wissensstoffes. Die naturgemässe Consequenz hievon ist und bleibt die Mechanisierung des Lehrvortrages, die oberflächliche Drillung der Lehramts-jünger, das Herrschendwerden todter Schematisier- und Tabellarisiermethoden und die Unfähigkeit des Unterrichtes — zu begeistern." „Zur Frage der Lehrerbildung" ist der Titel eines Vortrages, den Dr. Tupetz in Nr. 1 und 2 der F. Schz. veröffentlicht. Nach-dem er die österreichische Lehrerbildungsanstalt in ihrer Eigenheit gekennzeichnet und gezeigt hat, dass sie etwas von der Volksschule, von der Mittelschule und auch von der Hoch-schule besitze, meint er, dass es sehr schwierig sei, eine vollkommen befriedigende Einrichtung für dieselben zu schaffen. Im weiteren Verlaufe seines Vortrages spricht Redner von der V o r b i l d u n g der Lehramtszöglinge und beklagt zunächst das zusammen-gewürfelte Schülermaterial. Als die zweckentsprechendste Vorbildung für Lehrer-bildungsanstalten hält Redner jene, welche unsere Bürgerschulen vermitteln; er spricht sich ganz entschieden gegen die Vorbereitungsclassen an Lehrerbildungs-anstalten aus, verlangt weiter, die Lehrkörper der Bürgerschulen sollten das Recht erhalten, auf dem Schulzeugnisse, das sie dem abgehenden Schüler auf den Weg geben, ihr Urtheil auszusprechen, ob derselbe zur Aufnahme in eine Lehrerbildungsanstalt geeignet sei. — Da die Bürgerschüler mit 14 Jahren austreten, die Lehrerbildungsanstalt aber die Zöglinge erst mit dem vollendeten 15. Lebensjahre aufnimmt, so fordert Redner, dass die Lehrerbildungszeit von 4 auf 5 Jahre erhöht werde und der Eintritt in das Seminar bereits mit dem 14. Lebensjahr erfolgen könne. — Entschieden ist er gegen Internate, wünscht aber für jede Lehrerbildungsanstalt eine fixe Zahl von Stipendien, damit die fähigen armen Zöglinge entsprechende Wohnung und Kost finden.

V. **Schulinspectoren.** In dem Aufsatz „Unsere Schulinspectoren" in Nr. 48 d. F. p. B. von Rüdiger liegt der Schwerpunkt darin, dass die Bezirksschulinspectoren hauptsächlich aus dem Stande der Volksschullehrer genommen werden sollen; denn was kann es der Schule nützen, wenn der Herr Inspector ein Gelehrter ist? Es nützt ihr nicht nur nicht, es schadet ihr geradezu; je gelehrter er ist, desto schlechter für die Schule. Zugegeben, dass ein solcher Mann von grosser formaler Bildung sich in der Volksschule bald zurecht finden wird. Aber was geschieht in der Zwischenzeit? Immerhin gibt man dem Lehrer einen Beurtheiler, der erst selbst lernen muss, um beurtheilen zu können. Zudem ist die Carrière des Volksschullehrers ohnedies sehr beschränkt, hält man sie durch die gegenwärtige Gepflogenheit vom Amte ferne, das anzunehmen wir die vollste Berechtigung haben, dann muss unsere Berufsfreudigkeit erkalten, unser Eifer erlahmen. — Auf den Inspectorposten gehört ein Mann, der die Volksschule als Feld seiner Berufsarbeit gewählt hat und unausgesetzt arbeitend in derselben gestanden. Die Schule ist seine Welt, in der er Erfahrungen gesammelt, deren Schäden und Fehler er aus eigner Anschauung kennt. Nur ein solcher Mann wirkt wahrhaft zum Wohle der Schulen." — Cujus (Pseudonym) bespricht in Nr. 34 der Volksech. die Schulinspection und wendet sich gegen die grosse Anzahl von Mittelschullehrern, die auf diesen Posten berufen werden. „Wir halten an dem Grundsatze fest, dass zur Beaufsichtigung der Volksschulen nur Volksschullehrer zu berufen seien. Und wenn wir uns auch nicht im Sinne der strengsten Scheidung auszusprechen vermögen, so dünkt es uns auch bezüglich der Volksschule als das Beste: zu Inspectoren für die Bürgerschule Bürgerschullehrer, zu Inspectoren für die allg. Volksschulen nur Volksschullehrer zu berufen." —

VI. **Schulorganisation.** In der umfangreichen Abhandlung „Schule und Leben" von Dr. Prins, veröffentlicht in Nr. 1 und 2 des P. wird verlangt, „dass die Schule, welche ihre Lehrgegenstände dem Leben entlehnt, das zu lehren hat, was das Leben in seinen verschiedenen Kreisen erfordert."

Viel energischer und radicaler tritt an die Frage der Schulorganisation Director Goerth in dem Artikel „Die Einheitsschule der Zukunft", veröffentlicht in Nr. 2 des P., heran. Nach seiner Überzeugung krankt eben unser Schulwesen an Schäden, die nur mit Hilfe einer durchgreifenden Umgestaltung beseitigt werden können. Er kennzeichnet die Schulen in folgender Weise: Für den Arbeiter die **Volksschule**; sie ist das Stiefkind der Nation und gilt allenthalben als Armenschule. Für den Handwerker, den Subalternbeamten die **Mittelschule** (für Knaben und Mädchen) mit Schulgeld. Nicht dass die Kinder eine bessere Erziehung geniessen, werden sie dorthin geschickt, sondern aus Standeshochmuth und um das Recht des Einjährig-Freiwilligendienstes zu erlangen. Dass **Gymnasien** und **Realschulen** Standesschulen sind, ist klar. Die Gymnasien sind Vorschulen für Gelehrte, die Realschulen für höhere Staatsbeamte. Das theure Schulgeld und die lange Zeit der Ausbildung gestatten es unbemittelten Leuten nicht, ihre Kinder diesen Anstalten anzuvertrauen. Nach scharfer Geisselung dieser Zustände, bringt er seine Vorschläge der Organisation, und diese gehen nun dahin: 1. Das

Schulgeld sei für sämmtliche Schulen abzuschaffen und eine allgemeine Schulsteuer einzuführen, an der jeder Mann ohne Unterschied, ob ledig oder verheiratet, vom 24. Lebensjahre an theilzunehmen hat. 2. An die Stelle der bisherigen Gymnasien, Realschulen, Mittelschulen, Volksschulen tritt die einheitliche Nationalschule mit einheitlichem Lehrplan, ohne Privilegien. 3. Dieser Plan wird lediglich nach pädagogischen Grundsätzen für die Zeit vom 6. bis 16. Lebensjahre ausgearbeitet. 4. Bis zum vollendeten 14. Lebensjahre bleibt der Schulzwang, von da ab ist der Unterricht frei; auch soll es den Eltern freistehen, die Fächer, in denen sie ihre Kinder fernerhin unterrichten lassen wollen, selbst auszuwählen. 5. Die Versetzung findet alljährlich statt. An die Stelle der bisherigen Classenversetzung tritt die Fachversetzung. 6. Der Unterricht in den von 1 aufsteigenden Classen wird bis einschliesslich zur 9. von den auf den Seminarien gebildeten Lehrern ertheilt. Für die Classen 5 bis 9 ist dazu die Ablegung des Examens für Mittelschulen erforderlich. In den obersten 4 Classen werden akademisch gebildete Lehrer beschäftigt. 7. In den vier untersten Classen wird Elementarunterricht ertheilt, in den folgenden vier Jahren wird nur in e i n e r fremden Sprache unterrichtet, in der französischen. Für die oberen fünf Classen wird Unterricht in Latein, Griechisch, Französisch und Englisch, in den beiden obersten Classen auch in Hebräisch ertheilt. 8. Behufs Zulassung zum Studium auf Universitäten und Akademien bleibt das Abiturientenexamen bestehen, doch wesentlich verändert. 9. Sämmtliche Abiturienten, die das Examen bestanden haben, sind zu allen Studien auf Universitäten und Akademien, sowie zu allen damit verbundenen Staatsprüfungen als g l e i c h b e r e c h t i g t zuzulassen. —

VII. Die Volksschule. Frisch schildert in Nr. 5, Sch., unter der Überschrift „Neue Stürme" die bevorstehenden Kämpfe um die Neuschule und führt aus, dass im entscheidenden Momente alle Freunde der Volksbildung zusammenzustehen haben. Lehrer und Laien, Lehrer- und politische Vereine, Schul- und öffentliche Blätter sollen mitwirken. Versammlungen wären zu veranstalten, energische Resolutionen und Petitionen dem Reichsrathe zu übermitteln. All das wird zwar die Minorität nicht zur Majorität machen, wird die andern nicht einschüchtern, aber ein lautes, Jahre überdauerndes Zeugnis würde es sein, dass noch ein grosser Theil des Volkes auf unserer Seite steht; es würde eine eindringliche Mahnung sein, künftig andere Männer zu wählen, andere Garantien für den sicheren Bestand der Schulgesetzgebung zu finden." — „Über die Auswahl des Unterrichtsstoffes für die Volksschule" veröffentlicht Bernhardi einen Aufsatz in Nr. 4 des P. Seine Forderungen kennzeichnen folgende Sätze: „Die Menge des zu behandelnden Stoffes richtet sich nach der verfügbaren Zeit." — „Man verlange nichts, was über den geistigen Horizont der Kinder hinausgeht." — „Die Unterrichtsstoffe sind nach ihrer Bedeutung für die Bildung des kindlichen Geistes und nach ihrer Wichtigkeit für das spätere Leben der Kinder auszuwählen." — „Es sind demnach die Kinder vor allen Dingen mit unserem eigenen Volksleben bekannt zu machen; sie sollen das Streben ihrer Nation verstehen und an dem Ausbau der heimatlichen Verhältnisse theilnehmen können." — „Die vaterländische Geschichte ist ausführlicher zu lehren, als es bisher geschah." — „Die Cultur verdient ganz besondere Beachtung, sie zeigt uns, wie das Volk von Stufe zu Stufe emporgestiegen ist, sie lehrt einen stetigen Fortschritt, den Sieg des Lichtes über die Finsternis." — „Die Kinder sind mit den Erzeugnissen unserer Literatur vertraut zu machen." — „Der Heimatkunde und dem naturkundlichen Unterricht ist besondere Sorgfalt zu widmen." — „Bei der Auswahl des Lehrstoffes für den Religionsunterricht haben wir darauf zu achten, dass das Vorgetragene nicht mit sich selbst und auch nicht mit unserer Cultur im Widerspruch steht.' — In dem Aufsatz „Bange Zukunft" schildert Böhm in Nr. 6 des L. die Gefahren eines neuen rückschritt- lichen Schulgesetzes. „Zunächst wird" — so schreibt er — „die Schulaufsicht ihren welt- lichen Charakter einbüssen, und hierüber werden in erster Linie die Landschulen bittere Erfahrungen machen; denn es ist über jeden Zweifel erhaben, dass jeder Schlag, der auf die Neuschule geführt wird, zunächst der Landschule und ihren Lehrern gilt." ... „Eine nächste Consequenz dieses neuen Schulgesetzes dürfte eine verschiedene Lehrer- bildung werden. Eine kurze und bescheidene für Land-, und eine solche, wie sie der- malen besteht, für Stadtlehrer. Die tiefe, unüberbrückbare Kluft zwischen Stadt- und Landschulen von ehemals ist zweifellos das Ziel jener Personen, welche die Neuschule verderben wollen. Ist das erreicht, dann geht's mit dem Einkommen des Landlehrers abwärts." Schreiber ruft zum Schluss den Landlehrern zu: „Seid zunächst einig! Jeder Hass, jede Zwietracht verstumme unter euch. Stehet fest auf eurem Posten und erfüllet mit der ganzen Hingabe eines Schulmannes euren beschwerlichen ernsten Beruf. Wir dürfen den Gegnern keine Blösse zeigen, auf die sie hindeuten könnten; verkehret mit dem Landmanne womöglich aufs liebreichste, damit derselbe einen Hinterhalt, eine Schutzmauer für die bedrohte Landschule bilde." —

VIII. Die Bürgerschule. Einen lesenswerten Aufsatz über „Eine gut organi- sierte Bürgerschule" veröffentlicht Hoffmann in Nr. 17 d. B. Seine Anforderungen theilt er in sachliche und persönliche. Erstere beziehen sich auf die Einrichtung des Schul- gebäudes, der Classenzimmer, Turnlocale, Beheizung etc., letztere auf den Lehrer. „Die besten Localitäten werden nichts nutzen, wenn die Lehrer ihre Schuldigkeit nicht thun, die kostbarsten Lehrbehelfe bleiben bloss ein Frass der Motten, wenn die Lehrer nicht wollen oder es nicht verstehen, sie anzuwenden. Auf den Lehrer kommt es daher haupt- sächlich an." — Der Lehrer, subjectiv betrachtet, soll ein gediegenes Wissen, eine gute pädag.-didaktische Kenntnis und Geschicklichkeit besitzen, er soll ein Freund der Wissen- schaft und des Fortschritts sein; weiter wird verlangt, dass er einen freundlichen Ernst zur Schau trage, damit schon sein Äusseres Liebe und Vertrauen erweckt, und schliess- lich das Wichtigste, dass er im wahren Sinne des Wortes gewissenhaft sei. Die objectiven Anforderungen bilden das Verhältnis zu seinen Amtsgenossen und Vorgesetzten. „Gegen seine Amtsgenossen soll er collegial oder kameradschaftlich sein, ohne seine Individua- lität aufzugeben." — „Ein Kamerad, der aber jeden Klatsch getreulich dem Vorgesetzten rapportiert," der einen in den Augen des Publicums herabsetzt, der ist kein Kamerad. Wer seinen Collegen beredet, von dem ist in der Regel nichts Gutes zu halten, gewöhn- lich sind solche Leute Intriganten, die durch ihre Bosheit oder böse Zunge alle durch- einander bringen. Wer seinen Collegen wegen seiner Nationalität, seiner Religion oder politischen Überzeugung hasst, ist ein roher Fanatiker, der gar nicht in die Schule passt." .... „Zur Kameradschaftlichkeit gehört auch, dass sich die Lehrer wechselseitig im Amte unterstützen, namentlich an unseren Bürgerschulen, wo mehrere Fachlehrer wirken, ist dies von ungemeiner Wichtigkeit, damit eine Einheitlichkeit in Erziehung und Unterricht erzielt werde. — „Was das Verhältnis des Lehrers zu seinen Vorgesetzten anbelangt, so denke ich mir das militärische Verhältnis als das beste. Der Vorgesetzte hat zu befehlen, der Untergebene muss gehorchen; natürlich dürfen die Anordnungen nicht gegen die Gesetze verstossen." — Eigenschaften des Directors: „Dieser muss offenbar vorerst die Eigenschaften eines guten Lehrers haben, denn er soll seinen Mit- lehrern in jeder Hinsicht ein Muster und Vorbild sein, dies gilt namentlich in Befolgung der gesetzlichen Anforderungen. Wer Gehorsam verlangen soll, muss selbst gehorchen können. Vom Director muss verlangt werden, dass er im Stande ist, das Getriebe der Anstalt genau zu kennen, er muss herausfinden, wo das Werk rostet oder gar schadhaft zu werden beginnt. Er muss es verstehen, überall taktvoll aufzutreten, und soll die Zügel führen können, ohne brüsk oder rechthaberisch zu sein; dabei aber auch nicht vergessen, dass er eigentlich nichts anderes ist, als der Erste unter seinen Collegen. Er soll endlich ein guter Menschenkenner sein, um den Einflüsterungen, Schmeicheleien, namentlich von Seite mancher Intriguanten nicht geradezu zum Opfer zu fallen." Die Hindernisse, welche einer gut organisierten Schule entgegentreten, sind entweder i n n e r e oder äussere. „Unter den inneren Hindernissen verstehe ich alles, was den positiven Anforderungen, die angeführt wurden, entgegentritt. Schlechte Lehrer, eine schlechte Schulleitung kann die beste Schule ruinieren, wenn auch alle Bedingungen zur gedeihlichen Entwickelung vorhanden wären. Sie werden mit der Zeit das Vertrauen der Eltern untergraben und jenen merkwürdigen Geist im Volke erzeugen, den man Schulfeindschaft nennt." Zu den äusseren Hindernissen ist hauptsächlich das Schülermaterial der Bürgerschule zu zählen. „Durch den Schulzwang bekommen wir ein Schülermaterial, das häufig entweder schlecht vorbereitet, geistig beschränkt oder gar sittlich verkommen ist." — „Sind die den absolvierten Zöglingen der österreichischen Knabenschulen gewährten Rechte genügend?" Darüber schreibt Winkler in Nr. 20 der B. Ausgehend von der Thatsache, dass jede Unterrichtsanstalt umsomehr an Bedeutung und Frequenz gewinnt, je grösser die Aussichten und Rechte sind, die sie ihren Abiturienten gewährt, verlangt er, dass an allen gewerblichen, land- und forstwirtschaftlichen Schulen, zu deren Besuch die vollständige Mittelschule nicht gefordert wird, die Abiturienten der Bürgerschule bezüglich der Aufnahme den Vorzug haben sollen. In Bezug auf andere Anstalten (Handelsakademien u. a.), zu deren Besuch eine absolvierte vollständige Mittelschule nicht gefordert wird, sollen dieselben den absolvierten Untermittelschulen gleichgehalten werden. Ferner möge im Wege der Gesetzgebung verordnet werden, dass Stellungspflichtige, welche alle drei Classen einer öffentlichen Bürgerschule mit gutem Erfolg absolviert und eine gute Note aus dem „Turnen" haben, nur zu einem zweijährigen Präsenzdienst beigezogen werden. — Sehr erfreulich sind die Thatsachen, welche Karl Sitte, Director der k. k. Staatsgewerbeschule in Wien in Nr. 6 der B. unter dem Titel „Das Verhältnis der Bürgerschulen zu den höheren Gewerbeschulen" veröffentlicht. Es heisst da auf Grund statistischer Zusammenstellungen: „Das Eine kann mit Bestimmtheit jetzt schon erklärt werden, dass die Bürgerschüler sich an den Wiener Gewerbeschulen vollkommen bewährt haben als hinreichend vorgebildet für die Ziele dieser Anstalt."

IX. Fortbildungs- und Gewerbeschulen. Um die Landbevölkerung für die Schule zu gewinnen — führt Jessen in Nr. 2 d. F. p. B. aus — muss ihr auf dem Felde ihres eigenen beruflichen Wirkens gezeigt werden, wie die Bildung den Ertrag des Grund und Bodens steigert, wie ihr in der Bildung das Mittel geboten wird, aus der bedrängten Lage heraus zu kommen und ihre Lebensverhältnisse zu verbessern. Die allgemeine Bildung, so hoch sie an sich dasteht, ist für den Bauer ein abstractes, unfassbares Ding, er begreift ihren Nutzen nicht, und darum strebt er sie für sich auch nicht an. Hier also muss der Lehrer die Hebel einsetzen. — Krsek präcisiert seine Anschauung bezüglich der „Organisation der Mädchenfortbildungsschule" dahin, dass sie eine zweifache Richtung verfolge: „eine wissenschaftliche und eine praktische; erstere muss den Zweck haben, das in der Volks- und Bürgerschule erworbene Wissen und Können aufzufrischen, zu befestigen und zu vertiefen; letztere muss die besonders wichtige Aufgabe übernehmen, das Mädchen in jenen Kenntnissen und Fertigkeiten auszubilden, durch welche es seinen künftigen Beruf voll und ganz zu erfüllen befähigt wird." Nr. 8 v. Sch. u. H. — Grumbach gibt in Nr. 9 des P. eine gute Übersicht über das Fortbildungsschulwesen in ganz Österreich. — In den Nrn. 29 und 30 der V. bringt J. W. H. einen Bericht über „das Gewerbeschulwesen in Wien im Schuljahr 1886".

X. **Allgemein Pädagogisches.** In den Nrn. 18, 19, 20 Ö. Sch. schildert G. Gesell in einem ausgezeichneten Artikel, „Das Sentimentale", die krankhaften Gefühlserregungen der Sentimentalität, die Empfindelei, die Gefühlsheuchelei und zeigt, wie selbst Lehrer übertreiben, indem es aus ihrem Munde vom Katheder stets honigsüss herniederzäuselt, oder wegen eines kleinen Vergehens heftige und andauernde Gefühlsausbrüche setzt; indem sie in humanistischen Träumereien sich wiegen und dadurch grossen Schaden anrichten; dasselbe geschieht auch auf dem Gebiete des Unterrichtes, insbesondere des Religionsunterrichtes. — In der Preisarbeit „Die Bildung des Willens im Dienste der Charakterbildung", Nr. 20 Schl. Schb., werden die Schüler in drei Gruppen getheilt. In der ersten Gruppe haben wir die Fleissigen, Gehorsamen, Willigen, die das Ihrige thun aus guter Gewohnheit, aus verständiger Einsicht, aus Ehrtrieb, vielleicht auch aus Furcht. Zur zweiten Gruppe zählen die Unbesonnenen, Unentschiedenen, Unentschlossenen, zur dritten die, welche gewöhnlich ihre Pflichten negieren aus Verwöhnung, aus Trägheit, aus Trotz oder Eigensinn, sogar aus Lust und weil die Sinnlichkeit bei ihnen schon allzugrosse Fortschritte gemacht hat. Der freie Wille der Jugend wird ausgebildet, indem man zum Bewusstsein bringt, dass der Mensch zur Arbeitsamkeit und Thätigkeit verpflichtet und geboren ist; indem der Schüler die wahre Wertschätzung der Dinge lernt, sich ans Arbeiten und Thätigsein, an Anstrengung gewöhnt; sich nicht bloss Wissen, sondern auch Können und Fertigkeiten aneignet; die Schule befördere ferner die Besonnenheit und Entschlossenheit, Selbstbeherrschung und Entbehrung und strebe zur Aneignung von Grundsätzen. — In den Nrn. 8, 9 d. Schl. Schb. findet sich eine zweckmässige Abhandlung „Gedächtnis und Gedächtnisübungen" von Schwalm. Die Nrn. 2, 4, 6, 7 L. bringen von Huppert eine aus dem Unterrichte herausgewachsene Abhandlung „Über die Aufmerksamkeit und die Mittel zur Behebung der Unaufmerksamkeit". — Einem interessanten, mit schöngeistigen Citaten geschmückten Vortrag „Über die Natur der Seele" von Dr. Parthe begegnet man in dem F. d. B. Nr. 11 und 12. — In den Nrn. 17—20 der B. schreibt Dr. Wendt über „die Phantasie" in sehr lesenswerter und mit vielen trefflichen Beispielen belegter Weise. — Brunner lenkt in dem Aufsatz „Erzieher, beachtet die Individualität der Zöglinge!" in Nr. 9 der Z. f. K. die Aufmerksamkeit auf die Schwachsinnigen hin und führt aus, „dass gerade bei solchen recht frühzeitig ein gediegenes pädagogisches Eingreifen nothwendig und die Anwendung der Grundsätze und Erziehungsmittel Fröbels ungemein ergiebig wäre, weil ihnen dabei in echt elementarem Vorgange Erkenntnisse und Geschicklichkeiten übermittelt werden, zu denen sie anders nimmer gelangen können." — In Nr. 1 des P. schreibt Prof. Dr. Frohschammer über Culturstaat und Lehrerstand. „Der Culturstaat hat auch um die Seelen aller seiner Bürger sich zu kümmern, nicht bloss um die Leiber wie im Mittelalter, wo die Seelen die Kirche für sich allein in Anspruch nahm. Zunächst bethätigt er diese Sorge durch Unterrichtung, durch Bildung oder Entwickelung aller geistigen Erkenntniskräfte, die im Volke vorhanden sind, im Interesse sowohl der Einzelnen, die dadurch im Wettkampf des Leben concurrenzfähiger werden, als auch zum Besten des Ganzen, da nichts die Kraft des Staates mehr zu stärken vermag, als die Ausbildung der Geisteskräfte, welche allenthalben nach dem Zeugnis der Geschichte Überlegenheit gewährt. Durch Sorge für den Unterricht ist aber die Aufgabe des modernen Culturstaates noch nicht erfüllt, auch auf entsprechende Erziehung.

muss er Bedacht nehmen, Gesinnung und Wille muss ebenfalls entsprechend gebildet werden. Um dies zu erreichen braucht der Staat die Schule und einen tüchtigen Lehrstand auch für die Volksschule, da auch in dieser Unterricht und Erziehung durch Kunst geübt werden soll. Damit der Lehrer dies könne, muss er eine angemessene wissenschaftliche Bildung erhalten und selbst pädagogisch gebildet werden. „Zunächst muss die Pädagogik die künftigen Jugendbildner belehren über das Object, das sie zu bilden haben, die menschliche und insbesondere die kindliche Natur in körperlicher und vorzüglich in geistiger Beziehung. Dies setzt aber die Kenntnis der Anthropologie, insbesondere der Psychologie voraus; Wissenschaften, die zum Gebiete der Philosophie gehören. Aus diesen Wissenschaften ist dann die pädagogische Methode abzuleiten und zu begründen, welche ja durch die eigenthümlichen Kräfte der menschlichen Natur und deren Wirkungsgesetze bedingt ist." — Der Staat braucht einen gebildeten Lehrerstand, damit er gegen das Ankämpfen der Kirche gegen den Staat, Stand halten kann. „Er ist am meisten geeignet, auf das Volk direct einzuwirken, die Rechte des Culturstaates zu vertreten und als geistig wirkendes Organ dessen Mission für Bildung und Veredlung des Volkes zu erfüllen. Kein anderer gebildeter Stand steht in so unmittelbarem Verkehr mit dem Volke und kann so direct auf dessen Anschauung und Bildung wirken wie der Stand der Volksschullehrer. Er ist daher am meisten geeignet, ja allein geeignet, dem Clerus, der die Interessen und Herrschaftsansprüche der Kirche vertritt und das Volk zum Kampfe für dieselben dem Staat gegenüber zubereitet — Stand zu halten und die Rechte des Staates bei diesem Volke geistig zu vertreten. Damit aber der Lehrerstand dieser grossen Aufgabe gerecht werden kann, muss seine Bildung gesteigert und muss auch seine Lebensstellung erhöht, dem Range der Geistlichen möglichst angenähert werden, damit seine Autorität seine geistige Wirksamkeit und seinen Einfluss fördere." — Im P. beantwortet Morf die Frage: „Wie müssen Schule und Unterricht beschaffen sein, wenn sie erziehend wirken sollen?" Ein lesenswerter Aufsatz: „Über die Gründlichkeit des Unterrichtes" findet sich in Nr. 5 des P. von Siegert. Ausgehend von dem Satz, dass die Unterrichtsresultate nicht bloss einen pädagogischen, sondern auch einen praktischen Wert besitzen müssen, dass sie sicheres und bleibendes Eigenthum werden, untersucht der Autor die psychologischen Grundlagen, die die Gründlichkeit ermöglichen, und bespricht die Aufmerksamkeit, die Darbietung des neuen Stoffes, die häufige Wiederholung als Vorbedingung eines gründlichen Unterrichtes. Was die letzte Forderung betrifft, so fehlt die Schule gegen sie nur allzuhäufig. „Der Unterricht schreitet zu rasch dahin, er begnügt sich zumeist, klare und deutliche Vorstellungen zu erzeugen und stellt das gesammte Aufgebot individueller Unterrichtskunst in den Dienst dieses Zweckes; aber er versäumt die gehörige Verdauung des neu aufgenommenen Wissens. Die Aufnahme des Stoffes ist nur die eine Aufgabe des Unterrichtes; die andere ist die Vertiefung desselben. Einfache Wiederholung genügt hier nicht, der durchgenommene Stoff muss nach anderen Gesichtspunkten verarbeitet werden. „Wo es die Natur des Stoffes zulässt, trachte der Lehrer das vergleichende, concentrierende Verfahren anzuwenden." Das sicherste Mittel den Stoff dienst- und haltbar zu machen bildet die zusammenhängende mündliche und schriftliche Wiedergabe. — Grössere Wiederholungen, um Systeme, Gesetze etc. festzusetzen, sind unerlässlich. — Klar und übersichtlich finden sich die „Grundgedanken der Pädagogik Pestalozzis" zusammengestellt in einem Vortrage von Dr. Dittes, veröffentlicht in Nr. 6 des P. — Bezirksschulinspector Moissl bringt in Nr. 1. der F. Schz. eine Arbeit „über die Aufmerksamkeit". Ausgehend von der Thatsache, dass sich die Aufmerksamkeit nicht äusserlich befehlen lasse, weil sie eine innere Kraftäusserung der Seele ist, bringt er eine Menge hierhergehöriger Beispiele, um hieraus folgende Sätze zu ziehen: „Der Lehrer muss seinen Unterricht so einrichten, dass die unwillkürliche Aufmerksamkeit der Kinder so oft als möglich in Anspruch genommen wird, was auf zweifache Weise geschieht: a) durch den sinnlichen Effect des Unterrichtes selbst (anschaulicher Unterricht), b) durch Dienstbarmachung des Interesses, d. h. durch einen so geeigenschafteten Unterricht, dass die neu zu vermittelnde Vorstellung sich leicht an die bereits erworbene Vorstellungsmasse der Kinder anschmiegen kann." — Ein schöner Vortrag von Riedl: „Über das Gemüth und die Pflege desselben" findet sich in Nr. 17 der F. Schz. Nachdem er „das Gemüth als die Substanz aller Gefühle, welche in unserer Seele persönliche Gestalt gewonnen haben," definiert, weist er die Nothwendigkeit der Gemüthsbildung nach und zeigt, wie die einzelnen Schuldisciplinen daran participieren. Als höchstes Ziel des menschlichen Gemüthes wird das Mitleid genannt, „das sich nicht bloss auf hilfsbedürftige Menschen, sondern allgemein auf alle lebenden Wesen erstrecken soll, welche unserer Pflege, unseres Schutzes und unserer Hilfe bedürfen." „Eine besondere Vorsicht ist beim Unterrichte in der Naturgeschichte geboten, damit durch denselben in den Schülern nicht eine Sammelwuth geweckt werde, der selbst fremdes Eigenthum nicht mehr Halt gebietet, die rücksichtslos mordet, plündert, spiesst, presst und trocknet, oft zu keinem anderen Zwecke, als um eine Menge nichtssagender Namen aufzufangen."

XI. **Disciplin in der Schule.** Dr. Paul Schramm tritt in einem schneidigen Artikel in Nr. 9 d. Ö. Sch. für „die Ruthe in der Erziehung" ein . . ., denn eine Erziehung und Bildung, die ohne Autoritäten begonnen werden könnte, ist unmöglich. Alle Erziehung und Bildung geht von Autoritäten aus. Kein Pädagog wird, um seine Autorität zu behaupten, dem Kinde gegenüber Gewalt vorschieben, aber ahnen, wissen muss es, dass er sich den Gehorsam erzwingen kann. Erst in diesem Bewusstsein steht der Erzieher dem Zögling gegenüber als eine objective Macht. Wissen dagegen die Schüler, dass der Lehrer sich wohl zu hüten habe, die Ruthe hervorzuholen, appelliert er vergebens an eine Ehre, welche die meisten Jungen nicht haben: der Freche wird noch frecher, der Faule noch fauler." . . „Für die Ausübung der gewöhnlichen Schuldisciplin während des Unterrichtes wird wohl in den seltensten Fällen die Ruthe nothwendig werden, denn im wesentlichen organisieren sich Sitte und Ordnung der Schule durch sich selbst; aber es gibt Verfehlungen so grober Art, von so gänzlich entartetem Willen, Fälle von so zweifelloser Entschiedenheit, dass über das einzuschlagende Verfahren gar keine Unklarheit obwalten kann — Fälle also, wo nur der Vollzug körperlicher Züchtigung als sittlicher Ausgleich erscheint und der Gebrauch der Ruthe ein Gebot der Pflicht wird." — „In schwerer Lage." In diesem Artikel weist Sternau in Nr. 10 d. F. p. B. die Unzulänglichkeit der Disciplinarmittel in der Schule nach. Minor antwortet in Nr. 11 d. F. p. Bl. auf den Artikel Sternaus und findet die „Ursachen der schweren Lage" erstens in der Überfüllung der Classen; man missbraucht bei uns die Massenunterrichtsmethoden. . . . In den unteren Classen wird bereits der erste Grund gelegt zur Disciplinlosigkeit unserer Schüler. Die Lehrer der unteren Classen können ihre Schüler nicht überwachen, geschweige denn befriedigend unterrichten oder gar erziehen. Wie sollen Schüler, die in der ersten, in der zweiten Classe, ohne dass der Lehrer es hindern konnte, während des Unterrichtes Allotria trieben, nicht immer schlechter und schlechter werden, wenn der Lehrer der dritten und vierten Classe auch nur zwei Augen hat! Die Bürgerschule übernimmt dann die durch unsere Schulverhältnisse ausgebildeten Spitzbuben, die zum grossen Theil nicht lesen, nicht schreiben, rechnen können. Eine zweite Ursache sind die häuslichen Verhältnisse und die sociale Noth. Eine dritte Ursache unserer schweren Lage ist es, dass nach den bestehenden Gesetzen die Eltern ihre Kinder wohl nicht zum Krüppel, aber ungestraft zu einem unmoralischen, ungebildeten Menschen machen dürfen. — In dem Aufsatz „Was sollen und müssen wir verlangen" in Nr. 20 d. Lehrerboten stellt Böhm nach längeren Ausführungen folgende Forderungen, um eine bessere Disciplin herbeizuführen: Mittellose Kinder erhalten die Lehrmittel unentgeltlich; solche Kinder, die keine häusliche Aufsicht haben, sind während der freien Tageszeit unter Aufsicht eines Lehrers entsprechend zu beschäftigen (unentgeltlich?). Sittlich verwahrloste Knaben kommen in Rettungsanstalten; für verwaiste Kinder sind würdige Zieheltern zu bestellen und entsprechend zu honorieren; Eltern, die den Anordnungen des Lehrers zuwiderhandeln, sind zu bestrafen, deshalb werde die Machtsphäre des Bezirksschulrathes erweitert. — Über „Disciplinarmittel in der Volksschule" schreibt Erker in Nr. 8 d. L. Schz. und macht den Vorschlag, dass hiezu der Ortsschulrath mehr herangezogen werde. Die straffälligen Schüler seien etwa von Woche zu Woche dem Ortsschulrathe anzuzeigen. Dieser hätte dann die Eltern davon zu verständigen und vorzuladen, damit sie sich über die Besserungsmittel ihrer ungehorsamen Kinder mit dem betreffenden Lehrer besprechen. Von den Erfolgen solcher Besprechungen wären die „Sittennoten" oder selbst die „Lernnoten" der Schüler abhängig zu machen. Weigern sich jedoch die vorgeladenen Eltern, mit dem betreffenden Lehrer in Gegenwart des Ortsschulrathes oder des Schulleiters zu sprechen, so wären sie selbst als „sittenlos" zu bezeichnen, weil sie für die Sittlichkeit ihrer Kinder nicht sorgen oder ihnen ein böses Beispiel geben. Weigert sich hingegen der Ortsschulrath, die Schuldisciplin in diesem Sinne zu unterstützen, so wäre dies vom Bezirksschulrath strenge zu ahnden. — Srna tritt in Nr. 14 der F. d. B. für Correctionsclassen ein; denn so wenig wir die körperliche Züchtigung wünschen wollen, so wenig werden wir ohne Ausscheidung der zersetzenden Schülerelemente mit den gesetzlich gestatteten Disciplinarmitteln unser Auslangen finden können.

XII. **Schulhygiene.** In einem Vortrag über Schulhygiene erklärt es Frisch in Nr. 3 d. K. Schb. als eine Pflicht des Staates, die sanitären Zustände der Schule zu überwachen; Schulmänner und Ärzte aber mögen in dieser Angelegenheit einträchtig vorgehen und diese Frage gemeinsam behandeln. Redner spricht sich über Schulärzte aus, wie sie sich anderwärts schon bewährt haben, begnügt sich aber vorerst, dass ein ärztlicher Fachmann in dem Bezirksschulrath Sitz und Stimme erhalte. — „Das Kinderauge und die Schule in Beziehung zur Kurzsichtigkeit" betitelt sich ein Vortrag vom Arzt Dollmayer in mehreren Nrn. der B. — Wie in den früheren zwei Jahrgängen der F. Schz. finden sich auch im vorliegenden Jahrgang weitere Fortsetzungen der „Hygienische Episteln" von einem Anonymus. — Einen vorzüglichen Artikel über „Kalte Bäder" bringt Dr. L. Richter in den Nrn. 6 und 7 von Sch. und Haus. — Sehr instructive Vorschläge für Eltern bringt Dr. Lewy in Nr. 2 und 3 d. Z. f. Sch. u. H. über Diphtheritis. — Scharf geisselt Dr. Gauster in Nr. 5 von Sch. u. H. „die Bekleidungssünden" und meint, „dass die Mehrzahl unserer Bekleidungssünden nicht so sehr in der Unwissenheit als in dem gedankenlosen Mitthun des Altgewohnten und allgemein Üblichen, also in der Gedankenlosigkeit wurzelt; diese ist es, welche im Leben überhaupt und namentlich in Beziehung auf unsere Gesundheit die meisten Übel schafft."

XIII. **Schülerbibliotheken.** Gelbenegger verlangt in dem Artikel: „Wie sollen die Kinder lesen?" — F. p. B. Nr. 2 — dass die Schüler ein Heft besitzen, in welches sie eintragen sollen: Titel des Buches, Zeit des Lesens; wortgetreues Eintragen von schönen Stellen; Anfertigen von Charakteristiken von Personen aus Erzählungen; Notierung unverstandener Ausdrücke, behufs Erklärung durch den Lehrer! (Forderungen, die längst in meinem Büchlein stehen.) — Minor führt in dem Artikel „Die Schulbibliotheken" aus — Fr. p. Bl. Nr. 4 — dass diese in ihrer jetzigen Einrichtung und Verwendungsweise nicht nur nicht nützlich, sondern geradezu schädlich sind. Die fleissigen Schüler bekommen Bücher zu lesen!, diese haben ohnehin für ihre Schularbeiten genug zu thun — und freie Zeit zu Körperentfaltung und Spiel muss auch erübrigt bleiben. Schreiber verlangt, dass während der Ferien gelesen werden soll — dass zu diesem Zwecke Lesestuben für Volksschüler, in den Bezirken während der Ferien, womöglich in einem Gartenzimmer zu errichten wären und auch Spielplätze damit in Verbindung sein sollen. Damit sollten während der Ferien auch Arbeitsstuben eingerichtet werden. Und wäre nicht eine solche Beschäftigung nützlicher als das Vertiefen in ein Bibliotheksbüchlein? — Herbe verlangt in Nr. 33 der V., dass, nachdem nun die Schülerbibliotheken gründlich gesäubert sind, die Lehrerschaft die Lectüre der Kinder ausserhalb der Schule in Betracht ziehe; denn „die Märchenbücher von verschwundenen Prinzen und Prinzessinnen, Fabelbücher — alles in unverhüllter Ursprünglichkeit — neben Erzählungen wie Genovefa, Hirlanda u. dgl., die glücklich aus unseren Schulsammlungen ausgemerzt sind — gar nicht zu gedenken der erbaulichen Räuber- und Indianerbüchel — werden von alt und jung gekauft und lesedurstig verschlungen."

XIV. Schulgarten. In Nr. 1 der L. Schz. findet sich ein Vortrag über Schulgärten von Linhart. Von dem Grundsatz ausgehend „dass es ohne zweckentsprechend eingerichtete Schulgärten auch keinen erfolgreichen landwirtschaftlichen Volksschulunterricht geben kann", bespricht Redner mit vieler Sachkenntnis die zwei Fragen: 1. Besitzen die die Lehrerbildungsanstalt verlassenden Zöglinge die Kenntnisse, einem zweckentsprechend eingerichteten Schulgarten vorzustehen und denselben zu leiten? Diese Frage wird bejaht. 2. Wer soll den Schulgarten errichten? Der Lehrer. Ganz richtig; aber die Gemeinden müssen die hiezu nöthigen Mittel zur Verfügung stellen, was aber bis jetzt nicht geschieht, daher die Schulgartensache noch im Argen liegt. — Einen warm geschriebenen Aufsatz „über die Obstbaumzucht in Kärnten" finden wir in Nr. 1 des K. Schb. Darin wird hingewiesen, dass man vom Spalierobst an Gartenmauern, Wohn- und Wirtschaftsgebäuden in Kärnten keine Ahnung hat, dass die vorhandenen Obstgärten fast leer, auf Wiesen und Rainen statt Obstbäumen nutzloses Gesträuch und verkrüppelte Eschen wachsen, und auf Strassen und Fahrwegen höchstens wilde Kastanien oder Pappeln stehen. Hierauf wird der materielle und moralische Nutzen der Obstbaumzucht überzeugend auseinandergesetzt. — In eingehender Weise und mit grosser Sachkenntnis ist der Artikel in Nr. 2 der K. Schz. von Truntschnigg geschrieben, der den Titel führt: „Zweck des Schulgartens im allgemeinen mit besonderer Berücksichtigung der Pflege der Obstbaumzucht." — In Nr. 4 des K. Schb. schildert Sepper in instructiver Weise die Anlage und Bepflanzung seines Schulgartens. — Grumbach veröffentlicht in Nr. 1 des Schg. einen Aufsatz über „Fortbildungsschule und Landwirtschaft." Darin wird zuerst ausgeführt, dass die landwirtschaftliche Fortbildungsschule bis jetzt jeder festen Organisation entbehrt, dass wenig oder kein Fortschritt auf diesem Gebiete zu merken ist, und dass nur dann dieses Volksbildungsinstitut zur Blüte kommt, wenn ausgiebige Mittel für diesen Unterricht zur Verfügung gestellt werden, weiter die Fortbildungsschule obligat eingeführt wird. Sodann bringt der Autor einen detaillierten Lehrplan einer Fortbildungsschule auf dem Lande. — Nr. 2 des Schg. bringt eine Eingabe des n. ö. Landes-Obstbau-Vereines an den n. ö. Landesausschuss wegen Einführung des obligatorischen Unterrichtes im Schulgarten. — In Nr. 3 des Schg. findet sich ein illustrierter Aufsatz: „Ein Schulgarten mit Schülerbeeten" von Lotz. — „Über die Schulgartensache in Ungarn" orientiert ein Vortrag von Grassel, der in Nr. 3 bis 5 des Schg. veröffentlicht ist. — Die Nrn. 27 bis 29 der P. Zschft. bringen einen Vortrag von Kanzian, in dem in eingehender Weise über die Frage gesprochen wird, „wie sich durch die Schule die Erkenntnis auf landwirtschaftlichem Gebiete am wirksamsten fördern lässt."

XV. **Kindergarten.** R. verlangt in Nr. 16 d. F. p. B. in dem Aufsatz „Der Kindergarten als Schule künftiger Mütter", „dass die Institution nicht nur für die zarte Jugend im vorschulpflichtigen Alter Wert und Bedeutung habe, sie mag auch allgemeinen Erziehungszwecken dienstbar gemacht werden, indem sie den künftigen Müttern oder doch Theilnehmerinnen am Erziehungsgeschäfte, d. i. den aus den Oberclassen unserer Volks- und Bürgerschulen ins praktische Leben tretenden Mädchen Anregung, wie Anleitung zur Nachahmung gibt. Dieser bei einer entsprechenden Organisation der Kindergärten und ihrer Verbindung mit Schulen resp. Schulclassen für reifere Mädchen zu erreichende ideale Zweck, der schon Comenius vorgeschwebt hat, ist noch höher anzuschlagen als der unmittelbare." — Unter der Überschrift „Eine noch ungelöste Aufgabe des Kindergartens" fordert Kraft das Hospitieren der Mädchen [in der letzten Bürgerschulclasse in den Kindergärten und gibt den Durchführungsmodus — angelehnt an bereits anderwärts Geübtes — bekannt. Von der Kindergärtnerin verlangt er, dass sie den Schülerinnen die nöthige Beachtung schenke, dieselben an den Spielen und Beschäftigungen theilnehmen lasse und ganz kurze Andeutungen vom Wesen derselben gebe. — „Über den Nutzen und Zweck des Kindergartens" lautet der Titel einer Preisarbeit in Nr. 7 d. Z. f. K. Nachdem der Zweck des Kindergartens in Fröbelscher Weise dargelegt, bespricht der Verfasser die Einwände, die gegen diese Erziehungsinstitut gemacht werden, und führt als solche an: „Der Kindergarten sei ein Übel und nicht einmal ein nothwendiges Übel, wie es Bewahranstalten sind." „Der Kindergarten richte und dressiere die Kinder, mache sie artig und gefügig, aber auch ängstlich, schüchtern und feig." „Der Kindergarten raube den Kindern ihre Kindlichkeit, er lasse sie auf ihr Spiel verzichten und mache sie altklug." „Der Kindergartenzögling tauge nicht für die Schule, er sei nur zur Spiel- und Tändelsucht angehalten worden und behalte diese Fehler auch in der Schule bei." — „Helft sammeln!" ist der Titel eines Aufsatzes, der in mehreren Nrn. der Zeitschr. f. d. Kindergartenwesen enthalten ist. In demselben wird ausgeführt, dass es, um die Kindergärten wahrhaft volksthümlich zu gestalten, dringend nothwendig erscheint, eines ihrer Hauptbildungsmittel: kindliche Poesie und Gesang, zunächst und zumeist dem Volksleben der Heimat zu entnehmen. Daher wird zum Sammeln von Sagen, Märchen, Liedern, Spielen etc. aufgemuntert und schon eine Anzahl von Kindersprüchen vorgeführt. — In dem Preisartikel „Die körperliche und geistige Erziehung der Kinder im vorschulpflichtigen Alter" — Nr. 5 der Z. f. K. — wird in allgemeinen Umrissen die Entwickelung des Kindes in körperlicher und geistiger Hinsicht besprochen und für letztere insbesondere die methodische Beeinflussung durch den Erzieher angeführt.

XVI. **Sprachunterricht.** Dr. Paul Hohlfeld schreibt in Nr. 17 des Ö. Sch. einen interessanten Artikel unter dem Titel: „Die Zeit und die Zeiten." Es heisst daselbst: „Auf dem Gebiete der Laut- und Formenlehre feierte die neuere rein oder doch überwiegend erfahrungsmässige Sprachwissenschaft unstreitig die höchsten Triumphe, aber die Satzlehre blieb auffällig zurück: diese kann nur unter Beihilfe der Philosophie, zunächst der Psychologie und der Logik, vorwärts und zur Vollendung gebracht werden; denn dasjenige, was durch die Sprache unmittelbar ausgedrückt und bezeichnet wird, ist keineswegs die äussere Wirklichkeit an sich, sondern das innere Geistesleben, und die äussere Welt kann durch die Sprache nur mittelbar angedeutet und dargestellt werden, nachdem dieselbe, frei nachgebildet und wiedergeboren, in die innere Welt des Geistes eingegangen und dieser angeähnlicht worden ist." — Diese Behauptung wird in geistreicher Weise an den 6 Zeiten (Tempora) gezeigt. Als Fortsetzung aus dem Jahrgang 85 und 86 bringt Möbius in Nr. 12, 13 . . . d. Ö. Sch. unter der Überschrift „Österreichs Antheil an der deutschen Literatur" sehr lesenswerte Abhandlungen, in denen insbesondere Hamerling und Rosegger trefflich gezeichnet erscheinen. Diese Aufsätze erheben und begeistern für die Ideale der Menschheit. — Der Aufsatz „Fremdwörterunfug in der deutschen Sprache" von Wäber in Nr. 49 der F. p. B. macht energisch gegen die Fremdwörter in der deutschen Sprache Front. — Major wendet sich in dem Aufsatz „Zur Rechtschreibefrage" in Nr. 52 d. F. p. B. gegen jene Neuerer, welche die phonetische Schreibweise plötzlich durch Befehl eingeführt wissen wollen, und vertheidigt die Anschauung, man möge nicht mit stürmender Hand in das stille Gesetz eingreifen, das hier für den erwünschten Fortschritt sicher arbeitet; was sich aufbaut, das baut sich wohl langsam auf, aber darnach steht es auch fest und sicher da. Eine Schreibweise dagegen, welche sich nach den Befehlen macht, die kann auch durch Befehle hinweggesetzt werden. — R. Sch. in Nr. 2 Z. f. E. u. U. führt in dem Artikel „Orthographie in der Elementarclasse" aus, dass die Normalwörtermethode nicht nur die beste Lesemethode ist, sondern auch für die Rechtschreibung viele Vorzüge bringt, die in zehn Punkten ausgeführt erscheinen. — Schmiedbauer schreibt in Nr. 28 der Z. d. o. ö. L. über „die Gesichtspunkte für die Beurtheilung eines Schullesebuches". Als Aufgabe stellt er dem Lesebuch: „Es ist ein Sprachbuch, d. h. jenes Übungsbuch, in dem sich der kindliche Geist herumzutummeln hat, an dem er sich zu schärfen, in seinem Begriffsvermögen zu erweitern, auf gewisse Grenzen im Sprachverständnisse aber auch in der Sprachfertigkeit auszubilden, sein ganzes geistiges Schaffungsvermögen zu vervollkommnen, Herz und Gemüth zu veredeln, den Verstand zu bilden hat." In dem Artikel „Die Lesebuchfrage" in Nr. 10 O. Ö. L. sind Gesichtspunkte und Principien für ein gutes Lesebuch von einem Comité aufgestellt; im grossen u. ganzen sind es dieselben Grundsätze, von denen aus das Heinrich-Lesebuch bearbeitet ist. In dem Aufsatz „Zur Pflege der Schriftsprache" geisselt Kaulich in Nr. 1 F. d. B. die jetzige Methode des deutschen Sprachunterrichtes, die, an den grammatischen Unterricht der todten Sprachen sich anlehnend, den Unterricht in der deutschen Muttersprache fast ruiniert hat, „indem sie all den Formelkram der lateinischen Grammatik auf den saftigen, kräftig treibenden Stamm einer lebenden Sprache gepfropft hat" . . . „Jeder Dorfknabe sagt z. B. mit Sicherheit: Ich bin stärker als du; ich bin der stärkste unter euch allen! Aber seine offenbare Fertigkeit im Gebrauche des Eigenschaftswortes wird als ungiltig angesehen: er muss hören, dass dies eine Steigerung sei; dass diese drei Stufen habe; dass man solche oder andere Endungen anhängen müsse; er erfährt zu seinem Erstaunen, dass es Eigenschaftswörter sind, die seinem Munde entschlüpfen; man überzeugt ihn, dass man mehrere Mitglieder dieser Wortart nicht steigern könne, dass es also unstatthaft sei, zu sagen: Ich bin todter als du — obwohl es keiner menschlichen Seele einfallen würde, eine solche Dummheit auszudenken." Nach Anführung noch weiterer Beispiele und weiterer Ausführungen fasst Kaulich seine Forderungen in folgende Sätze: 1. Der Unterricht in der deutschen Grammatik im Sinne unserer sogenannten „Sprachbücher" ist für jeden Schüler, dessen Muttersprache die deutsche ist, völlig werthlos. 2. Den Mittelpunkt des Sprachunterrichtes hat von der untersten Stufe an der Satzbau zu bilden, wobei alles

Theoretische absolut zu vermeiden ist und das Hauptgewicht gelegt wird auf die Ausbildung des Technischen und Rhetorischen. Zu diesem Zwecke finden stetige, planmässig geleitete, mündliche und schriftliche Übungen statt, zu denen alle Unterrichtsgegenstände das Material liefern. 3. Das vorzüglichste Mittel, Sprachfähigkeit und Sprachsicherheit zu fördern, ist Lectüre und der damit verbundene Zwang, Gelesenes aus eigenem Sprachmittel mündlich und schriftlich darzustellen. — In den Nrn. 10, 11, 12, 14 d. F. d. B. gibt Strzemcha ein abgerundetes Literaturbild von Uhland unter dem Titel „Der schwäbische Dichterkreis“. — Eine „Rede zur Uhlandfeier“ von Samhaber findet sich in Nr. 9 d. L. Schz. In dieser Rede wird Uhland in begeisternden Worten als Dichter, Gelehrter und deutscher Patriot geschildert. — Durch fast alle Nrn. der B. von 1887 ziehen sich die Gedichtserläuterungen von Maxel unter dem Titel „Chamisso in der Schule“. Eingehend und mit Geist sind nach einer knappen, doch das Wesentliche hervorhebenden Biographie des Dichters „Die alte Waschfrau“ — „Salas y Gomez“ — „Das Riesenspielzeug“ (?) erläutert. Der Gang ist folgender: Zuerst wird auf Grund einer allgemeinen Besprechung und mit Ausblick auf schon bekannte hierhergehörige Dichtungen festgestellt, welcher Dichtungsart das Gedicht beizuzählen ist; nachdem sodann noch über die Form und die Veranlassung desselben gesprochen, folgen die speciellen Erläuterungen, denen sich die Themata zu schriftlichen Bearbeitungen ausschliessen.

XVII: Geschichtsunterricht. In dem Aufsatz: Zum Geschichtsunterrichte auf „wissenschaftlich-pädagogischer“ Grundlage, unterzieht Dr. Wehrmann die Abhandlungen Zillichs und Dr. Göpferts (erschienen im Leipziger Jahrbuch) einer scharfen sachlichen Kritik, indem er insbesondere die Nibelungenbearbeitung des ersteren und die Anschauung Göpferts, aller Geschichtsunterricht müsse von Gedichten seinen Ausgangspunkt nehmen, in den Bereich seiner Besprechung zieht. Ö. Sch. Nr. 21—24. Peter tritt in dem Artikel „Der Geschichtsunterricht“ dafür ein (Z. f. E. u. U. Nr. 2), dass der Geschichtsunterricht eine tiefgreifende Gefühlsbildung bei unserer Jugend bewirke, die sich auch im Thierschutz äussere. — In dem Artikel „Einige Bemerkungen über die Ziele der Geschichtsforschung“ gibt L. B. in Nr. 9 des P. einen Überblick über diesen Gegenstand, indem er die Anschauungen von Leibniz, Müller, Schnötzer, Lessing, Schiller, Herder, Kant, Fichte, Schelling, Hegel, Lazarus, Lotze, Buckle, Ranke etc. vorführt.

XVIII. Geographieunterricht. In dem Aufsatz „Das Zeichnen im geographischen Unterricht“ in Nr. 10 und 11 d. Ö. Sch. warnt Rusch vor dem zu vielen Zeichnen in der Geographie. (Siehe die „Thesen zu päd. Th.“) — Lange gibt in der vergleichenden Zusammenstellung „Eine geographische Plauderei“, veröffentlicht in den Nr. 26—29 der P. Ztschrft, eine lange Reihe von räumlichen Vergleichungen von Länderflächen etc. mit Flächenmassen aus der Heimatkunde, die dem Lehrer beim Unterrichte vielfachen Dienst leisten können. — Mühlfeit verlangt in Nr. 17 der P. Zuschrft. in dem Aufsatz „Der Unterricht in der Heimatkunde — noch immer zu viel Papier und zu wenig Anschauung“, dass in Dörfern und Märkten, wo die Lage des Schulhauses oft derart günstig ist, dass nur wenige Schritte genügen, um ins Freie zu kommen, der Unterricht in der Heimatkunde möglichst oft im Freien ertheilt werde.

XIX. Rechenunterricht. Paul Kreis spricht in Nr. 6 d. F. p. B. „über die Anschauung im Dienste des Rechenunterrichtes“. Sein Schwergewicht legt er darauf, dass sowohl bei der Entwickelung der Zahlenbegriffe und auch bei der Lösung der eigentlichen Rechenaufgaben drei Stufen zu unterscheiden sind: Äussere Anschauung, reproducierte Anschauung und Abstraction des Zahlenbegriffes. Er hält dafür, dass für die zweite Stufe der Zahlenentwickelung der Tillichsche Rechenkasten das vorzüglichste

Lehrmittel ist. — „Ist die Einführung des Tillich'schen Rechenkastens wünschenswert?" In diesem Aufsatze vertheidigt Donatin die russische Rechenmaschine gegenüber dem Tillich'schen Apparat, dem von Vogel und Kreis grosse Vorzüge nachgerühmt
werden, insbesondere in Bezug auf „Theilen und Enthaltensein" (F. p. B. Nr. 13). —
Einen lesenswerten Vortrag über „Die Behandlung des Textes der Rechenaufgaben"
bringt Nr. 4 d. K. Schb. von Fürpass. —"„Aufgabensammlung oder Lehrbuch?" In
diesem Aufsatz spricht sich Kopetzky in Nr. 12 der B. entschieden gegen ein Lehrbuch
im Rechnen für Bürgerschulen aus. „Die Bürgerschule hat das logische Rechnen zu
pflegen, dabei muss der Schüler dasjenige finden lernen, was sich durch Regeln (die er
schon in der Volksschule gelernt hat) nicht fixieren lässt." „Die sogen. Lehrbücher mit
dem vielen Beweismateriale verleiten den Schüler, entweder freiwillig oder gezwungen
die Lehrsätze auswendig zu lernen oder in jedem einzelnen Falle erst nachzulesen; aber
was nützt ihm die memorierte Regel, wenn ihn das einfachste Rechenbeispiel in die
grösste Verlegenheit bringt. In der Bürgerschule muss vermöge der praktischen Richtung derselben mehr das Können als das Wissen gepflegt, es soll darin mehr gelernt
als gelehrt, mehr Praxis als Theorie vermittelt werden; diese Gegensätze unterscheiden
ja die Bürgerschule so wesentlich und so vortheilhaft von der Mittelschule. . . ." „Die
rationelle Methode verlangt, dass der Schüler die Regel selbst finde und ableite. Die
sogenannten Lehrbücher fürs Rechnen sind eigentlich für die Hand des Lehrers." „Der
Lehrer ist das Lehrbuch — erklärt dieser aber ein Pensum anders als das Buch, dann
ist die Erläuterung im Buche zum mindesten überflüssig." — „Jene Schüler, welche nach
Lehrbüchern rechnen gelernt, sind schwerfällig, langsam und ungeschickt; dagegen
arbeiten solche Schüler, welche im Rechnen gar kein Lehrbuch benützen, aber fleissig
Beispiele gelöst hatten, viel sicherer, gewandter und geläufiger. Je mehr Regeln der
Schüler gelernt hat, desto unbeholfener rechnet er." — „Sowohl für Lehrer, als auch für
Schüler ist die Aufgabensammlung ein Zeitgewinn, eine Erleichterung, ein Behelf; weil
im Rechnen mehr als in jedem anderen Gegenstande Aufgaben und Beispiele zur Übung
reichlich durchgenommen werden müssen. Das Vorschreiben und Abschreiben oder
Dictieren der Übungen und Aufgaben geschieht immer nur auf Kosten der ohnehin
wenigen Rechenstunden, zum Schaden der Orthographie und zum Nachtheile des Schön-
schreibens."

XX. Naturkundlicher Unterricht. „Beschreibungen oder Lebensbilder?"
im naturgeschichtlichen Unterricht. Wlczek, der Verfasser des Aufsatzes (Nr. 13, 14 d.
Ö. Sch.), tritt wohlmotiviert für Lebensbilder ein und verlangt folgende Grundsätze im
naturgeschichtlichen Unterricht: Die Vorführung des Individuums als des Gliedes einer
grösseren Einheit — die geschichtliche Behandlung desselben — die Darlegung des
Übereinstimmenden in Lebensweise und Organisation — die Hervorhebung der erziehlichen Momente — und die Vermittelung einer dem Standpunkte des Schülers entsprechenden sinnigen Naturbetrachtung. Demnach müssen die Beschreibungen der Naturkörper durch kurzgefasste Lebensbilder ersetzt werden. Eine Eigenthümlichkeit
naturgeschichtlicher Beschreibungen ist die Gleichförmigkeit derselben. Es wäre nicht
zu verwundern, wenn man statt des Lehrbuches Bestimmungstabellen in die Hand der
Jugend gäbe. Aber in einem Lehrbuche der Naturgeschichte, welches doch auch zugleich Lesebuch sein soll, darf diese trostlose Einförmigkeit nicht platzgreifen. — In
dem Vortrag „Materielle und formale Bildung durch den Unterricht in den Realien"
betont Strauss, dass Geographie, Geschichte und Naturkunde als solche in der Volksschule nicht Zweck sind, sondern nur Mittel zur harmonischen Ausbildung aller geistigen

Anlagen der Kinder. — Insbesondere des formalen Bildungswertes wegen sind die Realien zu pflegen. — Das Ziel der Volks- und Bürgerschule im Unterrichte der Geographie besteht darin, die Jugend mit ihrer engeren und weiteren Heimat, mit unserem Erdtheile und der Erde als Himmelskörper nach mehrfacher Richtung hin bekannt zu machen, auf dass sie dadurch die Heimat, das Vaterland lieben, das Herrliche und Grosse in derselben und im Weltenraume bewundern, die gebotenen Gaben zweckmässig benützen, die eigene und fremde Nationen achten und sich selbst als verschwindend kleinen Theil des Unendlichen demüthig bescheiden lerne. Der methodische Gang ist in Geographie und Naturkunde: 1. unmittelbare Anschauung, 2. Entwickelung und Vergleichung, 3. gründliche Wiederholung mit Hervorhebung des Wichtigsten. Demnach verlangt er Unterricht im Freien, Schülerausflüge; für die Wiederholung ist die schriftliche Wiedergabe ein vorzügliches Mittel. Den Anschluss der Realien ans Lesebuch hält er für unzweckmässig. (O. Ö. L. Nr. 8—10.) — „Der mineralogische Unterricht in der Volksschule" wird von Erker in Nr. 3 L. Schz. besprochen. Der Autor verlangt die Berücksichtigung folgender drei Gesichtspunkte, von denen dieser Unterricht getragen sein soll: Unterrichte anschaulich; beginne mit dem Nahen und Bekannten und schliesse daran das Ferne und Unbekannte; erstrebe überall den formalen und materiellen Zweck zugleich!

XXI. „Einiges zum Gesangsunterrichte" (F. p. B. Nr. 48) v. U. u. J. Es werden in diesem Aufsatze folgende beachtenswerte Forderungen nachdrücklich gestellt: Viel ausgedehntere Berücksichtigung des Volksliedes; auf allen Stufen sind die in den früheren Classen erlernten Lieder zu wiederholen, damit der Schüler beim Austritt einen Liedervorrath hat und nicht — wenn er einmal in die Lage kommt zu singen, „Vierzeilige" oder „Zotenlieder" singt; Einüben sämmtlicher Texte bis zur Unverlierbarkeit; Auswendigsingen nach der Einübung; nur eine Strophe ist unter die Noten zu drucken, die anderen aber an einen anderen Ort; wenn das austretende Kind 30 Lieder nach Melodie und Text sehr gut kann, so ist dies genug. — Erker äussert sich in Nr. 5 d. L. Schz. „über die Pflege des Gesangsunterrichtes in der Volksschule". Wir entnehmen daraus folgende Sätze: Die Schulgesänge sollen dem Lebenskreise und der natürlichen Stimmung der Kinder entsprechen. — Das Volkslied ist auf allen Stufen zu pflegen; in den Oberclassen können auch Lieder grösserer Tonmeister geübt werden; auch der Choral hat seine Bedeutung. — Der Gesang soll stets das innere Seelenleben zum Ausdrucke bringen. Durch richtige Wahl der Texte und der Melodien soll es dem Schüler ermöglicht werden, allen der Jugend zugänglichen Gefühlen je nach Zeit und Anlass Stimme zu geben. Etwa von der dritten Classe sollen die Kinder mit dem Wesen der Tonschrift bekannt gemacht werden; dabei ist jedoch das trockene Theoretisieren zu vermeiden. Auch die einfachsten Treffübungen sollen melodischen Gehalt besitzen. — Die Schüler sollen selbständig singen lernen, dann werden sie auch im engeren häuslichen Kreise gerne den Gesang pflegen und in demselben noch im späteren Leben ein Mittel finden, ihre Gemüthsstimmungen in angemessener Weise zum Ausdruck zu bringen. — Bei der Übung mehrstimmiger Gesänge ist es von Vortheil, wenn die Schüler die Stimmen wechseln (!). — Benedicter schreibt in Nr. 4 des K. Schb. „über Schulgesang". Namentlich fällt ihm die Thatsache auf, dass die in der Schule erlernten Lieder nicht den Weg ins Leben finden, sondern bald vergessen werden. Dem wird vorgebeugt, wenn die Kinder nicht mit zu viel und zu lang anhaltenden theoretischen Übungen geplagt werden. Man lernt ja singen hauptsächlich durchs Ohr, nicht durchs Auge. Es kommt nicht darauf an, das Kind in die Gesetze der Tonwelt einzuführen, sondern es zum Singen zu bringen, damit sein Gefühl ausströme im Gesange. — Bei dieser Disciplin darf sich der Lehrer nicht unbedingt unter das Joch des Stundenplanes beugen und gerade die zwei vorgeschriebenen halben Stunden ausfüllen, sondern er thut besser, öfters, aber nicht zu lange, singen zu lassen. Das Lied, das nicht nach Text und Melodie zur grössten Geläufigkeit eingeübt und verstanden ist, wird bald wieder vergessen. Soll der Schulgesang ins Leben übergehen, so müssen dieselben Lieder längere Zeit geübt und nicht jedes Jahr durch lauter neue verdrängt werden; denn nur Lieder, die Gemeingut einer grösseren Anzahl Schüler sind, bleiben ferner lebensfähig und werden auch gesungen. — Eine lehrreiche Abhandlung über „Kindergesang und Volkslied" bringt Nr. 6. v. Sch. u. H. Nach Anführung einer Reihe von Fachurtheilen über den Gegenstand gibt der Autor folgende Meinung ab: „Unter den wirklichen Volksliedern eine Auswahl für die Schule zu treffen, das ist ein Unternehmen, welches unendliche Mühe verursacht und recht unzureichende Resultate liefert; man kommt bei dieser schwierigen Arbeit unwillkürlich in die Zwangslage, behufs Rettung einer schönen Melodie einen andern Text wählen zu müssen, so dass von dem Liede nur mehr die Weise übrig bleibt, weshalb das neue Gebilde eigentlich kein Volkslied mehr ist. Der Text echter Volkslieder macht demnach eine Auswahl derselben für die Jugend schwierig und wenig ergiebig. Liebeslieder, Wiegenlieder, Trinklieder, mundartliche oder nichtssagende Texte, Spottlieder auf Völker, Stände und Confessionen, Zauberlieder, Schwänke, Mordgeschichten, Wächterlieder, Kranzlieder, politische Lieder, die meisten Soldatenlieder, Zunftlieder etc., also der grösste Theil der Volkslieder passt nicht für Schulzwecke; unter den übrigen aber ist zu wählen, und man wird da noch genug verfängliche Dinge finden. Nehmen wir nun zu diesen sorgfältig ausgewählten Volksliedern einige schöne Kinderlieder (Spiel-, Marsch-, Turn-, Naturlieder etc.), wo wir sie finden, sorgen wir ferner für eine gehörige Anzahl patriotischer, womöglich auch zum Geschichtsunterrichte passender Lieder, und trachten wir, es dahin zu bringen, dass alle diese Lieder mit Verständnis, Gefühl und Freude gesungen werden, und wir haben genug gethan und können das übrige getrost dem Leben überlassen, besonders dann, wenn die Schule dafür gesorgt hat, dass die Kinder ein einfaches Lied nach Noten zu singen vermögen."

XXII. Anschauungsunterricht. In dem Aufsatz „Die Stellung des Anschauungsunterrichtes in seinem Verhältnisse zu den übrigen Fächern der Unterstufe" v. Steuer, Schl. Schb. Nr. 2, wird nach einem geschichtlichen Rückblick für einen selbständigen, als Disciplin auftretenden Anschauungsunterricht plaidiert, dem das Schreiblesen untergeordnet ist; auch bei der sogenannten Normalwörter-Methode muss dies der Fall sein, indem die Normalwörter so zusammengestellt werden, dass das jeweilig zu behandelnde Normalwort aus dem im Anschauungsunterrichte behandelten Stoffe sich herausheben lässt. — Bräutigam verlangt in seinem Artikel „Zum Anschauungsunterricht", Nr. 4 Schl. Schb., dass vorerst die verschiedenen Begriffe anschaulicher Unterricht und Anschauungsunterricht strenge auseinander gehalten werden. Ersterer ist ein Princip, letzterer ist ein Unterricht im Anschauen, ein propädeutischer Vorcursus für den späteren realistischen, arithmetischen und geometrischen anschaulichen Fachunterricht und gehört mit Ausnahme des letzteren, in die drei ersten Schuljahre. — Russegger verlangt in Nr. 2 Z. d. Szb. L. V. in dem Aufsatz „Gedanken aus dem Bereiche des ersten Anschauungsunterrichtes", nachdem er die verschiedene meist unzulängliche Vorbereitung der Kinder für die Schule gekennzeichnet, „dass der erste Anschauungsunterricht frei von aller Pedanterie und Steifheit sein müsse; um denselben wahrhaft naturgemäss zu gestalten, muss der Elementarlehrer den Stoff aus sich selbst herausfinden, er muss ihn gemüthvoll, sinnig machen."

XXIII. Zeichenunterricht. In den Nrn. 1—4 bringt der F. d. B. Felzmann eine methodische Abhandlung über „Das Zeichnen in Verbindung mit der geometrischen Formenlehre". Während der Verfasser in der Einleitung entschieden gegen die Verquickung dieser beiden Gegenstände auftritt, folgt sodann doch eine eingehende Darlegung ihrer entsprechenden Verbindung in den verschiedenen (3—6) Classen der Volksschule. So heisst es: „Die Verbindung des Zeichnens mit der geometrischen Formenlehre ist als eine entschiedene Mesalliance zu bezeichnen. Man band das liebliche Kind der Kunst an den trockenen, stets nur messenden, rechnenden und klügelnden Philister, unter dessen lähmendem Einflusse das Freiheit gewöhnte Wesen sehr bald seiner heiteren Ungebundenheit, seines idealen Schwunges verlustig wird, sich nach den starren Regeln des gestrengen Herrn drehen und wenden lernt und so aus einer freien Göttin zur gehorsamen Sclavin ihres Despoten wird. — Das Zeichnen soll in seinem Jünger den Formensinn wecken und bilden, denselben befähigen, die schöne Form, wenn auch im einfachsten Gewande, aufzufassen und diese mit Verständnis wiederzugeben, dabei Auge und Hand zu üben. Die geometrische Formenlehre hat es zwar auch mit Formen zu thun; sie leitet aber den Schüler an, dieselben zu vergleichen, zu unterscheiden, zu benennen, mitzutheilen, zu messen u. s. w. — und darin liegt das Entgegengesetzte beider Disciplinen. Während bei jener das ästhetische Moment das Endziel der Lehre und Übung ausmacht, handelt es sich bei dieser um Bildung des Verstandes."

XXIV. Turnunterricht. „Zur Hebung des Turnunterrichtes auf dem Lande" v. Marburg, Nr. 24 d. Z. L. B. — Vorerst wird der rasche Niedergang des Turnunterrichtes constatiert, was sich zeigt in der unverzeihlichen Vernachlässigung vorhandener Turngeräthe, die augenscheinliche Verwahrlosung bestehender Turnplätze, der Mangel jedweder Turnräumlichkeiten, das Beschränken des Turnunterrichtes auf die Sommermonate, die auffallende Verminderung freier Turnfahrten und Turnfeste, das Nichtbeachten der Anlage eines Turnsaales bei Genehmigung der Baupläne für neue Schulgebäude, endlich die erflossene Verordnung, dass der Turnunterricht für Mädchen n i c h t obligat sei. — Die Vorurtheile des Volkes sind: Das Turnen sei für die Dorfjugend nicht nothwendig; denn diese habe genug Bewegung und im reiferen Alter genug Arbeit; das Turnen sei eine blosse Spielerei; es befördere die Ausgelassenheit und Roheit; es sei Zeitvergeudung; die Turngeräthe sind zu kostspielig; bei Geräthturnen könnten Unglücksfälle vorkommen; das Mädchenturnen sei ganz unnütz. — Die Bestrebungen der Lehrer werden von den Behörden zu wenig unterstützt; brächte das Turnen alsbald m a t e r i e l l e n N u t z e n, so wären die Landleute opferwilliger. Ein solcher wäre die Herabsetzung der Präsenzdienstzeit für die dem stehenden Heere eingereihten ehemaligen Turnschüler. Auch militärisches Turnen ist zu pflegen. — In warmer Weise tritt Scheibenreiter in Nr. 9 von Sch. u. H. für „das Mädchenturnen" ein. „Die allgemeine Muskel- und Nervenschwäche, Verdauungsstörungen, nervöse Leiden aller Art, Bleichsucht, mangelhaftes Wachsthum, Schmal- und Engbrüstigkeit und Rückgratsverkrümmungen können nur durch Turnen behoben werden; denn turnerische Übungen wirken überaus günstig auf den Stoffwechsel und auf gesunde Blutbildung und fördern die heilsame und allseitige Entfaltung der Körperkräfte sowie die naturgemässe und harmonische Entwicklung und Stärkung des menschlichen Leibes. Bleichsucht, Nervosität, Hämorrhoidalleiden, Hypochondrie und Hysterie, meist nur Folgen vernachlässigter Leibesübung, sind geeignet, das Leben zur Last zu machen; unzureichende körperliche Übung und Erholung äussern auch eine lähmende Rückwirkung auf Geist und Gemüth, haben ein mehr oder minder verstimmtes, verdrossenes Wesen zur Folge und wirken daher störend auf die leibliche und geistige Thätigkeit der Jugend."

XXV. Jugendspiele. Goldmann nimmt in dem Artikel „Spielplätze und Exercierschulen" den Mund sehr voll, um die ganze bestehende Erziehungsweise zu verdammen. (F. p. B. Nr. 12, 13.) Nach seiner Anschauung gibt es keinen Grund, von geistiger Überbürdung zu reden, sondern von einer total vernachlässigten physischen Erziehung, deren Folge eben ist, dass das geringe und sicherlich von jedem normal Beanlagten zu bewältigende geistige Quantum der physischen Schwäche gegenüber bereits als Überbürdung auftreten muss." — „Die einzigen Disciplinen, welche für die physische Entwickelung die Schule zur Anwendung bringt, sind Singen und Turnen." Beide werden aber nach seiner Anschauung unzweckmässig betrieben. „Das Singen kann keinen besonderen Einfluss auf die Kräftigung und Erweiterung des Brustkorbes ausüben, weil es nicht vom praktischen Standpunkt (!), also nicht in Hinsicht auf einen zu erreichenden physischen Zweck (!), sondern nur vom ästhetischen Standpunkt, dessen Culminationspunkt in einem blossen Singen nach Noten ausgeübt wird, also nicht als Selbstzweck, sondern als Mittel zum Zweck betrieben wird." — — Das Turnen kann seinen Zweck nicht erfüllen. „Erst wenn das Turnen zum Spiel wird, kann von einer wirklichen (!) Zweckerreichung, von einer Stärkung des physischen Organismus und einer Gegenwirkung gegen die Last der geistigen Arbeit die Rede sein." (Daran schliesst sich direct folgendes Satzmonstrum:) „Dass dieses Turnen in den Schulen als Gegenstand, der nun einmal vorgeschrieben ist, und nicht eben als Spiel betrieben wird, hat zum grössten Theil seine Ursache in einer falschen Eitelkeit der Lehrer, der es widerstrebt, mit dem Kinde spielend, selbst zum Kinde zu werden, was gewissermassen als Erniedrigung der Autorität erscheint, anderseits in dem Mangel an wirklichen Spielplätzen." Daher sollte jede Schule einen Spielplatz haben. (Gut.) Weiter spricht der Autor den „Exercierschulen" das Wort. „Diese sollen den Eltern Gelegenheit geben, für die Förderung des körperlichen Wohles ihrer Söhne auch ausserhalb des Schulturnens zu sorgen, um sie zu kräftigen für die mannigfach gesteigerten Anforderungen an den Geist der Jugend." „Die Übungen bestehen in Exercieren, Frei- und Gewehrübungen, Ausflügen in Feld und Wald, sowie gemeinschaftlichen Spielen." — Von der Thatsache ausgehend, dass der körperlichen Entwickelung der Schüler noch zu wenig Aufmerksamkeit gewidmet wird, redet Benedicter dem „Turnspiele" in Nr. 4 d. Schl. Schb. das Wort. „Es treten häufig Ernährungsstörungen ein, welche bleiche Gesichter und Blutarmut im Gefolge haben; das anhaltende Sitzen befördert Rückgratverkrümmungen und beeinträchtigt die Ausgiebigkeit der Athembewegungen; auch das Nervensystem leidet; viele Kinder verlieren jegliches Selbstvertrauen, sie sind übertrieben ängstlich und beginnen zu zittern, Körper und Geist entbehren der Frische und Elasticität. Diesen Mängeln soll durch Einführung der Turnspiele in den Schulorganismus erfolgreich begegnet werden. Der pädagogische Wert der Turnspiele wird als ein dreifacher bezeichnet: Erstens fördern sie die körperliche Ausbildung und leibliche Gesundheit; zweitens sind sie eine vortreffliche Schule des Charakters, indem sie persönlichen Muth, rasche Entschlossenheit, freiwillige Unterordnung unter bestimmte Gesetze, Sinn für Recht und Billigkeit lehren; drittens lassen sie das Gemüths- und Geistesleben der Kinder so offen zutage treten, wie dies im Schulzimmer nie der Fall sein kann und sichern dadurch dem Erzieher eine gründliche Kenntnis seiner Zöglinge."

II.

Das pädagogische Vereinswesen in Österreich-Ungarn.

Zusammengestellt von M. ZENS.

Der diesjährige Bericht muss sich auf die Angabe der hauptsächlichsten Vorkommnisse in dem regen und vielgestaltigen pädagogischen Vereinsleben beschränken. *)

Deutsch-österreichischer Lehrerbund. Die hervorragendsten Verhandlungsgegenstände in den Ausschusssitzungen waren: die Eingabe betreffs der zu gewärtigenden Umänderung der prov. Schul- und Unterrichtsordnung vom 20. August 1870 (Ref. Tomberger); die Berathung der Massregeln bezüglich der Versorgung der Lehrersoldaten etc. (Ref. Mikusch) — im h. Abgeordnetenhause trat Dr. Fuss wirksam für die Anschauungen des Ausschusses ein —; die Ausarbeitung des Fragebogens für die Orthographiereform (Ref. Herbe); dann eine Reihe von Anträgen der Zweigvereine (die vollständige Erledigung dieser Anträge ist zum Theil noch ausständig); endlich geschäftliche Angelegenheiten. Naturgemäss beschäftigte sich der Ausschuss auch mit den Vorarbeiten für die nächste Abgeordnetenversammlung, wie auch für die Vollversammlung.

*) Aus der heuer ausgefallenen „Schulchronik" führen wir über die wichtigeren ministeriellen Erlässe Folgendes an. Ein Erlass des Ministers f. C. u. U. vom 21. Sept. 1886 an die Landesschulräthe für Niederösterreich und Böhmen ertheilt Weisungen bezüglich des Handfertigkeitsunterrichtes an Volksschulen. — Der M.-E. vom 15. Oct. betrifft die Durchführung der Vorschrift über die Lehrbefähigungsprüfungen für Volksschulen. — Der M.-E. vom 20. Nov. ändert und erweitert den M.-E. vom 8. Juli 1878 in Betreff des Haltens von Kostzöglingen seitens der Directoren und Lehrer der öffentlichen Mittelschulen und Lehrerbildungsanstalten. — Die Circularverordnung des k. k. Ministeriums für Landesvertheidigung vom 4. Dec. betrifft die Gleichstellung der k. k. Kunstgewerbeschule in Prag mit den Obergymnasien und Oberrealschulen in Bezug auf den Einjährig-Freiwilligendienst. — Durch M.-E. vom 28. Jänn. 1887 wird die provisorische Disciplinarverordnung für die evangelische Kirche A. B. verlautbart. — Der M.-E. vom 28. Febr. beschränkt die lateinischen und griechischen Extemporalien im Gymnasialunterricht. — Die M.-Verordnung vom 7. April enthält die Vorschrift für die Lehrbefähigungsprüfungen in Galizien. — Die M.-V. vom 16. April betrifft die Bestellung von Supplenten an den staatlichen Gym-

Der d.-ö. L. B. umfasst folgende Lehrervereinigungen: Böhmen. Deutscher Landeslehrerverein 3965 (Mitglieder). Niederösterreich. Landeslehrerverein 2336. Mähren. Deutschmährischer Lehrerbund 1250. Oberösterreich. Landeslehrerverein 932. Salzburg. Landeslehrerverein 230. Tirol. V. der deutschen Lehrer Südtirols 40. Schlesien. Friedek 40. Deutschpädag. V. Troppau 49. Bielitz-Biala 60. Freudenthal 28. Jägerndorf 62. Odrau 23. Freudenthaler Bezirkslehrerverein (Bennisch) 74. Freiwaldau 86. Teschen 36. Bielitzer Gerichtsbezirk (Alexanderfeld) 35. Steiermark. Neumarkt-Oberwölz 24. Deutsch-Landsberg 59. Fürstenfeld 39. Bruck 48. Voitsberg 29. Umgebung Graz 65. Radkersburg-Mureck 50. „Volksschule" in Graz 20. Pettau 15. Judenburg 37. St. Gallen, Liezen und Rottenmann 28. Mürzzuschlag 26. Grag 126. Marburg 30. Nordöstliche Steiermark 46. Leoben 48. Leibnitz 66. Knittelfeld 27. Mariazell? Kärnten. Spital-Millstatt 25.' Mittelgailthal 25. Lieserthal 15. Unter-Lavantthal 34. Gurkthal 20. Obergailthal? Krain. Gottschee 20. Summe der Mitglieder: 10168.

Lehrerhausverein in Wien. Die zweite Generalversammlung (18. Nov.) wies eine Mitgliederzahl von 1207 — nach 721 im Vorjahre — und ein Vermögen von 5000 fl. auf. Der Verein gibt den Lehrerhaus-Katalog (ehemals Eichlerscher Handkatalog) heraus. Für das Kaiser-Jubiläum bereitet der Verein eine glänzend ausgestattete und doch ausserordentlich billige Festschrift vor; dieselbe wird das in 15 Farbentönen ausgeführte Brustbild Sr. Majestät, 12 Vollbilder etc. enthalten. Die Festschrift wird in grosser Auflage gedruckt und nahezu um den Herstellungspreis an die Gemeinden etc. abgegeben, damit jedes Schulkind ein würdiges Andenken an die seltene patriotische Feier erhalten könne. Zugleich wird eine von Franz Mair componierte, preisgekrönte Festhymne von Theodor Glöckner (der Verein setzte einen Preis von 5 Ducaten aus), sowie eine Festrede ausgegeben. Nach dem „Übereinkommen", welches der Verein mit deu Eigenthümern der Erziehungsschrift „Schule und Haus" (Wien, III, Beatrixgasse 28, jährlich 2 fl.) geschlossen, sind dem Lehrerhausfonds bisher 478 fl. 60 kr. zugeflossen.

Der Verein zur Gründung eines Curhauses für Lehrer und Lehrerinnen deutscher Nationalität in Karlsbad hatte zur Zeit seiner Generalver-

---

nasien, Realschulen und Lehrerbildungsanstalten. — M.-E. vom 2. Mai, betreffend das Classificationsverfahren, sowie einige Abänderungen hinsichtlich der schriftlichen Arbeiten an Gymnasien. — Der M.-E. vom 28. Mai enthält das Verzeichnis der als zulässig erklärten Lehrbücher und Lehrmittel. — M.-E. vom 7. Juni, betreffend die Zuerkennung von fortlaufenden Versorgungsgebüren für die Angehörigen der Lehrer an den vom Staate erhaltenen Lehranstalten. — M.-V. vom 1. Juli, betreffend die Lehrbefähigungsprüfungen aus der französischen und englischen Sprache im Gebiete der Volksschule. — M.-E. vom 1. Juli, betreffend die Unterrichtsmethode in der lateinischen und griechischen Sprache. — M.-E. vom 30. Juni, in Betreff der Unstatthaftigkeit von Altersdispensen zur Aufnahme ins Gymnasium (das Gesetz vom 3. Juni 1887 verlangt, dass der in die 1. Classe des Gymnasiums Aufzunehmende das zehnte Lebensjahr vor Beginn des Schuljahres vollendet hat oder noch im selben Kalenderjahre vollendet). — M.-E. vom 20. Juli, betreffend die Preisausschreibung für drei Jugendschriften (für die Schülerbibliotheken der Volksschulen, drei Preise von je 1000 fl.). — Der M.-E. vom 3. August erweitert die Schulbücherverlagsthätigkeit durch Bestellung einer Centraldirection der k. k. Schulbücherverlage. — Durch Allerhöchstes Handschreiben vom 18. August 1887 wurde an Stelle der goldenen Medaille für Kunst und Wissenschaft ein Ehrenzeichen für Kunst und Wissenschaft a. g. gegründet. Dieses Ehrenzeichen besteht in einer Medaille mit dem Brustbilde des Kaisers auf der Avers- und mit der Inschrift „Litteris et artibus" auf der Reversseite; dasselbe ist an einem rothen Bande am Halse zu tragen.

sammlung (17. Juli) einen Mitgliederstand von 1036 Personen und ein Vermögen von 5196 fl. und 53 kr. — 10 Ortsgruppen. Durch Vermittlung des Vorstandes wurden im abgelaufenen Vereinsjahre 16 ständigen Mitgliedern (auf deren Ansuchen) die Vereinsbeneficien zugewendet, auch hat die Stadtgemeinde denselben die Entrichtung der Cur- und Musiktaxe erlassen.

Niederösterreichischer Landeslehrerverein. Delegiertenversammlung am 19. Mai in Wien: Thätigkeitsbericht des Obmanns (K. Huber); Erlassung eines n.-ö. Landesgesetzes in Bezug auf Erziehungsanstalten für sittlich verwahrloste schulpflichtige Kinder (G. Ernst); Lebensversicherung (Grosschopf); Gründung einer niederösterreichischen Schulzeitung (F. Tomberger); Unterstützung des niederösterreichischen Volksbildungs-Vereins (J. Schwarzböck). — Hauptversammlung am 18. und 19. Juli zu St. Pölten: Gründung des Vereinsorgans „Nieder-österr. Schulzeitung" (F. Tomberger); „Welche Forderungen stellen die gegenwärtigen Zeitverhältnisse an die Lehrer?" (Karl Ambros-St. Pölten). Die Versammlung fasste hiezu folgende Resolution: „Der nieder-österr. Landeslehrerverein erhebt Protest gegen die die Schule und die Lehrer tief verletzenden, verleumderischen und das Volk demoralisierenden Auslassungen, welche die in Niederösterreich erscheinenden periodischen Blätter ‚Österreichs Reichsbote‘, ‚Christliche Familie‘ und ‚Pressvereinsbote‘ von Nummer zu Nummer ihren Lesern bieten.") Vereinfachung der Rechtschreibung (T. Devidé). — Redacteur des neu gegründeten Vereinsorgans: Karl Huber. Ausschuss: Obmann G. Ernst (VIII, Lerchengasse 19), Stellvertreter K. Huber; Mitglieder F. Tomberger (Neustadt), J. Schwarzböck (Kaiserebersdorf), A. Mikusch, J. Braun (Hernals), J. Jost (St.-Pölten).

Wiener pädagogische Gesellschaft. 13. Vereinsjahr: 1 Ehrenmitglied, 173 ordentliche, 17 beitragende, 15 correspondierende Mitglieder. — 138. Plenarversammlung (Generalversammlung) am 15. Oct. 1886: Rechenschaftsbericht. Neuwahl des Ausschusses. Reform des naturgeschichtlichen Unterrichts (F. Zoder). — 139. Plen.-Vers. am 5. Nov.: Debatte zu „Aufgaben und Correcturen". (Siehe „Pädagogisches Jahrbuch" 1886). — 140. Plen.-Vers. am 3. Dec.: Über Schulerziehung (F. Jäger). — Debatte zum letzten Vortrag. — 141. Plen.-Vers. am 7. Jänner 1887: Der Foucaultsche Pendelversuch im Unterrichte (Dr. Ad. Jos. Pick). Fortsetzung der vorigen Debatte. — 142. Plen.-Vers. (Pestalozzifeier) am 22. Jän.: Festrede (Dr. Friedrich Dittes). — 143. Plen.-Vers. am 4. Febr.: Theorie und Praxis im Grammatikunterrichte (M. Binstorfer). Debatte über Jägers Vortrag. — 144. Plen.-Vers. am 5. März: Pflichten und Rechte in der bürgerlichen Gesellschaft — als Unterrichtsgegenstand (L. Fleischner). Fortsetzung der vorigen Debatte. — 145. Plen.-Vers. am 18. März: Reform des naturgeschichtlichen Unterrichts — zweiter Theil (F. Zoder). Schluss der Debatte hierüber. — 146. Plen.-Vers. am 1. April: Vorlage des „Pädagogischen Jahrbuches" 1886 (M. Zens). Über formale Bildung (E. Siegert). Debatte zu M. Binstorfers Vortrag. — 147. Plen.-Vers. am 6. Mai: Die Gestaltung des Handfertigkeitsunterrichtes für Knaben in der Gegenwart (A. Bruhns) Debatte zu L. Fleischners Vortrag. — 148. Plen.-Vers. am 20. Mai: Fortsetzung der Debatte zu L. Fleischners Vortrag. — 149. Plen.-Vers. am 3. Juni: Apperception und Aufmerksamkeit und deren Bedeutung für einen erfolgreichen Unterricht (D. Simon). Dr. Friedrich Müllers ethnographischer Bilderatlas für Bürgerschulen (M. Zens). — Der Verein trat dem Lehrerhausvereine als „Gründer" bei und widmete dem Kehr-Denkmalsfonds 40 fl. Im Laufe des Winters fand eine Besichtigung der Wiener Sternwarte, im Sommer ein Besuch der Schulwerkstätte im VII. Bezirke (Leiter Alois Bruhns) statt. — Ausschuss: Vorsitzender Karl Huber, Stellvertreter Dr. A. J. Pick, August Hofer; Schriftführer M. Zens, F. Steigl, K. Neuhauser, G. Türmer; Cassier K. Salava; Bibliothekare E. Rybiczka, J. Antoni; Ausschüsse F. Buchneder, A. Fischer, F. Pehm, K. Platzer, V. Trautzl. Bureau: I., Renngasse 20.

Die Volksschule. 24. Vereinsjahr. Obmann A. Schopf. Lehrerversetzungen (Ref. Knotz; Eingabe an den B. S. R., ev. an den L. S. R.). Gegen die Verlegung des Unterrichtsbeginnes von 8 auf 9 Uhr (Katschinka). Gegen die Angriffe des Znaimer Lehrerboten (Schleinz). Über die didaktischen Grundsätze Pestalozzis (Dr. F. Dittes). Unsere culturellen Aufgaben im Osten (John). Tillichs Rechenkasten (Dorn). Erziehung und Pflege schwachsinniger Kinder (Antensteiner). Volapük (Schmidjörg). Bericht über den hygienischen Congress (Kugler). Handfertigkeitsunterricht (Petzel).

Bürgerschule. Über den Einfluss der geologischen Verhältnisse auf die Cultur (Dr. E. Witlaczil). Farbenblindheit und Bedeutung derselben für die Jugenderziehung (D. Siebert). Über den ferneren Verbleib des Vereins Bürgerschule im nieder.-österr. Landeslehrerverein (And. Mayer). Zustimmung zur Resolution des Vereins Volksschule, die Lehrerversetzungen betreffend (Gotthard). Vorberathung der Themen für die officielle Bürgerschullehrer-Conferenz. Das geometrische Zeichnen an Knabenbürgerschulen (M. Sedlak). Die materielle Lage der Bürgerschullehrer (Vranic). Discussion über den ev. Anschluss einer facultativen vierten Bürgerschulclasse (Vranic). — Der Verein bildete eine Bibliothekscommission zur Prüfung von Jugendschriften und gibt den „Bürgerschul-Kalender" heraus. Vereinsorgan: „Die Bürgerschule", Redacteur M. Sedlak. Obmann Jos. Winkler.

Verein der Lehrerinnen und Erzieherinnen in Österreich. 18. Vereinsjahr. Was die Ortsnamen uns erzählen (Dr. F. Umlauft). Stimm- und Tonbildung (K. Pruckner). Pensionsbezüge weiblicher Lehrkräfte (F. Borschitzky; Memorandum an den h. Landtag beschlossen). Grundlage und Bau der ö.-u. Monarchie, Vorkommen von Nutzmaterialien (Dr. J. Lindl). Bekleidungssünden (Dr. Ganster). Die erste Lehrerin der Moral (L. Fleischner). Pflege des Patriotismus (Th. Heindl). Petition an den h. Landtag, den Antrag Helbling („Die Verheiratung einer Lehrerin beding' ihre Dienstesentsagung") betreffend (Ch. Frischauer). — Ausgabe von „Mittheilungen des Vereins". Theatervorstellung (Ohnets „Hüttenbesitzer" im Theater a. d. Wien durch die k. k. Hofschauspieler). Vorlesungen (von P. K. Rosegger, L. Anzengruber, Dr. L. Büchner, Fr. Schlögl) zu Gunsten des Lehrerinnen-Heim. Abhaltung von Damen-Geselligkeitsabenden. — Präsidentin: Louise v. Stahl-Almasy; Vice-Pr.: Marie Schwarz und Minna v. Mayr. Vermögensstand 18308 fl. 60 Kr.

Verein für Kindergärten in Österreich. Hauptversammlung des 8. Vereinsjahres am 18. Nov. zu Wien. Bericht über die Vereinsthätigkeit, namentlich über die Vereinszeitschrift und über die Vermittlung von Stellen für Familien-Kindergärtnerinnen. Über das Formenlegen mit Verschränkspänen (Frl. Emma Klausberger). Der Verein hat eine Geschichte der Kinderbewahranstalten und Kindergärten in Österreich herausgegeben. Präsident: Georg Ernst. Organ: „Zeitschrift für das Kindergartenwesen" VI. Jahrg., Red. Josef Kraft.

Oberösterreichischer Lehrerverein. Generalversammlung am 15. und 16. Juli 1887 zu Linz. 1. Rechenschaftsbericht (Hilfsfonds 1874 fl., Versicherungswesen etc.). 2. Über die zu schaffende Heimatskunde von Oberösterreich (Prof. Seibert). 3. Unterlehrer und Unterlehrerinnen ohne Lehrbefähigungszeugnis (Rauch-Vöcklabruck). 4. Umschreibung der Zeugnisse mit Gradbezeichnung (Laber-Gmunden). 5. Die Verkürzung des Unterrichtes durch Befreiungen und Erleichterungen (Brunnbauer-Kirchdorf). 6. Die

Wohnungsfrage der Lehrer (Fischer-Frankenmarkt). — Die Generalversammlung entschied in der zwischen dem Ausschusse und dem früheren Redacteur der Vereinszeitschrift M. Schmidtbauer (gegenwärtig Herausgeber der neuen „Zeitschrift für Erziehung und Unterricht") ausgebrochenen Fehde zu Gunsten des Ausschusses. Obmann: Clemens Aigner. Organ: „Zeitschrift des oberösterr. Lehrervereines" (Red. Jos. Niemetz).

Salzburger Lehrerverein. Statutengemäss findet die Hauptversammlung und die Ausgabe des Rechenschaftsberichts nur alle drei Jahre statt. Vereinsorgan: „Zeitschrift des Salzburger L. V." 17. Jahrg. Red. P. Simmerle.

Steiermärkischer Lehrerbund. 30 Vereine mit 1038 Mitgliedern. 15. Hauptversammlung am 14. und 15. Sept. zu Radkersburg. a) Nebenversammlungen für Lehrmittel und für Schulgärten. b) Delegiertenversammlung (Thätigkeitsbericht etc.). c) Hauptversammlung: Die Windisch-Bühel (Nedok). Die Stellung des Lehrers im Soldatenstande und die Versorgung der Witwen und Waisen nach im Kriege gefallenen oder dienstuntauglich gewordenen Lehrersoldaten (Schetina). Die Ferienfrage (Slana). Die Ursachen des Lehrermangels und deren Behebung (Kosar). — Obmann Oberlehrer Franz Bohm-Graz. Bundesorgan: „Pädagogische Zeitschrift" (herausgegeben vom Grazer Lehrerverein), Red. Ferdinand Fellner.

Kärntischer Lehrerbund. Hauptversammlung am 12. April zu Villach: 1. Thätigkeitsbericht. 2. Die sociale Stellung des Volksschullehrers * (Braumüller). 3. Schulärzte (Frisch). 4. Bericht über die Cassagebarung und den Stand der Hilfscasse (30 fl.). — Vorstand: Dr. Jos. Brandl. Vereinsorgan: „Kärntner Schulblatt"; verantw. Redacteur: Joh. Braumüller.

Krainischer Landeslehrerverein. Seit der letzten Vollversammlung vom 30. Dec. 1886 wurden in den Vereinsräumlichkeiten (Laibach, Hôtel Stadt Wien) mehrere Vereinsabende abgehalten. Zur Besprechung gelangten: Amtsschriften und Drucksorten, der heimatkundliche Unterricht, das Occupationsgebiet etc. Hieran schlossen sich heitere Gesangsvorträge u. dgl. Der Verein veranstaltete auch eine Uhlandfeier (Festrede: Samhaber). — Obmann. Prof. Wilh. Linhardt. Organ: „Laibacher Schulblatt"; Schriftleiter: Johann Sima.

Tiroler Landeslehrerverein. Obmann Haselsberger (Innsbruck). 7. Generalversammlung am 19. Nov. 1887 zu Kufstein. 1. Geschäftsberichte (über die Entsendung einer Deputation an den Statthalter, bezüglich der Regelung der Rechtsverhältnisse der tirolischen Lehrerschaft; über die Gründung einer permanenten Lehrmittelausstellung in Innsbruck; Vereinsvermögen etc.). 2. Die jetzige Fauna Tirols (Prof. Dr. Karl v. Dalla-Torre). 3. Die Entwickelung des tirolischen Volksschulwesens von seinen ersten Anfängen bis auf Maria Theresia (Prof. A. Noggler). 4. Anträge und Debatten, so über die Entsendung einer Deputation an den U.-Minister, über billige Berücksichtigung der alten Lehrer, über die Versorgung invalid gewordener Lehrersoldaten, über Delegiertenversammlungen etc. — Das Vereinsorgan „Tiroler Schulfreund" erscheint künftig als „Schulfreund, Organ der Landeslehrervereine von Tirol und Vorarlberg". Redacteur: J. Wassermann.

Lehrerverein des Landes Vorarlberg. Obmann Drexel. 37. Hauptversammlung am 17. Dec. 1887 zu Dornbirn. 1. Geschäftsberichte (Kartenverlag, Grube-Fonds etc.). 2. Aus dem Leben eines Schulmannes (P. Winkel-Bregenz). 3. Die Zeitschrift: „Der schweizerische Fortbildungsschüler" (J. Peter-Dornbirn). 4. Zeitschriftenfrage. (Der Verein wählt das Organ des Tiroler L. L. V. zu seinem Vereinsorgan.)

Deutscher Landeslehrerverein in Böhmen. 13. Vereinsjahr. Hauptversammlung am 23. und 24. August l. J. zu Schonlinde. Obmann F. Rudolf (Reichenberg). Geschäftsbericht des Ausschusses: 1. Durchführung der Beschlüsse der letzten Hauptversammlung, a) die Gehaltsfrage betreffend (Petition an den h. Landtag um sofortige und bedingungslose Aufhebung der mit 400 fl. dotierten vierten Lehrergehaltsclasse), b) Vorarbeiten zur Gründung einer Krankenunterstützungscasse für die Mitglieder des deutschen L. L. V. 2. Bittgesuch an den h. L. S. R. um definitive Regelung der Rechtsverhältnisse der Lehrersoldaten auf Grund des Erlasses vom 4. Sept. 1878, Z. 19390, Verordnungsblatt 78. 3. Literarische Unternehmungen des L. L. V.: a) Vereinsorgan „Freie Schulzeitung", 13. Jahrgang, Schriftleiter F. Legler, 1421 Abnehmer; b) Jugendschrift „Österreichs deutsche Jugend", 4. Jahrgang (mit neuen Buntdruckbildern), Schriftleiter F. Rudolf, 4651 Abnehmer (10% Ertägnis von den ausserhalb Böhmens abgesetzten Nummern an die betreffenden L. L. V.); c) „Lehrerkalender 1887—88", 6. Jahrg., zusammengestellt von M. Mautner (mit Schematismus). Das Reinertägnis fliesst der Hilfscasse (gegenwärtig 12 625 fl. 31 kr.) zu. — Verhandlungsgegenstände: 1. Die Bürgerschule in ihrem Wesen und in ihren Zielen als die höchste und vollkommenste Entwickelungsform der Volksschule* (BD Karl Wanka-Karolinenthal). 2. Zur materiellen Besserstellung der Lehrer Böhmens (F. Legler; Beschluss: erneuerte Massenpetitionen an den h. Landtag). 3. Gründung einer Krankenunterstützungscasse und die dadurch nothwendige Änderung der Vereinssatzungen (beschlossen nach den Anträgen des Ausschusses).

Deutsch-mährischer Lehrerbund. Vollversammlung am 27. August zu Iglau: Die Lehrer als Förderer der Volksbildung und des Nationalbewusstseins (F. König-Oelstadtl). Die Bedeutung des Kindergartens und seine Stellung zur Volksschule (F. Böhm-Znaim). Die Vertreter der Volks- und Bürgerschule im Landesschulrathe (A. Walter-Brünn). Orthographie-Reform (W. Smetana-Brünn). Sämmtliche Gegenstände wurden ohne Debatte (!) erledigt. — Obmann Oberlehrer Michel-Brünn. Vereinsorgan: „Freie deutsche Blätter für Erziehung und Unterricht"; verantwortlicher Leiter: H. Hanaczek.

Österr.-schlesischer Landeslehrerverein. VIII. Generalversammlung am 31. Juli zu Freudenthal (zugleich Generalversammlung der Pensions-Zulage-Casse schlesischer Lehrerwitwen und -Waisen) unter dem Vorsitze des Obmann-Stellvertreters, Professor Alois Meixner. 1. Geschäftliches. 2. Die Lage der wehrpflichtigen Lehrer (Wolf). 3. Die Geschäftsaufsätze in der Volksschule (Schulig). 4. Der Humor in der Volksschule (Frl. Irene Wendt). 5. Anträge etc. — Organ: „Schlesisches Schulblatt", 16. Jahrgang. Red.: Alois Meixner.

Bukowiner Landeslehrerverein. Generalversammlung am 21. und 22. Juli zu Suczawa. Über den Besuch der Gewerbeschule durch entlassene Volksschüler vom Lande (J. Boszniag). Ist der Idealismus dem Lehrer nothwendig oder nicht? (Johanna Lindes). Über Lehrerversammlungen (Hlibowicki). Über Errichtung von Internaten an den Lehrerbildungsanstalten (J. Wotta). Über die leiblichen und geistigen Eigenheiten der Blinden (J. Boszniag). Eine neue Rechenmaschine (vom Erfinder A. Teranu). Über die constructive Lehrmethode beim geogr. Unterrichte (M. Tarasiewicz). — Obmann: k. k. Schulrath D. Isopescul. Vereinsorgan: „Bukowiner pädagogische Blätter", (Red. Joh. Hlibowicki).

Ungarn.*) Das Vereinsleben des abgelaufenen Jahres glich in Bezug auf

---

*) Das geschätzte Fachblatt „Népnevelők lapja" klagte gelegentlich der Besprechung des „Pädagogischen Jahrbuches 1886" über die Kürze des ungarischen Berichtes

Lethargie dem des vorausgegangenen; man gewinnt im allgemeinen den Eindruck, dass man — von oben angefangen — das Vereinsleben als etwas Überflüssiges betrachte; dass der Schulmeister in seine vier Wände gedrängt werden solle, wie es vor Jahrzehnten gewesen. Auch ein Theil der Lehrerschaft scheint dieser Ansicht zu huldigen, namentlich die jüngere Generation, die heute auf den Lorbeeren ihrer Vorfahren ruht, will den Wert freier Vereine nicht schätzen. Die seinerzeit vom Minister ins Leben gerufenen Landeslehrertage — sie sollten alle zwei Jahre stattfinden — scheinen infolge von Geldlosigkeit gefährdet zu sein; man wird daher schon in nächster Zeit an die Einberufung eines allgemeinen ungarischen Lehrertages denken müssen. Die Revision des Volksschulgesetzes, das Minimalgehalt der Lehrer, die Lehrerbildungsfrage, einheitliche Lehrpläne etc. warten alle einer baldigen Lösung. Einzelne ältere Vereine sind sich auch heute ihrer Aufgabe bewusst; wir gedenken rühmend des Zipser Lehrervereins, des südungarischen, des Stuhlweissenburger, des Marmaroser und des Ofener Vereins, während viele, die einst die Fahne hochhielten, nur Mittelmässiges leisten oder gar die Hände in den Schoss legen. Selbst die zwei hauptstädtischen Vereine, der freie „Népnevelök budapesti egyesülete" (Pester Volkserzieherverein) und der amtliche „Budapesti tanitó egylet" lassen vieles zu wünschen übrig. Eine rührigere Thätigkeit entwickelt der Verein für höhere Volks- und Bürgerschulen („A felsö nép-s polgári iskolai egylet"). — Bezüglich der Vermögensverhältnisse der ungarischen Lehrervereine ist zu berichten, dass diese — etwa 60 an der Zahl — über ein Vermögen von circa 350000 fl. verfügen. Das Landes-Lehrerwaisenhaus in Ofen (Christinenstadt) hat Fonds von rund 80000 fl. (über 30000 fl. widmete Minister Trefort aus dem Erträgnisse der Staatslotterie). Der Eötvösfonds, aus dem arme studierende Lehrerkinder alljährlich mit Stipendien betheilt und dienstuntaugliche Lehrer, Lehrerinnen und Lehrerswitwen unterstützt werden, hat während seines zehnjährigen Bestandes gegen 25000 fl. zu diesem Zwecke ausgegeben und verfügt zur Stunde über ein Capital von gleicher Höhe. Ganz besonders rührig ist der „Maria Dorothea-Lehrerinnenheim-Verein", der den Namen seiner hohen Protectorin, der Frau Erzherzogin Maria Dorothea, führt. In kurzer Zeit waren bei 20000 fl. beisammen, die Commune schenkte dem Vereine eine hübsche Hausstelle, Pläne wurden ausgearbeitet, Sammelbogen in Umlauf gesetzt, kurz: es wird unermüdlich an dem Zustandebringen des auf 80000 fl. berechneten Asyls gearbeitet. — Der ausgezeichnete Pädagoge Dr. Victor Emericzy, gew. Director des Staatsseminars zu Igló (Zips, Oberungarn) und der durch viele Jahre im Cultusministerium wirkende Staatssecretär Gedeon von Tanárky sind durch den Tod ihrer segensreichen Wirksamkeit entrissen worden. Die ungarische Lehrerschaft hat mittelst Sammlungen die Mittel aufgebracht, womit folgenden abgeschiedenen Collegen Grabdenkmäler errichtet wurden: dem grossen Lehrerfreunde Aladár Molnár, gew. Sectionsrath im Unterrichtsministerium und Director der

und macht unseren geehrten Berichterstatter dafür verantwortlich. Die Schuld fällt einzig und allein der Redaction zu, mit anderen Worten: es ist beim besten Willen nicht möglich, all das Interessante, das uns von hüben und drüben zugesendet wird, in den Generalbericht aufzunehmen, wir müssten sonst für diesen Gegenstand den gesammten Raum des Jahrbuches in Anspruch nehmen. Natürlich ist auch der diesjährige Bericht gekürzt, namentlich entfielen die grösseren, zur „Schulchronik" gehörigen Stellen. — Zugleich merken wir berichtigend an, dass die Leitung des ministeriellen „Néptanitók lapja" nach wie vor dem Director der Staats-Centrallehrerbildungsanstalt zu Budapest (Ofen), Herrn Stefan von Gyertyánffy anvertraut ist.   Die Red.

höheren Staatsmädchenschule in Budapest, Gründer des Szeretetház, d. i. Haus der Nächstenliebe, zu Balaton-Füred; dem langjährigen Redacteur des „Néptanitók lapja": Max Mayer; dem Bahnbrecher der Turnerei in Ungarn: Matolay Alexius; dem gew. Redacteur eines Provinzial-Fachblattes: Josef Zelliger. — Zum Schluss ein Erlass des Unterrichtsministers von Trefort: Sämmtliche Municipien des Landes wurden mittelst Circularverordnung aufmerksam gemacht, dass sie auf die pünktliche Ausfolgung der Bezüge an die Gemeindelehrer achten. Es sollen für die Lehrer die sichersten Einnahmequellen in erster Reihe zur Verwendung kommen und erst nach Befriedigung der Lehrer die übrigen Erfordernisse gedeckt werden. Die Schulinspectoren sind angewiesen, die Quittung des Schulstuhls über die Staatssubvention erst dann zu vidimieren, wenn sie Gewähr dafür erlangt haben, dass die Bezüge der Lehrer ordnungsmässig ausgefolgt wurden.

III.

Thesen zu pädagogischen Themen.

(Als Ergebnis der Berathungen in amtlichen Conferenzen, freien Lehrervereinen etc.)
Gesammelt von M. ZENS.

1. Hygienischer Unterricht.

1. Der Staat hat zu sorgen, dass die Bevölkerung zur Mitwirkung an der öffentlichen Gesundheitspflege herangezogen und daher in das Verständnis der allerwesentlichsten Grundsätze der Gesundheitslehre eingeführt wird, da der Schutz der Gesundheit und Leistungsfähigkeit der Bevölkerung von ausschlaggebender Bedeutung für die allgemeine Volkswohlfahrt ist.

2. Er (der Staat) hat daher in der Volksschule einen fasslichen und einfachen Unterricht über Bau und Thätigkeitslehre des menschlichen Körpers, über die Grundbedingungen seiner Gesunderhaltung gegenüber den gewöhnlichen Lebensverhältnissen im Geiste des Gesammtunterrichtes einzuführen, sonach in den untersten Classen im Wege der Lesestücke, später in kurzen systematischen Umrissen, durchwegs auf Verständnis und richtiges Denken auf Grund eigener Anschauung hinarbeitend, nicht als blosse Gedächtnisübung. Es sind hiebei in den Mädchenschulen thunlichst die hygienischen Verhältnisse der Wohnung, Körperpflege und Nahrung in den wichtigsten Sätzen etwas eingehender zu behandeln. Diese Belehrung wird in den Fortbildungsanstalten entsprechend erweitert.

3. Zu diesem Zwecke ist als Endziel allgemein biologischer und speciell anthropobiologischer Bildung ein fasslicher systematischer Unterricht in der Gesundheitslehre überhaupt und der Schulgesundheitspflege insbesondere durch Mediciner an den Lehrer- und Lehrerinnenbildungsanstalten einzuführen und der Nachweis ausreichender Kenntnis aus derselben bei der Prüfung für die Lehrbefähigung zu verlangen. Überhaupt haben alle Personen, welche die Lehrbefähigung für irgendeine öffentliche oder private Schule erlangen wollen, die Kenntnisse der Gesundheitslehre nachzuweisen. Für Lehrer sind Ferialcurse zum Unterrichte in der Hygienie zu errichten.

4. Wünschenswert wäre, wenn auch allgemach in den Mittelschulen in Verbindung mit dem naturwissenschaftlichen Unterrichte hygienischer Unterricht ertheilt würde, aufgebaut auf dem elementar-hygienischen Unterrichte der Volksschule, ohne dass aber dabei eine Mehrbelastung der Schüler herbeigeführt wird. In den höheren Mädchenschulen erscheint dieser Unterricht unbedingt nothwendig.

5. In den Priesterseminarien, sowie überhaupt an den Lehranstalten der Seelsorger, ist ein fasslicher kurzer Unterricht über die wichtigsten Grundsätze der Gesundheitspflege einzurichten und der Nachweis des erfolgreichen Besuches dieses Unterrichtes zu verlangen.

6. An den Gewerbeschulen ist die Gewerbehygiene, soweit sie das Unterrichtsfach berührt, in fasslicher und anschaulicher Weise zu lehren.

7. Es ist unbedingt nothwendig, dass für Ärzte die Gesammthygiene (experimentelle und angewandte) obligatorischer Unterrichts- und Prüfungsgegenstand ist, und dass diesbezüglich an allen medicinischen Facultäten für Lehrkanzeln mit ausreichend dotierten Instituten gesorgt wird.

8. An den technischen Hochschulen ist der hygienische Unterricht unter besonderer Betonung der Gewerbehygiene und der hygienischen Technik nothwendig, und wäre der Nachweis ausreichender Kenntnis darin vor Diplomierung oder Vollendung der Studien zu fordern.

9. Es sind Specialcurse über experimentelle und angewandte Hygiene einzurichten für diejenigen, welche die medicinischen Studien bereits vollendet haben und sich dem öffentlichen Sanitätsdienste widmen wollen.

(Angenommen vom sechsten internationalen Congress für Hygiene und Demographie in Wien 1887.)

2. Überwachung der Schulen vom Standpunkte der Hygiene.

1. Das Interesse der Staaten und der Familien erfordert eine dauernde Betheiligung sachverständiger Ärzte an der Schulverwaltung.

2. Zweck dieser Betheiligung ist, Gesundheitsschädlichkeiten des Schulbesuchs und Unterrichtes von den Schülern und Schülerinnen abzuhalten und auf eine gesundheitsförderliche Thätigkeit der Schule hinzuwirken.

3. Mittel hiezu sind theils Gutachten, theils periodische Schulinspectionen unter Zuziehung der Schulvorsteher, besonders auch während des Unterrichtes.

4. Vor allem ist eine staatliche hygienische Revision aller öffentlichen und privaten Schulen, einschliesslich der Vorschulen (Kindergärten etc.) nothwendig; die dabei gefundenen Missstände müssen schleunigst beseitigt werden.

5. In jedem Schulaufsichtskörper muss, wo und sobald ein Arzt vorhanden ist, derselbe Sitz und Stimme haben.

6. Die hygienische Schulaufsicht ist sachverständigen Ärzten, gleichviel ob sie beamtete Ärzte sind oder nicht, anzuvertrauen.

7. Von den vorstehenden Gesichtspunkten aus ist die Betheiligung sachverständiger Ärzte am Schulwesen in die in den einzelnen Staaten bestehenden Organisationen der Schulverwaltung als integrierender Theil einzufügen.

(Angenommen vom sechsten internationalen Congress für Hygiene und Demographie in Wien 1887.)

3. Die sociale Stellung des Volksschullehrers.

Zur Hebung der gesellschaftlichen Stellung des Volksschullehrers ist Folgendes nöthig:

1. Die Schulen sollen dem Parteigetriebe entzogen und einer ruhigen und stetigen Entwickelung überlassen werden.

2. Die Bildungsstufe der Lehrerschaft darf aus keinerlei Gründen erniedrigt, es muss vielmehr die allgemeine wie die fachliche Bildung derselben gehoben werden.

3. Eine Verbesserung der Einkünfte der Lehrerschaft ist unaufschiebbar geworden und muss beharrlich angestrebt werden.

4. Wichtige Verfügungen im Schulwesen sollen nur nach Einvernehmung und auf Grund der Anträge von Conferenzen und freien Versammlungen der Lehrerschaft erfolgen.

5. Die Berufsfreudigkeit der Lehrerschaft werde gehoben durch solche Veranstaltungen, welche eine zahlreichere Beförderung von strebsamen Lehrern und Lehrerinnen ermöglichen.

6. Die Lehrerschaft muss auch selbstthätig an der Verbesserung ihrer gesellschaftlichen Lage mitwirken durch Hebung ihrer Vereine und durch fleissige Benützung der durch die letzteren gebotenen Mittel.

7. Die gesellschaftliche Stellung der Lehrerschaft wird auch verbessert durch allseitige Pflege des collegialen Geistes.

(Angenommen von der Hauptversammlung des Kärtner Lehrerbundes zu Villach am 12. April 1887; Ref. Prof. Braumüller-Klagenfurt.)

4. Die Vertheilung der Volksschulclassen an die einzelnen Lehrkräfte.

1. Die Vertheilung der Lehrkräfte ist als ein natürliches Recht des Schulleiters anzusehen, doch hat dieser die Wünsche der Mitlehrer anzuhören, sie in der Conferenz bekannt zu geben und — soweit es das Interesse der Schule zulässt — zu berücksichtigen.

2. Ein Aufsteigen der Lehrkräfte, auf pädagogischen Grundsätzen fussend, ist von der ersten bis einschliesslich fünften Classe der Volksschule durchzuführen, sofern nicht triftige Gründe für eine Ausnahme von der Regel sprechen. Durch viele Jahre in derselben Classe zu verbleiben, ist aus Rücksicht für den Fortschritt im Unterrichte und die allseitige praktische Durchbildung der einzelnen Lehrkräfte von der Bezirksschulbehörde zu untersagen.

3. Die Vertheilung der Classen an die Lehrer hat unbedingt zum Schlusse des Schuljahres zu erfolgen. Änderungen dürfen nach dieser Zeit nur infolge zwingender Gründe eintreten.

(Angenommen in der Versammlung des Reichenberger Lehrervereines am 23. December 1886. Ref. Friedrich Legler-Reichenberg.)

5. Schülerproductionen.

Schülerproductionen müssen als zulässig bezeichnet werden, wenn dabei folgende Forderungen Beachtung finden:

1. Darf weder die den einzelnen Unterrichtsgegenständen zugewiesene Schulzeit verkürzt, noch die der körperlichen und geistigen Erholung der Kinder gewidmete Zeit zu sehr beeinträchtig werden.

2. Der Stoff der vorzuführenden Declamationen und Lieder muss der Jugend entsprechend sein.

3. Die Production muss zu einer geeigneten Tageszeit abgehalten werden.

4. Alles Theatralische ist zu vermeiden.

5. Die Aufführung soll nur im Schulorte selbst stattfinden.

(Angenommen vom Bezirkslehrerverein Joachimsthal am 24. Juni 1887.)

**6. Ist der „Unterricht in den Rechten und Pflichten der Staats-
bürger" in den Lehrplan der Volksschule aufzunehmen?**

1. Der Gegenstand ist dem Lehrplane unserer Volksschule nicht fremd, denn in
dem Lehrplane für Geschichte heisst es: „Hauptgrundzüge der Verfassung, insbesondere
Belehrung über die Rechte und Pflichten der Staatsbürger."

2. In diesem Sinne muss der Unterricht, dem Geiste des Kindes angepasst, weiter
fortgeführt werden, d. h. die österreichische Verfassung in grossen Zügen dargestellt
und so viel Selbstgefühl in dem Kinde geweckt werden, dass es fähig werde, dereinst
die Rechte und Pflichten der Staatsbürger zu erfassen und dieses Rechtsbewusstsein zur
Grundsäule seines moralischen und politischen Denkens und Handelns zu machen.

3. Die Einführung dieses Unterrichtes als eigener Lehrgegenstand kann nicht be-
fürwortet werden, da derselbe erst höheren Schulen, wenn der Geist des Kindes gereift
ist, vorbehalten sein kann.

(Angenommen vom Teplitzer Bezirks-Lehrerverein am 9. Juli 1887; Referent
Reinl-Turn.) Siehe S. 48 die von L. Fleischner in der Wiener Pädagogischen Gesellschaft aufgestellten Thesen zu „Pflichten und Rechte in der bürgerlichen Gesellschaft —
als Unterrichtsgegenstand" und den Beschluss der Wiener Pädag. Ges., S. 60.

**7. Über den Wert, beziehungsweise Unwert der schriftlichen
Hausaufgaben.**

In Erwägung, dass viele Schüler durch die häuslichen Verhältnisse verhindert
werden, die schriftlichen Aufgaben ordentlich oder auch überhaupt nur zu arbeiten; —
in fernerer Erwägung, dass viele Schüler aus Bequemlichkeit oder aus Misstrauen in
ihre eigene Kraft, vielleicht auch infolge des Missverhältnisses zwischen der Forderung
des Lehrers und ihrer Leistungsfähigkeit, sich auf fremde Beihilfe verlassen, ja manche
geradezu betrügen; — in endlicher Erwägung, dass aus vorstehend genannten Gründen
die schriftlichen Hausaufgaben dem Lehrer verlässliches Material für die Beurtheilung
der Lernfortschritte der Schüler nicht bieten können: spricht sich der Deutsche pädagogische Verein in Prag dahin aus, dass die Abschaffung der schriftlichen Hausaufgaben eine unschätzbare Wohlthat wäre nicht nur für die Schüler, welche die dadurch
gewonnene Zeit besser für die Förderung ihrer körperlichen Entwickelung verwenden
könnten und sicher auch verwenden würden, sondern auch für den durch das Correc-
turenkreuz in seiner Berufsfreudigkeit weit herabgestimmten Lehrer, der da Geistes-
producte classificieren muss von „Man weiss nicht wem"! Diese nothwendige Neuerung
anzustreben ist Sache nicht nur der Lehrer, sondern ebensosehr auch Gewissenspflicht
vernünftiger Eltern und Ärzte. — Als Ersatz für die in Wegfall kommenden schriftlichen Hausaufgaben wäre die Zahl der Schularbeiten angemessen zu vermehren. Zum
Zwecke der Vorbereitung könnten immerhin noch schriftliche Hausaufgaben (aus Sprachlehre, Stil und Rechnen) gegeben werden, jedoch nur unter Beobachtung folgender
drei Punkte:

1. Das Ausmass solcher Aufgaben wäre in den allerbescheidensten Grenzen zu
halten.

2. Häusliche Abhaltung oder Unvermögen, eine solche Aufgabe
ohne fremde Hilfe zu arbeiten, entschuldigen deren Nichtanfertigung.

3. Diese Aufgaben sind einer Massencorrectur zu unterziehen; classificiert
dürfen sie nicht werden.

Beschlüsse des Vereines:

1. Der Deutsche pädagogische Verein in Prag hält die Anwendung der Hausaufgaben für erspriesslich.

2. Dieselben sind jedoch nicht zu classificieren.

3. Dieselben sind einer zweckmässigen allgemeinen Verbesserung (Massencorrectur) zu unterziehen.

(Aufgestellt in der Vollversammlung des Prager deutschen pädagogischen Vereines am 30. October 1886; Ref. Mohaupt.)

8. Gegen die Hausaufgaben.

1. Der vorgebliche Zweck der Hausaufgaben, welcher selten erreicht wird, wird rascher, sicherer und ohne Umwege durch Schularbeiten erreicht.

2. Es ist Pflicht der Schule, nebst der Vermittlung von Wissensstoffen die Einübung und Anwendung des Gelernten zu pflegen; wird aber ein Theil der Schularbeit ins Elternhaus und in die Ferialzeit des Kindes verlegt, dann ist die Schule eine unverlässliche Unterrichtsanstalt und mangelhaft organisiert.

3. Das Arbeiten unter Anleitung und Aufsicht des Lehrers führt zu besseren Erfolgen; eine der Individualität des Schülers angemessene Nachhilfe ist möglich und nützlich; viele Fehler werden im Entstehen verhütet; der Lehrer lernt jeden Schüler viel besser kennen und beurtheilen.

4. In der Schule kann mit vollständiger Sammlung des Geistes, unbehindert durch Störungen und ununterbrochen gearbeitet werden; zu Hause ist das selten möglich.

5. Hausaufgaben sind im Durchschnitt mangelhafter als Schularbeiten.

6. Hausaufgaben vernichten eher die Arbeitsfreude, Schulaufgaben nie; diese erzeugen einen allgemeinen Wetteifer, welcher bei Hausaufgaben geringer ist.

7. Hausaufgaben erwecken und befördern die Selbstthätigkeit und Selbständigkeit nicht mehr als jede andere Schularbeit.

8. Hausaufgaben verleiten das Kind, sich von Eltern, Geschwistern etc. helfen zu lassen, verleiten es zum Abschreiben, zur Lüge, zum Betrage.

9. Jeder Schüler arbeitet seine Hausaufgaben unter besonderen, meist ungünstigen Einflüssen der häuslichen Verhältnisse (Lichtmangel, Kinderlärm, Unreinlichkeit, etc.).

10. Eine gerechte Beurtheilung der Hausaufgaben von Seiten des Lehrers, der die jeweiligen häuslichen Verhältnisse nicht kennt, ist unmöglich; ungerechte Bestrafung ist eine weitere Folge.

11. Wider die Hausaufgaben sprechen noch andere Gründe, als: Zeitmangel des Schülers (Kinderwarten, Arbeiten, Besuche, Spaziergänge etc.), Überbürdung (Privatstunden, etc.) u. s. w.

12. Da der Zweck der Hausaufgaben durch Schularbeiten vollständig ersetzt werden kann, so ist es unvernünftig, jene mit der sie begleitenden Gefolgschaft von pädagogischen Mängeln und sittlichen Gefahren noch länger in Anwendung zu bringen.

(Aufgestellt im „Lehrerclub des Jauerniger Bezirkes" am 16. December 1886 von Jos. Mittmann-Buchsdorf.)

9. Die Bürgerschule in ihrem Wesen und in ihren Zielen als die höchste und vollkommenste Entwickelungsform der Volksschule.

1. Das Wesen der Bürgerschule ist dem Volke durchaus nicht völlig klar. Ursache davon sind hauptsächlich die verschiedenartigen, oft weit auseinanderliegenden Zwecke,

denen sie nach der Meinung vieler dienen soll. Es ist daher im Interesse der vielfach verkannten Bürgerschule dringend nothwendig, dass Schulbehörden und Lehrerschaft der Bevölkerung die entsprechende Belehrung angedeihen lassen.

2. Diese Unklarheit ist der Würdigung der Bürgerschulen insofern abträglich, als sie vielfach Forderungen nicht zu erfüllen vermag, die man an sie zu stellen berechtigt zu sein glaubt.

3. Die Bürgerschule muss vornehmlich formalen Zwecken dienen; die materiellen Zwecke sind jenen stets unterzuordnen.

4. Soll die Institution der Bürgerschule in ihrem Wesen vom Volke richtig erkannt und gebürend gewürdigt werden, wie auch eine fortschreitende Entwickelung erhoffen lassen, so ist erforderlich:

a) dass die Bürgerschule für nichts anderes gelten darf als für die höchste Kategorie der Volksschule.

b) Die Bürgerschule muss ein besonderes Organisationsstatut erhalten, oder es ist die Schul- und Unterrichtsordnung in einzelnen Punkten der Bürgerschule besser anzupassen und durch einige nothwendige Bestimmungen zu ergänzen.

c) Die Schulpflicht eines Schülers der Bürgerschule hört erst mit dem Schlusse jenes Schuljahres auf, in welchem derselbe sein 14. Lebensjahr erreicht.

d) Die Maximalzahl der Schüler einer jeden Classe darf 60 nicht überschreiten.

e) Abiturienten einer Handelsschule, landwirtschaftlichen Mittelschule u. s. w. soll in Bezug auf das Recht des einjährigen Freiwilligendienstes eine gleichmässige Behandlung mit den Abiturienten der Mittelschulen oder der höheren Gewerbeschulen zutheil werden, gleichviel ob sie vor dem Eintritte in die erstgenannten Anstalten die unteren Classen einer Mittelschule oder die Bürgerschule besucht haben.

f) Das Wesen der Bürgerschulunterlehrer muss entfallen.

g) Für die Gehalte der Bürgerschullehrer sollen nach Massgabe der Theuerungsverhältnisse des Landes zwei Classen bestehen, und zwar mit einer Differenz von etwa 100 fl.

h) Bei der Errichtung und Erweiterung der zumeist einzigen Bürgerschule eines Bezirkes sind die der Schulpflicht bereits entwachsenen, aber die Bürgerschule besuchenden Kinder als gleichberechtigt mit den schulpflichtigen zu behandeln.

5. Die Hebung und Entwickelung der Bürgerschule ist eine Angelegenheit des gesammten Lehrerstandes. Ein gehobenes Schulwesen ist in erster Reihe ein Verdienst der Lehrerschaft und sein eigener höchster Ruhm.

(Angenommen von der Hauptversammlung des Deutschen L. L. V. am 24. August 1887 zu Schönlinde; Ref. Wanka-Karolinenthal. — Bezüglich der Verwertung der gefassten Beschlüsse erhielt der Centralausschuss den Auftrag, die in den Thesen niedergelegten Ansichten dem k. k. Landesschulrathe für Böhmen und dem h. k. k. Unterrichtsministerium in Form einer Denkschrift zur Würdigung vorzulegen.)

10. Über die der österr. Knabenbürgerschule und deren Zöglingen zu gewährenden Rechte.

1. Der Bevölkerung werde alljährlich seitens der löbl. Bezirksschulräthe in geeigneter Weise (Amtsblätter, Maueranschlag etc.) und zu geeigneter Zeit kundgemacht, wozu die Knabenbürgerschulen geschaffen und für welche Schüler sie bestimmt sind.

2. Damit das der Knabenbürgerschule gesteckte Ziel erreicht werde, sollen in

derselben nur gut vorbereitete Schüler Aufnahme finden. Die Localconferenz werde ermächtigt, neu aufgenommene Schüler nach dem I. Quartale des Schuljahres wieder an die Volksschule verweisen zu können, wenn sie ganz ungenügende Fortschritte machen; auch werde ihr das Recht der Ausschliessung renitenter und unverbesserlicher Schüler zuerkannt.

3. Den Zöglingen der Knabenbürgerschulen müssen grössere Rechte als bisher gewährt werden:

a) Der Abiturient einer dreiclassigen Knabenbürgerschule werde in alle jene Anstalten aufgenommen, in welche der absolvierte Zögling einer Unter-Mittelschule ohne Kenntnis der lateinischen Sprache Aufnahme findet.

b) Der Übertritt von Schülern aus der Knabenbürgerschule in die Mittelschule, insbesondere in die Realschule, werde ehestens gesetzlich geregelt.

c) Stellungspflichtige, die alle drei Classen einer öffentlichen Bürgerschule mit gutem Erfolge absolviert und eine gute Note aus dem Turnen haben, werden unbeschadet ihrer weiteren Militärdienstzeit nur zu einem zweijährigen Präsenzdienst herangezogen.

(Angenommen von der Bürgerschullehrerconferenz in Amstetten am 28. October 1886; Ref. Pschorn-Ybbs a. d. D.)

11. Theorie und Praxis im Grammatikunterrichte.

Die von M. Binstorfer in der Wiener Pädagogischen Gesellschaft aufgestellten und von der Plenarversammlung angenommenen Thesen siehe S. 82.

12. Vorschläge zur Reform des Unterrichtes in der Geographie und Geschichte.

Anträge: I. Die Conferenz für die Bürgerschulen des Gablonzer Schulbezirkes möge beschliessen: 1. Es sei der k. k. Landesschulrath zu bitten, derselbe wolle beim hohen k. k. Ministerium für Cultus und Unterricht den Antrag einbringen, dass der für die einzelnen Unterrichtsgegenstände der Bürgerschule vorgeschriebene Lehrstoff wohl nach dem Principe der concentrischen Kreise, aber zweckmässiger als bisher auf die drei Jahrgänge vertheilt werden möge, damit die Bürgerschule nicht nur eine über das Lehrziel der allgemeinen Volksschule hinausreichende Bildung gewähre und die geeignetste Vorbildung für die Lehrerbildungsanstalten und einige mittlere Fachschulen vermittle, sondern damit auch an Knabenbürgerschulen (mit Französisch als unobligatem Gegenstande) der Übertritt aus einem Jahrgange in den nächst höheren Jahrgang der Realschule ohne bedeutende Schwierigkeiten erfolgen könne; 2. es sei der h. k. k. Landesschulrath zu bitten, derselbe wolle gestatten, dass an den Bürgerschulen im Gablonzer Schulbezirke bis zu der anzuhoffenden Abänderung in Geographie und Geschichte nach folgendem detailliert auszuarbeitenden Lehrplane unterrichtet werden dürfe:

1. Jahrgang. Geographie. Die Elemente der mathematischen und physikalischen Geographie. Allgemeine Übersicht der Erdtheile nach horizontaler und verticaler Gliederung; Wiederholung; die Staaten Europas mit Angabe der wichtigsten Städte, die wichtigsten Staaten der übrigen Erdtheile; allgemeine Übersicht über die österreichisch-ungarische Monarchie. — Geschichte. Bilder aus der alten, mittleren und neuen Geschichte; hiebei ist der Schwerpunkt auf das Mittelalter zu legen.

2. **Jahrgang.** Geographie. Wiederholung und Erweiterung der mathematischen Geographie. Die Staaten der alten Welt, insbesondere eingehende Behandlung der Länder Mitteleuropas. Culturbilder. Wiederholung der wichtigsten Staaten der neuen Welt. — Geschichte. Bilder aus der alten, mittleren und neuen Geschichte mit besonderer Berücksichtigung des Alterthums.

3. **Jahrgang.** Geographie. Eingehende Wiederholung und Vertiefung der mathematischen Geographie. Die Staaten der neuen Welt. Wiederholung der politischen Eintheilung der alten Welt, insbesondere Europas. Eingehende Betrachtung der österreichisch-ungarischen Monarchie, insbesondere des Heimatlandes, des Schulbezirkes und Schulortes. — Geschichte. Bilder aus der alten, mittleren und neuen Geschichte, mit besonderer Berücksichtigung der neueren Zeit und der Geschichte der österreichisch-ungarischen Monarchie, sowie des Heimatlandes und des Heimatsbezirkes. Hauptgrundzüge der Verfassung, insbesondere Belehrungen über die Rechte und Pflichten der Staatsbürger.

II. Die Conferenz für die Bürgerschulen im Gablonzer Schulbezirke möge sich dahin aussprechen, dass der Unterricht in der Geographie und Geschichte durch gute Bilder wesentlich gefördert werden könnte, weshalb für die Schulen nicht nur vorhandene geeignete historische und geographische Abbildungen erworben, sondern auch die Verlagsbuchhandlungen ersucht werden sollten, den approbierten Lehrbüchern für Geographie und Geschichte gute Abbildungen im Texte beizugeben.

(Aufgestellt in der Bürgerschullehrer-Conferenz zu Gablonz am 3. Juli 1887 von Ferd. Thomas-Tannwald.)

(Die Conferenz lehnte die Vorschläge bezüglich der Abänderung des Lehrplans für Geographie und Geschichte wohl nicht ab, war aber der Meinung, dass die Zeit, einen darauf zielenden Antrag hohenorts zu stellen, nicht günstig sei. Von der Ermöglichung des Übertrittes der Schüler aus einem Jahrgange der Bürgerschule in den nächst höheren der Realschule wollte die Mehrheit der Conferenzmitglieder nichts wissen. Auf Antrag des Referenten wurde folgende Resolution beschlossen:)

„Die Conferenz für die Bürgerschulen des Gablonzer Schulbezirkes spricht sich dahin aus, dass 1. der für die einzelnen Unterrichtsgegenstände der Bürgerschule vorgeschriebene Lehrstoff wohl nach dem Principe der concentrischen Kreise, aber zweckmässiger als bisher auf die drei Jahrgänge vertheilt werden sollte, und dass 2. der Unterricht in der Geographie und Geschichte durch gute Bilder wesentlich gefördert werden könnte, weshalb für die Schulen nicht nur vorhandene geeignete historische und geographische Abbildungen erworben, sondern auch die Verlagsbuchhandlungen ersucht werden sollten, den approbierten Lehrbüchern für Geographie und Geschichte gute Abbildungen im Texte beizugeben."

13. Reform des naturgeschichtlichen Unterrichtes.

Die von Franz Zoder in der Wiener pädagogischen Gesellschaft aufgestellten und von der Plenarversammlung angenommenen Thesen siehe S. 119.

14. Das Zeichnen im geographischen Unterrichte.

1. Eine massvolle Anwendung des Zeichnens im geographischen Unterrichte ist ein pädagogisch wertvolles, aber nicht überall unerlässliches Mittel für die richtige Auffassung und die sichere Einprägung des Kartenbildes.

15*

Das Zeichnen ist stets nur Mittel und darf niemals Selbstzweck werden.

2. Die Grundlage und den Ausgangspunkt für alle geographischen Belehrungen bildet die Karte und nicht eine vom Lehrer entworfene Skizze. Die Skizze ist vielmehr das Ergebnis des Kartenstudiums und kann erst nach gründlicher Betrachtung und Beschreibung des Kartenbildes hergestellt werden; sie verhält sich zur Karte, wie die Inhaltsangabe zur anschaulichen Erzählung, wie die Disposition zur Rede.

3. Der Lehrer hat alle diejenigen geographischen Verhältnisse durch eine anschauliche Skizze zu versinnlichen, für deren klare Auffassung die zur Verfügung stehende Karte nicht ausreicht.

4. Das Zeichnen der Schüler ist beschränkt, a) durch den Grad ihrer Zeichenfertigkeit und die Darstellbarkeit geographischer Objecte und b) durch die eigenthümlichen Ziele und Aufgaben des geographischen Unterrichts.

ad a) 5. Es wird demnach von den Schülern nur das gezeichnet, was von ihnen leicht und mindestens mit schematischer Richtigkeit entworfen werden kann und zu dessen Einprägung zugleich die graphische Darstellung als Lernmittel erwünscht ist.

6. Das Zeichnen der Schüler beschränkt sich deshalb auf die Darstellung geographischer Einzelheiten (einzelner Flussstrecken oder Flüsse, der gegenseitigen Lage von Orten, Orten und Bergen, Reiselinien, Landschaften). Ausgeschlossen von der graphischen Darstellung bleiben politische Grenzen (auch die der österreichischen Kronländer), längere Küstenstrecken, ganze Länder und Erdtheile.

ad b) 7. Die Anwendung des geographischen Zeichnens hängt von der Genauigkeit und Ausführlichkeit ab, mit welcher ein Erdraum nach Massgabe der Entwickelungsstufe der Schüler und der Schulkategorie zur Behandlung kommt. Bei der Behandlung ausserösterreichischer Länder in der Volksschule und der Behandlung aussereuropäischer in der Bürgerschule und Lehrerbildungsanstalt kann in der Regel auf das Zeichnen ganz verzichtet werden.

8. Den geographischen Skizzen dürfen weder künstliche Hilfslinien (constructive Methode), noch das Kartennetz zugrunde gelegt werden. Der Gebrauch von Gradnetzkarten und anderen Lehrbehelfen (ausser Atlas und Lehrbuch) sind demnach ausgeschlossen.

9. Die geographische Bildung eines Schülers wird nicht danach geschätzt, wie geschickt er geographische Formen durch die Zeichnung darstellen kann, sondern einzig und allein nach der Grösse seiner Einbildungskraft, mit der er an der Hand von Karten, Plänen und Beschreibungen sich Bilder von Erdräumen zu schaffen vermag, die er nie direct beobachtete — und dann nach dem Grade der Deutlichkeit, Klarheit und Bestimmtheit, womit die Sprache des Schülers diesen in seiner Seele entstandenen Bildern Ausdruck zu verleihen vermag.

10. Die Forderung, dass der Schüler im Stande sei, bei umfassenden Repetitionen (am Ende eines Semesters oder gar eines ganzen Schuljahres) jede beliebige durchgenommene Skizze aus dem Kopfe zu zeichnen, ist für jede Schulkategorie wegen der daraus erwachsenden Überbürdung zurückzuweisen. Nur von denjenigen Skizzen, die in der vorigen oder in einigen kurz vorausgegangenen Stunden durchgenommen und gezeichnet worden sind, darf der freie Entwurf aus dem Kopfe von den Schülern verlangt werden.

(Angenommen in einer Versammlung der an den Wiener Lehrerbildungsanstalten wirkenden Lehrkräfte; Ref. Gustav Kusch.)

15. Aufgabe und Methode des Geschichtsunterrichtes in der Volksschule.

A Aufgabe:

1. Die Geschichte helfe den Charakter des Zöglings ausbauen.

2. Insbesondere sei die Geschichte die Grundlage der Erziehung zum Patriotismus und zur Pietät für Vaterland, Herrscherhaus und Nation.

3. Der Geschichtsunterricht wecke ein kräftiges geschichtliches Interesse und suche das historische Urtheil auszubilden.

4. Er hat das eherne Gesetz vom Fortschritte im Werdegange der Menschheit nachzuweisen.

B. Methode.

1. Der geschichtliche Stoff der einfachen Volksschule ist die vaterländische Geschichte, wobei das culturgeschichtliche Element entsprechend zu berücksichtigen ist.

2. Der Geschichtsunterricht bringe nicht dürren Notizenkram, sondern lebensvolle Charakterbilder und verbinde behufs pragmatischen Zusammenhanges die historischen Höhepunkte.

3. Er verwerte geschickt patriotische Gedenktage, Sagen, historische Gedichte, Volkslieder und nationale Documente.

4. Die Geographie ist ein wichtiges Hilfsmittel.

5. Der gesammte Geschichtsunterricht lässt sich nicht an das Lesebuch anschliessen. Bei geschichtlichen Lesestücken sind Dispositionen derselben anzustreben.

(Angenommen von der Bezirkslehrerconferenz Hartberg am 28. Juli 1887; Ref. Grill-Waltersdorf.)

16. Die geometrische Formenlehre im Anschluss an den Zeichenunterricht in der dritten, vierten und fünften Classe der allgemeinen Volksschulen in Wien.

1. In der fünfclassigen Volksschule bildet die geometrische Formenlehre die Grundlage des gesammten Zeichenunterrichtes von der dritten Classe an.

2. Unser Lehrverfahren in der geometrischen Formenlehre in Verbindung mit dem Zeichnen ist ein analytisch-synthetisches.

3. Wir vermitteln die Elemente der geometrischen Formenlehre vom Körper ausgehend.

4. Die zur Besprechung gelangenden Objecte sind zunächst dem praktischen Leben entnommen, im Anschlusse daran werden auch geometrische Körper behandelt.

5. Den Umfang der zu vermittelnden geometrischen Kenntnisse bestimmt der officielle Lehrplan.

(Angenommen von der Bezirkslehrerconferenz des IV. Bezirkes in Wien am 21. April 1887; Ref. Schneider.)

17. Das geometrische Zeichnen an Knabenbürgerschulen.

1. Wegen der unserer Knabenbürgerschule gegebenen praktischen Tendenz ist das geometrische Zeichnen an dieser Schulkategorie als ein selbständiger Gegenstand und keineswegs bloss als ein Notizenmachen aus der Geometrie aufzufassen; der eigentliche

Geometrieunterricht steht zum geometrischen Zeichnen an gewerblichen Bürgerschulen nur etwa in derselben Beziehung wie der Geographieunterricht zum Geschichtsunterrichte.

2. Angesichts der vielen Rücksichten, welche bei dem Unterrichte im geometrischen Zeichnen an Knabenbürgerschulen als einem für die Bürgerschüler neuen Gegenstande zu beachten sind, einerseits, und angesichts der in der Richtung herrschenden Ungleichförmigkeit und Unsicherheit im Lehrverfahren anderseits, ist die Erlassung einer speciellen Instruction für diese Disciplin, ähnlich der für Realschulen bestehenden, dringend nothwendig.

Dieselbe soll nebst den Grundsätzen für den Lehrgang, welcher in jeder einzelnen Classe in diesem Gegenstande einzuhalten ist, auch die unabweisbaren äusseren Bedingungen für einen entsprechenden Unterrichtserfolg enthalten.

Als solche werden in erster Linie bezeichnet:

a) Das geometrische Zeichnen darf nur in entsprechend eingerichteten Zeichensälen mit Einzelsitzen, mit Pulten für jeden einzelnen Schüler, ertheilt werden, wie es bezüglich der weiblichen Handarbeiten durch die Ministerial-Verordnung vom 9. Juni 1873, Z. 4816, gewünscht wird.

b) Die Längen- und Breitendimensionen der Schultafeln haben in demselben Verhältnis zu einander zu stehen, wie die des Zeichenblattes der Schüler (circa 40 : 30), und müssen derart construiert sein, dass sie mit Reissschienen versehen werden können, welche dieselbe Handhabung beim Vorzeichnen ermöglichen, wie sie von den Schülern gefordert wird.

c) An der Schultafel ist ein vergrösserter Massstab dauernd anzubringen, so dass mit demselben beim Vorzeichnen dieselben Operationen vorgenommen werden können, welche die Schüler mit ihren wirklichen Massstäben auf der Papierfläche ausführen.

d) Eine Lehrkraft darf beim geometrischen Zeichnen nicht mehr als 40 Schüler gleichzeitig unterrichten. Bei einer grösseren Anzahl sind Parallelabtheilungen einzurichten, so wie es durch den §. 75 der Schul- und Unterrichts-Ordnung für weibliche Handarbeiten bestimmt ist. — Behufs Constatierung der thatsächlichen Unabweisbarkeit dieser Forderung sind sachkundige Fachmänner zum Besuche des geometrischen Zeichenunterrichts an Knabenbürgerschulen unmittelbar nach Beginn des Schuljahres speciell abzuordnen.

3. In der III. Classe sollte dem Freihandzeichnen mindestens die fünfte Unterrichtsstunde, die, weil in den Stundenplan nur als Einzelstunde einfügbar, nicht entsprechend ausgenützt werden kann, entzogen und dem geometrischen Zeichnen zugewiesen werden.

4. Die Schaffung eines Lehrmittels, welches den diesbezüglichen, für Bürgerschulen passenden Unterrichtsstoff mit Einschluss des geometrischen Ornaments auch für die 1. und 2. Classe enthält, ist ein Bedürfnis.

5. Die bisher erschienenen Geometrie-Lehrbücher für Bürgerschulen nehmen auf das geometrische Zeichnen immer noch allzuwenig Rücksicht und entsprechen ihrem Titel: „Geometrie und geometrisches Zeichnen" nicht; sie tragen vielmehr dazu bei, dass das geometrische Zeichnen auch an Bürgerschulen vielfach immer noch als ein blosses Notizenmachen aus der Geometrie, wie etwa bei dem wissenschaftlich angelegten Geometrieunterrichte an Gymnasien, aufgefasst wird.

6. Bei der Feststellung des methodischen Lehrganges für das geometrische Zeichnen soll an dem Grundsatze festgehalten werden, dass der Schüler zuerst die mechanischen

Schwierigkeiten, welche sich der Handhabung der Zeichenrequisiten entgegenstellen, überwunden haben muss, ehe er eigentliche geometrische Constructionen ausführen kann. Die Forderung des Lehrplanes: „Constructionen im Anschlusse an den behandelten Lehrstoff" ist daher erst etwa vom zweiten Semester der I. Classe an erfüllbar. Die erste Unterrichtsstufe, etwa das erste Halbjahr in der I. Classe, soll einzig und allein die Aneignung einer technischen Fertigkeit im geometrischen Zeichnen bezwecken, und erst von da an kann das geometrische Zeichnen den Unterricht in der Geometrie begleiten.

7. Da das geometrische Zeichnen an Knabenbürgerschulen eigentlich ein Vortrag unter den erschwerendsten äusseren Verhältnissen ist, so sind die darauf entfallenden Stunden hinsichtlich der Lehrverpflichtung besonders zu berücksichtigen.

8. Geometrisches und Freihandzeichnen soll in einer und derselben Classe auch nur einem und demselben Fachlehrer zugewiesen werden

(Angenommen vom Vereine „Bürgerschule" in Wien am 11. Juni 1887; Referent M. Sedlak.)

Thesen von der XVIII. Allgemeinen deutschen Lehrerversammlung in Gotha.*)

18. Der Weg zur Verständigung zwischen Schule und Kirche.

1. Im Culturstaate steht die Schule als Vermittlerin zwischen der Kirche und der öffentlichen Rechtsordnung.

2. Auch für die kirchlich confessionellen Gegensätze kann und soll die Schule eine Vermittlerin werden, indem sie das Volk zu der Einsicht erhebt, dass das Wesentliche der Religion das ist, was alle Confessionen gemeinschaftlich bekennen.

3. Diese jedem Culturstaate unentbehrliche vermittelnde Stellung und versöhnende Wirksamkeit der Schule ist gefährdet, sobald die confessionelle Strömung überhandnimmt.

4. Für einen constitutionellen Culturstaat, der so verschiedenartige Elemente in sich vereinigt wie das Deutsche Reich, ist es Lebensbedingung, dass diese vermittelnde Stellung und Wirksamkeit erhalten werde.

5. Am erfolgreichsten würde dies gelingen, wenn der Schule durch das ganze Reich eine verfassungsmässige, selbständige Organisation gegeben würde.

6. Da indes dermalen auf eine allgemeine deutsche Schulverfassung noch nicht gerechnet werden kann, so lässt sich nur mittelst freier Verhandlung in Vereinen und n der Presse derjenige Einfluss auf die öffentliche Meinung gewinnen, welcher zu einer solchen Verfassung des deutschen Schulwesens führt.

---

*) Programm. 30. Mai, Vorversammlung. 31. Mai, 1. Hauptversammlung. Die einheitliche Grundlage und Organisation des deutschen Volksschulwesens (Seminar-Oberlehrer Halben-Hamburg). Warum und in welcher Weise hat unsere Volksschule die Bestrebungen des Allgemeinen deutschen Sprachvereines zu fördern? (Oberlehrer Dr. Saalfeld-Blankenburg am Harz). 1. Juni, 2. Hauptversammlung. Der Weg zur Verständigung zwischen Schule und Kirche (Pfarrer Baehring-Minfeld i. d. Baier. Pfalz). Sind die öffentlichen Schulprüfungen abzuschaffen oder beizubehalten? (Realschullehrer Kahl-Giessen). 2. Juni, 3. Hauptversammlung. Die erzieherische Bedeutung der Fortbildungsschule (Lehrer Krebs-Gotha). Die Schule für schwachsinnige Kinder (Lehrer Kielhorn-Braunschweig). — Ausserdem Sectionssitzungen.

7. Der wichtigste Punkt, worüber das deutsche Volk und besonders die deutsche Geistlichkeit aller Confessionen zu verständigen sein wird, ist, dass die Kirche ebenso berufen und verpflichtet ist wie die Schule, eine dienende Stellung einzunehmen.

8. Insbesondere haben sich Kirche und Schule darüber zu verständigen, dass sie beide im Dienste der Wahrheit stehen und arbeiten sollen. Die Kirche hat die von Gott zum Heile der Menschen geoffenbarte Wahrheit zu verkündigen. Die Schule hat die wissenschaftlich erwiesene und festgestellte Wahrheit durch ihren Unterricht zu verbreiten und zum Gemeingut der Menschen zu machen.

9. Die Wahrheit, sowohl die geoffenbarte als die durch wissenschaftliches Nachdenken gefundene, ist in ihrem Grunde und Wesen nur ein e. Beide stammen aus derselben Quelle, in beiden offenbart sich die Herrlichkeit Gottes. Darum stehen Kirche und Schule trotz ihrer verschiedenartigen Arbeit im Dienste der Wahrheit in beständiger Wechselwirkung. Ohne die der Wahrheit in pädagogischer Methode dienende Schule wird wahre Religiosität in den christlichen Confessionen nicht ins Leben gerufen. Die kirchliche Religiosität verfällt ohne die selbständig arbeitende Schule dem Fanatismus und der Schwärmerei.

10. Die göttliche Heilsoffenbarung ist der Christenheit anvertraut in der heiligen Schrift. In allen Confessionen wird daher auch die heilige Schrift theils zur kirchlichen Erbauung, theils zum religiösen Unterricht benützt. Besonders ist die biblische Geschichte mit Recht ein Haupttheil des religiösen Unterrichtes in allen christlichen Schulen geworden.

11. Der zweite Dienst, in welchem Kirche und Schule, jede in ihrer Weise, zusammenzuwirken haben, ist der Dienst der Menschheit. Die Kirche dient der Menschheit, nicht einem einzelnen Volke oder einer einzelnen Menschenrasse oder einer einzelnen Menschenclasse. Die Schule dient der Menschheit, indem sie in jedem Kinde die ihm von Gott verliehenen Gaben und Kräfte entwickelt.

12. Durch den Dienst der Wahrheit und der Menschheit leisten Kirche und Schule den wichtigsten Dienst dem Vaterlande.

13. Dass aber das allgemeine Gesetz der Theilung der Arbeit auch bei der Kirche und Schule trotz ihrer innigen Beziehungen zu einander mehr und mehr durchgeführt werden muss, beweist die Geschichte. Der Aufschwung unseres Schulwesens ist erst möglich geworden durch die Emancipation der Wissenschaft von der Bevormundung der Kirche. Pestalozzi, Fröbel, Diesterweg und alle Väter des modernen Schul- und Erziehungswesens wären nicht denkbar, wenn nicht Philosophie, Naturwissenschaft, Sprach- und Geschichtsforschung unbekümmert um die Satzungen der Kirche ihre eigenen Wege eingeschlagen und dem menschlichen Denken die gebärende Freiheit errungen hätten. Dieses freie, natur- und vernunftgemässe Erziehungs- und Unterrichtswesen hat mehr zur Ausgleichung der confessionellen Gegensätze und zur Herstellung eines friedlichen Zusammenlebens bei verschiedenen kirchlichen Dogmen und Gebräuchen gewirkt als alle theologischen Vermittlungsversuche. Auf ihm ruht die Zukunft unseres Deutschen Reiches.

19. Sind die öffentlichen Schulprüfungen abzuschaffen oder beizubehalten?

1. Die von Vertheidigern der öffentlichen Schulprüfungen aufgestellte Behauptung, dass deren Beibehaltung bedingt sei durch die Interessen a) der Schule, b) der Familie, c) der Schüler, d) der Lehrer, widerspricht den thatsächlichen Verhältnissen und seitherigen Erfahrungen.

2. Da die öffentlichen Schulprüfungen vielmehr a) die Oberflächlichkeit des Schulunterrichts begünstigen, b) Schule, Lehrer und Schüler ganz falschen Beurtheilungen seitens des Publicums aussetzen und deshalb c) sittlich schädigend auf Lehrer und Schüler einwirken, so ist ihre Beseitigung zu erstreben.

3. Um jedoch den Interessenten soweit als thunlich einen annähernd klaren Einblick in die Einrichtungen und in die Thätigkeit der Schule zu ermöglichen, dürfte wohl die Öffentlichkeit des Schulunterrichtes an bestimmten Tagen des Semesters sich als zweckmässig erweisen.

20. Die erzieherische Bedeutung der Fortbildungsschule.

1. Mit der Errichtung von Fortbildungsschulen haben Gemeinden und Staaten anerkannt, dass unsere Jugend nach dem Austritt aus der Volksschule neben der Fürsorge von Seite der Eltern noch der erziehlichen Einwirkung anderer berufenen Personen bedarf.

2. Die Hauptaufgabe der Fortbildungsschule ist die Erziehung der ihr zugewiesenen Zöglinge; gelöst wird dieselbe durch Unterricht und Zucht.

3. Da die Unterrichtszeit in der Fortbildungsschule sehr beschränkt ist, so muss umsomehr Gewicht darauf gelegt werden, dass dem Unterrichtsstoffe in hohem Grade erziehliche Kraft innewohne; örtlichen Verhältnissen ist bei Auswahl des Lehrstoffes soviel wie möglich Rechnung zu tragen.

4. Die Hauptdisciplin in allen Fortbildungsschulen ist der Unterricht in der Muttersprache, der neben der Übung im Geschäftstile durch gut ausgewählte Lectüre die Einsicht in Sitte und Gesetz, ins Familien-, Gemeinde- und Staatsleben, in die Geschichte unseres Volkes, in den Haushalt der Natur vermitteln, idealen Sinn pflegen und so die Entwickelung des sittlichen Charakters fördern soll.

5. Es ist nicht möglich, aber auch nicht unbedingt nöthig, dass die Jugend in der Fortbildungsschule eine grosse Summe neuer Kenntnisse und Fertigkeiten erlange. Wenn die Schüler im Stande sind, die erworbenen Kenntnisse im Leben zu verwerten, und so viel Freude und Lust am Lernen finden, dass sie später aus eigenem Antriebe fortarbeiten, so hat die Fortbildungsschule ihre Aufgabe bezüglich des Unterrichts vollauf gelöst.

6. Zucht übt die Fortbildungsschule, indem sie das Verhalten der Schüler in und wenn irgend möglich, ausser den Unterrichtsstunden überwacht. Um das Ehr- und Anstandsgefühl zu pflegen, empfiehlt es sich, unter den Schülern einen edlen Gemeingeist zu wecken (z. B. durch Veranstaltung von Ausstellungen selbstgefertigter Gegenstände, gemeinschaftliche Spaziergänge, Abendunterhaltungen etc.).

7. Neben der Gewöhnung und dem guten Beispiele dient in der Fortbildungsschule ganz besonders die durch Belehrung zu gewinnende Einsicht als Erziehungsmittel zu guten Sitten.

8. Die Erzieher müssen in höherem Grade, als dies in der Volksschule möglich ist, als wohlberathende Freunde der Jugend auftreten und derselben das Recht der Selbsterziehung mehr und mehr einräumen.

9. Die 27. Allgemeine deutsche Lehrerversammlung erkennt die Fortbildungsschule als den natürlichen Abschluss der Volksschule an und erstrebt deren obligatorische Einrichtung.

21. Die Schule für schwachsinnige Kinder.

1. Schwachbefähigte Kinder, d. h. Kinder, welche die Spuren des Schwachsinns in solchem Grade an sich tragen, dass ihnen nach mindestens zweijährigem Besuche der Volksschule ein Fortschreiten mit geistig gesunden Kindern nicht möglich ist, müssen besonderen Schulen (Hilfsschulen, Hilfsclassen) überwiesen werden. Ausgeschlossen von diesen Schulen bleiben diejenigen Kinder, welche wegen zu grosser körperlicher oder geistiger Belastung oder wegen unzureichender häuslicher Erziehung und Pflege einer besonderen Anstaltserziehung bedürftig sind.

2. Aufgabe der Hilfsschule ist, die geringen geistigen Anlagen der Kinder möglichst allseitig zu entwickeln, insbesondere die Kinder zu einem vernünftigen Wollen und Empfinden zu führen, sie zu einem gesitteten Leben und zu schlichter Frömmigkeit zu gewöhnen, ihnen Lebensfreudigkeit einzuflössen und sie mit den Beziehungen der Menschen zu einander bekannt zu machen.

3. Erziehungsgrundsätze: Der Schwachsinn ist ein Gebundensein des seelischen Lebens, herrührend von frühzeitigen körperlichen Störungen. Daher hat die Erziehung der schwachbefähigten Kinder auf medicinisch-psychologischer Grundlage unter sorgfältiger Beachtung der bewährten pädagogischen Grundsätze zu geschehen.

4. Unterrichtsgegenstände: a) Die ganze Veranlagung der schwachbefähigten Kinder lässt es nicht zu, diese mit vielen Kenntnissen auszurüsten; daher hat der Unterricht seine Hauptaufgabe darin zu suchen, die Kinder im engen Wissenskreise sicher zu machen und anzuleiten, das Gelernte im Leben zu bethätigen. b) Der Unterricht muss überall im Dienste der Erziehung stehen. c) Stets ist von der unmittelbaren Anschauung auszugehen. d) Mechanisches Einüben darf nicht stattfinden.

5. Der Unterrichtsstoff. Bei der Auswahl des Unterrichtsstoffes ist in Betracht zu ziehen, dass a) die schwachbefähigten Kinder lange auf den unteren Stufen geistiger Entwickelung verharren und vielfach dieselben nie verlassen; b) die Kinder nur wenig Wissensstoff in sich aufzunehmen vermögen. Unterrichtsgegenstände sind: Anschauungsunterricht (im späteren Verlaufe Heimatskunde), Religion auf Grundlage von biblischen Geschichten, Deutsch (Lesen — Übungen im mündlichen und schriftlichen Ausdruck), Schreiben, Rechnen, Singen, Zeichnen, Handarbeiten, Turnen und Spielen.

6. Den abschliessenden Religionsunterricht (Confirmandenunterricht) ertheilt der Lehrer.

7) Mehr als der Lehrer vollsinniger Kinder muss der Erzieher schwachbefähigter Kinder ein offenes Auge auf sich selbst haben. Er sei gerecht in Lob und Tadel, er sei ernst und doch freundlich und liebevoll, er selber rede beim Unterrichte wenig, die Kinder dagegen sollen viel reden, doch nur das, was sie gedacht und empfunden haben.

8) Der Lehrer muss mit den Angehörigen der Kinder in Verbindung treten, um auf die häusliche Erziehung letzterer Einfluss zu gewinnen.

9. Der Hilfsschule muss ein mit der Seelenheilkunde vertrauter Arzt zur Seite stehen.

10. Es ist dahin zu streben, dass die Entlassung der schwachbefähigten Kinder aus der Schule nicht vor dem vollendeten 15. Lebensjahre geschieht.

11. Die Hilfsschule muss die Kinder nach deren Austritte aus der Schule noch zu überwachen suchen, ihnen rathend beistehen und Schutz gewähren.

Stimmen der Fachpresse
über die Pädagogischen Jahrbücher.

(Pädagogisches Jahrbuch 1884. Jahrg. VII.)

„Wir weisen gern auf diesen 7. Band des Jahrbuches hin, da sein Inhalt ein reicher und sehr entsprechender ist." V. D.

Rheinische Blätter f. Erzieh. u. Unterricht (Frankfurt a. M.), 61. Jahrg., Heft 6.

„Reiche, fruchtbringende Anregung bieten die Vorträge über Gemüthsbildung, Gehorsam, über die Bedeutung der hypsometrischen Karten für den geographischen Unterricht, Schulwerkstätten, die Kinder der Armen u. s. w." M. L.-H.

Die Lehrerin, 3. Jahrg., Heft 21.

(Pädagogisches Jahrbuch 1885. Jahrg. VIII.)

„Die Vorträge . . . . sind durchweg gediegene Arbeiten, welche ein erfreuliches Zeugnis ablegen von der Rührigkeit und Tüchtigkeit der Wiener Pädagogischen Gesellschaft. Wir wünschen diesem Vereine eine gedeihliche Weiterentwickelung und seinen Jahrbüchern die allseitigste Beachtung und weiteste Verbreitung."

Pädagogischer Jahresbericht, Band 39.

„Der vorliegende 8. Band des Jahrbuches ist unzweifelhaft der Einsicht eines jeden strebsamen, Fortbildung suchenden Lehrers würdig. Von den neun darin enthaltenen Vorträgen, welche sämmtlich wichtige pädagogische Tagesfragen mit klarer Sachkenntnis und dem tiefernsten Streben nach Klärung und objectiver Wahrheit behandeln, nennen wir nur einige: ‚Praktische Richtung des Unterrichtes — Hauptrichtungen des Schulzeichenunterrichtes in Deutschland — Mens sana in corpore sano (in zeitgemässer Anwendung auf Lehrerarbeit und Lehrergehalte.)' Der Anhang ‚Statistische Mittheilungen' bringt dankenswertes Material über den Zustand der Schule und ihrer Lehrer unseres grossen Nachbarstaates Österreich-Ungarn." O. K.

Deutsche Schulpraxis (Leipzig), 7. Jahrg., No. 9.

„Das Werk ist ein beredter Zeuge von der ausserordentlichen Thätigkeit genannter Vereinigung während eines Jahres; die kurze Inhaltsangabe mag diese Aussage bestätigen . . . . Der deutschen Lehrerwelt wird ein Beispiel zur Nachahmung gegeben."

Repertorium der Pädagogik (Ulm), 41. Band, S. 218.

„Obwohl speciell österreichische Verhältnisse berücksichtigend, ist das Jahrbuch doch auch für uns, die wir mit den Collegen jenseit des Inn die gleichen Ziele verfolgen, die gleichen Gegner bekämpfen und mit ganz ähnlich gelagerten Zuständen uns abfinden müssen, von hohem Interesse, zumal es uns zugleich ein nachahmungswertes Vereinsleben und Vereinsstreben in seinem gediegenen Inhalte erblicken lässt." Lbr.

Bayerische Lehrerzeitung, 1886, No. 52.

„Die Vorzüge dieses alljährlich erscheinenden und stets freudig begrüssten Buches liegen in der Gediegenheit der darin veröffentlichten Vorträge und in der Verlässlichkeit und Verwendbarkeit der im Anhange mit ebenso viel Fleiss als Geschick zusammengetragenen Angaben. Das Werk wird seinem Namen in jeder Beziehung gerecht, indem es in treuester, ausdauerndster Weise vorsorgt, dass die pädagogischen Ergebnisse jedes Jahres für die Lehrer Österreichs gesammelt, bewahrt und zu geeigneter Benützung verbreitet werden. Wir sind dem Herausgebern und Leitern des Unternehmens deshalb zu vielem Dank verpflichtet und fordern die Amtsgenossen auf, das Streben dieser wackeren Collegen durch vollste Beachtung des vorliegenden Werkes zu würdigen." L—r.

Freie Schul-Zeitung, Reichenberg. 13. Jahrg., No. 4.

„Den österreichischen Lehrern, und nicht bloss diesen, ist das Pädagogische Jahrbuch längst ein lieber Bekannter geworden, und mit Fug und Recht. Wir wüssten keine Vereinspublication, welche dem Jahrbuche der Wiener Pädagogischen Gesellschaft an die Seite gestellt werden könnte. Das Streben dieses Vereins hat allgemeine Anerkennung gefunden. . . . Wir können nur den Wunsch beifügen, dass die Jahrbücher der Pädagogischen Gesellschaft jene weite Verbreitung finden mögen, welche dieselben voll und ganz verdienen." K.

Die Volksschule (Wien), 1886, No. 49.

„Wir haben nicht leicht etwas Vortrefflicheres gefunden, als diesen Jahresbericht. Die in demselben niedergelegten pädagogischen Referate und Vorträge, die aufgestellten Thesen, die Aufsätze über pädagogisches Vereinswesen und die deutsch geschriebenen pädagogischen Zeitschriften Österreichs sollten keinem Lehrer unbekannt bleiben. Wir empfehlen daher diesen Jahresbericht auf das wärmste."

Tiroler Schulfreund (Innsbruck), 1886, No. 22.

„Es gewährt dem nicht-österreichischen deutschen Lehrer ein eigenartiges Interesse, aus den Veröffentlichungen der Wiener Pädagogischen Gesellschaft genaue und objective Kenntnis des österreichischen Schulwesens zu schöpfen. Dieser Jahrgang gibt uns wiederum ein reich ausgeführtes Bild desselben; in dem Anhang wird den Erscheinungen auf pädagogischem Gebiete in den verschiedensten Richtungen nachgegangen; es werden wertvolle Notizen über das pädagogische Vereinswesen gegeben, Thesen zu pädagogischen Themen mitgetheilt, die das Ergebnis von Berathungen in Lehrervereinen, officiellen Conferenzen etc. gewesen sind, und eine sachlich geordnete Übersicht der deutsch geschriebenen Lehrerzeitungen Österreichs zeigt uns, wie vielseitig die literarische Thätigkeit im abgelaufenen Jahre gewesen ist."
Dr. J. Wychgram (Leipzig).

Wegweiser durch die päd. Lit. 1887, No. 3/4.

(Pädagogisches Jahrbuch 1886, Jahrg. IX.)

„Nachdem dieses vortreffliche Jahrbuch, dessen 9. Band hier vorliegt, in weiten Kreisen zu wohlverdientem Ansehen gelangt und auch in diesen Blättern wiederholt besprochen und angelegentlich empfohlen worden ist, können wir uns bezüglich des neuen Jahrganges, der sich den früheren würdig anreiht, auf eine Inhaltsangabe beschränken." H.

Pädagogium, 10. Jahrg., Heft 3.

„Das ,Pädagogische Jahrbuch 1886', welches als eine rühmliche Leistung Zeugnis von dem ernsten Streben der Wiener Pädagogischen Gesellschaft ablegt, verdient die Beachtung aller Freunde der gedeihlichen Entwickelung des Schulwesens."

Realschule (Wien), 12. Jahrg., Heft 8.

„Die Schrift zeichnet sich aus durch grosse Mannigfaltigkeit der behandelten Stoffe und gediegene Bearbeitung derselben, so dass sie sehr anregend, unterhaltend und belehrend wirken wird, und darum ist sie angelegentlicher Empfehlung wert." L.

Volksschule, 47. Jahrg., S. 467.

„Dieser reichhaltige Inhalt macht das Jahrbuch zu einem höchst nützlichen und wertvollen. Wir müssen gestehen, dass wir auch diesen Band mit hohem Interesse gelesen und mit dem Wunsche gelegt haben, es möge sich das Jahrbuch immer mehr Freunde in der pädagogischen Welt erwerben."

Deutsche Schulzeitung (Berlin), 1887, No. 30.

„Das Buch will einen Überblick über die wichtigsten Momente des heimischen Bildungswesens geben und enthält eine Reihe interessanter Abhandlungen über pädagogische Themata."

Schul-Anzeiger f. Unterfranken u. Aschaffenburg (Würzburg), 14. Jahrg., No. 18.

„Das Wiener Jahrbuch wird jeder Lehrer mit Nutzen lesen; es ist deshalb zur Anschaffung besonders für Lehrerbibliotheken sehr zu empfehlen." Cremer.

Haus und Schule, 1887, No. 38.

„Wie die früheren Jahrbücher, so hat auch das vorliegende einen reichen, nach allen Seiten hin anregenden pädagogischen Inhalt. Es gewährt nicht nur einen Überblick über das Leben und Streben der Wiener Pädagogischen Gesellschaft, sondern über die Entwickelung des gesammten österreichischen Bildungswesens."

Anzeiger f. d. neueste päd. Lit. (Allg. Deutsche Lehrer-Ztg. No. 44), 16. Jahrg., No. 10.

„Diesem Jahrbuche wird seit seinem Erscheinen von der unbefangenen Kritik seitens der meisten Berufsgenossen wie auch der gründlichen Fachblätter die verdiente Anerkennung zutheil, und auch der vorliegende neunte Band, welcher neuerdings einen klaren Beweis für die ernste Auffassung der Erziehungs- und Unterrichtsfragen dieses Vereines liefert, bietet eine so reiche Fundgrube der Belehrung und Anregung, dass wir dieses mit klarer Umsicht geleitete Jahrbuch allen Berufsgenossen wärmstens empfehlen."   **Neue Ungar. Schulzeitung (Budapest), 4. Jahrg., No. 17.**

„Wie die bisher erschienenen, so legt auch der neue Jahrgang ein schönes Zeugnis für die erspriessliche Thätigkeit der Wiener Pädagogischen Gesellschaft ab, geeignet, den guten Ruf, den sie allenthalben in Österreich und auch ausserhalb geniesst, vollkommen zu rechtfertigen. . . . So stellt sich das Pädagogische Jahrbuch nicht bloss in den Dienst eines einzigen Vereins, sondern bestrebt sich, auch die Leistungen anderer Vereine zur Würdigung vor die Öffentlichkeit zu bringen — ein Bestreben, welches nicht bloss die Anerkennung seitens der Lehrerschaft, sondern auch die thatkräftigste Unterstützung verdient. In diesem Sinne sei auch das Buch unsern Lesern aufs beste empfohlen; es sollte in keiner Lehrerbibliothek fehlen."   F.

Pädagogische Zeitschrift (Graz), 20. Jahrg., No. 34.

„In diesem Werke liegt eine sehr beachtenswerte Reichs-Schulchronik vor uns. Voran findet sich ein Bericht über die segensreiche Thätigkeit der Wiener Pädagogischen Gesellschaft, neun lehrreiche Vorträge und Referate enthaltend. Diese Arbeiten zeigen so recht, wie pädagogische Fragen in Conferenzen und Versammlungen zu behandeln sind, wenn gediegene, befriedigende Resultate zutage gefördert werden sollen. Nun folgt die Schulchronik im eigensten Sinne, bestehend aus der Aufzählung der wichtigsten Ereignisse auf dem Gebiete der Schule, einem übersichtlichen Berichte über die Thätigkeit sämmtlicher Lehrervereine Österreich-Ungarns und einer Zusammenstellung der Thesen als Ergebnisse der Berathungen in Lehrervereinen und Conferenzen. Dieses Werk, bereits das neunte seiner Art, verdient einen Ehrenplatz in jeder Lehrerbibliothek."   N.

Zeitschrift d. Oberösterr. Lehrervereins (Linz), 19. Jahrg., No. 36.

„Die ‚Pädagogischen Jahrbücher' sind unseren Leserkreisen bereits gute Bekannte. Jeder Jahrgang bringt Anregendes nach den verschiedensten Richtungen hin und bietet in seinem zweiten Theile eine eingehende Schulchronik, eine Betrachtung des pädagogischen Vereinswesens in unserer Monarchie und endlich eine Reihe von Thesen zu pädagogischen Themen als Ergebnis der Berathungen in Lehrervereinen und amtlichen Conferenzen."   **Laibacher Schulzeitung, 1887, No. 15.**

„Für Lehrervereine und Lehrerconferenzen enthält das Jahrbuch eine Fülle sehr verwendbaren Stoffes."   —k—.

Erstes öst.-ung. Lehr- u. Lehrmittel-Magazin (Graz), 5. Jahrg., No. 8.

„Wir wünschen dem ganzen Unternehmen einen dauernden, stets wachsenden Erfolg; für die nicht im österreichischen Lande lebenden deutschen Lehrer ist das Jahrbuch das unbedingt beste Orientierungsmittel, wenn sie sich ein Bild von den regen pädagogischen Bestrebungen in dem befreundeten Nachbarstaate machen wollen."   Dr. J. Wychgram (Leipzig).

Wegweiser durch die päd. Lit., 14. Jahrg., No. 1/2.

Empfehlenswerte Schulbücher
aus dem Verlage der
MANZ'schen k. k. Hof-Verlags- u. Univ.-Buchhandlung
(Julius Klinkhardt & Co.)
in
Wien, I. Kohlmarkt 7.

Baron, Junghanns und Schindler, *Deutsche Sprachschule.* Grammatik,
Orthographie und Stil in concentrischen Kreisen. Für österreichische
Volks- und Bürgerschulen bearbeitet von M. Stein, B. Weiner und
W. Wrany. 6. Aufl. (unveränderter Abdruck der 5. verbesserten Aufl.).
Heft 1 und 2 à 15 kr., Heft 3, 4, 5, 6, 7 und Grammatikheft à 20 kr.
Ergänzungsheft 25 kr. (Mit hohem k. k. Ministerial-Erlass zulässig erklärt.)

— — — *Deutsche Sprachschule.* Ausgabe B für ein- bis vierclassige Schulen.
4. Aufl. Unterstufe 15 kr., Mittelstufe 20 kr., Oberstufe brosch. 25 kr.,
cart. 30 kr. (Mit hohem k. k. Ministerial-Erlass zulässig erklärt.)

— — — *Deutsche Sprachschule.* Orthographie, Grammatik und Stil in concentrischen Kreisen. Zum Gebrauch für ungarische Volksschulen bearbeitet von J. Stricker, L. Klein und A. Mayer in Vagujhely. Heft
1 und 2 à 15 kr., Heft 3 20 kr., Heft 4 und 5 à 25 kr.

Bauer, Michael, *Kirchenlieder für Gymnasien u. Realschulen.* 2. Aufl. geh. 20 kr.,

— *Prima vista.* Eine Gesanglehre in Form von streng progressiv geordneten
Übungen für Mittelschulen. 5. Aufl. geh. 20 kr.

— *Männerchor - Gesangschule* für die oberen Classen höherer Lehranstalten,
sowie für Gesangvereine. 2. Aufl. geh. 40 kr.

— *Liedersammlung für österreichische Mittelschulen.* geh. 28 kr.

Bechtel, A., *Französisches Elementarbuch für Mittelschulen.* Mit dem für die
ersten zwei Jahrgänge nöthigen Übungs- u. Lesestoff. 72 kr., gebd. 92 kr.

— *Französische Grammatik für Mittelschulen.* Erster Theil mit dem für die
ersten zwei Jahrgänge nöthigen Lesestoffe. 7., revidierte Aufl. 1 fl., in
Leinwandband 1 fl. 20 kr.

— *Französische Grammatik für Mittelschulen.* Zweiter Theil für die Mittel-
und Oberclassen. 3., verbesserte Aufl. 1 fl. 20 kr., in Leinwandband
1 fl. 40 kr.

— *Übungsbuch zur französischen Grammatik für Mittelschulen.* Mittelstufe. (Für
Classe III und IV.) 4., verbesserte Aufl. 40 kr.

— *Übungsbuch zur französischen Grammatik für Mittelschulen.* Oberstufe. (Für
Classe V, VI und VII.) 3. Aufl. 60 kr.

Bechtel, A., *Französisches Lesebuch* für die unteren und mittleren Classen der Mittelschulen. Mit einem Wörterbuche. Im Anschlusse an den grammatischen Unterricht und an den Normallehrplan für die österreich. Realschulen methodisch bearbeitet. 3. Aufl. 1 fl., in Lwdbd. 1 fl. 20 kr.

— *Französische Chrestomathie* für die oberen Classen der Mittelschulen mit sprachlichen und sachlichen Erläuterungen, sowie mit literarischen und biographischen Einleitungen. 4., verbesserte Aufl. 2 fl., in Leinwandband 2 fl. 24 kr.

— *Französisches Lesebuch für Bürgerschulen.* Mit einem Wörterbuche. Im Anschlusse an den grammatischen Unterricht und den Lehrplan für den französischen Unterricht in Bürgerschulen methodisch bearbeitet. 3. Aufl. 60 kr., geb. 76 kr.

— *Französische Conversations-Grammatik für Schulen und zum Selbstunterricht.* 1 fl. 20 kr.

(Die sämmtlichen vorstehenden Lehrbücher von A. Bechtel sind vom hohen k. k. Unterrichts-Ministerium zulässig erklärt.)

— *Französisches Sprech- und Lesebuch.* Erste Stufe. brosch. 75 kr.

Berthelt, Jäkel, Petermann, Thomas, *Biblische Geschichten mit Bildern.* Mit den Worten der heiligen Schrift erzählt. Mit 104 Illustrationen nach Originalzeichnungen von Emil Sachsse. 9., verbesserte Auflage. geb. 48 kr. (Mit hohem k. k. Ministerial-Erlass zulässig erklärt.)

— — — — *Biblische Geschichten* für Mittel- und Unterclassen deutscher Volksschulen. 25. Aufl. geb. 24 kr. (Mit hohem k. k. Ministerial-Erlass zulässig erklärt.)

Corneille, P., *Le Cid.* Tragédie. Herausg. von Prof. Em. Richter. 30 kr.

— *Horace.* Tragédie. Herausg. von Prof. Em. Richter. 30 kr.

Debes, E., *Kleiner Schulatlas* in 20 Karten. Unter Mitwirkung hervorragender Schulmänner für österreich. Volksschulen bearbeitet. (19 Karten.) 40 kr.

Emprechtinger, *Deutsche Grammatik für Lehrerbildungs-Anstalten.* 1 fl. 20 kr.

Fialkowski, N., *Zeichnende Geometrie* (Constructionslehre) mit entsprechenden Beispielen der Anwendung auf das Projections-, dann Bau-, Maschinen-, Situations- und auf das figuralische Zeichnen. Auf 138 Tafeln (circa 1800 Figuren). 3., vermehrte Aufl. Preis 4 fl. 80 kr. (Für Studierende an den k. k. Gewerbeschulen ist der ermässigte Preis von 3 fl. 60 kr. festgesetzt.)

— *Lehrbuch der Geometrie,* oder die geometrische Formenlehre für die 1. Realclasse. 5. Aufl. 80 kr.

— *Lehrbuch der Planimetrie.* I. Theil für die II. Classe an Unter-Realschulen. 5. Aufl. 32 kr.

— *Lehrbuch der Planimetrie.* II. Theil für die III. Classe an Unter-Realschulen. 5. Aufl. 32 kr.

(Mit hohem k. k. Ministerial-Erlass zulässig erklärt.)

— *Lehrbuch der Stereometrie* für die IV. Classe an Unter-Realschulen. 60 kr.

Hermann, Joh. Ritter von, *Lieder für die Volks- und Bürgerschulen.* Heft 1 und 2 à 12 kr., Heft 3 16 kr., Heft 4 20 kr. (Mit hohem k. k. Ministerial-Erlass zulässig erklärt.)

Huber, Karl, *über Jugendschriften und Schülerbibliotheken.* 60 kr.

Jacobi und Mehl, *Deutsches Lesebuch für Bürgerschulen.* I. Theil. Fibel. 2. Aufl. geb. 30 kr. — II. Theil. 6. Aufl. geb. 30 kr. — III. Theil. 6. Aufl. geb. 40 kr. — IV. Theil. 5. Aufl. geb. 50 kr. — V. Theil. 5. Aufl. geb. 50 kr. — VI. Theil. 3. Aufl. geb. 60 kr. — VII. Theil. 4. Aufl. geb. 60 kr. — VIII. Theil. 4. Aufl. geb. 80 kr. Sämmtliche Bände sind in Neubearbeitungen von V. Pilecka und J. Schenner erschienen. (Mit hohem k. k. Ministerial-Erlass zulässig erklärt.)

Kummer, Dr. K. F., und **Dr. K. Stejskal,** *Deutsches Lesebuch für österreichische Gymnasien.*

Band	I	für die	I. Classe.	2. Auflage	1 fl.
„	II	„ „	II. „	2. „	1 fl. 10 kr.
„	III	„ „	III. „	. . . .	1 fl. 20 kr.
„	IV	„ „	IV. „	. . . .	1 fl. 30 kr.
„	V	„ „	V. „	4. Auflage	1 fl. 60 kr.
„	VI	„ „	VI. „	2. „	1 fl. 80 kr.
„	VII	„ „	VII. „	. . . .	1 fl. 60 kr.
„	VIII	„ „	VIII. „	. . . .	1 fl. 20 kr.

(Mit hohem k. k. Ministerial-Erlass zulässig erklärt.)

— — *Deutsches Lesebuch für Realschulen und verwandte Anstalten.*
Band I für die I. Classe . . . . . . 90 kr.
„ V „ „ V. „ . . . . . . 1 fl.

Kuschel, Paul, *Leitfaden der Naturgeschichte.* Bearbeitet nach dem Lehrplane für 4—5- u. 6classige österreichische Volksschulen. 2. Aufl. 30 kr.

Meingast, Adalb., *Cornelii Nepotis vitae selectae.* 30 kr.

Nitsche, Fr., *Liederbuch für Studierende an österreichischen Mittelschulen.* 3. Aufl. 24 kr.

Pawel, Jaro, *Wortbestimmungs-Tabelle.* (Nach Willomitzer's deutscher Grammatik.) 15 kr.

Pennerstorfer, J., *Lehrbuch der Geschichte für Volks- und Bürgerschulen.* I. Theil. Mit 3 Karten. 3., vereinfachte Auflage. 40 kr. II. Theil. 3., vereinfachte Auflage. 40 kr. III. Theil. Mit 2 Karten und 2 Tabellen. 3., vereinfachte Aufl. 40 kr. (Mit hohem k. k. Ministerial-Erlass zulässig erklärt.)

— *Lehrbuch der Geschichte für Volksschulen.* 32 kr.

Penl, Karl, *Leitfaden für die erste Stufe des mineralogischen Unterrichtes.* Zum Gebrauche an den unteren Classen der Mittelschulen. Mit 32 Abbildungen und einer Tafel Krystallformennetze. 48 kr. (Mit hohem k. k. Ministerial-Erlass zulässig erklärt.)

— *Leitfaden für die erste Stufe des Unterrichtes in der Botanik.* Zum Gebrauche an den unteren Classen der Mittelschulen. Mit zahlreichen Abbildungen nach Zeichnungen des Verfassers. 48 kr.

Pick, Dr. A. J., *Die elementaren Grundlagen der astronomischen Geographie.* Gemeinverständlich dargestellt. Mit 2 Sternkarten und 80 Holzschnitten. 1 fl. 20 kr.

Porm, Adolf, und **Theodor Knaute.** *Realien-Handbuch* für Schüler der obersten Schuljahre vier- und fünfclassiger österreichischer Volksschulen.

    I. Theil. Geographie. 15 kr.
    II. Theil. Weltgeschichte. 15 kr.
    III. Theil. Naturgeschichte und Naturlehre. 15 kr.

Redlich, Jakob, *Biblische Geschichte* für die israelitische Jugend der Volks- und Bürgerschulen. I. Theil. 2. Aufl. geb. 24 kr. II. Theil. geb. 30 kr.
        (Mit hohem k. k. Ministerial-Erlass zulässig erklärt.)

Roller, Joh. E., *Liederbuch.* Zwei- und dreistimmige Lieder zum Gebrauche beim Gesangunterrichte an Töchterschulen und Lehrerinnen-Bildungsanstalten, sowie in den unteren Classen der Mittelschulen. 2., verbesserte Auflage. 24 kr.

— *Liederschatz.* Ein- und zweistimmige Lieder für Volks- und Bürgerschulen. Gesammelt, bearbeitet, methodisch geordnet vom Herausgeber. 6. Aufl. In 4 Heften. geb. I. Heft 10 kr., II. Heft 12 kr., III. Heft 12 kr., IV. Heft 16 kr. (Mit hohem k. k. Ministerial-Erlass zulässig erklärt.)

Stejskal, Dr. Karl. *Dictierbuch für den orthographischen Unterricht* in Volks- und Bürgerschulen, sowie in den untersten Classen der Mittelschulen Österreichs. Auf Grundlage der vom hohen k. k. Ministerium für Cultus und Unterricht für die österreichischen Schulen festgestellten Rechtschreibung. 3. Aufl. In engl. Leinenband 65 kr.

Waldeck, Oskar, *Biblisches Lesebuch für die israelitische Jugend.* I. Theil 50 kr., II. Theil 50 kr., III. Theil 1 fl.

Wallentin, Dr. Franz, *Lehrbuch der Arithmetik* für die oberen Classen der Gymnasien und Realschulen. 1 fl. 50 kr.

Weber, Hugo, *Lehr- und Lesebuch* für ländliche Fortbildungsschulen, Ackerbauschulen und verwandte Anstalten. Für österreichische Verhältnisse bearbeitet und zugleich als Volksbuch herausgegeben von Franz Frisch. brosch. 60 kr., geb. 75 kr.
        (Mit hohem k. k. Ministerial-Erlass zulässig erklärt.)

Willomitzer, Dr. F., *Deutsche Grammatik für österreichische Mittelschulen.* Nebst einem Abriss der deutschen Metrik und einem Wörterverzeichnis für die Orthographie. 5., verbesserte Aufl. 1 fl. 20 kr., geb. 1 fl. 40 kr.
        (Mit hohem k. k. Ministerial-Erlass allgemein zulässig erklärt.)